루소전집

8

Jean-Jacques Rousseau

라 투르가 그린 루소의 초상화
루소는 라 투르가 그린 초상화가 자신의 모습과 가장 흡사하다고 생각했다.

PRINCIPES

DU

DROIT POLITIQUE.

PAR J. J. ROUSSEAU,

CITOYEN DE GENEVE.

— fœderis æquas
Dicamus leges.
Æneid. xi.

A AMSTERDAM,

Chez MARC MICHEL REY.

MDCCLXII.

DU

CONTRACT SOCIAL;

OU,

PRINCIPES

DU

DROIT POLITIQUE.

PAR J. J. ROUSSEAU,

CITOYEN DE GENEVE.

— fœderis æquas
Dicamus leges.
Æneid. xi.

A AMSTERDAM,

Chez MARC MICHEL REY.

MDCCLXII.

《사회계약론》의 초판과 결정판

루소는 원래 《정치 제도》라는 방대한 저작을 계획했으나 뜻대로 되지 않자 그중 유효하다고 판단되는 부분만을 따로 떼어내어 《사회계약론》으로 정리하고 1762년 4월에 처음으로 출간했다.

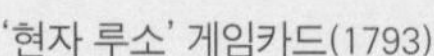

'현자 루소' 게임카드(1793)

루소는 인민 주권을 창안하고 자유와 평등을 옹호하여 1789년 프랑스 혁명이 일어나는 데 커다란 영감을 제공했다. 그런 만큼 사후에 명성이 더욱 높아져서 게임카드에 《사회계약론》을 손에 쥔 현자의 모습으로 등장하기에 이르렀다.

12.

Chapitre III.

Du Pacte fondamental.

L'homme est né libre, et cependant par tout il est dans les fers. Tel se croit le maître des autres qui ne laisse pas d'être plus esclave qu'eux. Comment ce changement s'est-il fait? on n'en sait rien. Qu'est-ce qui peut le rendre légitime? Il n'est pas impossible de le dire. Si je ne considérois que la force, ainsi que les autres, je dirois; Tant que le peuple est contraint d'obéir et qu'il obéit, il fait bien; sitôt qu'il peut secouer le joug et qu'il le secoue, il fait encore mieux; car recouvrant sa liberté par le même droit qui la lui a ravie, ou il est bien fondé à la reprendre, ou l'on ne l'étoit point à la lui ôter. Mais l'ordre social est un droit sacré qui sert de base à tous les autres; cependant ce droit n'a point sa source dans la nature; il est donc fondé sur une convention. Il s'agit de savoir quelle est cette convention, et comment elle a pu se former ~~pour être légitime~~.

Sitôt que les besoins de l'homme passent ses facultés et que les objets de ses desirs s'étendent et se multiplient, il faut qu'il reste éternellement malheureux, ou qu'il cherche à se donner un nouvel être duquel il tire les ressources qu'il ne trouve plus en lui-même. Sitôt que les obstacles qui nuisent à nôtre conservation l'emportent par leur résistance sur les forces que chaque individu peut employer à les vaincre, —

《사회계약론》의 친필 원고

"사람은 자유로운 존재로 태어나지만, 어디에서나 쇠사슬에 얽매여 있다"라는 유명한 구절이 등장하는 작품의 서두 부분이다.

〈루소의 초상 메달이 있는 혁명의 알레고리〉(1794)

니콜라 앙리 조라 드 베르트리의 작품으로, 루소의 초상 메달 아래의 '진리의 눈', 그리고 각각 '애국심', '프랑스 공화국'이란 글씨가 쓰인 한 쌍의 삼색기 등 혁명의 상징들이 대거 등장하고 있다. '프랑스 혁명의 아버지'라 불리는 루소의 위상이 잘 드러나는 그림이다.

1	2
3	

1 코르시카 섬

루소는《사회계약론》에서 "유럽에는 아직 입법이 가능한 나라가 하나 있다. 그것은 코르시카 섬이다"라고 하여 코르시카 섬이야말로 진정한 공화국이 될 수 있다는 생각을 피력했다.

2 파스칼 파올리

파올리는 코르시카의 장군으로《사회계약론》을 읽고 감명을 받아 루소에게 편지를 보내 공화국을 세우는 것에 대한 의견을 물었다.

3《코르시카 헌법 구상》의 친필 원고

루소는 코르시카 명문가 출신의 귀족 마티외 부타포코에게서 관련 자료들을 제공받아 코르시카의 법 제도의 골격을 짜낸《코르시카 헌법 구상》을 집필했다.

EXTRAIT
DU PROJET
DE
PAIX PERPÉTUELLE
DE MONSIEUR L'ABBÉ
DE SAINT-PIERRE.
Par J. J. ROUSSEAU,
Citoyen de Geneve.

Tunc genus humanum positis sibi consulat armis,
Inque vicem gens omnis amet. Lucain.

M. DCC. LXI.

1 2

1 생피에르 신부

성직자이자 계몽주의 사상가 생피에르 신부는《영구평화안 초안》에서 전체 유럽 군주의 연합을 수립하고 국제군을 창설함으로써 평화를 확보할 수 있다고 주장했다.

2《생피에르 영구평화안 발췌》

루소는 생피에르 신부의《영구평화안 초안》을 요약하고 발췌하는 한편 자신의 의견을 덧붙여 이 책을 집필했고, 생피에르의 생각이 지나치게 낙관적이고 실현 불가능하다는 점을 지적한《생피에르 영구평화안 비판》을 발표했다.

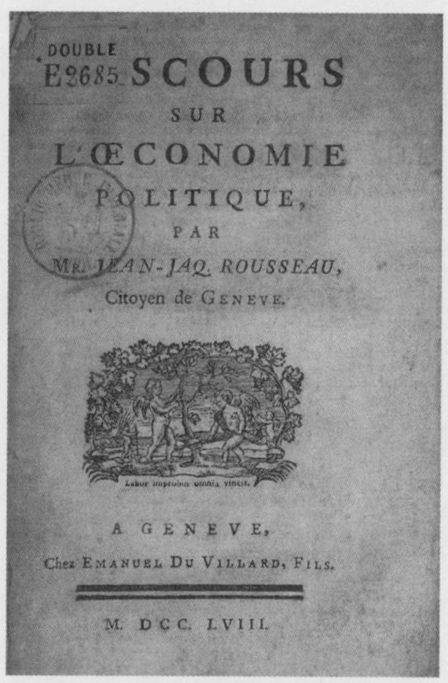

SCOURS
SUR
L'ŒCONOMIE
POLITIQUE,
PAR
Mr. JEAN-JAQ. ROUSSEAU,
Citoyen de GENEVE.

Labor improbus omnia vincit.

A GENEVE,
Chez EMANUEL DU VILLARD, FILS.

M. DCC. LVIII.

《정치경제론》

1758년경 출간된《정치경제론》의 표지. 정치체의 필요성과 '일반의지' 개념을 제시한 이 저작은 원래 1755년《백과전서》제5권에 수록되었던 것을 단행본화한 것이다.

JEAN-JACQUES ROUSSEAU

루소전집

8

사회계약론
코르시카 헌법 구상
정치경제론
생피에르 영구평화안 발췌
생피에르 영구평화안 비판

장 자크 루소 지음 | 박호성 옮김

책세상

일러두기

1. 이 책은 《루소 전집*Jean-Jacques Rousseau. Œuvres complètes*》 3권(Paris : Gallimard, 1964)에 수록된 《사회계약론*Du contrat social, ou Principes du droit politique*》, 《코르시카 헌법 구상*Projet de constitution pour la Corse*》, 《정치경제론*Discours sur l'économie politique*》, 《생피에르 영구평화안 발췌*Extrait du Projet de paix perpétuelle de Monsieur l'abbé de Saint-Pierre*》, 《생피에르 영구평화안 비판*Jugement sur le Projet de paix perpétuelle de Monsieur l'abbé de Saint-Pierre*》을 옮긴 것이다.
2. 각주는 원작에 속하는 것이며 미주는 옮긴이의 주이다.
3. 고딕체로 표시된 부분은 원문상의 이탤릭체 표시 부분에 해당한다.
4. 본문 중 〔 〕 안에 삽입된 말은 이해를 돕기 위해 옮긴이가 첨가한 것이다.
5. 책 · 잡지 · 신문은 《 》로, 논문 · 희곡 · 시 · 연극 · 오페라 등은 〈 〉로 표시했다.

차례

사회계약론—정치적 권리의 원칙[1]

Du contrat social, ou Principes du droit politique

JEAN-JACQUES ROUSSEAU

우리는 동등한 연합에서 법을 만들 것이다

foederis aequas Dicamus leges.

—〈아이네이스〉 XI[2]

머리말

이 작은 논문은 예전에 내 능력을 고려하지 않고 시도했다가 오랫동안 방치했던 더욱 방대한 저작에서 발췌한 글이다.[3] 나는 그 저작에서 발췌할 수 있는 다양한 단편 가운데 이 글이 가장 중요하고 대중에게 제공하기에 가장 부끄럽지 않다고 생각했다. 그 밖에 나머지 부분은 이미 없어졌다.[4]

1부

나는 현재 있는 그대로의 인간과 있을 수 있는 법으로 사회질서 속에서 정당하고 확고한 통치 원칙을 세울 수 있을지의 여부를 탐구하고자 한다. 나는 이런 탐구를 하면서 정의와 효용이 분리되지 않도록 법이 허용하는 것과 이익이 명령하는 것을 결합시키려고 언제나 노력할 것이다.[5]

나는 이 주제의 중요성을 입증하지 않고 바로 본론으로 들어가겠다. 사람들은 내게 정치에 관해 글을 쓸 만한 군주나 입법가쯤 되느냐고 물을 것이다. 나는 둘 다 아니며, 그것이 바로 내가 정치에 관해 글을 쓰는 이유라고 답변하겠다. 만약 내가 군주나 입법가라면, 무엇을 해야 할지를 말하는 데 시간을 허비하지 않고 그냥 실천하거나 침묵할 것이다.[6]

자유로운 국가[7]의 시민으로 태어나 주권자의 한 사람으로서 투표권을 갖고 있다는 점에서, 내 말이 공적 업무에 미치는 영향이 아무리 미약할지라도 내가 그것에 관해 배울 의무를 지니고 있다고 말하기에 충분하다. 내가 여러 정부에 대해 깊이 생각해볼 때마다 언제나 내 나라의 정부를 사랑할 새로운 이유를 발견하게 되니 기쁘다.[8]

1장[9]
1부의 주제

사람은 자유로운 존재로 태어나지만, 어디에서나 쇠사슬에 얽매여 있다. 자신이 다른 사람들의 주인이라고 믿는 사람은 그들보다 더한 노예다.[10] 이런 변화가 어떻게 일어났는지 나는 모른다. 이런 변화를 어떻게 정당화할 수 있는가? 이 질문에 대해서는 내가 답변할 수 있을 것 같다.

힘과 힘의 행사가 초래하는 결과만을 고려한다면 나는 다음과 같이 말할 것이다. 어떤 인민이 복종을 강요받아 복종하고 있다면, 그것으로 괜찮다. 〔그러나〕 인민이 속박에서 벗어날 수 있고 또 벗어난다면, 그것이 훨씬 더 낫다. 인민에게서 자유를 빼앗아 가는 데 사용된 법과 똑같은 법으로 자유를 회복하는 것인 만큼, 인민이 그것을 되찾는 것이 정당하기 때문이거나 그것을 빼앗아 간 사람들의 행위가 정당하지 않기 때문이다. 그런데 사회질서는 다른 모든 법의 토대가 되는 신성한 법이다. 하지만 이 법은 자연에서 유래한 것이 아니라 계약conventions에 따른 것이다. 문제는 이 계약이 무엇인지를 아는 것이다. 이 문제를 논의하기 전에 나는 방금 주장한 바를 입증해야 한다.

2장
최초의 사회

모든 사회 가운데 가장 오래되고 유일하게 자연적인 사회는 가족 사회다. 하지만 자녀는 자기 보존을 위해 아버지를 필요로 하는 동안만 아버지에게 결속되어 있다. 이런 필요가 없어지는 즉시 이 자연적 유대는 와해된다. 아버지에게 복종하는 의무에서 벗어난 자녀와 자녀를 양육하는 의무에서 벗어난 아버지는 서로 똑같이 독립하게 된다. 그들이 결합을 계속 유지한다면 그것은 이제 자연적인 결합이 아니라 의지적인 결합이 되며, 가족 자체도 계약에 의해서 유지된다.

이런 인간 공통의 자유는 인간 본성의 결과다. 인간의 최고의 법은 자기 보존에 힘쓰는 것이며, 인간의 최대 관심도 자기에 대한 관심이다. 또한 인간은 이성을 갖추는 나이에 도달하게 되면, 자기 보존에 적합한 수단에 대한 유일한 판단자가 됨으로써 자기 자신의 주인이 된다.

따라서 가족은 정치사회의 최초 모델이라고 말해도 좋다. 지배자는 아버지의 이미지와 같고, 인민은 자녀의 이미지와 같다. 모든 사람은 평등하고 자유롭게 태어나므로, 자신의 유익을 위해서만 자신의 자유를 양도한다. 다만, 가족 안에서는 아버지가 자녀에 대한 사랑 때문에 자녀를 양육하지만, 국가에서는 지배자가 인민을 지배하는 기쁨이 인민에 대한 사랑을 대체한다는 점이 전적으로 다르다.

그로티우스[11]는 인간의 모든 권력이 피지배자에게 호의적으로 수립된다는 것을 부인하면서 노예제를 실례로 든다. 그의 더욱 확실한 추론 방식은 언제나 사실에 의해서 당위성을 확립하는 것이다.* 누군가는 더욱

* "공법droit public에 관한 학자들의 연구는 종종 오래된 폐단의 역사에 불과하다. 또한 인민이 너무 애써서 그것을 연구하면, 그런 노력은 헛수고가 된다." *Traité manuscrit des intérêts de la Fr :*

합리적인 추론 방식을 사용할 수 있었겠지만, 어느 방식도 폭군들에게 더 유리하진 않았을 것이다.

따라서 그로티우스의 관점에서는 인류가 100명의 사람에 속하는 것인지, 아니면 이 100명의 사람이 인류에 속하는 것인지 의심스럽다. 그로티우스가 쓴 책의 전체적인 맥락에서는 전자의 관점으로 기우는 것 같다. 이것은 홉스의 견해이기도 하다. 그에 따르면 인류는 숱한 가축 무리로 나뉘어 있고, 각 무리마다 지배자가 있으며, 지배자는 가축을 잡아먹기 위해서 보호한다.[12]

목자가 가축 무리보다 우월한 본성을 지니고 있는 것처럼, 사람들의 목자인 지배자 역시 인민보다 우월한 본성을 지니고 있다. 따라서 필론[13]의 증언에 따르면, 칼리굴라 황제[14]는 이런 논리에 입각한 추론을 통하여 왕은 신과 같고 인민은 짐승과 같다는 결론을 내렸다.

칼리굴라의 추론은 결과적으로 홉스, 그로티우스의 추론과 똑같다. 이들보다 앞선 아리스토텔레스 역시 인간은 자연적으로 평등하지 않으며, 어떤 사람들은 노예로, 또 어떤 사람들은 지배자로 태어난다고 말했다.[15]

아리스토텔레스의 말은 옳지만, 그는 결과를 원인으로 착각했다. 노예의 신분으로 태어난 사람은 누구나 태어나면서부터 노예가 된다. 이보다 더 확실한 사실은 없다. 노예는 쇠사슬에 얽매여 모든 것, 심지어 그 쇠사슬에서 벗어나려는 욕망까지도 잃어버린다. 노예가 자신의 노예상태를 사랑하는 것은 율리시스 일행이 자신들의 짐승 같은 상태를 사랑한 것과도 같다.* 따라서 태어날 때부터 노예가 되는 사람이 있다면, 그에 앞서 본성에 어긋나게 노예가 된 사람이 있었기 때문이다. 폭력이 최초의 노예를 만들었고, 노예의 비겁함이 노예상태를 영속시켰다.

---

avec ses voisins ; par M. L. M. d'A.[16] 그로티우스가 한 일이 바로 이것이다.

* 〈동물도 추론한다Que les bêtes usent de la raison〉[17]라는 플루타르코스의 단편을 참조하라.

나는 아담 왕roi Adam[18]이나 세계를 분할한 위대한 세 군주의 아버지인 노아 황제empereur Noé[19]에 관해 아무 말도 하지 않았다. 세 군주는 그들과 닮았다고 간주되는 사투르누스의 자식[20]과 같은 일을 했다. 나는 사람들이 나의 이런 절제에 대해 고맙게 여기기를 바란다. 왜냐하면 나도 이들 군주 가운데 한 명, 그것도 장남의 직계 후손일 수 있으므로, 신분 확인을 거친다면 내가 인류의 정당한 왕임을 알게 될지도 모르기 때문이다. 여하튼 로빈슨 크루소가 무인도에서 그랬던 것처럼, 아담이 세계의 유일한 주민인 동안에 세계의 주권자였다는 사실은 부인할 수 없다. 그런 제국의 유리한 점은 군주의 왕권이 안정되어 반란이나 전쟁이나 음모를 두려워할 필요가 없다는 것이었다.

3장
최강자의 권리

최강자라 해도 자신의 힘을 권리로, 〔상대방의〕 복종을 의무로 전환하지 않는 한은 언제나 지배자가 될 수 있을 만큼 충분히 강하지 않다. 겉으로는 풍자적인 표현으로 보이지만 이론적으로 실제 확립된 권리인 최강자의 권리는 여기서 비롯된다. 그러나 누가 우리에게 이 말을 좀 설명해 주지 않겠는가? 힘은 물리적인 능력이다. 나는 힘의 행사가 도덕에 어떤 영향을 미칠 수 있는지 전혀 알지 못한다. 힘에 굴복하는 것은 의지에 따른 행위가 아니라 필요에 따른 행위다. 그것은 기껏해야 신중함에 따른 행위다. 그것은 어떤 의미에서 의무가 될 수 있을까?

여기서 이른바 권리라는 것에 대해 잠시 생각해보자. 나는 그런 권리에서 생겨나는 것이 설명하기 힘든 혼란일 뿐이라고 말하겠다. 권리를 만드는 것이 힘이라면, 원인에 따라 결과가 달라지는 셈이기 때문이다.

먼저 있던 힘보다 강한 모든 힘은 먼저 있던 힘의 권리를 승계한다. 복종하지 않으면서도 처벌받지 않으면 복종하지 않는 것이 정당화될 수 있다. 최강자는 언제나 옳다고 인정되므로, 최강자가 되려고 노력하는 것이 필요할 뿐이다. 그러나 힘이 없어지는 동시에 사라지는 권리란 무엇인가? 만약 힘에 의해 복종해야 한다면, 의무에 의해 복종할 필요는 없다. 만약 복종을 더 이상 강요받지 않으면, 복종할 의무도 더 이상 없다. 따라서 권리라는 말은 힘에 아무것도 덧붙이지 못함이 명백하다. 여기서 권리라는 말은 아무 의미도 없다.

권력에 복종하라. 만약 이 말이 힘에 굴복함을 뜻한다면, 그 계율은 훌륭하지만 필요하지 않다. 나는 그 계율이 절대로 위반되지 않으리라고 장담한다. 모든 권력은 신에게서 온다. 나는 이를 인정한다. 그러나 모든 질병도 신에게서 온다. 이것이 〔병이 나도〕 의사를 부르지 못한다는 뜻인가? 만약 인적 없는 곳에서 강도가 나를 습격한다면, 나는 힘에 밀려 지갑을 내놓아야 함은 물론, 설령 그 위기에서 벗어날 수 있더라도 양심상 그 지갑을 넘겨주어야 하는 것인가? 어떻든 강도가 손에 든 권총 역시 힘이니 말이다.

따라서 힘이 권리를 만들지는 못하며, 오직 정당한 권력에 대해서만 복종할 의무가 있음을 인정하자. 이로써 내가 처음에 제기한 문제로 되돌아왔다.

4장
노예제

어떤 사람도 다른 사람에 대한 천부적 권력을 갖고 있지 않고 힘은 어떤 권리도 산출하지 않으므로, 사람들 사이의 모든 정당한 권력의 기초가 되는 것은 계약이다.

그로티우스는 개인이 자신의 자유를 양도해 주인의 노예가 될 수 있다면, 전체 인민이 자유를 양도해 왕의 신민이 되지 못할 이유가 있겠느냐고 말한다. 여기에는 설명을 필요로 하는 애매모호한 말이 많지만, 양도한다는 낱말에 국한시켜보자. 양도한다는 것은 주거나 판다는 뜻이다. 그래서 자신을 타인의 노예로 만드는 사람은 자기를 주는 것이 아니라 적어도 생존을 위해 자기를 파는 것이다. 그러나 인민이 스스로를 파는 이유는 무엇인가? 왕은 신민에게 양식을 제공하기는커녕 전적으로 신민에게서 자신의 생필품을 얻으며, 라블레의 말에 따르면 왕은 검소하게 살지 않는다. 그런데 신민은 자기 재산을 빼앗길 처지에 자신의 몸까지 바치는가? 나는 신민에게 보존할 무언가가 남아 있는지 모르겠다.

혹자는 전제군주가 신민에게 사회적 평안을 보장해준다고 말할 것이다. 그렇다 치자. 그러나 전제군주의 야심을 채우기 위한 전쟁과 그의 만족할 줄 모르는 탐욕 및 그의 신하들이 가하는 학대가 신민 상호 간의 불화보다 더 큰 고통을 초래한다면 신민이 얻는 것은 과연 무엇인가? 이런 평안 자체가 신민의 불행 가운데 하나라면 신민이 얻는 것은 과연 무엇인가? 사람은 감옥에서도 평온하게 생활한다. 그렇다고 그만하면 안녕하기에 충분한가? 키클롭스[21]의 동굴에 갇힌 그리스인들도 자기가 잡아먹힐 차례가 올 때까지는 거기서 평온하게 살았다.[22]

어떤 사람이 자기를 무상으로 양도한다고 말하는 것은 사리에 어긋나고 생각할 수도 없는 일이다. 그런 행위는 그렇게 하는 자가 제정신이 아니라는 이유만으로도 부당하고 무효다. 전체 인민에 대해서 같은 말을 한다면 인민이 미쳤다고 가정하는 것이다. 미친 행위는 권리를 창출하지 못한다.[23]

설령 모든 사람이 자신을 양도할 수 있더라도, 자기 자녀를 양도할 수는 없다. 자녀는 사람으로 자유롭게 태어난다. 자녀의 자유는 자녀 자신에게 속한 것이며, 자녀 자신을 제외하고는 어느 누구도 그 자유를 처분할 권리가 없다. 자녀가 분별력이 생기는 나이에 이르기 전에는 아버지가 자녀의 이름으로 자녀의 보존과 복지에 대한 조건을 약정할 수 있다. 그러나 결정적으로, 아무 조건도 없이 자녀를 넘겨줄 수는 없다. 이런 양도는 자연의 목적에 반하는 것이자 아버지의 권리를 넘어서는 것이기 때문이다. 따라서 독재정부gouvernement arbitraire가 정당화되려면, 세대가 바뀔 때마다 인민이 그 정부를 인정하거나 거부하는 주인이 돼야 할 것이다. 하지만 그렇게 되면 그 정부는 이미 독재정부가 아닐 것이다.

사람이 자유를 포기하는 것은 사람으로서의 지위, 곧 사람의 권리와 사람의 의무까지 포기하는 것이다.[24] 모든 것을 포기하는 사람에게는 어떤 보상도 불가능하다. 그런 포기는 사람의 본성과 모순되며, 사람의 의지에서 모든 자유를 제거하는 것은 사람의 행위에서 모든 도덕성을 제거하는 것이다. 요컨대, 한편으로는 절대적 권위를 약정하고 다른 한편으로는 무한한 복종을 약정하는 것은 무의미하고 모순된 계약이다. 어떤 사람에게 모든 것을 요구할 권리를 가진 사람은 그 사람에 대해 어떤 의무도 지지 않는 것이 명백하지 않은가? 어떤 동등한 대가나 주고받음이 없다는 이런 조건만으로도 그 행위가 무효가 되지 않겠는가? 실제로, 내 노예가 나에게 반항할 무슨 권리를 가질 수 있겠는가? 그가 가진 모든 것이 내 것이고 그의 권리가 내 권리이므로, 나 자신에게 반하는 내 권리란 전혀 의미가 없는 말이기 때문이다.

그로티우스를 비롯한 다른 사람들은 이른바 노예화할 권리에 대한 또 다른 기원을 전쟁에서 끌어낸다. 그들의 말에 따르면, 승자는 패자를 죽일 권리를 갖고 있으므로, 패자는 자신의 자유를 포기하는 대가로 목숨을 구할 수 있다. 이런 계약은 양자에게 이익이 되므로 한층 더 정당하다.

그러나 이른바 패자를 죽일 권리는 전쟁상태에서 유래한 것이 전혀 아님이 분명하다. 사람들이 원시적인 독립 상태에서 살고 있을 때 서로 간에 평화상태나 전쟁상태가 생길 정도로 충분히 지속적인 관계가 없었다는 점만으로도 사람들은 자연적으로 적이 전혀 아니다. 전쟁이 일어나는 것은 사물과 사물의 관계이지 사람과 사람의 관계가 아니다. 전쟁상태는 사람 사이의 단순한 관계에서 발생하지 않고 소유 관계에서만 발생하므로, 어떤 사람과 다른 사람 사이의 사적인 전쟁은 지속적인 재산이라고는 전혀 없는 자연상태에서든 모든 것이 법의 권위 아래 있는 사회상태에서든 존재할 수 없다.

개인적인 싸움, 결투, 충돌은 어떤 상태를 조성하는 행위가 전혀 아니다. 프랑스 왕 루이 9세[25]의 칙령으로 허용되고 신의 평화 〔운동〕[26]로 중단된 사적인 전쟁은 봉건정부의 악습이라 할 수 있다. 만약 이런 봉건정부를 체제라고 할 수 있다면, 그 정부는 자연법 원리와 모든 훌륭한 정체(政體)에 반대되는 불합리한 체제다.

따라서 전쟁이란 사람과 사람 사이의 관계가 아니라 국가와 국가 사이의 관계이며, 전쟁에서 사적인 개인들은 우발적으로만 적이 되고, 사람이나 시민으로서가 아니라 병사로서, 그것도 조국의 한 구성원으로서가 아니라 조국의 방어자로서 서로 적이 될 뿐이다.[27] 요컨대 각 국가는 사람이 아닌 다른 국가만을 적으로 삼을 수 있다. 서로 다른 본성을 가진 사물 사이에는 어떤 참된 관계도 성립될 수 없기 때문이다.

더욱이 이 원리는 모든 시대의 확립된 원칙과 모든 문명화된 인민의 지속적인 관행에도 부합된다. 선전 포고는 권력층에 대한 경고라기보다는 오히려 그들의 신민에 대한 경고다. 군주에게 선전 포고도 하지 않고 신민을 약탈하고 죽이고 투옥하는 외국 군대는 그가 왕이든 개인이든 인민이든 적이 아니라 강도다. 심지어 전쟁이 한창일 때도 정의로운 군주는 적국의 공적 재산에 속하는 것은 모두 몰수하지만 개인의 사유 재산과 생명은 존중한다. 그는 자기 자신의 기반이 되는 권리를 존중한다. 전쟁의 목적은 적국의 파괴에 있으므로, 적국의 방어자들이 무장하고 있는 한 그들을 죽일 권리가 있다. 그러나 그들이 무기를 내려놓고 항복하는 즉시 그들은 적이나 적의 도구가 되기를 그만두고 인간으로 되돌아온 것이므로, 이제 누구도 그들의 생명에 대한 권리를 갖지 못한다. 때로는 어떤 국가의 구성원을 한 명도 죽이지 않고 그 국가를 멸망시킬 수도 있다. 전쟁은 그 목적에 필요하지 않은 권리는 어떤 것도 부여하지 않는다. 이런 원리는 그로티우스의 원리가 아니다. 이런 원리는 시인의 권위에 근거하는 것도 아니며, 사물의 본성에서 유래하는 것이고 이성에 근거하는 것이다.

정복의 권리에 대해 말하자면, 그것은 최강자의 법이라는 것 외에 다른 근거가 없다. 만약 전쟁이 승자에게 패전국 인민을 대량 살육할 권리를 전혀 부여하지 않는다면, 승자가 갖고 있지 않은 이런 권리가 그들을 노예화할 권리의 근거가 될 수는 없다. 승자는 적을 노예로 만들 수 없을 때만 죽일 권리를 갖는다. 그러므로 적을 노예로 만들 권리는 적을 죽일 권리에서 생겨나지 않는다. 따라서 적의 생명에 대해 아무런 권리도 없으면서 적으로 하여금 자유를 대가로 치르고 생명을 사게 하는 것은 불공정한 교환이다. 노예로 만들 권리에 근거해서 생사여탈권을 확립하고 생사여탈권에 근거해서 노예로 만들 권리를 확립한다는 것은 순환 논법에 빠지게 됨이 명백하지 않은가?

심지어 모든 사람을 죽일 수 있는 이런 무서운 권리를 인정한다 해도, 전쟁에서 노예가 된 사람이나 정복된 인민은 복종하도록 강요받는 동안에만 복종할 뿐, 지배자에 대해 어떤 의무도 지지 않는다. 생명 대신에 그것에 상당한 대가를 취한 승자는 자비를 베푼 것이 절대 아니다. 승자는 패자를 성과 없이 죽이는 대신에 유용하게 죽였을 뿐이다. 따라서 승자는 패자에게서 힘 외에 어떤 권위도 획득하지 못하므로, 승자와 패자 사이에는 예전과 마찬가지로 전쟁상태가 지속되고 양자 관계 자체가 이런 상태의 결과이며, 전쟁에서 생긴 권리가 관행이 되는 한 평화조약도 불가능하다. 양자가 계약을 한 것은 사실이지만, 이런 계약은 전쟁상태를 종식시키기는커녕 전쟁상태의 지속을 전제로 한다.

따라서 어떤 관점에서 생각해봐도 노예화할 권리는 부당할 뿐만 아니라 사리에 어긋나고 무의미하므로 무효이다. 노예와 권리는 모순되는 말이고 서로 배척하는 말이다. 어떤 사람이 다른 사람을 상대로 해서 하는 말이든 어떤 인민을 상대로 해서 하는 말이든, 다음과 같은 말은 언제나 똑같이 합당치 않을 것이다. 나는 너와 계약을 맺는다. 그 계약의 부담은 전적으로 네가 지고 혜택은 전적으로 내가 누린다. 내가 원하는 한, 나는 그 계약을 지킬 것이니 너도 역시 지켜라.

5장
언제나 최초의 약속으로 거슬러 올라가야 한다

설령 내가 지금까지 반박한 모든 것을 인정한다 해도, 전제정의 옹호자들이 더 나아지는 것은 전혀 없으리라. 다수를 복종시키는 것과 사회를 통치하는 것 사이에는 언제나 커다란 차이가 있을 것이다. 아무리 수효가 많더라도 분산되어 있는 사람들이 어떤 개인에게 지속적으로 예속된다면, 오직 한 명의 주인과 다수의 노예가 있을 뿐, 인민과 인민의 지도자는 있을 수 없다. 그것은 말하자면 집합체이지 결사체가 아니다. 거기에는 공공선도 정치체도 없다. 설령 한 사람이 전 세계 인구의 절반을 노예로 만들었다 해도, 그는 언제나 한 개인일 뿐이다. 그의 이익은 다른 사람들의 이익과 분리되어 여전히 사적 이익일 뿐이다. 만약 그 사람이 죽으면, 마치 떡갈나무가 해체되어 불에 타서 잿더미가 되는 것처럼, 그의 제국도 그의 뒤를 따라 뿔뿔이 흩어져 해체돼버린다.

그로티우스는 인민이 왕에게 스스로를 바칠 수 있다고 말한다. 따라서 그로티우스의 말을 따르면, 인민은 왕에게 스스로를 바치기에 앞서 인민으로 존재하는 셈이다. 스스로를 바치는 이런 행위 자체가 시민의 행위이며, 그것은 공적 심의délibération publique를 전제로 한다. 따라서 인민이 왕을 선출하는 행위를 검토하기 전에, 인민이 인민으로 존재하는 행위를 검토하는 것이 적절할 것이다. 이 행위는 필연적으로 전자에 우선하는 것으로서 사회의 진정한 토대이기 때문이다.

실제로 앞서 이루어진 약속이 전혀 없다면, 선거에서 만장일치가 되지 않는 한, 소수가 다수의 선택을 따라야 한다는 의무라는 게 어디 있겠는가? 또한 지배자를 원하는 백 사람이 지배자를 전혀 원하지 않는 열 사람 대신에 투표할 권리가 어디서 생기겠는가? 선거에서 다수결의 법칙도 그 자체로 이미 하나의 확립된 약속이며, 적어도 한 번은 만장일치가 있었음을 전제로 한다.

6장
사회계약

나는 자연상태에서 사람의 자기 보존을 해치는 장애물의 저항력이 각 개인이 생존을 유지하는 데 사용할 수 있는 힘을 능가하는 시점에 도달한 상황을 가정해본다. 그때 이 원초적 상태는 더 이상 존속할 수 없으며, 생존 방식을 바꾸지 않는 한 인류는 멸망할 것이다.

사람은 새로운 힘이 생겨나게 할 수 없고, 기존의 힘을 결합시켜 한쪽으로 향하게 할 수 있을 뿐이다. 그래서 사람이 힘을 결집시켜 저항을 능가할 수 있는 힘의 총량을 형성하고, 그 힘을 한 가지 동기로 움직여 한꺼번에 작동하게 만드는 것 외에 자기 보존의 다른 수단은 전혀 없다.

이런 힘의 총량은 다수의 협력에서만 생겨날 수 있다. 그런데 각 사람의 힘과 자유는 자기 보존의 기본 수단이니, 자신에게 해를 끼치지 않고 스스로를 돌보는 의무를 소홀히 하지 않으면서 그 힘을 사용할 방법은 무엇인가? 다시 나의 주제로 돌아오게 하는 이 난제를 다음과 같이 서술할 수 있다.

'공동의 힘 전체를 구성원 각자의 신체와 재산을 방어하고 보호하는 데 쏟는 결사 형태, 이를 통해서 각자가 전체와 결합돼 있으면서도 자신에게만 복종하고 전과 마찬가지로 여전히 자유로울 수 있는 그런 결사 형태를 발견하라.' 이것이 바로 근본적인 문제로서 사회계약이 그에 대한 해결책이 된다.

그 계약의 조항들은 계약 행위의 성격상 대단히 엄밀하게 결정되므로, 아무리 사소한 수정도 그 조항들을 무효화하고 헛된 것으로 만들 것이다. 따라서 아마도 지금까지 그 계약 조항들이 공식적으로 공포된 적은 한 번도 없었겠지만, 그 조항들은 사회계약이 침해되어 각자가 자연적 자유를 포기하는 대가로 얻었던 계약에 의한 자유를 상실함으로써 최초의 권리를 회복하고 자연적 자유로 돌아갈 때까지, 어디에서나 한결같고 어디에서나 암묵적으로 받아들여지고 인정된다.

그 조항들을 잘 이해하면 합의된 그 조항들은 단 하나, 즉 구성원 각자가 자신의 모든 권리를 전체 공동체에 전적으로 양도하는 것으로 귀착된다. 무엇보다도 각자가 자신의 전부를 양도한다는 점에서 조건은 모든 사람에게 동등하며, 조건이 모든 사람에게 동등하다는 점에서 아무도 타인에게 지나친 부담을 주는 것에는 관심이 없다.

더욱이 그 양도에는 유보가 없으므로, 그 연합은 최대한 완전하며 어느 구성원도 더 이상 요구할 것이 없다. 만약 개인들에게 어떤 권리가 남아 있다면, 그 개인들과 다른 구성원들 사이에서 판정을 해줄 수 있는 공통된 윗사람이 아무도 없는 상황이니, 어떤 점에서 자기 자신의 심판자인 개개인이 머지않아 모든 사람의 심판자를 자처하게 될 것이고, 자연상태가 존속될 것이며, 그 연합은 필연적으로 전제적이게 되거나 쓸모없게 될 것이다.

요컨대 각자가 모두에게 자신을 양도하는 것은 어느 누구에게도 자신을 양도하지 않는 것이다. 구성원 누구나 자기가 남에게 양도하는 것과 똑같은 권리를 남에 대해서 획득하게 되므로, 각자는 자기가 상실한 모든 것과 동등한 것을 얻을 뿐 아니라 자기가 가진 것을 지킬 더 큰 힘을 얻는다.

따라서 사회계약에서 핵심이 아닌 것을 제거하면 다음과 같은 말이 남는 것을 알게 될 것이다. 우리 각자는 자신의 신체와 모든 능력을 공동으로 일반의지volonté générale의 최고 지휘 아래 두며, 우리는 전체에서 분리될 수 없는 부분인 각 성원을 한 몸으로 받아들인다.

곧바로 이런 결사 행위는 각 계약 당사자의 개인적 인격 대신에 정신적 집합체corps moral et collectif를 창출한다. 의회 의원의 수만큼 많은 인원으로 구성된 그 단체는 바로 이 같은 행위를 통해서 스스로 통일성과 자신의 공동체적 자아moi commun와 생명 및 의지를 얻는다. 모든 사람의 결합에 의해 형성되는 이런 공적 인격은 과거에는 도시국가Cité*

---

* 이 말의 참된 의미는 근대인 사이에서 거의 완전히 사라져버렸다. 대부분의 사람들이 도회지ville를 도시Cité로, 부르주아를 시민으로 착각한다. 그들은, 집이 모여 도회지를 만들지만 시민이 모여 도시를 만든다는 것을 모른다. 이 같은 오류가 오래전 카르타고인들로 하여금 아주 비싼 대가를 치르게 했다. 나는 고대의 마케도니아인이든 현재의 영국인이든 어느 누구보다 자유에 더욱 근접한 경우라도, 어떤 군주의 신민에게 시민Cives이라는 호칭이 주어졌다는 기록을 보지 못했다. 오직 프랑스인만이 매우 스스럼없이 시민Citoyens이라는 이름을 사용한다. 그들의 사전에서 알 수 있는 것처럼, 그들에게는 시민이라는 말의 참된 관념이 전혀 없기 때문이다. 만약 그게 아니라 알고도 그 말을 사용하는 거라면, 프랑스인들은 대역죄를 저지르는 셈일 것이다. 프랑스인들에게서는 시민이라는 이름이 덕성을 표현하지 권리를 표현하지 않는다. 보댕Bodin은 시민과 부르주아에 대해 언급할 때 전자와 후자를 착각해 큰 실수를 범했다. 달랑베르 씨는 양자를 혼동하지 않았으며, 논문 〈제네바Genève〉에서 도회지에 사는 네 계층(신분이 낮은 외국인을 포함하면 다섯 계층)의 사람들을 잘 구분했고, 그 가운데 두 계층만이 공화국을 구성한다고 보았다. 내가 알기로는 다른 어떤 프랑스 작가도 시민이라는 말의 참된 의미를 이해하지 못했다.

라 불렸고, 지금은 공화국République이나 정치체corps politique라고 불린다. 또한 정치체는 그것이 수동적일 때는 구성원에 의해 국가Etat라 불리고, 능동적일 때는 주권자Souverain, 유사한 것들과 비교해서는 권력체Puissance라고 불린다. 이런 단체의 구성원들은 집합적으로는 인민peuple이라는 이름을 가지며, 개별적으로는 주권에 참여하는 존재로서 시민Citoyens, 국가의 법에 복종하는 존재로서 신민Sujets이라고 불린다. 그러나 이런 용어들은 곧잘 혼동되며 서로 뒤바뀌어 쓰이기도 한다. 이 용어들이 아주 엄밀하게 사용될 때 각각을 구별할 줄 아는 것으로 충분하다.

7장
주권자

이런 형식을 통해 우리는 결사 행위에는 공적 구성원과 〔사적〕 개인 사이의 쌍무계약이 포함된다는 것, 이를테면 자기 자신과 계약을 맺는 셈인 개인은 이중 관계에 놓이게 된다는 것, 즉 한편으로는 주권자의 한 사람으로서 다른 개인들과 관계를 이루고 다른 한편으로는 국가의 한 성원으로서 주권자와 관계를 이룬다는 것을 알게 된다. 그러나 어느 누구도 자기 자신과의 계약에 대해서는 책임질 필요가 없다는 민법의 원칙이 여기서는 적용될 수 없다. 자기 자신에 대해 의무를 지는 것과 자신이 일부를 이루는 어떤 전체에 대해 의무를 지는 것에는 상당한 차이가 있기 때문이다.

더욱이, 양자가 서로 다른 관계로 간주되므로 공적 심의는 주권자에 대한 의무를 모든 신민에게 부과할 수 있는 반면 주권자에게는 부과할 수 없다는 것, 결과적으로 주권자가 스스로 파기할 수 없는 법을 자신에게 부과하는 것은 정치체의 본질에 어긋남을 주목해야 한다. 주권자는 오직 자체의 관계에서만 고려될 수 있으므로, 자기 자신과 계약을 맺는 개인과 같은 입장에 놓인다. 이런 사실에서, 인민이라는 집합체를 위한 각종 의무적인 기본법은 물론 심지어 사회계약도 전혀 존재하지 않고 존재할 수도 없다는 것이 명백해진다. 이는 인민의 집합체가 이런 계약에 조금도 위배되지 않는 일에 대해 타자와 전혀 계약을 맺을 수 없음을 뜻하지는 않는다. 외국과 관련해서는 집합체로서의 인민이 단일한 존재, 한 개인이 되기 때문이다.

그러나 정치체 혹은 주권자는 그 존재가 〔사회〕계약의 신성함에서 전적으로 유래하므로 이런 최초의 행위에 어긋나는 일, 예컨대 다른 주권자에게 자신의 일부를 양도하거나 복종하는 것과 같은 일을 자기 자신이나 남에게 강요해서는 절대 안 된다. 자기 존재의 근거가 되는 행위를 침해하는 것은 자신을 파괴하는 것이며, 무(無)에서는 아무것도 산출하지 못한다.

따라서 다수가 한 단체로 결합되는 즉시 그 단체를 공격하지 않는 한, 구성원 가운데 어느 한 명에게도 해를 입힐 수 없게 되며, 구성원에게 영향이 미치지 않게 하면서 그 단체에 해를 입히는 것은 훨씬 더 어려워진다. 의무와 이익은 계약 당사자인 양자에게 서로 도울 의무를 동등하게 부과하므로, 구성원 자신도 이런 이중 관계 속에서 그것에 수반되는 모든 이득의 결합을 추구해야 한다.

주권자는 전적으로 그것을 구성하는 개인들로 형성될 뿐이므로, 그들의 이익에 상반되는 어떤 이익도 갖지 않고 가질 수도 없다. 따라서 주권자의 권력puissance Souveraine은 그 신민들에 대해 어떤 보장도 할 필요가 없다. 정치체가 모든 구성원에게 해를 입히려 하는 것은 불가능하며, 앞으로 보게 되듯이 정치체는 구성원 가운데 어느 누구에게도 개별적으로 해를 입힐 수 없기 때문이다. 주권자는 스스로 존재한다는 이유만으로도 당연히 모든 것을 갖추고 있는 존재다.

그러나 주권자와 신민의 관계는 이와 같지 않다. 양자의 이익이 공통됨에도 불구하고, 주권자가 신민의 충성을 확인할 방법을 찾지 못한다면, 신민이 약속을 준수하리라는 보장이 전혀 없기 때문이다.

사실 사람으로서 각 개인은 시민으로서 갖는 일반의지와 다르거나 상반되는 개별의지volonté particulière를 가질 수 있다. 개인의 사적 이익intérêt particulier은 공동이익intérêt commun과 전혀 다른 것을 자신에게 요구할 수 있다. 개인은 절대적이고 본래 독립적인 존재이므로 자신이 무상 기부 같은 공동이익에 대해 어떤 의무가 있는지를 검토할 수 있는데, 그 의무를 이행하지 않아서 타인에게 초래하는 손실이 그 의무를 이행함으로써 자신이 지는 부담보다 적을 것이라고 생각할 수 있다. 또한 개인은 국가를 구성하는 정신적 인격이 사람이 아니라는 이유로 이성이 만들어낸 존재로 보면서, 신민의 의무를 수행하려 하지 않고 시민의 권리를 누리려고 할지도 모른다. 이런 부정의가 확산되면 정치체의 파멸이 초래될 것이다.

따라서 사회계약이 무기력한 형식이 되지 않도록, 이 계약은 유일하게 다른 약속들에 영향을 미칠 수 있는 약속, 곧 일반의지에 복종하기를 거부하는 자가 있으면 단체 전체가 강제로 복종시킬 것이라는 약속을 암묵적으로 포함한다. 즉, 이 약속은 개인이 자유로워지도록 강요될 뿐임을 의미한다. 바로 이것이 각자가 조국에 시민으로서 헌신함으로써 모든 인간적인 종속에서 벗어날 수 있게 하는 조건이고, 정치 조직의 역할과 기법을 창출하는 조건이며, 유일하게 사회적 약속에 정당성을 부여하는 조건이기 때문이다. 이런 조건이 없다면 사회적 약속은 불합리하고 폭압적일 것이며, 가장 엄청난 폐단을 불러올 것이다.

8장
사회상태

자연상태에서 사회상태état civil로의 이행은, 사람의 행위에서 본능을 정의로 대체하고 이전에 없던 도덕성을 사람의 행동에 부여함으로써 대단히 주목할 만한 변화를 일으킨다. 이때에 이르러 비로소 육체적 충동을 의무의 요청voix du devoir이 대신하고 욕망을 법이 대신하면서, 그때까지 자기 자신만 생각했던 사람은 이제 자신이 다른 원리를 좇아 행동하지 않을 수 없고 자기 성향을 따르기 전에 이성을 먼저 고려하지 않을 수 없음을 알게 된다. 이런 사회상태에서 사람은 자연으로부터 부여받은 여러 가지 장점을 상실하지만 반면에 대단히 커다란 장점들을 다시 얻게 되어 그의 능력이 발휘되고 발달되며, 그의 생각이 넓어지고 그의 감성이 고상해지는 만큼 그의 온 영혼이 고양된다. 따라서 이 새로운 〔사회〕상태의 폐단으로 인해 그가 자신이 벗어난 〔자연〕상태 이하로 추락하는 일이 종종 벌어지지 않는 한, 사람은 자신을 자연상태로부터 영원히 떼어내어 어리석고 무지한 동물에서 지적인 존재인 인간으로 만들어준 그 행운의 순간에 끊임없이 감사해야 할 것이다.

얻는 것과 잃는 것을 비교하기 쉽게 요약해보자. 사람이 사회계약으로 인해 잃는 것은 자연적 자유와 마음 내키는 대로 취할 수 있는 모든 것에 대한 무제한의 권리다. 얻는 것은 사회적 자유liberté civile와 자신이 소유하는 모든 것에 대한 소유권이다. 이런 이해득실의 상쇄에서 잘못을 범하지 않으려면, 개인의 힘에 의해서만 제한을 받는 자연적 자유와 일반의지에 의해 제한되는 사회적 자유를 올바르게 구별해야 한다. 또한 힘의 결과이거나 최초 점유자의 권리일 뿐인 소유와 어떤 적극적인 권리를 토대로 해서만 성립할 수 있는 소유권도 올바르게 구별해야 한다.

앞에서 말한 사회상태에서 얻는 것으로서, 사람을 진정 자신의 지배자로 만들어주는 유일한 것인 도덕적 자유liberté morale를 덧붙일 수 있다. 오직 욕망의 충동만을 따르는 것은 예속이며, 스스로 정한 법에 복종하는 것은 자유다. 그러나 나는 이 주제에 관해서는 이미 너무 많은 말을 했으며, 자유라는 말의 철학적 의미는 내가 여기서 다루는 주제가 아니다.

9장
토지에 대한 권리

공동체의 각 성원은 공동체가 형성되는 순간에, 자기 자신과 자기가 소유하는 재산을 포함한 자신의 모든 힘을 실제 있는 그대로 공동체에 바친다. 이런 행위를 통해 소유자가 바뀐다고 해서 소유물의 본질이 바뀌거나 소유물이 주권자 소유의 재산이 되는 것도 아니다. 그러나 도시〔국가〕Cité의 힘은 개인의 힘보다 비교할 수 없을 만큼 더 크기 때문에, 적어도 외국인에 대해서는 공적 소유가 더 정당하지는 않더라도 더욱 강하면서 확고하다. 국가Etat는 국가의 성원에 대해서 국가 내 모든 권리의 기초가 되는 사회계약을 통해 그들의 모든 재산을 지배하기 때문이다. 그러나 국가는 다른 나라들에 대해서는 개인에게서 유래하는 최초 점유자의 권리를 지닐 뿐이다.

최초 점유자의 권리는 최강자의 권리보다 더 실질적인 권리지만, 소유권의 확립 이후에만 진정한 권리가 된다. 모든 사람은 자신이 필요로 하는 모든 것에 대해 당연히 권리를 갖지만, 그를 어떤 재산의 소유자로 만드는 적극적인 행위는 그 밖의 다른 모든 재산으로부터 그를 배제한다. 일단 자기 몫이 정해지면 그는 그 몫에 만족해야 하며, 공동체〔의 재산〕에 대한 어떤 권리도 더 이상 갖지 못한다. 이것이야말로 자연상태에서 그토록 취약한 최초 점유자의 권리가 모든 사회인에게서 존중받는 이유다. 사람들은 최초 점유자의 권리를 타인에게 속해서라기보다 자신에게 속하지 않는다는 점에서 존중한다.

일반적으로 어떤 토지에 대한 최초 점유자의 권리를 인정하려면 다음과 같은 조건이 필요하다. 첫째, 현재 그 토지에 아무도 살고 있지 않을 것. 둘째, 점유자가 생존에 필요한 크기만 차지할 것. 셋째, 공허한 의식(儀式)에 의해서가 아니라 법적 권리가 없을 때 타인에게 존중받을 유일한 소유권의 징표인 노동과 경작에 의해 토지를 소유할 것.

사실 필요와 노동에 따라 최초 점유자의 권리를 부여하는 것은 그 권리를 최대한 확대하는 것이 아닌가? 이런 권리에 제한을 가할 수는 없는가? 공유지에 발을 내딛는 즉시 자기가 그 토지의 주인이라고 주장해도 되는가? 다른 사람들에게서 그곳으로 돌아올 권리를 영구히 박탈하려면 그들을 잠시 내쫓을 힘을 갖는 것으로 충분한가? 약탈은 자연이 사람들에게 공통으로 제공하는 거주지와 식량을 다른 사람에게서 빼앗는 행위이므로 처벌받아 마땅한데, 어떻게 어떤 사람 혹은 어떤 인민이 부당한 약탈을 범하지 않고 거대한 영토를 독점해 인류 전체에게서 그것을 빼앗을 수 있다는 말인가? 누녜스 발보아가 해안에 상륙해 카스티야[28] 왕의 이름으로 남태평양과 남아메리카 전부를 소유하게 되었을 때, 이것만으로 그곳의 모든 원주민을 내쫓고 세계의 모든 군주가 그곳에 들어오지 못하게 하기에 충분했던 것일까? 이런 식으로 그 의식은 매우 덧없이 확대되어, 그 가톨릭 〔카스티야〕 왕은 자기보다 앞서 다른 군주들이 소유한 영토가 있다면 그것을 자기 제국에서 제외해가면서, 자신의 집무실에 앉아 전 세계를 단숨에 점령하기만 하면 되었다.

우리는 어떻게 인접한 개인들의 토지가 서로 결합되어 공적 영토가 되는지, 어떻게 주권자의 권리가 신민으로부터 그들이 점유한 토지에까지 확대되어 사람에 대한 권리와 재산에 대한 권리를 모두 포함하게 됨으로써, 토지를 소유한 사람들이 주권에 더욱 의존하게 되고 그들의 힘조차 주권에 대한 충성의 보증으로 변하게 되는지를 이해한다. 고대의 군주들은 이런 장점을 잘 이해하지 못한 것 같다. 그들은 스스로를 단지 페르시아인의 왕, 스키타이인의 왕, 마케도니아인의 왕이라 칭한 것으로 보아 자신을 그 나라의 주인이라기보다는 오히려 그곳에 사는 사람들의 지도자로 여겼던 것 같다. 오늘날의 왕들은 더욱 교묘하게 스스로를 프랑스 왕, 스페인 왕, 영국 왕 등으로 부른다. 그들은 토지를 장악함으로써 그 토지의 거주민을 더욱 확실히 장악한다.

이런 양도에서 특이한 점은 공동체가 개인들의 재산을 받아들이면서 그 재산을 강탈하는 것이 아니라, 단지 그들에게 그 재산의 정당한 소유를 보장하고 약탈을 진정한 권리로, 보유를 소유권으로 바꿀 뿐이라는 것이다. 따라서 소유자는 공적 재산의 수탁자로 간주되고 소유자의 권리는 국가의 모든 성원에게 존중받으며, 다른 나라에 맞서 국가가 전력을 다해 소유자를 보호한다. 말하자면 소유자는 공공에 이롭고 자기 자신에게 훨씬 더 이로운 양도를 통해서 자기가 양도한 모든 것을 획득한다. 이런 역설은 앞으로 보게 되겠지만 동일한 토지에 대해 주권자가 갖는 권리와 소유자가 갖는 권리가 구별된다는 점을 통해 쉽게 설명된다.

사람들이 아직 아무것도 소유하지 않았을 때 모이기 시작해서, 모두를 위한 충분한 토지를 점유해 공동으로 보유하든지 아니면 균등하게 혹은 주권자가 정해준 비율에 따라 분할하는 일도 일어날 수 있다. 〔그러나〕 토지의 획득이 어떤 방식으로 이루어지든, 자기 토지에 대한 각 개인의 권리는 공동체가 모든 토지에 대해 갖는 권리에 언제나 종속된다. 그렇지 않으면 사회적 유대에 결속력이 약해지고 주권의 행사가 실질적 힘을 잃게 될 것이다.

나는 모든 사회 제도의 기초가 되어야 하는 한 가지를 지적하는 것으로 이 장과 1부를 끝맺기로 하겠다. 이런 근본 계약pacte fondamental은 자연적 평등을 파괴하기는커녕 오히려 반대로 자연이 낳은 사람들 사이의 육체적 불평등을 정신적이고 합법적인 평등으로 대체하며, 사람들은 타고난 체력과 재능에서 불평등할 수 있을지라도 계약과 법에 의해 모두 평등해진다는 것이다.*

* 나쁜 정부 아래에서는 이런 평등이 피상적이고 허상일 뿐이다. 거기서는 평등이 빈자가 계속 비참하게 살고 부자가 계속 강탈 행위를 하는 데 도움이 될 뿐이다. 실제로 법은 언제나 재산 소유자에겐 유익하고 아무것도 없는 자에겐 해롭다. 그러므로, 모든 사람이 어느 정도씩은 소유하고 그들 중 어느 누구도 지나치게 많이 소유하지 않는 한에서만 사회상태가 사람들에게 유익하다.

2부

1장
주권은 양도할 수 없다

앞에서 확립된 원리들의 첫 번째 결론이자 가장 중요한 결론은 일반의지만이 국가의 힘을 공동선이라는 국가 수립의 목적에 따라 지도할 수 있다는 것이다. 만약 개인적 이익들의 상충이 사회 수립을 필요로 하게 만들었다면, 그 사회의 수립을 가능하게 한 것은 개인적 이익들의 일치이기 때문이다. 사회 결속을 이루는 것은 바로 이런 서로 다른 이익들 속에 있는 공동이익이다. 만약 그 모든 이익들이 어떤 일치점을 갖지 않는다면 어떤 사회도 존재할 수 없다. 그렇다면 사회는 오직 이런 공동의 이익을 토대로 해서 통치되어야 한다.

따라서 주권은 일반의지의 행사일 뿐이므로 절대로 양도할 수 없으며, 집합적 존재에 불과한 주권자는 자기 자신에 의해서만 대표될 수 있다.

권력은 순조롭게 양도할 수 있지만 의지는 그럴 수 없다.

사실 개별의지가 어떤 점에서 일반의지와 일치하는 것이 불가능하진 않지만, 적어도 이런 일치가 변하지 않고 지속되는 것은 불가능하다. 개별의지는 본래 차등화되는 경향을 띠지만, 일반의지는 평등을 지향하기 때문이다. 설령 그런 일치가 항상 존재한다 해도 그것을 보장하기란 훨씬 더 불가능하다. 그것은 기술의 결과가 아니라 우연의 산물일 것이다. 주권자가 "나는 지금 어떤 사람이 원하는 것 혹은 적어도 그가 원한다고 말하는 것을 원한다"라고 말할 수 있을지는 모르지만, "그 사람이 내일 원하게 될 것을 나도 마찬가지로 원할 것이다"라고 말할 수는 없다. 의지가 미래에 구속되는 것은 불합리하고, 의지 주체의 이익에 반대되는 일을 허용하는 의지는 절대 없기 때문이다. 따라서 인민이 복종만을 약속한다면, 그 행위로 말미암아 인민은 스스로 해체되고 인민의 자격을 상실한다. 지배자가 생기는 순간에 주권자는 더 이상 존재하지 않으며, 그 때부터 정치체는 파괴된다.

이것은 지도자의 명령이 일반의지로 통할 수 없다는 뜻이 절대 아니다. 지도자의 명령에 반대할 수 있는 자유로운 주권자가 굳이 그 명령에 반대하지 않는다면 그럴 수 있다. 그런 사례에서는 전체의 침묵을 인민의 동의로 간주해야 한다. 이 점에 대해서는 뒤에서 좀 더 길게 설명할 것이다.

2장
주권은 분할할 수 없다

주권은 양도할 수 없는 것과 같은 이유로 분할할 수 없다. 의지는 일반적이거나* 일반적이지 않기 때문이다. 의지는 인민 전체의 의지이거나 인민 일부의 의지다. 전자의 경우 의지의 표명은 주권 행위이며, 법을 제정한다. 후자의 경우 그것은 개별의지이거나 행정 행위일 뿐이고, 기껏해야 명령의 일종이다.

그러나 우리의 정치〔사상〕가들은 원리상 주권을 분할할 수 없으니 주권의 대상에 따라 주권을 분할한다. 그들은 주권을 힘과 의지, 입법권과 행정권, 과세권과 사법권 및 전쟁선포권, 국내 행정권과 대외 교섭권으로 분할한다. 그들은 어떤 때는 이 모든 부분을 합치기도 하고, 또 어떤 때는 그것들을 분리하기도 한다. 그들은 주권자를 여러 조각들이 덧붙여 이루어진 가공의 존재로 만든다. 그것은 마치 눈을 가진 몸, 팔을 가진 몸, 발을 가진 몸 등 여러 몸을 가지고 인간을 조립하는 것과 같으며, 그 이상은 아니다. 일본의 야바위꾼들은 구경꾼들 바로 앞에서 어린아이의 사지를 절단해 하나씩 차례로 공중으로 던져 올리는데 그것들이 떨어질 때는 다시 합쳐져 살아 있는 어린아이의 모습으로 떨어지게 된다고 한다. 우리 정치〔사상〕가들의 마술과 같은 〔현혹시키는〕 행위도 거의 이와 마찬가지다. 그들은 장터에 어울리는 눈속임 기술로 사회단체corps social를 분할한 다음, 사람들이 알 수 없는 방식으로 그 조각들을 다시 조립하기 때문이다.

이런 오류는 주권의 정확한 개념을 파악하지 못하고 주권의 발현에 불과한 것을 주권의 일부로 착각한 데서 비롯된다. 따라서, 예컨대 전쟁 선포와 평화조약 체결 행위는 주권 행위로 간주되었지만 〔실상은〕 그렇지 않다. 이런 모든 행위는 법이 아니라 법의 적용일 뿐이며, 법이라는 말에 결부된 관념이 확립되면 분명해지겠지만, 법적 사례를 결정하는 특별한 행위이기 때문이다.

---

* 어떤 의지가 일반적인 것이 되려면, 항상 전원 일치를 이룰 필요는 없지만 모든 발언을 헤아릴 필요는 있다. 형식상 제외되는 것이 하나라도 있으면 의지의 일반성이 파괴된다.

이와 같은 방식으로 다른 분할도 검토해보면, 주권이 분할되어 있다고 생각하는 것은 매번 오류를 범하는 것이며, 주권의 일부로 여겨지는 권리들이 실은 모두 주권에 종속되어 있고, 이런 권리들을 집행하기만 하는 최고 의지를 언제나 전제로 함을 알 수 있을 것이다.

정치적 권리라는 주제를 다루는 저자들이 자신이 확립한 원칙에 근거해 왕의 권리와 인민의 권리를 각각 판단하려 했을 때, 이런 정확성의 결여가 그들의 결정에 얼마나 많은 모호함을 초래했는지 이루 말할 수 없다. 그로티우스의 저서 제1부의 3장과 4장을 보면, 이 학자와 그의 번역자인 바르베라크[29]가 정치적 권리에 대해 너무 과하게 말하거나 부족하게 말하여 자신들이 조정해야 하는 이익과 충돌하게 될까 봐 궤변에 빠져 얼마나 갈피를 못 잡고 당황하는지를 누구나 알 수 있다.

조국에 불만을 품고 프랑스로 망명해 루이 13세의 총애를 받고자 그에게 자기 책을 헌정한 그로티우스는 최대한 기교를 발휘해 인민으로부터 모든 권리를 빼앗아 왕에게 그 권리를 부여하려고 전력을 다한다. 물론 그 책을 번역해 영국 왕 조지 1세에게 바친 바르베라크의 취향 역시 이와 같았으리라. 그러나 불행히도 그가 양위라고 표현한 제임스 2세의 폐위로 말미암아 그로티우스는 윌리엄을 찬탈자로 보이지 않게 하려고 어쩔 수 없이 모호하게 얼버무리며 둘러댈 수밖에 없었다. 만약 두 작가가 진정한 원리를 따랐다면 자신이 처한 모든 곤경을 피할 수 있었을 것이고 언제나 일관성을 유지할 수 있었을 것이다. 하지만 그들이 진리를 말하고 인민에게만 헌신했더라도 그들의 속마음은 달갑지 않았으리라. 진리는 출세에 이르는 길이 전혀 아닌데다, 인민은 대사직도 교수직도 연금도 주지 않기 때문이다.

3장
일반의지가 잘못될 수 있는가

앞의 설명을 통해 일반의지는 언제나 옳고 항상 공익을 지향한다는 결론을 내릴 수 있다. 그러나 이것이 인민의 심의délibérations du peuple가 언제나 그처럼 공정하다는 결론으로 이어지는 것은 아니다. 사람은 언제나 자기에게 좋은 것을 원하지만, 그것이 무엇인지를 항상 알지는 못한다. 인민은 절대로 매수되지 않지만, 종종 속아 넘어간다. 인민이 자기에게 나쁜 것을 원하는 것처럼 보이는 것은 이때뿐이다.

전체의지와 일반의지 사이에는 대체로 커다란 차이가 있다. 일반의지가 공동이익만을 고려하는 반면, 전체의지는 사적 이익을 고려하는 개별의지들의 총합일 뿐이다. 그러나 이런 개별의지들에서 서로를 상쇄하는 넘치거나 부족한 의지들을 빼면* 그 차이들의 총합으로서 일반의지가 남는다.

인민이 상황을 잘 알고 심의할 경우, 그들 사이에 아무런 〔사전〕 의사소통이 없다면 수많은 사소한 차이들의 결과로서 언제나 일반의지가 도출될 것이며, 그 심의는 언제나 바람직할 것이다. 그러나 큰 결사체에 해를 끼치는 분파와 부분적인 결사체가 형성될 경우, 이런 결사체들 각각의 의지는 구성원에게는 일반의지가 되지만 국가에는 개별의지가 된다. 그렇다면 이제 사람 수만큼 투표자가 있는 것이 아니라, 단지 결사체의 수만큼 투표권이 있는 것이라고 말할 수 있다. 차이들이 수적으로 적어

---

* 다르장송 후작은 다음과 같이 말한다. 각각의 이익은 서로 다른 원리를 갖고 있다. 두 사람의 개인적 이익의 일치는 제3자의 이익과의 대립을 통해 이루어진다. 그는 모든 이익의 일치가 각자의 이익과의 대립을 통해 이루어진다고 덧붙일 수도 있었을 것이다. 만약 서로 다른 이익들이 전혀 존재하지 않는다면, 아무런 방해도 받지 않는 공동이익은 거의 의식되지 않을 것이다. 그러면 모든 일이 〔순조롭게〕 저절로 진행될 것이며, 정치도 기술art이 되지 못할 것이다.

지고 덜 일반적인 결과를 낳게 된다. 결국 이런 결사체들 가운데 하나가 너무 커서 다른 모든 결사체들을 압도하게 되면, 그 결과는 이제 사소한 차이들의 총합이 아니라 단 하나의 차이로 나타난다. 그러면 일반의지는 더 이상 존재하지 않으며, 우세한 의견도 개별적인 견해일 뿐이다.

따라서 일반의지가 올바르게 표현되기 위해서는 국가 내에 어떤 부분적인 사회도 존재하지 않고 시민 각자가 자신만의 소신을 밝히는 것이 중요하다.* 위대한 리쿠르고스[30]의 유례없이 탁월한 제도가 바로 이것이었다. 만약 부분적인 사회들이 존재한다면, 솔론[31]과 누마[32]와 세르비우스[33]가 한 것처럼, 그 사회들의 숫자를 늘려 불평등을 미연에 방지해야 한다. 이런 신중함만이 일반의지가 언제나 명확히 밝혀지고 인민이 절대 속지 않게 하는 훌륭한 방안이다.

4장
주권의 한계

만약 국가 혹은 도시국가가 구성원의 결합으로 생명을 유지하는 정신적 인격일 뿐이고 국가의 가장 중요한 관심사가 국가 자체의 보존이라면, 국가는 전체에 가장 적합한 방식으로 각 부분을 작동시키고 배치하기 위한 보편적이고 강제적인 힘을 가져야 한다. 마치 자연이 각 사람에게 각자의 팔다리에 대한 절대적 힘을 부여하는 것처럼, 사회계약은 정치체에 모든 구성원에 대한 절대 권력을 부여한다. 앞에서 말했듯이 일

---

* 마키아벨리는 다음과 같이 말한다. 분열에는 공화국에 해로운 것과 이로운 것이 있음이 사실이다. 분파와 파당이 수반되는 분열은 해롭고, 분파와 파당 없이 유지되는 분열은 이롭다. 따라서 공화국의 창설자는, 공화국 내에 아무 대립도 없게 할 수는 없으므로 적어도 분파가 존재하지 않도록 대비해야 한다. 《피렌체사》, VII.

반의지에 따라 인도되는 이런 권력이 바로 주권이란 이름으로 불린다.

그러나 이런 공적 인격 외에 그것을 구성하는 사적 개인들을 고려해야 한다. 이들의 생명과 자유는 본래 공적 인격과는 상관이 없기 때문이다. 따라서 시민의 권리와 주권자의 권리를 구분하고,* 시민이 신민으로서 수행해야 하는 의무와 사람으로서 누려야 하는 자연권을 구분하는 것이 중요하다.

각자가 사회계약을 통해 양도하는 것은 자신의 힘과 재산 및 자유 전부가 아니라 공동체에 중요하게 사용되는 일부에 불과하다는 것이 인정되는 바다. 그러나 주권자만이 그 중요성에 대한 판단자라는 것도 인정되어야 한다.

시민은 자신이 국가에 할 수 있는 모든 봉사를 주권자가 요구하는 즉시 의무적으로 해야 한다. 그러나 주권자 측에서는 공동체에 필요 없는 어떤 속박도 신민들에게 부과할 수 없다. 심지어 그것을 원할 수도 없다. 이성의 법칙에서도 자연의 법칙에서와 마찬가지로 원인 없이 발생하는 일은 전혀 없기 때문이다.

우리를 사회단체에 결합시키는 계약들은 상호적이라는 이유만으로 의무적이다. 그 계약들의 본성은 사람들이 이런 계약을 이행하면서 다른 사람을 위해 일하는 것이 언제나 자기 자신을 위해 일하는 것과 같다는 데 있다. 왜 일반의지는 언제나 옳은가? 왜 모든 사람은 끊임없이 각자의 행복을 원하는가? 그 이유는 각자라는 말이 모든 사람에게 해당되고, 누구나 전체를 위해 투표하면서도 자신을 생각하기 때문이 아닌가? 이런 사실은 권리의 평등과 거기서 생기는 정의의 관념이 각자의 자신에 대한 애착, 결론적으로 사람의 본성에서 유래함을 입증한다. 또한 일반의지가

---

* 주의 깊은 독자들이여, 내가 여기서 모순에 빠졌다고 성급히 비난하지 마시라. 나는 언어의 빈곤함으로 말미암아 내가 사용하는 용어에서 모호함을 피할 수 없었으나 기다려주시라.

진정한 일반의지가 되기 위해서는 본질은 물론 목적에서도 일반적이어야 한다는 것, 일반의지가 전체에 적용되기 위해서는 전체로부터 나와야 한다는 것, 일반의지가 개인적으로 한정된 대상을 지향하면 우리가 자신과 관계없는 것을 판단하는 데 지침이 되는 참다운 공정성의 원칙을 전혀 갖고 있지 않으므로 본래의 공정함을 상실하게 된다는 것을 입증하기도 한다.

실제로 일반적인 사전 계약에 의해 규정되지 않은 점과 관련해 개별적인 사실이나 권리가 문제시되면, 그것은 곧바로 분쟁으로 이어진다. 이는 이해관계를 갖는 개인들이 한쪽 당사자가 되고 공중이 다른 쪽 당사자가 되는 소송이다. 그러나 여기에는 따라야 할 법도 없고 판결을 내릴 재판관도 없다. 이런 사례에서 일반의지의 명확한 결정을 따르기를 바라는 것은 어리석은 일일 것이다. 이런 결정은 양자 가운데 어느 한쪽의 결정일 수밖에 없으며, 결국 다른 쪽에게는 자신에게 생소한 개별의지일 수밖에 없는데, 이 경우에는 부정의가 따르고 오류가 생기기 쉽다.

따라서 개별의지가 일반의지를 대표할 수 없는 것과 마찬가지로 일반의지도 개별적인 대상을 갖게 되면 본질이 바뀌므로 어떤 사람이나 사물에 대해서 일반적으로 판결을 내릴 수 없다. 예컨대 아테네의 인민이 자신의 통치자들을 임명하거나 해임하고, 어떤 사람에게는 명예를 주고 어떤 사람에게는 형벌을 부과하며, 수많은 개별 법령에 따라서 정부가 하는 모든 일을 무차별적으로 행했을 때, 그 인민은 엄밀한 의미에서의 일반의지를 더 이상 갖고 있지 않았다. 그들은 이제 주권자로 행동하지 않고 행정관으로 행동했다. 이것은 통상적인 생각과 상반되어 보이겠지만, 내 생각을 밝힐 기회가 있을 것이다.

이런 점에서 의지를 일반화하는 것은 투표자의 수보다는 오히려 투표자를 결합시키는 공동이익임을 이해해야 한다. 이런 제도에서 각자는 자신이 다른 사람들에게 강요하는 조건을 자신도 반드시 따라야 하기 때문이다. 이것은 이익과 정의의 훌륭한 일치로서 공동 심의délibérations communes에 공정성을 부여한다. 이런 공정성은 재판관의 규칙과 당사자의 규칙을 결합해 일치시키는 공동이익의 결핍으로 말미암아 모든 개별적인 사안에 대한 토론에서는 사라져버린다.

어느 쪽으로 그 원리로 거슬러 올라가든 우리는 언제나 같은 결론에 도달한다. 즉, 사회계약은 시민들 사이에 모두가 같은 조건으로 계약하며 같은 권리를 누려야 한다는 평등을 확립한다는 점이다. 따라서 이런 계약의 본질상 모든 주권 행위, 곧 일반의지의 모든 정당한 행위는 모든 시민에게 동등하게 의무를 지우거나 혜택을 부여함으로써 주권자는 국가라는 집단만 인정하고 국가를 구성하는 사람들을 누구도 차별하지 않는다. 그러면 주권 행위란 정확히 무엇인가? 그것은 우월한 자와 열등한 자 사이의 계약이 아니라 〔국가〕 집단과 구성원 각자 사이의 계약이다. 이 계약은 사회계약을 바탕으로 하므로 정당하고, 모두에게 공통되므로 공평하며, 일반적 행복bien général 외에 다른 목적을 가질 수 없으므로 유익하고, 공권력과 최고 권력에 의해 보장되므로 확고하다. 신민이 이런 계약에만 복종하는 한, 그들은 누구에게도 복종하지 않고 오직 자기 자신의 의지에만 복종하는 것이다. 또한 주권과 시민권이 각각 어디까지 확대되는지를 묻는 것은 시민이 서로 간에, 곧 각자가 전체에 대해서 또 전체가 각자에 대해서 어디까지 의무를 부담할 수 있는지를 묻는 것과 같다.

이런 점에서 주권은 매우 절대적이고 신성불가침할지라도 일반적 계약의 한계를 넘어서지 않고 넘어설 수도 없으며, 모든 사람이 이런 계약으로 말미암아 자기에게 남겨진 재산과 자유를 마음껏 처분할 수 있음을 알 수 있다. 따라서 주권자는 어떤 신민에게 다른 사람보다 더 많은 부담을 지울 권리를 절대 갖지 못한다. 그러면 그 문제가 개별적인 것이 되어 주권자의 권한을 벗어나게 되기 때문이다.

이런 구별이 일단 인정되면, 개인이 사회계약으로 인해 진정 무언가를 포기하게 된다는 것은 아주 잘못된 것이다. 실제로 이 계약의 이행으로 말미암아 개인의 상황은 계약이 이뤄지기 전보다 나아지므로 개인은 양도를 하기는커녕 유리한 교환을 한 것이다. 즉, 그는 불확실하고 불안정한 존재 양식을 더 좋고 안전한 존재 양식으로, 자연적 독립을 자유로, 타인을 해치는 힘을 자신의 안전으로, 타인에게 제압당할 수 있는 자신의 힘을 사회적 결합을 통해 대적할 자가 없는 권리로 교환한 것일 뿐이다. 개인이 국가에 바친 생명조차 국가로부터 지속적으로 보호받는다. 개인이 국가의 수호를 위해 자신의 생명을 건다면, 자기가 국가로부터 받은 것을 국가에 되돌려주는 행위가 아니고 무엇인가? 개인이 자기 생존에 필요한 것을 목숨을 걸고 지키려 하는 불가피한 투쟁 속에서 살아간다면, 그가 자연상태에서 더 큰 위험을 안고 더욱 빈번히 수행했던 일과 무엇이 다른가? 모든 사람은 필요할 경우 조국을 위해 싸워야 하는 것이 사실이다. 그러나 누구도 자기 자신을 위해 싸울 필요가 전혀 없는 것도 사실이다. 자신의 안전이 위협받는 즉시 자기 자신을 위해 감당해야 하는 위험 전부 대신에 일부만을 자신의 안전을 지켜주는 것(곧 조국)을 위해 무릅쓴다면, 우리가 여전히 이득을 얻는 것이 아닌가?

5장
생명을 처분할 권리

개인에게는 자신의 생명을 처분할 권리가 전혀 없는데, 자기가 갖지 않은 이 권리를 어떻게 주권자에게 양도할 수 있느냐고 묻는 사람들이 있다. 이 질문은 답하기 어려워 보이는데, 질문이 잘못 제기되었기 때문에 그럴 수밖에 없다. 모든 사람은 자기 보존을 위해 생명을 건 모험을 할 권리가 있다. 화재를 피하기 위해 창밖으로 뛰어내리는 사람을 가리켜 자살범이라고 말한 사람들이 지금껏 있었던가? 폭풍의 위험을 알면서도 출항해 폭풍 속에서 죽은 사람에게 자살죄를 범한 책임을 묻는 일이 일찍이 있었던가?

사회계약은 계약자의 보존을 목적으로 삼는다. 목적을 〔달성하길〕 원하는 사람에게는 수단 역시 필요하다. 이런 수단에는 다소의 위험과 심지어 약간의 인명 피해도 따를 수 있다. 다른 사람을 희생시켜 자기 생명을 보존하려는 사람은 필요할 때면 마찬가지로 다른 사람을 위해 자기 생명도 바쳐야 한다. 이제 시민은 법이 자기에게 무릅쓰도록 요구하는 위험에 대한 심판자가 더 이상 아니다. 따라서 군주가 시민에게 '당신이 죽는 것이 국가를 위해 필요하다'고 말하면 그는 마땅히 죽어야 한다. 시민은 오직 이런 조건으로 그때까지 안전하게 살아왔고, 그의 생명도 이제 자연이 베푼 은혜일 뿐만 아니라 국가에서 조건부로 받은 선물이기 때문이다.

범죄인에게 부과되는 사형도 이와 거의 같은 관점에서 고찰할 수 있다. 사람들이 살인자가 될 경우 사형에 처해지는 데 동의하는 것도 자기가 살인자의 희생물이 되지 않기 위해서다. 이런 계약에서 사람들은 자기 생명을 타인의 처분에 맡긴다고 생각하기는커녕 자기 생명을 보존한다고 생각할 뿐이며, 계약 당사자의 어느 편도 계약을 할 때 자기가 처형당할 것을 미리 계획하리라고 추측할 수 없다.

게다가 사회적 권리를 침해하는 모든 악당은 그의 중죄로 말미암아 조국에 대한 배신자이자 반역자가 된다. 그는 조국의 법을 위반함으로써 조국의 일원이 되기를 그만두며, 심지어 조국을 상대로 전쟁을 벌인다. 그러면 국가의 보존이 자기 보존과 양립할 수 없으므로, 양자 가운데 하나가 사라져야 한다. 범죄인도 시민보다는 적으로 간주되어 사형에 처해진다. 소송과 판결은 그가 사회계약을 깨뜨렸으므로 이제 더 이상 국가의 구성원이 아니라는 증명이자 선언이다. 그러나 범죄인이 최소한 거주에 의해서 국가의 구성원을 자처하므로, 그를 사회계약의 위반자로 추방하거나 공공의 적으로 처형함으로써 국가에서 제거해야 한다. 그와 같은 적은 정신적 인격체가 아닌 한 사람에 불과하며, 전쟁에서 패자를 죽일 권리도 이런 이유 때문이다.

그러나 사람들은 범죄인의 처벌이 개별적인 행위라고 말할 것이다. 나도 동의한다. 따라서 이런 처벌은 주권자가 할 일이 절대 아니다. 그것은 주권자가 부여할 수 있는 권리이지만, 주권자 스스로 행사할 수 있는 권리는 아니다. 내 모든 생각은 일관성이 있지만, 그 생각을 한꺼번에 모두 설명할 수는 없다.

더욱이 형벌이 자주 집행되는 것은 언제나 정부의 무능력과 나태함의 징표다. 아무짝에도 쓸모없는 악한은 하나도 없다. 살려두면 위험할 수밖에 없는 사람을 제외하곤, 심지어 일벌백계 차원에서도 사람을 사형에 처할 권리는 없다.

범죄인에게 법이 규정하고 재판관이 선고한 형벌을 면제하거나 범죄인을 사면할 권리에 대해 말하자면, 이런 권리는 재판관과 법보다 높은 위치에 있는 존재, 곧 주권자에게만 속한다. 그러나 이런 문제에서 주권자의 권리는 그리 명확하지 않으며, 그 권리가 적용되는 사례도 몹시 드물다. 잘 다스려지는 국가에서는 사면이 많이 이뤄져서가 아니라 범죄가 거의 없기 때문에 형벌이 거의 없다. 국가가 망해갈 때는 수많은 범죄가 묵인되어 처벌받지 않는다. 로마 공화정 때는 원로원도 집정관도 사면을 시도한 적이 없었다. 로마 인민조차 때때로 자신의 판결을 철회할지언정 사면은 하지 않았다. 빈번한 사면은 조만간 중죄에 대한 사면도 필요치 않게 되리라는 것을 예고하며, 그것이 어떤 결과로 이어질지는 누구나 안다. 그러나 내 마음이 다음과 같이 속삭이며 내 펜을 만류하는 것이 느껴진다. '이런 문제에 대한 토론은 지금껏 한 번도 죄를 범하지 않아서 사

면받을 필요가 전혀 없었던 올바른 사람에게 맡기자.'

6장
법

우리는 사회계약을 통해서 정치체에 존재와 생명을 주었다. 이제 문제는 입법을 통해서 정치체에 활동과 의지를 주는 것이다. 이런 정치체를 형성하고 결합시키는 최초의 행위는, 정치체가 자기 보존을 위해 무엇을 해야 하는지에 대해서 아무것도 규정하지 않고 있기 때문이다.

선하고 질서에 부합하는 것은 사물의 본성에 따른 것이지, 인간의 약속과는 무관하다. 모든 정의는 신에게서 유래하며, 신만이 정의의 원천이다. 그러나 우리가 그토록 높은 곳으로부터 정의를 받아들일 줄 안다면, 정부도 법도 필요 없을 것이다. 물론 오직 이성에서 나오는 어떤 보편적 정의가 있다. 그러나 이런 정의가 사람들 사이에서 인정받으려면 상호적인 것이어야 한다. 이 문제를 인간적인 관점에서 고찰하면, 정의의 법은 자연적 처벌을 수반하지 않으므로 사람들 사이에서 쓸모가 없다. 올바른 사람은 모든 사람을 상대로 정의의 법을 지키는 반면에 올바른 사람을 상대로 어느 누구도 그 법을 지키지 않는다면, 정의의 법은 악한 사람에게만 이익이 되고 올바른 사람에게는 손해를 입힐 뿐이다. 따라서 권리와 의무를 결합시키고 정의의 목적을 달성시키기 위한 약속과 법이 필요하다. 모든 것이 공유되는 자연상태에서 나는 내가 아무것도 약속한 바 없는 사람들에게 어떤 의무도 지지 않고, 내게 필요 없는 것만 남의 것으로 인정된다. 그런데 모든 권리가 법으로 확립된 사회상태에서는 그렇지 않다.

그러면 도대체 법이란 무엇인가? 이 단어에 형이상학적인 관념만 결부시키는 데 그치는 한, 사람들은 합의에 이르지 못하고 논증을 계속할 것이다. 또한 자연법loi de la nature이 무엇인지를 규명했다고 해서 국가법loi de l'Etat이 무엇인지를 더 잘 이해하는 것도 아니다.

앞에서 말했듯이, 개별적인 대상을 상대로 하는 일반의지는 전혀 없다. 실제로 이런 개별적인 대상은 국가 내부에 존재하거나 국가 외부에 존재한다. 만약 개별적인 대상이 국가 외부에 존재하면, 그 국가와 상관없는 어떤 의지는 그 국가에 전혀 일반적이지 않다. 만약 개별적인 대상이 국가 내부에 존재하면, 그 대상은 국가의 일부가 된다. 그러면 전체와 부분 사이에는 양자를 두 개의 분리된 존재로 만드는 관계가 형성되는데, 하나는 부분이고 다른 하나는 그 부분을 제외한 전체다. 그러나 부분을 제외한 전체는 절대로 전체가 될 수 없다. 이런 관계가 존속되는 한, 전체는 더 이상 존재하지 않고 〔크기가 다른〕 두 개의 부분이 존재할 뿐이다. 따라서 〔양자 가운데〕 어느 한쪽의 의지는 더 이상 다른 한쪽에게 절대로 일반적이지 않다는 결론이 나온다.

그러나 인민 전체가 인민 전체와 관련된 법을 제정할 때, 인민 전체는 오직 자신만을 고려한다. 만약 이때 어떤 관계가 형성된다면, 그것은 어떤 관점에서 보는 전체와 또 다른 관점에서 보는 전체 사이의 관계로서 전체의 분리가 전혀 아니다. 따라서 법 제정의 토대가 되는 재료도 법을 제정하는 의지와 마찬가지로 일반적이다. 바로 이런 행위를 나는 법이라고 부른다.

내가 법의 대상이 항상 일반적이라고 말하는 것은 법이 집단으로서의 신민과 추상적인 것으로서의 행위를 고려하지, 개인으로서의 한 사람이나 개별적인 행위는 절대로 고려하지 않는다는 것을 뜻한다. 따라서 법이 여러 특권을 규정할 수는 있지만, 그 특권을 부여할 사람을 지명할 수는 없다. 법은 시민들을 여러 계층으로 나누고 각 계층에 속하는 권리를 지닐 자격까지도 정할 수 있지만, 특정인을 그 계층에 지명할 수는 없다.

법은 왕정과 왕위세습제를 정할 수는 있지만, 왕을 선출하거나 왕가를 지명할 수는 없다. 요컨대 개별적인 대상과 관련된 모든 기능은 전혀 입법권에 속하지 않는다.

이런 생각을 따른다면, 법을 만드는 일이 누구에게 속하는지 더 이상 물을 필요가 없다. 법은 일반의지의 행위이기 때문이다. 군주가 법 위에 있는지도 더 이상 물을 필요가 없다. 군주도 국가의 한 성원이기 때문이다. 법이 정의롭지 않을 수 있는지도 더 이상 물을 필요가 없다. 어느 누구도 자신에 대해 불공정하지는 않기 때문이다. 법에 복종하면서도 어떻게 자유로우냐고 더 이상 물을 필요도 없다. 법은 우리 의지의 기록일 뿐이기 때문이다.

더욱이 법은 의지의 보편성과 대상의 보편성을 결합한 것이므로, 우리는 그가 누구든 어떤 사람이 독단적으로 내리는 명령은 절대로 법이 아님을 다시 한 번 알게 된다. 심지어 주권자의 명령이라도 개별적인 대상과 관련된 것은 더 이상 법이 아니라 명령이며, 주권 행위가 아니라 행정 행위다.

따라서 나는 정부 형태가 어떻든 법에 따라 다스려지는 모든 국가를 공화국République이라 부른다. 이런 국가에서만 공공 이익이 지배하고 공적인 일이 중요한 문제가 되기 때문이다. 합법적인 정부는 모두 공화정이다.* 정부가 무엇인지는 나중에 설명하겠다.

법은 정확히 말하면 사회적 연합의 조건일 뿐이다. 법에 복종하는 인민이 법의 제정자가 되어야 한다. 서로 연합하는 사람들만이 그 사회의 조건을 규정할 권리를 지닌다. 그러나 이런 조건을 어떻게 규정할 것인

* 공화정이라는 말로 내가 뜻하는 것은 귀족정이나 민주정뿐만 아니라 전반적으로 일반의지, 곧 법에 따라 지도받는 모든 정부다. 정부가 합법적인 정부가 되려면 주권자와 혼동되어서는 안 되며 주권자의 집행인이 되어야 한다. 그러면 군주정일지라도 공화정이 된다. 이것은 다음 편에서 좀 더 명확해질 것이다.

가? 공동의 합의에 따를 것인가 혹은 갑작스러운 영감으로 규정할 것인가? 정치체는 자체 의지를 표명하기 위한 기관을 갖추고 있는가? 사전에 법령을 정하고 공포하는 데 필요한 예지력을 누가 정치체에 부여할 것이며, 정치체는 그 법령이 필요한 순간에 어떻게 공표할 것인가? 자기에게 유익한 게 무엇인지 좀처럼 알지 못하기에 종종 자기가 원하는 게 무엇인지도 모르는 눈먼 대중이 어떻게 입법 체계와 같이 방대하고도 어려운 작업을 스스로 수행할 것인가? 인민은 언제나 자기에게 유익한 것을 원하지만, 무엇이 유익한 것인지 언제나 알고 있는 것은 아니다. 일반의지는 언제나 옳지만, 일반의지를 이끄는 판단이 언제나 명확한 것은 아니다. 일반의지는 대상을 있는 그대로 때로는 당연히 존재해야 하는 모습으로 보여줘야 하고, 일반의지가 추구하는 올바른 길을 제시해야 하며, 일반의지가 개별의지들의 유혹에 빠지지 않게 보호해야 하고 때와 장소를 분별하게 해야 하며, 현재 목전에 놓인 이익의 매력과 먼 훗날에 나타날 숨겨진 해악의 위험을 비교해보게 해야 한다. 개인은 공익을 알되 그것을 거부하지만, 공중은 공익을 원하되 그것을 알지 못한다. 양쪽 모두에게 지도가 필요하다. 전자는 자신의 의지를 이성에 강제로 합치시켜야 한다. 후자는 자기가 원하는 게 무엇인지 알도록 가르침을 받아야 한다. 그러면 공적 계몽을 통해 사회체에 분별력과 의지가 결합되어 각 부분이 완벽히 협력함으로써 마침내 전체의 가장 큰 힘이 나타난다. 바로 여기에서 입법가의 필요성이 생겨난다.

7장
입법가

나라들Nations에 적합한 최상의 사회 규칙을 발견하려면 전혀 경험해

보지 못했으면서도 사람들의 모든 정념을 아는 탁월한 지성이 필요하다. 그는 우리〔사람〕의 본성과 아무런 관계가 없으면서도 그 본성을 철저히 알고, 우리와 무관하게 행복을 누리지만 우리의 행복에 커다란 관심을 기울이려 하며, 끝으로 세월의 흐름 속에서 스스로 먼 훗날의 영광을 준비함으로써 당대의 노력에 대한 보상을 다음 세기에 즐길 수 있는 사람이다.* 사람들에게 법을 제정해주려면 신적인 존재가 필요할 것이다.

플라톤은《정치가론》에서 시민 혹은 왕의 개념을 정의함에 있어, 칼리굴라가 사실 문제에 사용한 것과 같은 논리를 권리 문제에 적용했다. 그러나 위대한 군주가 보기 드문 사람임이 사실이라면, 위대한 입법가는 어떤 사람일까? 전자는 후자가 제시할 모델을 따르기만 하면 된다. 후자는 기계를 발명하는 기계 설계사이고, 전자는 그것을 조립해 작동시키는 직공일 뿐이다. 몽테스키외의 말처럼, 사회가 태동할 때는 공화국의 지도자들이 제도를 만들어내지만, 이후에는 그 제도가 공화국의 지도자들을 만들어낸다.

어떤 인민에게 감히 제도를 만들어주려고 시도하는 자는 말하자면 사람의 본성을 바꿀 수 있고, 스스로 완전하고 고립된 전체인 각 개인을 어떤 의미에서는 그 개인에게 생명과 존재를 부여하는 더 큰 전체의 한 부분으로 변형시킬 수 있으며, 사람의 체질을 변화시켜 더 강하게 만들 수 있고, 우리〔사람〕 모두가 자연으로부터 〔천부적으로〕 받은 육체적이고 독립된 존재를 어떤 정신적이고 부분적인 존재로 대체할 수 있다고 느껴야 한다. 요컨대 그는 사람이 본래 갖고 있던 힘을 빼앗는 대신에 그 사람에게 생소하고 타인의 도움 없이는 사용할 수 없는 힘을 부여해야 한다.

---

* 어떤 인민이 유명해지는 것은 오직 그 인민의 법제가 쇠퇴하기 시작하면서부터다. 그리스의 다른 지역에서 스파르타인들에게 관심을 갖기 이전에 그들이 리쿠르고스의 제도 아래서 얼마나 오랫동안 행복하게 지냈는지 사람들은 알지 못한다.

이런 자연적 힘이 점점 더 빠져 사라지며 새로 획득한 힘이 커지고 지속될수록, 그 제도 역시 점점 더 확고해지고 완전해진다. 따라서 시민 각자가 다른 모든 시민이 없이는 아무 존재도 아니고 아무것도 할 수 없게 되며, 전체를 통해 획득한 힘이 모든 개인들이 지닌 자연적 힘의 총량과 같거나 그것을 능가하게 되면, 법제가 도달 가능한 최고로 완벽한 지점에 도달했다고 말할 수 있다.

입법가는 국가에서 모든 면으로 비범한 인물이다. 입법가는 재능에서도 비범하겠지만, 그에 못지않게 직무에서도 비범하다. 입법가의 직무는 행정관직도 아니고 주권도 아니다. 그 직무는 공화국을 조직하는 것이지만, 공화국의 조직 내에 절대 포함되지 않는다. 입법가의 직무는 사람에 대한 패권과 공통점이 전혀 없는 특별하고 탁월한 활동이다. 만약 사람을 지배하는 자가 법을 지배해서는 안 된다면, 법을 지배하는 자도 마찬가지로 사람을 지배해서는 안 되기 때문이다. 그러지 않으면 입법가의 법은 그의 정념의 종복으로서 종종 입법가의 부정의를 영속시킬 뿐이며, 입법가의 개인적인 견해가 그 직무의 신성함을 훼손하는 것을 절대 피할 수 없다.

리쿠르고스는 자기 조국의 법을 만들 때, 왕위를 포기하는 것으로 시작했다. 외국인에게 자국 법의 제정을 의뢰하는 것이 그리스 도시국가들 대부분의 관습이었다. 근대 이탈리아 공화국들도 종종 이런 관례를 따랐다. 제네바 공화국도 이런 관례를 따라 훌륭한 성과를 얻었다.* 로마는 전성기에 한 명의 지도자 수중에 입법권과 주권을 결합시킨 결과, 폭정으로 인한 온갖 범죄가 내부에서 되살아나 거의 멸망할 뻔했다.

---

* 칼뱅을 신학자로만 보는 사람들은 그의 재능을 제대로 이해하지 못한다. 칼뱅이 깊이 관여한 제네바의 지혜로운 법령집의 편찬은 그의《기독교 강해》만큼이나 그에게 명예를 안겨주었다. 시간이 우리의 종교에 어떤 변혁을 가져오더라도, 우리에게서 조국과 자유에 대한 사랑이 사라지지 않는 한, 이 위대한 인물은 우리의 기억 속에 영원히 남아 축복받을 것이다.

그러나 로마의 〔10인위원회에 속한〕 10인관들은 독단적으로 어떤 법률을 통과시킬 부당한 권리를 취하지 않았다. 그들은 인민에게 다음과 같이 말했다. 우리가 제안하는 어떤 것도 여러분의 동의 없이는 법이 될 수 없습니다. 로마인이여, 여러분 스스로 자신을 행복하게 해줄 법의 창제자가 되십시오.

따라서 법을 기초하는 사람은 어떤 입법권도 갖지 않거나 갖지 말아야 하며, 인민 스스로도 입법권을 원한다면 이 양도할 수 없는 권리를 포기해서는 안 된다. 근본 계약pacte fondamental〔곧 사회계약〕에 따르면 일반의지만이 개인들을 구속하며, 개별의지가 일반의지와 일치하는지는 인민의 자유로운 투표에 의해 결정되기 전까지 절대로 확신할 수 없기 때문이다. 이에 대해서는 이미 말했지만, 다시 말해도 쓸모없지 않다.

이와 같이 우리는 입법 작업에서 서로 양립할 수 없는 것처럼 보이는 두 가지 사실, 즉 그것이 인간의 능력을 벗어나는 시도라는 것과 그것을 수행하는 데 필요한 권한은 별것 아니라는 것을 동시에 발견한다.

주목할 만한 어려움이 또 있다. 학식 있는 사람들은 대중에게 말할 때 대중의 언어 대신 자기들의 언어로 말하길 원하므로 대중이 그들의 말을 이해할 수 없다는 점이다. 그런데 인민의 언어로 번역하는 것이 불가능한 수많은 종류의 생각이 있다. 너무 막연한 견해와 지나치게 현실과 동떨어진 대상도 마찬가지로 인민의 이해 수준을 넘어선다. 각 개인은 자신의 사적 이익과 관련된 것 이외의 다른 정부 정책에는 신경 쓰지 않으므로, 훌륭한 법이 부과하는 지속적인 절제에서 자신이 분명히 얻게 될 혜택을 알아보기 힘들다. 어떤 신생 인민이 정치의 건전한 원리를 이해하고 국가이성의 근본 규칙을 따를 수 있으려면, 결과가 원인이 될 수 있어야 한다. 즉, 제도의 산물이어야 하는 사회정신이 그 제도 자체를 지배해야 할 것이며, 사람들은 법의 제정에 앞서 이미 그 법을 통해 형성되어야 할 사람으로 존재하고 있어야 할 것이다. 결국 입법가는 힘도 논리도 사용할 수 없으므로, 폭력을 사용하지 않고도 이끌 수 있고 확신시키지 않고도 설득할 수 있는 또 다른 질서의 권위에 호소해야 한다.

예로부터 언제나 국가의 수립자들은 이런 식으로 하늘을 개입시켜 자신의 지혜를 신의 지혜인 것처럼 찬양하게 했다. 인민이 자연의 법에 복종하는 것처럼 국가의 법에 복종하고, 사람의 창조나 도시국가의 수립에 동일한 권능이 관여했다고 받아들임으로써 자발적으로 순종하며 공공의 복지라는 멍에를 고분고분하게 짊어지도록 하기 위해서였다.

대중의 이해 수준을 넘어서는 이런 숭고한 논리는 인간의 지혜로 움직일 수 없는 사람들을 신의 권위를 통해 끌어들이려고 입법가가 자신의 결정이 신의 입에서 나온 것처럼 몰아가는 논리다.* 그러나 모든 사람이 신을 말하도록 할 수 있는 것도 아니고, 자신을 신의 대변자로 공표한다고 해서 사람들이 믿어주는 것도 아니다. 입법가의 위대한 영혼은 입법가의 사명을 분명히 입증할 참된 기적이다. 석판에 글을 새기고, 신탁을 돈으로 매수하며, 어떤 신과 은밀하게 통하는 척하고, 인민에게 경외심을 불러일으키려고 새가 자신의 귀에 말하도록 훈련시키거나 다른 조잡한 방식으로 속이는 것은 모든 사람이 할 수 있다. 〔그러나〕 이런 정도밖에 모르는 사람은 우연하게 어리석은 사람들의 무리를 끌어모을 수는 있어도 절대로 제국을 세우지는 못할 것이며, 그의 터무니없는 과업도 그 자신과 더불어 곧바로 사라질 것이다. 덧없는 명성은 일시적인 유대를 형성하며, 지혜만이 그 유대를 지속적인 것으로 만들 수 있다. 아직도 현존하는 유대인의 법과 10세기 이래 세계의 절반을 지배해온 이스마엘의 아들[34]이 만든 법은 오늘날에도 여전히 그것을 정한 사람들의 위대함을 알려준다. 오만한 철학이나 맹목적인 당파심은 그들을 운 좋은 협잡꾼으로

* 마키아벨리는 다음과 같이 말한다. 실제로, 인민에게 특별한 법을 도입하면서 신의 도움에 의지하지 않은 입법가는 지금까지 한 명도 없었다. 그렇게 하지 않으면 그 법이 수용되지 못했을 것이다. 신중한 사람은 잘 알겠지만 입법가가 다른 사람들을 납득시킬 만한 분명한 논거를 제시하지는 못할지라도 신의 도움에 의지하면 많은 혜택이 있기 때문이다. 《로마사 논고》, L. I. c. XI.

밖에 보지 않지만, 참된 정치가는 그들이 만든 제도에서 지속적인 제도 확립을 관장하는 위대하고 강력한 재능을 찬양한다.[35]

이 모든 사실에서, 워버턴[36]처럼 정치와 종교가 우리들 안에서 공통의 목적을 갖고 있다는 결론을 내려서는 안 되고, 국가가 태동하는 시기에는 종교가 정치의 도구로 사용된다고 판단해야 한다.

8장
인민(1)

건축가가 큰 건물을 짓기 전에 대지가 건물의 무게를 지탱할 수 있을지 알아보려고 대지를 관찰하고 조사하는 것처럼, 지혜로운 입법가도 그 자체로 훌륭한 법을 제정하는 것부터 시작하는 것이 아니라, 법의 적용 대상이 되는 인민이 그 법을 감당하기에 적합한지의 여부를 먼저 조사한다. 플라톤이 아카디아인과 키레네인에게 법을 제정해주기를 거부한 것도 바로 그 때문이다. 그는 그 두 인민이 부유해서 평등을 용납하지 못함을 알았다. 크레타 섬에 훌륭한 법이 있었지만 악한 사람들이 존재한 이유도 바로 이것이다. 미노스〔왕〕는 악덕으로 가득 찬 인민에게 질서 의식만 심어주려 했다.

일찍이 지구상에는 뛰어났지만 훌륭한 법을 감당하지 못한 민족이 수없이 많았다. 설령 감당할 수 있었더라도 그 민족의 존속 기간 전체 중에서 아주 짧은 기간 동안뿐이었다. 사람과 마찬가지로 인민도 초년기에만 유순할 뿐, 노쇠할수록 완고해진다. 일단 습관이 확립되고 편견이 뿌리내리면, 그것을 개선하려는 시도는 위험하고 헛된 일이 된다. 의사만 봐도 벌벌 떠는 어리석고 겁 많은 환자처럼 인민은 누군가가 자신의 상처를 치료하려고 손을 대는 것조차 용납하지 못한다.

물론 어떤 질병이 사람의 정신을 혼란시켜 과거에 대한 기억을 잊어버리게 하는 것처럼, 국가의 존속에서도 때로는 격동의 시기가 있어서 어떤 위기가 개인에게 초래하는 것과 같은 결과를 혁명이 인민에게 초래하고, 과거 그 시기에 대한 공포가 기억상실과 같은 역할을 하며, 내전으로 불탄 국가가 이를테면 잿더미에서 다시 일어나 죽음의 마수에서 벗어남으로써 젊음의 활력을 되찾게 된다. 리쿠르고스 시대의 스파르타와 타르퀴니우스 왕가 이후의 로마가 이와 같았으며, 우리 시대에는 폭군을 추방한 후의 네덜란드와 스위스가 그러했다.

그러나 이런 상황은 드물다. 이런 상황은 예외적인 것으로서 그 예외성은 언제나 예외적인 국가의 특수한 구조에 기인한다. 이런 예외적인 상황은 심지어 한 인민에게 두 번 있을 수 없다. 인민은 야만적인 상태에 있는 동안 스스로를 해방시킬 수 있지만, 사회적 원동력이 소진되었을 때는 더 이상 그렇게 할 수 없기 때문이다. 그래서 혼란은 인민을 파괴할 수 있지만, 혁명이 인민을 다시 회복시킬 수는 없다. 인민을 얽어맨 족쇄가 끊어지자마자, 인민도 뿔뿔이 흩어져 더 이상 존재하지 않는다. 그다음부터 인민에게 필요한 것은 지배자이지 해방자가 아니다. 자유 인민이여, 다음 격언을 기억하라. 자유를 획득할 수는 있지만, 절대로 되찾을 수는 없다.

청년기는 유년기가 아니다. 인간과 마찬가지로 민족에게도 청년기 혹은 성숙기가 있는 만큼, 이 시기에 이르렀을 때 비로소 그 민족으로 하여금 법을 준수하게 해야 한다. 그러나 한 인민의 성숙기를 알아보기란 언제나 쉽지 않고, 그 시기를 앞당기기라도 하면 일을 망치게 된다. 어떤 인민은 태생부터 규율을 잘 지킬 수 있고, 또 어떤 인민은 10세기가 지나도 그럴 수 없다. 러시아인은 절대로 참다운 문명인이 될 수 없을 것이다. 그들은 너무 일찍 문명화되었기 때문이다. 표트르 대제는 모방에 천재적이었다. 〔그러나〕 그 천재성은 무에서 모든 것을 창조하고 만들어내는 그런 참된 천재성은 아니었다. 그가 한 일 가운데 몇 가지는 훌륭했지만, 대부분은 엉뚱한 것이었다. 그는 자기 인민이 야만적이라는 것은 알았지만, 정치질서에 걸맞게 성숙하지 않았다는 것은 전혀 알지 못했다. 그는 자기 인민을 단련시킬 필요가 있을 때 그들을 문명화하기를 원했다. 그는 러시아인을 만드는 일부터 시작해야 했지만, 독일인과 영국인을 먼저 만들려고 했다. 그는 신민들로 하여금 스스로를 있는 그대로의 존재가 아니라 다른 존재로 믿게 함으로써, 그들이 언젠가 될 수도 있었을 존재가 되는 것을 막아버렸다. 이것은 한 프랑스 교사가 자기 학생을 유년기에 잠깐 빛났다가 이후 아무 쓸모 없는 존재가 되도록 육성하는 것과 마찬가지다. 러시아 제국은 유럽을 정복하고 싶겠지만, 자기가 정복당할 것이다. 러시아의 신민 혹은 러시아의 이웃인 타타르인이 러시아와 우리의 지배자가 될 것이다. 내게는 이런 혁명이 불가피해 보인다. 유럽의 모든 왕들이 힘을 합쳐 이런 혁명을 재촉하고 있다.

9장
인민(2)

자연이 매우 정상적인 사람의 키에 한계를 설정한 탓에 그 한계를 벗어난 사람은 거인이나 난쟁이가 될 수밖에 없는 것과 마찬가지로, 한 국가의 최선의 조직도 제대로 통치하기에 너무 크거나 저절로 유지되기에 너무 작지 않도록 국가의 크기에 한계를 둘 수 있다. 모든 정치체에는 초과할 수 없는 힘의 최대치가 있는데, 정치체가 커짐에 따라 그 힘이 오히려 줄어드는 때가 종종 있다. 사회적 결속이 확장되면 확장될수록 그 결속이 점점 더 약화되며, 일반적으로 작은 국가가 큰 국가보다 결속력이 상대적으로 강하다.

이런 원칙을 증명해주는 수많은 근거가 있다. 첫째로, 지렛대가 길수록 그 끝에 매달린 것의 무게가 더 무거워지는 것처럼, 거리가 멀수록 행정 관리는 더욱 어려워진다. 행정 단위가 늘어날수록 행정 부담도 더 커진다. 우선 각 도시에는 인민이 비용을 부담하는 자체의 행정기구가 있고, 각 구district에도 역시 인민이 비용을 부담하는 행정기구가 있다. 다음으로 각 도province가 있고, 그 다음에는 지사령Satrapies과 총독령Viceroyautés같이 위로 갈수록 비용이 더 많이 드는 큰 규모의 정부가 있는데, 그 비용도 언제나 불쌍한 인민이 부담한다. 마지막으로 최고 행정기구가 있어서 모두를 짓누른다. 이토록 과중한 조세 부담으로 말미암아 신민은 계속 허덕이게 된다. 신민은 이런 여러 계층의 행정기구를 통해 더 잘 통치되기는커녕 한 계층만 있을 때보다 못하게 통치된다. 그런가 하면 비상시에 대비하는 재원이 거의 남아 있지 않아서, 그런 재원을 사용해야 하는 상황이 생기면 국가는 언제나 멸망 일보 직전에 놓이게 된다.

이것이 전부가 아니다. 정부로서는 법을 지키게 하고 억압을 방지하며 악폐를 교정하고 멀리 떨어진 지역에서 일어날 수 있는 반란 기도를 미연에 방지할 힘과 신속함이 감퇴하는데다가, 인민으로서는 얼굴 한 번 보지 못한 지도자와 제 눈에 전 세계처럼 보이는 조국과 대부분 낯선 외국인이나 마찬가지인 동료 시민에 대한 애정이 줄어들게 된다. 풍속이 다르고 기후가 상반되며 동일한 형태의 정부가 용납될 수 없는 다양한 지역에서 똑같은 법이 적합할 수는 없다. 같은 지배자 밑에서 계속 소통하며 살다가 다른 인민이 사는 지역으로 이사를 가거나 다른 인민과 혼인 관계를 맺으면서 다른 관습을 따르게 되어 자신들의 유산이 참으로 자기네 것인지 전혀 알지 못하는 인민들 사이에 서로 다른 법들은 불화와 혼란을 초래할 뿐이다. 최고 행정기구의 소재지가 같은 장소에 집결됨으로써, 한곳에 모여든 서로 알지도 못하는 무수한 사람들 가운데 재능은 묻혀버리고 덕은 알려지지 않게 되며 악덕은 처벌받지 않게 된다. 과중한 업무에 시달리는 지도자는 스스로 아무것도 보지 못하고, 기능적 관료가 국가를 통치한다. 결국 모든 공적 조치는 서로 동떨어져 있는 많은 관료가 피하고 싶어 하거나 압도하고 싶어 하는 전반적 권위를 유지하기 위해 취해야 하는 모든 공적 수단에 흡수되어버린다. 인민의 행복을 위한 공적 조치는 아무것도 남아 있지 않다. 유사시에 국가를 방어하기 위한 공적 조치도 거의 남아 있지 않다. 따라서 조직이 너무 큰 국가는 쇠퇴하고 자체의 무게에 짓눌려 멸망한다.

다른 한편, 국가는 견고함을 위해서 반드시 겪게 될 동요와 스스로를 보존하기 위해 해야 할 수고를 견뎌내기 위해서 확고한 기반을 갖추어야 한다. 모든 인민은 각기 일종의 원심력을 갖고 있어서, 데카르트의 와동설(渦動說)처럼 서로 끊임없이 작용하고 이웃을 희생시키면서 성장하는 경향을 띠기 때문이다. 따라서 약자는 순식간에 잡아먹힐 위험이 있으며, 다른 모든 인민과 일종의 균형 상태를 확립해 모든 인민에 대한 압력을 거의 같게 만들지 않고는 어느 인민도 스스로를 보존하리라고 기대할 수 없다.

이렇게 볼 때 국가를 확대할 이유도 있고 축소할 이유도 있다. 이런 이유들 사이에서 국가의 보존에 가장 유리한 균형을 이루어내는 정치가의 재능은 결코 사소한 것이 아니다. 일반적으로 확대 이유는 대외적이고 상대적인 것일 뿐이어서 대내적이고 절대적인 축소 이유에 종속되어야 한다고 말할 수 있다. 무엇보다 먼저 추구해야 할 것은 건전하고 강력한 국가 조직이며, 커다란 영토가 제공하는 자원보다 훌륭한 정부에서 생겨나는 활력에 더 많이 의존해야 한다.

그 외에 정복의 필요가 국가 구성 자체의 일부가 되어서 스스로를 유지하려면 끊임없이 억지로 확장을 하도록 조직된 국가들이 존재해왔다. 아마도 그 국가들은 이런 달콤한 필요에 대해 크게 자축했을 것이다. 하지만 이런 필요는 그 확장의 한계와 더불어 피할 수 없는 국가의 몰락 순간을 보여줄 뿐이었다.

10장
인민(3)

정치체는 두 가지 방법, 곧 영토의 넓이와 인민의 수로 측정할 수 있다. 이 두 가지 척도 간의 적당한 균형을 찾으면 국가에 딱 맞는 크기를 부여할 수 있다. 국가를 구성하는 것은 사람이며, 사람을 먹여 살리는 것은 토지다. 따라서 그 균형은 주민을 부양하기에 충분한 토지가 있고, 토지가 부양할 수 있을 만큼 주민의 수가 있는 데 존재한다. 일정한 수의 인민이 갖는 힘의 최대치는 이런 균형에서 찾을 수 있다. 만약 토지가 너무 넓으면 그것을 지키기가 부담스럽고 경작이 불충분하며 생산물이 남아돌 것이기 때문이다. 이것은 방어전쟁의 직접적인 원인이다. 만약 토지가 충분하지 못하면, 국가는 그것을 보충하기 위해 인접국의 처분에 의존하게 된다. 이것은 침략전쟁의 직접적인 원인이다. 국가의 위상 때문에 교역과 전쟁 사이에서 양자택일을 할 수밖에 없는 인민은 모두 본질적으로 약하다. 이런 인민은 인접 인민에게 종속되고 일련의 사태에 좌우된다. 그 인민의 생존은 불확실하고 짧을 뿐이다. 그 인민이 정복해 상황을 바꾸든, 정복당해 없어지든 둘 중 하나다. 그 인민이 자유를 보존할 수 있으려면 인민의 수가 적거나 많아야 한다.

토지의 넓이와 사람의 수 사이에 서로를 충족시키는 고정 비율을 숫자로 계산해낼 수는 없다. 그 이유는 토질, 토지의 비옥도, 토지에서 나는 생산물의 성질, 기후의 영향에서 차이가 나는 것과 마찬가지로 그 토지에 거주하는 사람들의 기질에서도 주목할 만한 차이가 나기 때문이다. 비옥한 지역에 살면서도 거의 소비하지 않는 사람이 있고, 좀 더 메마른 지역에 살면서도 많이 소비하는 사람이 있다. 여성의 출산 능력의 크고 작음, 나라의 지원이 인구수에 미치는 유리함과 불리함, 입법가가 법 제정을 통해 조절하기를 기대하는 인민의 수에도 주의를 기울여야 한다. 그래서 입법가는 자기가 보는 것에 근거를 두지 말고 자신이 예견하는 것에 근거해 판단해야 하며, 현재의 인구 상태보다도 오히려 그것이 자연스럽게 도달할 상태를 고려해야 한다. 끝으로, 어떤 지역의 특별한 사정으로 말미암아 필요해 보이는 것보다 더 많은 토지가 포함되도록 요구하거나 허용하는 경우가 수없이 많다. 따라서 산악 지역에 위치한 나라에서는 영토가 상당히 넓어진다. 거기에서는 자연 산물, 곧 목재와 목장이 비교적 적은 노동력을 요하고, 경험상 평원 지역에 비해 여성의 출산율이 높으며, 경사지의 면적은 넓어도 경작지로 쓸 수 있는 것을 전부 합쳐야 작은 평지에 불과하다. 반면에 해안 지역에서는 심지어 불모지나 다름없는 바위나 모래밭에서도 살아갈 수 있다. 어업이 토지 생산물을 충분히 대체할 수 있고, 해적을 퇴치하려면 사람들이 좀 더 밀집해서 함께 살아야 하며, 게다가 과잉 인구를 식민지로 이주시켜 그 나라의 적절한 인구를 유지하기에 더 용이하기 때문이다.

하나의 인민을 만드는 데는 이런 조건 외에 또 하나의 조건을 덧붙여야 한다. 그것은 다른 어느 조건도 대체할 수 없지만 그것 없이는 다른 모든 조건이 쓸모없어지는 조건으로서, 인민이 풍요와 평화를 누려야 한다는 조건이다. 국가가 형성되는 시기는 군대가 조직되는 시기와 마찬가지로 그 단체가 가장 저항력이 약하고 가장 파괴되기 쉬운 때이기 때문이다. 각자가 위험이 아니라 자기 지위에 몰두하는 동요의 순간보다도 오히려 완전한 무질서 상태에서 위험에 대한 저항이 더 잘 이뤄질 수 있을 것이다. 만약 이런 위기의 시기에 전쟁, 기근, 폭동이 일어나면 국가가 전복되는 것은 불가피하다.

물론 이런 격동기에 많은 정부가 수립되었지만, 국가를 파괴하는 것은 바로 이런 정부다. 찬탈자는 언제나 이런 혼란기를 조성하거나 택해서 공중의 공포를 이용해, 인민이 평온한 시기에는 절대로 채택하지 않았을 파괴적인 법을 통과시킨다. 어떤 때에 법을 제정하는지는 입법가의 활동과 폭군의 소행을 구별하는 가장 확실한 방법 가운데 하나다.

그러면 입법에 적합한 인민은 누구인가? 이런 인민은 이미 출신과 이해관계 혹은 관습의 일치로 일정 부분 결합되어 있지만 아직까지 법의 참된 멍에를 지지 않은 인민, 관습이나 미신에 깊이 빠지지 않은 인민, 갑작스러운 침략에 궤멸당할 염려가 없는 인민, 인접국들의 분쟁에 개입하지 않지만 자력으로 분쟁 당사국에 대항하거나 어느 한 나라의 도움을 이용해 다른 나라를 몰아낼 수 있는 인민, 모두가 구성원을 알 수 있고 한 사람이 질 수 있는 것 이상의 부담을 누구에게도 부과할 필요가 없는 인민, 다른 인민에게 의존하지 않고 어떤 다른 인민도 의존시키지 않는 인민,* 부유하지도 가난하지도 않고 자급자족할 수 있는 인민, 끝으로 고대 인민의 꿋꿋함과 새로운 인민의 온순함을 겸비한 인민이다. 입법 작업을 더 어렵게 만드는 것은 수립해야 할 조항보다 파괴해야 할 조항이다. 이런 일의 성공이 극히 드문 것은 사회의 필요와 자연의 순수함을 함께 찾아내는 것이 불가능하기 때문이다. 사실상 이런 모든 조건을 함께 발견하기는 어렵다. 그래서 훌륭하게 구성된 국가는 거의 찾아볼 수 없다.

유럽에는 아직 입법이 가능한 나라가 하나 있다. 그것은 코르시카 섬

---

* 만약 인접한 두 인민 가운데 한 편이 다른 편 없이는 살 수 없다면, 전자에게는 매우 곤란하고 후자에게는 매우 위험한 상황이다. 그런 경우, 현명한 인민이라면 다른 인민이 그 의존 상태에서 벗어나도록 재빨리 노력할 것이다. 멕시코 제국 내에 위치해 있던 틀락스칼라Thlascala 공화국은 멕시코인에게서 소금을 사서 먹거나 무상으로 소금을 받기는커녕 차라리 소금 없이 지내고자 했다. 현명한 틀락스칼라인은 그런 관대함 아래 숨겨진 계략을 알고 있었다. 그들은 자신들의 자유를 보존했다. 이런 커다란 제국 내부에 위치한 이 작은 국가는 결국 멕시코 제국이 멸망하는 계기가 되었다.

이다. 그 용감한 인민이 자신의 자유를 회복하고 방어하기 위해 발휘한 용기와 인내는 어떤 지혜로운 인물에게서 그 자유를 보존하는 법에 대한 가르침을 받을 만한 자격이 충분하다. 언젠가 이 작은 섬이 유럽을 놀라게 하는 날이 오리라는 예감이 든다.

11장
다양한 입법 체계

모든 입법 체계의 목적이 되어야 할 만인의 최고선이 정확히 무엇으로 구성되는지를 탐구하면, 그것이 자유와 평등이라는 두 가지 중요한 목표로 귀착됨을 알게 될 것이다. 자유가 목표인 것은 모든 개인적 의존이 국가라는 단체에서 그만큼 힘을 빼앗아가기 때문이며, 평등이 목표인 것은 평등 없이는 자유가 존속될 수 없기 때문이다.

시민적 자유가 무엇인지는 앞에서 말했다. 평등에 관해서는, 이 말을 권력과 부의 정도가 정확히 똑같아야 한다는 의미로 이해해서는 안 된다. 오히려 권력은 그 어떤 형태의 폭력도 되지 말아야 하고 신분과 법에 따를 때를 제외하곤 절대로 행사되어서도 안 된다는 의미로, 또한 부와 관련해서는 어떤 시민도 다른 시민을 살 수 있을 만큼 부유해서는 안 되며 누구도 자신을 팔아야 할 만큼 가난해서는 안 된다는 의미로 이해해야 한다. 이것은 상위 계층의 편에서는 재산과 영향력의 절제를, 하위 계층의 편에서는 탐욕과 선망의 절제를 전제로 한다.*

---

* 그러면 국가에 안정을 부여하기를 원하는가? 양극단을 가능한 한 서로 접근시키라. 부자도 거지도 용납하지 마라. 본래 분리될 수 없는 이 두 상태는 똑같이 공동선에 치명적이다. 전자에서는 폭정을 선동하는 사람들이 나오고 후자에서는 폭군이 나온다. 공적 자유의 불법 매매는 언제나 이 양자 사이에서 발생한다. 전자는 그것을 사고 후자는 그것을 판다.

이런 평등은 실제로 존재할 수 없는 이론적 공상이라고 이야기된다. 그러나 폐해가 불가피하다고 해서 그 폐해를 규제하지 말아야 한다는 결론이 따라야 하는가? 사물의 힘은 언제나 평등을 파괴하는 경향이 있으므로, 입법의 힘은 언제나 평등을 유지하는 방향으로 나아가야 한다.

그러나 이런 모든 훌륭한 제도의 일반적인 목표는 각국에서 거주민의 성격과 지역 상황에 따른 관계에 따라 수정되어야 한다. 이런 관계에 기초해 각 인민에게 아마도 그 자체로서 최선의 제도가 아니라 그것이 쓰일 국가를 위한 최선의 제도에 관한 특별한 체계를 지정해주어야 한다. 예컨대 거주민의 수에 비해 토지가 메마르고 생산에 부적합한가, 혹은 거주민의 수에 비해 나라가 너무 좁은가? 그렇다면 산업과 기술로 시선을 돌리라. 그것의 생산물을 부족한 식료품과 교환할 수 있을 것이다. 그와 반대로 풍요로운 평원과 비옥한 구릉 지대에 거주하는가? 토지는 양질인데 거주민이 부족한가? 그렇다면 인구 증가를 불러오는 농업에 온 힘을 쏟고, 많지도 않은 거주민이 영토의 몇몇 지점에만 집중되게 만듦으로써 그 나라의 인구를 감소시킬 뿐인 기술을 추방하라.* 넓고 접근성이 좋은 해안에 거주하는가? 바다를 배로 뒤덮으라. 교역과 항해술을 장려하라. 짧지만 찬란한 생활을 누리게 될 것이다. 해안 지역이 거의 접근할 수 없는 바위들로 에워싸여 있는가? 그러면 야만인으로 남아서 생선을 먹는 생활을 하라. 삶이 더욱 평화롭고 아마도 더 나을 것이며, 분명 더 행복할 것이다. 요컨대 각 인민은 만인에게 공통된 원칙을 넘어 특별한 방식으로 그 원칙들을 조직하고 입법 체계를 자신들에게만 적합하게 만드는 상당한 이유를 자체적으로 포함하고 있다. 따라서 오래전의 히브

---

* 다르장송 후작은 다음과 같이 말한다. "어떤 형태의 대외 교역도 일반적으로 왕국에 기만적인 이득 말고는 거의 아무것도 주지 못한다. 그것은 일부 개인이나 몇몇 도시까지는 부유하게 만들 수 있지만, 나라 전체로서는 그것에서 아무것도 얻지 못하며 그것으로 말미암아 인민이 더 좋아지지도 않는다."

리인과 최근의 아랍인은 종교를 주된 목적으로 삼았으며, 아테네인은 문학을, 카르타고인과 티레인은 교역을, 로도스인은 항해술을, 스파르타인은 전쟁을, 로마인은 덕을 주된 목적으로 삼았다.《법의 정신》의 저자〔몽테스키외〕는 입법가가 제도를 이런 각각의 목적으로 인도하는 기술에 관해 수많은 사례를 알려주었다.

국가의 구성이 참으로 확고해지고 지속성을 띠게 되는 것은 형편이 잘 충족되어 자연적 관계와 법이 언제나 동일한 지점에서 일치될 때, 그래서 후자 곧 법이 이를테면 전자 곧 자연적 관계를 보장하고 동반하며 교정하는 단계에 이르렀을 때 가능하다. 그러나 입법가가 목적을 잘못 생각해 사물의 본성에서 비롯되는 원칙과 다른 원칙을 채택하면, 즉 전자는 예속을 지향하는데 후자는 자유를 지향하고 전자는 부를 지향하는데 후자는 인구 증가를 지향하며 전자는 평화를 지향하는데 후자는 정복을 지향하는 경향이 있으면, 법은 조금씩 힘이 약해지고 구성에 있어서 변질될 것이며, 국가는 계속되는 동요로 결국 파괴되거나 변화될 것이고 대적할 수 없는 자연이 지배권을 탈환하게 될 것이다.

12장
법의 분류

전체를 조직하거나 공동체에 가능한 한 최선의 형태를 부여하려면 다양한 관계를 고려해야 한다. 첫째로 조직체 전체가 스스로에게 하는 작용, 곧 전체와 전체의 관계 혹은 주권자와 국가의 관계가 있다. 이런 관계는 앞으로 보게 될 중간 매개의 관계로 구성된다.

이런 관계를 규정하는 법은 정치법이라는 이름을 갖고 있으며, 기본법이라고도 불린다. 그 법이 현명하게 만들어진다면 기본법이라고 불리는 것에도 일리가 있다. 만약 각 국가를 조직하는 방법이 오직 하나밖에 없다면, 그 방법을 찾은 인민은 그것을 따라야 한다. 그러나 수립된 질서가 나쁘다면, 좋은 질서를 만들지 못한 법을 기본법으로 받아들일 이유가 뭐가 있겠는가? 게다가 여하튼 언제나 인민은 최선의 법일지라도 자신의 법을 바꾸는 주인이다. 인민이 손해를 자초하기를 원한다 해도 인민의 그런 행위를 막을 권리가 누구에게 있겠는가?

두 번째 관계는 구성원들 간의 상호 관계 혹은 구성원들과 전체 조직체의 관계다. 이런 관계는 전자의 경우에는 최소한의 관계여야 하고 후자의 경우에는 최대한의 관계여야 한다. 그래서 각 시민은 다른 모든 시민에게서는 완전히 독립돼 있고, 도시국가에는 고도로 의존한다. 이것은 언제나 동일한 방식으로 이루어진다. 국가의 힘만이 구성원의 자유를 창출하기 때문이다. 이 두 번째 관계에서 민법이 발생한다.

인간과 법 사이에서 세 번째 유형의 관계, 곧 불복종과 형벌의 관계를 볼 수 있다. 이런 관계는 형법 수립의 근원이 되는데, 형법은 근본적으로 특별한 유형의 법이라기보다는 오히려 모든 다른 법〔의 준수〕을 위한 제재다.

이런 법의 세 유형에 모든 법 가운데 가장 중요한 네 번째 유형의 법이 더해진다. 그 법은 대리석이나 청동에 새겨지지 않고 시민의 마음속에 새겨지며, 국가의 진정한 구조를 만들고 날마다 새로운 힘을 얻으며, 다른 법이 낡거나 사라질 때 그것을 재생하거나 대체해 제도의 정신 속에 인민을 보존하고, 권위의 힘을 습관의 힘으로 서서히 대체한다. 나는 지금 풍속과 관습, 특히 여론에 관해 말하는 것이다. 이것은 우리의 정치학에서는 잘 알려지지 않은 부분이지만, 다른 모든 법의 성공이 여기에 달려 있다. 위대한 입법가가 특별한 법규들을 제정하는 데 그치는 것 같지만, 그들이 은밀히 마음을 쓰는 부분이 이것이다. 특별한 법들은 원형 지붕의 측면에 불과하고, 풍속은 좀 더 천천히 생기지만 마침내 그 원형 지붕의 확고부동한 초석을 이루기 때문이다.

이런 다양한 종류 중에서 내 주제와 관련 있는 유일한 법은 정부의 형태를 조직하는 정치법〔곧 공법〕이다.

3부

다양한 정부 형태를 논하기에 앞서, 이제까지 한 번도 제대로 설명된 적이 없는 정부라는 말의 명확한 정의를 내려보자.

1장
정부 총론

나는 독자에게 이 장을 신중히 읽어야 하며, 주의를 기울이려 하지 않는 독자에게는 제대로 이해시킬 방도가 없다고 경고하는 바다.

모든 자유로운 행위는 두 가지 원인이 결합해 이루어진다. 하나는 정신적 원인, 곧 그 행위를 결심하는 의지이고 다른 하나는 신체적 원인, 곧 그 행위를 실천하는 힘이다. 내가 어떤 목표를 향해 걸어간다면, 우선 내가 거기로 가기를 원해야 하고, 그다음에는 내 발이 나를 거기로 데리고 가야 한다. 몸이 마비된 사람이 달리기를 원하건, 동작이 민첩한 사람이 달리기를 원하지 않건, 둘 다 제자리에 머물러 있을 것이다. 정치체에도 동일한 원동력이 있다. 정치체 내에서 힘은 행정권이라 불리고 의지는 입법권이라 불리면서 힘과 의지가 구분된다. 이 양자의 협력 없이는 아무것도 할 수 없고, 해서도 안 된다.

우리는 앞에서 입법권은 인민에게 속하고 오직 인민에게만 속할 수 있음을 살펴보았다. 이에 반해 행정권은 입법가나 주권자의 권리로서 일반 대중에게 속할 수 없음이 이미 확립된 원칙으로 쉽게 알 수 있다. 행정권은 법의 소관이 아니고, 결과적으로 자신의 모든 행위가 법이 될 수 있는 주권자의 소관도 아닌 개별 행위들로만 구성되기 때문이다.

따라서 공적 힘은 일반의지의 지시대로 그 힘을 결합해 작동시킬 적절한 대리인을 필요로 한다. 그 대리인은 국가와 주권자 사이의 의사소통에 쓸모가 있으며, 어떤 의미에서는 인간에게 정신과 육체를 결합시키는 것과 같은 역할을 공적 인격에 수행한다. 이것이 바로 주권자의 집행자에 불과하지만 지금까지 그릇되게 주권자와 혼동되어온 정부가 국가에 존재하는 이유다.

그러면 정부란 무엇인가? 정부는 신민과 주권자 사이의 상호 소통을 위해 설립되어 법 집행 및 정치적 자유와 시민적 자유의 유지를 책임지는 매개체다.

그 단체의 구성원을 행정관Magistrats이나 왕Rois[37] 곧 행정 수반Gouverneurs이라 부르며, 이 단체를 총칭해 군주Prince라 부른다.* 따라서 인민이 지도자에게 복종하는 행위는 계약이 아니라는 주장은 충분히 옳다. 그 행위는 전적으로 위임이나 고용에 불과하며, 이 경우 단지 주권자의 관료들이 주권자가 그들에게 맡긴 권력을 주권자의 이름으로 행사하며,

---

* 따라서 베네치아에서는 총독이 참석하지 않았을 때조차 그 모임에서 국왕 폐하라는 이름으로 불린다.

주권자는 자신의 뜻대로 언제든 그 권력을 제한하고 수정하며 회수할 수 있다. 이런 권리의 양도는 그 사회단체의 본질과 부합되지 않고 연합체의 목적과도 상반된다.

따라서 나는 행정권의 합법적인 행사에 정부Gouvernement 혹은 최고 행정 기관이라는 이름을 부여하며, 그 행정을 책임진 사람이나 단체에 군주 혹은 행정관이라는 이름을 부여한다.

정부에는 중재하는 힘들이 있는데, 그 힘들의 관계는 전체와 전체의 관계 혹은 국가와 주권자의 관계로 구성된다. 국가와 주권자의 관계를 연비례의 외항 관계로 표시할 수 있으며, 이 연비례의 중항이 정부가 된다. 정부는 주권자로부터 명령을 받아 그것을 인민에게 전달한다. 국가가 균형을 잘 유지하려면, 모든 것을 고려해 정부 자체가 획득한 권력이나 생산물과 한편으로 주권자이고 다른 한편으로 신민인 시민들의 권력이나 생산물 사이에 균형을 이루어야 한다.[38]

더욱이 세 개의 항 중에서 어느 항이라도 변경되면 그 비례는 즉시 깨진다. 만약 주권자가 통치하기를 원하거나 행정관이 법을 제정하기를 원하거나 신민이 복종하기를 거부한다면, 무질서가 규칙을 대체하고 힘과 의지가 더 이상 조화를 이루지 않게 됨으로써 국가가 해체되어 전제정치나 무정부상태로 전락한다. 결국 각 관계 사이에 중항은 오직 하나만 있는 것처럼, 한 국가에서 가능한 훌륭한 정부도 오직 하나뿐이다. 그러나 수많은 사건에 의해 인민의 관계들이 달라질 수 있는 것처럼, 훌륭한 정부 역시 인민에 따라 달라질 뿐 아니라 같은 인민이라도 시대에 따라 달라질 수 있다.

이 두 외항 사이에 존재할 수 있는 다양한 관계를 이해시키기 위해 나는 비교적 설명하기 쉬운 관계로서 인민의 수를 한 예로 들 것이다.

국가가 1만 명의 시민으로 구성되어 있다고 가정해보자. 주권자는 집단적으로 또 조직체로 고려될 수 있을 뿐이다. 그러나 신민의 신분을 지닌 각자는 한 개인으로 간주된다. 따라서 주권자와 신민의 관계는 1만 명과 1명의 관계와 같다. 말하자면 국가의 각 구성원이 전적으로 주권자의 권위에 복종할지라도, 그는 이 권위의 1만분의 1밖에 구성하지 못한다. 만약 인민이 10만 명으로 구성된다면, 신민의 조건이 달라지지 않고 각 개인이 변함없이 법에 대한 지배권을 갖고 있는 반면에 그의 투표권은 10만분의 1로 감소되어 법 제정에 대한 영향력이 10배나 축소된다. 따라서 신민은 언제나 하나로 남아 있으므로, 신민에 대한 주권자의 비율은 시민의 수에 비례해서 증가한다. 이런 사실에서 국가가 커질수록 자유는 더 줄어든다는 결론이 나온다.

내가 그 비율이 커진다고 말할 때는 그만큼 평등에서 멀어진다는 것을 의미한다. 이처럼 기하학적 의미에서의 비율이 커질수록 통상적인 의미에서의 관계는 점점 더 멀어진다.[39] 전자의 경우에 비례는 양으로 고려되어 비율〔지수(指數)〕로 측정되지만, 후자의 경우에 관계는 동일성으로 고려되어 유사함으로 측정된다.

개별의지가 일반의지를 덜 따를수록, 즉 풍속이 법을 덜 따를수록 억제하는 힘이 더 커져야 한다. 따라서 훌륭한 정부가 되려면 인민의 수가 많아짐에 따라 정부도 상대적으로 더 강해져야 한다.

다른 한편, 공적 권위를 위임받은 사람들이 국가의 팽창으로 말미암아 권력 남용의 유혹과 수단을 더 많이 갖게 되므로, 국가가 인민을 억제할 힘을 더 많이 가질수록 주권자 역시 정부를 억제할 힘을 더 많이 가져야 한다. 여기서 내가 말하는 것은 국가의 절대적 힘이 아니라 국가의 다양한 부분이 지닌 상대적 힘이다.

이런 이중 관계로부터 주권자와 군주와 인민 간의 연비례는 독단적인 생각이 아니라 오히려 정치체의 본질에 기인한 필연적인 결과라는 결론이 나온다. 또한 외항의 하나, 곧 신민으로서의 인민은 단일체로 고정되어 나타나므로, 복비(複比)가 증감할 때마다 단비(單比)도 같이 증감함으로써 중항도 변화한다는 결론이 나온다. 이런 사실에서 유일하고 절대적인 정부 조직은 없으며, 크기가 모두 다른 국가들만큼 성질이 모두 다른 정부들이 존재할 수 있음을 알 수 있다.

이런 논리를 조롱하며 '당신의 주장처럼 그 비례 중항을 찾아 정부를 구성하려면, 인민의 수의 제곱근만 계산하면 된다'라고 사람들이 말하면 나는 다음과 같이 답변할 것이다. '나는 여기서 수를 단지 한 예로 사용했을 뿐이고, 내가 말하는 관계들은 단지 사람의 수로 측정되는 것이 아니라, 일반적으로 수많은 원인의 결합으로 이루어진 행위의 양으로 측정된다. 더욱이 내가 좀 더 간결하게 표현하기 위해 기하학 용어를 잠시 빌려 쓰고 있긴 하지만, 나는 정신의 양에는 기하학적 정확함이 전혀 존재하지 않음을 모르지 않는다.'

정부는 소규모이고, 정부를 포함하고 있는 정치체는 대규모이다. 정부는 일정한 능력을 부여받은 정신적 인격으로서, 주권자와 같이 능동적이고 국가와 같이 수동적이다. 또한 정부는 다른 비슷한 관계로 해체될 수 있으며, 그로 인해 결국 새로운 비례 관계가 생기고, 그 내부에서 또 다른 비례 관계가 생기는데, 분할이 불가능한 중항, 곧 단 한 명의 지도자나 최고 행정관에 이르기까지 행정의 등급에 따라 이런 비례 관계가 계속 발생한다. 단 한 명의 지도자나 최고 행정관은 이런 수열의 중앙에서 분수와 정수 사이의 1이라는 수로 간주될 수 있다.

이런 복잡한 항에 말려들지 말고, 정부를 인민과 주권자와 구별되는 양자의 매개체로서 국가 내의 새로운 단체로 간주하는 데 그치기로 하자.

이들 두 단체 사이에는 본질적인 차이가 있다. 국가는 스스로 존재하고, 정부는 주권자를 통해서만 존재한다는 점이다. 따라서 군주의 지배 의지는 일반의지나 법과 다름없는 것이며 다름없는 것이어야 한다. 군주의 힘은 군주에게 집중된 공적 힘일 뿐이다. 군주가 자신에게서 어떤 절대적이고 독립적인 행위를 끌어내기를 원하는 즉시 전체의 결속이 느슨해지기 시작한다. 만약 군주가 결국 주권자의 의지보다 더 강력한 사적 의지를 갖고 자기 마음대로 공적 힘의 일부를 사적 의지에 따라 사용하는 일이 발생해 두 개의 주권자, 곧 법적인 주권자와 사실상의 주권자가 〔별도로〕 존재하게 된다면, 사회적 연합은 사라지고 정치체는 해체될 것이다.

그러나 정부라는 조직체가 존재하고 국가라는 조직체와 구별되는 실질적인 생명을 지니며 모든 구성원이 일치단결해 행동하고 정부가 조직된 목적을 달성하려면, 정부는 개별적 자아moi particulier, 그 구성원들이 공유하는 감정sensibilité, 힘, 정부의 보존을 지향하는 자체 의지를 가져야 한다. 이 개별적 존재는 의회, 위원회, 심의권과 의결권, 군주에게만 배타적으로 귀속되고 행정관의 지위를 힘든 만큼 더욱 명예롭게 만들어주는 권리, 칭호, 특권 들을 전제로 한다. 전체를 조금도 변경하지 않고 자체적으로 강화하도록 모든 하부 조직을 전체 조직 속에 정돈하며, 자체 보존을 의도하는 정부의 개별적 힘과 국가 보존을 의도하는 공적 힘을 언제나 구별함으로써, 요컨대 인민이 정부를 위해 희생하는 것이 아니라 정부가 인민을 위해 기꺼이 희생하는 방식으로 국가라는 전체 내에서 이런 종속적인 정부를 조직하는 데는 어려움이 있다.

더욱이 정부라는 인위적 조직체가 다른 인위적 조직체의 산물이며 어떤 의미에서는 빌려온 종속적인 생명에 불과함에도 어느 정도 활력 있고 신속하게 행동하는 데, 말하자면 튼튼한 건강 상태를 누리는 데 방해받지 않는다. 결국 정부는 정부가 조직된 목적에서 직접적으로 벗어나지 않더라도, 정부가 구성된 방식에 따라 어느 정도 그 목적에서 벗어날 수 있다.

이런 모든 차이점으로 인해, 어떤 국가를 변화시키는 우연하고 개별적인 관계들에 따라 정부가 국가라는 조직체에 대해 달리 가져야 하는 다양한 관계들이 생긴다. 때때로 그 자체로서는 최선의 정부라도, 그 정부가 속한 정치체의 결함에 따라 그 관계를 변경하지 않으면 최악의 정부가 될 것이기 때문이다.

2장
다양한 정부 형태의 구성 원리

이런 차이점들의 총체적 원인을 설명하려면, 앞에서 국가와 주권자를 구별한 것처럼 여기서는 군주와 정부를 구별할 필요가 있다.

행정 조직체를 구성하는 인원의 수는 다소 많거나 적을 수 있다. 앞에서 신민에 대한 주권자의 비율은 인민의 수가 많을수록 커진다고 말했다. 분명한 유추를 통해서 정부와 행정관에 대해서도 동일한 말을 할 수 있다.

그런데 정부의 전체 힘은 언제나 국가의 전체 힘이므로 전혀 변화하지 않는다. 이런 사실에서 정부가 자기 성원에게 이 힘을 더 많이 사용할수록 정부가 전 인민에게 행사할 힘은 더 줄어든다는 결론이 나온다.

따라서 행정관의 수가 많을수록 전체 인민에 대한 정부의 힘은 점점 더 약화된다. 이 원칙은 근본적인 것이므로, 좀 더 명확히 설명해보기로 하자.

우리는 행정관의 인격 속에서 본질적으로 다른 세 개의 의지를 구별할 수 있다. 첫째는 개인 고유의 의지로서, 자신의 사적 이익만을 추구하는 의지다. 둘째는 행정관들 공통의 의지로서, 오로지 군주의 이익과 관련 있고 단체의지라고도 불릴 수 있는 의지이며, 정부와 연관되어서는 일반의지지만 정부가 그 일부인 국가와 연관되어서는 사적인 의지다. 셋째는 인민의 의지 혹은 주권자의 의지로서, 전체로 간주되는 국가와 관련해서나 전체의 일부로 간주되는 정부와 관련해서나 모두 일반적인 의지다.

완전한 입법에서는 사적 의지 혹은 개별의지는 전무해야 하고, 정부 자신의 단체의지는 대단히 종속적이어야 하며, 일반의지 혹은 주권자의 의지가 언제나 지배적이고 다른 모든 의지의 유일한 원칙이 되어야 한다.

반면에, 자연의 질서에 따르면 이런 서로 다른 의지들은 한데 집중될수록 더 활동적이 된다. 따라서 일반의지가 언제나 가장 약하고, 단체의지가 두 번째로 약하며, 개별의지가 모든 의지 가운데 으뜸이다. 그래서 정부 안에서 각 구성원은 첫째로 자기 자신이고 그다음이 행정관이며 마지막이 시민이다. 이 순서는 사회질서가 요구하는 순서와 정반대다.

정부 전체가 어느 한 사람의 수중에 있다고 가정해보자. 그러면 개별의지와 단체의지가 완벽히 결합되어 단체의지는 현실적으로 가능한 최고 강도에 도달할 것이다. 힘의 사용은 의지의 강도에 달려 있고 정부의 절대 힘은 변하지 않으므로, 가장 활동적인 정부는 1인 정부라는 결론이 나온다.

반대로, 정부와 입법부를 결합시켜보자. 군주를 주권자로 만들고 모든 시민을 행정관으로 만들어보자. 그러면 단체의지가 일반의지와 혼합되어 일반의지 이상의 활동력을 갖지 못하게 될 것이며, 개별의지만 남아 전적인 힘을 행사하게 될 것이다. 따라서 정부가 지닌 절대 힘은 언제나 같지만, 상대적 힘이나 활동력은 최소화될 것이다.

이런 관계는 이론의 여지가 없으며, 또 다른 고찰들을 통해 더욱 확실해진다. 예컨대 자기 집단 내에서 시민이 활동하는 것보다 행정관이 활동하는 것이 더 활동적이므로, 개별의지가 주권자의 행위보다 정부의 행위에 더 많은 영향력을 미치는 것이 명백하다. 각 시민은 주권에 대한 어떤 기능도 독자적으로 수행하지 못하는 반면에, 각 행정관은 거의 언제나 정부의 일부 기능을 담당하기 때문이다. 게다가 국가가 커질수록, 비록 그 크기에 비례하지는 않을지언정 국가의 실제 힘도 더 커진다. 그러나 국가가 같은 상태에 머물러 있다면, 행정관의 수를 늘려도 소용없다.

정부는 행정관의 수에서 더 큰 실제 힘을 획득하는 것이 아니다. 그 힘은 여전히 같은 크기인 국가에서 나오는 것이기 때문이다. 정부의 절대적 힘 혹은 실질적 힘이 증가하지 않으면 정부의 상대적 힘 혹은 활동력은 감소한다.

어떤 업무를 더 많은 인민이 담당할수록 그 업무의 처리가 그만큼 더 늦어지고, 지나치게 신중하다 보면 가능성을 과소평가하고 기회를 놓치며, 심사숙고하다 보면 심사숙고의 결실을 종종 잃게 되는 것도 확실하다.

나는 방금 행정관의 수가 늘어나는 것에 비례해서 정부가 느슨해짐을 입증했다. 앞에서는 인민의 수가 많아질수록 억제력도 더 커져야 함을 입증했다. 여기서 정부에 대한 행정관의 비율은 주권자에 대한 신민의 비율과 반비례해야 한다는 결론이 나온다. 이는 국가가 커질수록 정부는 축소되어야 하며, 그에 따라 지도자의 수가 인민의 증가에 비례해 감소되어야 함을 뜻한다.

그런데 나는 여기서 단지 정부의 상대적 힘을 말하는 것이지 정부의 공정함을 말하는 것이 아니다. 왜냐하면 오히려 반대로 앞에서 말했듯이, 단 한 명의 행정관 아래에서는 이와 같은 단체의지가 개별의지에 불과한 반면에, 행정관의 수가 많으면 많을수록 단체의지가 일반의지에 가까워지기 때문이다. 따라서 어느 한편에서 얻을 수 있는 이득은 다른 한편의 손실이 된다. 입법가의 기술은 언제나 반비례 관계에 있는 정부의 힘과 의지가 국가에 가장 유리한 관계로 결합되는 지점을 결정할 줄 아는 데 있다.

3장
정부의 분류

앞 장에서 정부의 다양한 종류 혹은 형태가 정부를 구성하는 성원의 수에 따라 구별되는 이유를 살펴보았다. 이제 남은 과제는 이런 분류가 어떻게 이뤄지는지를 살펴보는 것이다.

우선 주권자는 정부를 전체 인민 혹은 다수 인민에게 위임해, 단지 개인에 불과한 시민보다 행정관인 시민이 더 많게 할 수 있다. 이런 정부 형태를 민주정이라고 부른다.

또는 주권자는 정부를 소수의 사람에게로 제한시켜 행정관보다 순수한 시민이 더 많게 할 수 있다. 이런 정부 형태를 귀족정이라고 한다.

끝으로, 주권자는 정부 전체를 한 사람의 행정관의 수중에 집중시켜 다른 모든 사람의 권력이 그에게서 유래하게 만들 수 있다. 이 세 번째 형태는 가장 흔한 것으로, 군주정 혹은 왕정이라고 불린다.[40]

이런 모든 형태 혹은 최소한 앞의 두 형태 사이에는 다소간 차이가 있을 수 있으며, 심지어 그 차이의 폭도 상당히 넓다는 점에 주의해야 한다. 민주정은 인민 전체를 포함할 수도 있고 인민을 절반까지로 제한할 수도 있기 때문이다. 귀족정 역시 인민을 절반에서 최소한의 수까지 극도로 낮춰서 제한할 수 있다. 심지어 왕정도 어느 정도 분할의 여지가 있다. 스파르타에서는 헌법에 따라 항상 두 명의 왕이 있었으며, 로마 제국에서는 동시에 여덟 명의 황제가 있었던 적도 있지만 그 제국이 분할되었다고 말할 수 없다. 따라서 각각의 정부에서 처음 형태와 다음 형태를 구별하기 힘든 어떤 지점이 있으므로, 국가에 다양한 시민의 수가 있는 만큼 이런 세 가지 명칭 아래 정부도 다양한 형태로 인정되는 것이 분명하다.

더욱이 이와 같은 정부가 어떤 점에서는 서로 다른 여러 부분으로 세분화되어 각 부분마다 다른 방식으로 관리될 수 있으므로, 이런 세 가지 정부 형태의 조합으로 수많은 혼합 정부 형태가 생겨날 수 있다. 각각의 혼합 정부 형태가 모든 단일한 정부 형태에 곱해질 수 있기 때문이다.

인민은 언제나 최선의 정부 형태에 관해 많은 논의를 했다. 그러나 모든 정부 형태가 어떤 사례에서는 최선의 정부이고 다른 사례에서는 최악의 정부라는 것을 고려하지 못했다.

만약 여러 국가에서 최고 행정관의 수가 시민의 수와 반비례해야 한다면, 일반적으로 민주정은 작은 국가에 적합하고, 귀족정은 중간 정도 크기의 국가에 적합하며, 군주정은 큰 국가에 적합하다는 결론이 나온다. 이런 법칙은 앞서 말한 원리에서 직접 도출되는 것이지만, 예외적인 상황이 헤아릴 수 없이 많다는 것을 어떻게 설명해야 할까?

4장
민주정

법을 만드는 사람은 법을 어떻게 집행하고 해석해야 하는지를 어느 누구보다 잘 안다. 따라서 행정권과 입법권이 하나로 결합된 것보다 더 좋은 구조는 없을 것 같다. 그러나 어떤 점에서 그런 정부를 불충분하게 만드는 것은 바로 그 점이다. 구별되어야 할 것이 구별되지 않기 때문이고, 군주와 주권자가 동일 인물이어서 말하자면 정부 없는 정부밖에 형성하지 못하기 때문이다.

법을 만드는 사람이 법을 집행하는 것도 바람직하지 못하고, 인민의 집합체가 전반적인 관점에서 벗어나 개별적인 대상으로 관심을 돌리는 것도 바람직하지 못하다. 공적 업무에 미치는 사적 이익의 영향력보다 위험한 것은 없으며, 정부에 의한 법의 남용도 사적 의도의 불가피한 결과인 입법가의 타락보다는 덜 해롭다. 그러면 국가의 실체가 변해 모든 개혁이 불가능해진다. 정부를 절대로 악용하지 않는 인민은 독립도 절대로 악용하지 않을 것이다. 언제나 통치를 잘하는 인민은 통치를 받을 필요가 없을 것이다.

엄밀한 용어의 의미를 따른다면, 진정한 민주정은 이제까지 절대 존재하지 않았고 앞으로도 절대 존재하지 않을 것이다. 다수가 지배하고 소수가 지배받는 것은 자연의 질서와 상반된다. 인민이 공적 업무에 종사하려고 항상 모여 있는 것은 상상할 수 없는 일이며, 행정의 형태를 바꾸지 않고는 그러한 목적의 위원회를 설립할 수 없으리라는 것을 쉽게 알 수 있다.

실제로 나는 정부의 기능이 여러 행정관들에게 분할될 경우, 원칙적으로 조만간 최소한의 행정관들이 최대의 권위를 획득하게 된다고 믿는다. 사무 처리의 편의라는 이유만으로도 자연스레 이런 결과에 이르게 된다.

게다가 이런 정부는 겸비하기 어려운 많은 것을 전제로 하지 않는가? 첫째, 국가가 아주 작아서 인민이 쉽게 함께 모일 수 있고 각 시민이 다른 모든 시민을 쉽게 알 수 있어야 한다. 둘째, 풍속이 아주 단순해서 업무가 많지 않고 까다로운 논쟁이 없어야 한다. 다음으로, 지위와 재산이 최대한 평등해야 한다. 이런 평등이 없으면 권리와 권위의 평등 역시 오래 지속될 수 없기 때문이다. 끝으로, 사치가 거의 없거나 전혀 없어야 한다. 사치는 부의 결과이거나 부가 필요하게 만들기 때문이다. 사치는 부자와 빈자를 함께 타락시킨다. 부자는 부를 소유함으로써 타락하고 빈자는 부를 탐냄으로써 타락한다. 사치는 조국을 게으름과 허영에 팔아버리며, 어떤 시민이 다른 시민의 노예가 되게 만듦으로써 국가에서 모든 시민을 앗아가고 모든 시민을 편견에 사로잡히게 만든다.

이것이 바로 어느 유명한 저자가 덕을 공화국의 원리로 제시한 이유다.[41] 이런 모든 조건은 덕 없이 존속할 수 없기 때문이다. 그러나 그 위대한 천재는 필요한 구별을 하지 못함으로써 종종 정확성과 명확성을 결여했으며, 주권자의 권위는 어디서나 동일하므로 정부 형태에 따라 정도의 차이는 다소 있을지라도 잘 구성된 모든 국가에서는 동일한 원리가 적용되어야 함을 알지 못했다.

민주정 혹은 인민의 정부만큼 내전이나 내부의 선동에 휘말리기 쉬운 정부가 없다는 점을 덧붙여두자. 왜냐하면 이런 정부만큼 매우 강력하고도 지속적으로 형태의 변화를 꾀하며, 더 많은 감시와 용기가 있어야 스스로의 형태를 유지할 수 있는 정부는 없기 때문이다. 특히 이런 정부에서는 시민이 힘과 인내를 갖춰야 하고, 덕망 높은 폴란드 지사*가 폴란드 의회에서 "나는 평온한 노예상태보다 위험한 자유를 택하겠다"라고 한 말을 일생 동안 매일 마음속으로 되풀이해야 한다.

만약 신의 인민이 존재한다면, 그들은 민주적으로 스스로를 다스릴 것이다. 〔그러나〕 그렇게 완전한 정부는 인간에게는 적합하지 않다.

5장
귀족정

귀족정에는 전혀 다른 두 가지 정신적 인격, 곧 정부와 주권자가 있고, 그에 따라 두 가지 일반의지가 있다. 하나는 모든 시민과 관련된 일반의지이고, 다른 하나는 행정의 구성원에게만 해당되는 일반의지다. 따라서 정부는 원하는 대로 국내 정책을 조정할 수는 있지만, 주권자 곧 인민 자신의 이름으로써만 인민에게 말할 수 있다. 이 사실을 잊어서는 안 된다.

최초의 사회는 귀족정의 형식으로 다스려졌다. 집안의 우두머리들이 모여 공적 업무에 관해 토의했다. 젊은이는 연륜의 권위에 기꺼이 복종

---

* 폴란드 국왕 로렌 공의 아버지인 포즈난 주지사.

했다. 이것이 사제Prêtres, 노인anciens, 원로sénat, 장로Gérontes라는 말의 원천이다.[42] 북아메리카의 미개인은 오늘날에도 여전히 이런 방식으로 스스로를 다스리고 있으며, 아주 잘 다스려진다.

그러나 제도적 불평등이 자연적 불평등을 능가하고 부와 권력*이 연령보다 선호되면서 귀족정은 선거제가 되었다. 마침내 권력이 재산과 더불어 아버지로부터 자식에게 넘어가고 명문가가 생겨나게 되자 정부는 세습화되었고 스무 살 된 원로원 의원도 나타났다.

따라서 귀족정에는 세 가지, 곧 자연적 귀족정, 선거제 귀족정, 세습제 귀족정이 있다. 첫 번째 형태는 순진한 인민에게만 적합하다. 세 번째 형태는 모든 정부 가운데 최악의 정부다. 두 번째가 최선의 형태로서, 엄밀한 의미에서의 귀족정이다.[43]

귀족정에는 두 가지 권력(곧 정부의 권력과 주권자의 권력)이 분명히 구별된다는 장점 외에 정부의 구성원을 선택한다는 장점도 있다. 인민정부에서는 모든 시민이 태어나면서부터 행정관이지만, 이 정부 형태에서는 행정관이 소수로 제한되고 선거를 통해서만 행정관이 될 수 있기 때문이다.** 이런 선거 방식 덕분에 성실, 총명, 경험 및 공적으로 선호되고 존경받는 다른 모든 요소들이 많아져 분별 있는 통치를 약속하는 새로운 보증이 된다.

게다가 더 편리하게 회합이 이루어지고, 업무 토의가 더 잘되어 업무가 한층 더 질서 있고 신속하게 처리되며, 무명이거나 멸시당하는 다수

---

* 고대인에게 'Optimates'라는 단어가 '최선'이 아니라 '최강'이라는 뜻으로 사용되었다는 것은 명백하다.

** 행정관 선출 형태를 법으로 규정하는 것은 매우 중요하다. 이것을 군주의 의지에 맡겨둘 경우, 베네치아 공화국과 베른 공화국에서 그런 것처럼 정부는 반드시 세습 귀족정으로 전락하기 때문이다. 그래서 베네치아 공화국은 오래전에 국가가 해체되었지만, 베른 공화국은 대단히 지혜로운 원로원을 통해서 여전히 유지되고 있다. 이것은 아주 명예로우면서도 아주 위험한 예외적 사례다.

가 아닌 덕망 높은 원로원 의원들 덕분에 외국에서 국가의 신뢰도가 더 잘 유지된다.

요컨대 가장 지혜로운 사람들이 다수를 통치하는 것이 가장 좋고 가장 자연스러운 질서다. 단, 그들이 자신의 이익이 아니라 다수의 이익을 위해 다스릴 것임이 확실하면 말이다. 쓸데없이 행정기구를 늘려서는 안 되며, 선발된 100명의 사람이 더 잘 해낼 수 있는 일을 2만 명이 하도록 해서도 안 된다. 그러나 귀족정에서는 단체의 이익으로 말미암아 공적 힘이 일반의지의 규칙을 벗어나기 시작하며, 법에서 행정권의 일부를 박탈하는 불가피한 경향이 있다는 점에 주의해야 한다.

특히 귀족정의 특수한 사정에 대해 말하자면, 훌륭한 민주정의 경우처럼 법의 집행이 공적 의지에서 직접 유래할 만큼 국가가 너무 작아서도 안 되며 인민이 너무 순진하고 너무 정직해서도 안 된다. 또한 나라를 다스리려고 여기저기로 흩어진 지도자들이 자기 영역에서 각자 주권자를 대신해 결정을 내릴 수 있고, 그러다가 독립하기 시작해 결국 그 영역의 지배자가 될 만큼 나라가 너무 커서도 안 된다.

그러나 귀족정은 인민정부에 비해 어떤 미덕을 덜 요구하는 반면, 부자에게 절제를 요구하고 빈자에게 만족을 요구하는 것과 같은 귀족정 특유의 또 다른 미덕들을 요구한다. 귀족정에서는 완벽한 평등이 부적절할 것으로 보이기 때문이다. 이는 심지어 스파르타에서도 지켜지지 않았다.

게다가 이런 형태[곧 귀족정]가 어느 정도 부의 불평등을 내포한다면, 그것은 일반적으로 공적 업무의 처리가 자신의 모든 시간을 최선을 다해 그 일에 바칠 수 있는 사람들에게 맡겨지기 때문이지, 아리스토텔레스가 주장한 것처럼 항상 부자가 선호되어서가 아니다. 그와 반대로, 때때로 정반대되는 선택[곧 부자 대신 빈자를 선출하는 것]에 의해 인민이 이성을 갖춘 인간의 가치가 [물질적] 부보다 더 중요한 선호 요인임을 배우게 되는 것이 중요하다.

6장
군주정

지금까지 우리는 군주를 법의 힘으로 결합된 정신적이고 집합적인 인격이자 국가 행정권의 수탁자로 간주해왔다. 이제 우리는 한 자연인의 수중에 집중된 이런 권력을 살펴봐야 한다. 이 자연인은 행정권을 법에 따라 자유롭게 행사할 권리를 가진 유일한 실제 인물이다. 그는 군주 혹은 왕이라고 불리는 사람이다.

집단적 존재가 개인을 대표하는 다른 행정체제와 정반대로 이런 행정체제에서는 개인이 집단적 존재를 대표한다. 군주를 구성하는 정신적 단일체는 동시에 육체적 단일체로서, 다른 행정체제에서는 법에 의해 아주 힘들게 결합되는 모든 기능이 바로 그 육체적 단일체 안에 자연스럽게 결합되어 있다.

따라서 인민의 의지, 군주의 의지, 국가의 공적 힘, 정부의 사적 힘이 모두 동일한 동기에 반응하고, 모든 기계 장치가 동일한 수중에 있으며, 모든 것이 동일한 목표를 향해 움직이고, 서로를 파괴하는 상반된 움직임이 전혀 없으며, 이보다 더 적은 노력으로 더 큰 행위를 산출할 수 있는 정체는 전혀 상상할 수 없다. 해변에 조용히 앉아 힘들이지 않고 거대한 배를 진수(進水)시킨 아르키메데스는 자기 집무실에 앉아 광대한 국가를 다스리고 자신은 움직이지 않는 것처럼 보이면서 모든 것을 움직이게 하는 노련한 군주를 연상시킨다.

그러나 이 정부보다 더 활력 넘치는 정부가 있을 수 없다면, 이 정부보다 더 사적 의지가 우세해 다른 의지들을 더 쉽게 지배하는 그런 정부도 없다. 모든 것이 동일한 목표를 향해 움직이는 것은 사실이지만, 그 목표는 공적 복지가 아니며 행정의 힘 자체가 국가에 끊임없이 해를 입힌다.

왕들은 절대군주가 되고 싶어 한다. 그렇게 되는 최선의 방법은 인민에게서 사랑을 받게끔 하는 것이라고 멀리서 호소하는 사람들이 있다. 이런 원칙은 아주 훌륭하고, 어떤 점에서는 아주 진실하기까지 하다. [그러나] 불행히도 이 원칙은 왕궁에서는 언제나 조롱받을 것이다. 인민의 사랑에서 유래하는 권력이 가장 강한 권력이라는 것은 의심할 바 없지만, 그런 권력은 불안정한 조건부 권력이다. 군주는 그 권력에 절대 만족하지 못할 것이다. 가장 훌륭한 왕들도 자신의 지배력을 상실하는 일 없이 마음 내키는 대로 사악해질 수 있기를 원한다. 정치 이론가가 군주에게 인민의 힘은 곧 군주의 힘이므로 인민이 번영하고 증가하며 강력한 것이 군주의 가장 큰 이익이라고 아무리 말해도 소용없을 것이다. 군주는 이 말이 사실이 아님을 잘 알고 있다. 군주의 개인적 이익은 무엇보다도 인민이 약하고 궁핍해 군주에게 절대 저항할 수 없는 데 있다. 신민이 언제나 전적으로 복종한다고 가정할 경우, 인민이 강력하면 인민의 힘이 군주의 힘이 되어 군주가 이웃 나라들에게 두려운 존재가 될 것이므로 결국 인민이 강력한 것이 군주에게 이익이 되리라는 것은 나도 인정한다. 그러나 이런 이익은 부차적이고 종속적인 이익에 불과하며, 그 두 가지 가정[곧 인민의 힘이 강력한 것과 인민이 전적으로 군주에게 복종하는 것]은 양립할 수 없으므로 군주가 언제나 자신에게 직접적으로 더 유리한 원칙[곧 인민이 전적으로 군주에게 복종하는 것]을 선호하는 것이 당연하다. 이것이 바로 사무엘이 히브리인들에게 그토록 강하게 지적한 것이며,[44] 마키아벨리가 명백히 보여준 것이다. 마키아벨리는 왕들을 가르치는 척하면서 인민에게 커다란 교훈을 주었다. 마키아벨리의《군주론》은 공화주의자의 책이다.

개괄적인 이야기를 통해 우리는 군주정이 커다란 국가에만 적합함을 알게 되었는데, 군주정 그 자체를 살펴보면 다시 한 번 그러한 사실을 알게 된다. 공적 행정관의 수가 많을수록 신민 대 군주의 비율이 점점 줄어들어 양쪽이 점점 대등해지게 됨으로써 민주정에서는 이 비율이 1 대 1,

곧 대등 관계가 된다. 정부가 축소되면 이 같은 비율이 커지며, 정부가 한 사람의 수중에 놓이면 그 비율이 최대치에 이른다. 그러면 군주와 인민의 거리가 너무 멀어져 국가가 결속력을 잃게 된다. 따라서 국가가 결속력을 갖추려면 중간 계층이 있어야 한다. 이런 중간 계층을 채우기 위해서는 제후와 영주와 귀족이 있어야 한다. 그런데 작은 국가에는 이 모두가 하나도 적합하지 않다. 이 모든 계층이 국가를 멸망시키기 때문이다.

그러나 큰 국가를 잘 통치하는 것이 어렵다면, 큰 국가를 단 한 사람이 잘 통치하는 것은 훨씬 더 어렵다. 왕이 대리인들을 둘 경우 어떤 일이 벌어지는지는 누구나 아는 바다.

언제나 군주정을 공화정보다 못한 것으로 만들 본질적이고 불가피한 결함은, 공화정에서는 여론에 따라 대부분 높은 지위를 명예롭게 수행할 만한 총명하고 유능한 사람들만 높은 지위에 오르는 반면에 군주정에서는 그런 지위를 획득한 사람들이 거의 대부분 비열한 말썽꾸러기, 악당, 음모가에 불과하다는 점이다. 그들이 왕궁의 높은 자리에 오르게끔 해준 재능은 하찮은 것이어서, 그것은 그들이 그 자리에 앉자마자 대중에게 어리석음을 드러내는 데나 쓰일 뿐 아무 소용이 없다. 사람을 고르는 일에 있어서 인민은 군주보다 실수를 훨씬 덜 범한다. 공화정부의 우두머리 중에서 바보를 찾아보기가 힘든 것과 마찬가지로, 군주의 행정관 중에서는 진정 유능한 사람을 찾아보기가 힘들다. 그래서 통치 능력을 타고난 어떤 사람이 이런 약삭빠른 행정 관리 집단 때문에 거의 멸망하게 된 군주정에서 우연한 계기로 공적 업무를 장악한다면, 사람들은 그의 재능에 깜짝 놀랄 것이고 나라가 신기원을 이루게 될 것이다.

군주국가가 잘 통치되려면 그 나라의 인구와 영토가 통치자의 능력에 걸맞아야 한다. 정복하는 것이 통치하는 것보다 더 쉽다. 충분한 지렛대만 있으면 한 손가락으로도 세계를 움직일 수 있지만, 세계를 떠받치려면 헤라클레스의 어깨가 필요하다. 만약 국가가 조금이라도 크면, 군주는 거의 언제나 너무 작다. 반면에, 아주 드문 일이지만 지도자에 비해 국가가 너무 작을 때도 역시 제대로 통치되지 않는다. 지도자가 언제나 자신의 폭넓은 시야를 추구함으로써 인민의 이익을 망각하고, 재능의 결핍으로 한계를 지닌 어리석은 지도자가 인민을 불행하게 만드는 것과 마찬가지로 과도한 재능을 잘못 사용해 인민을 불행하게 만들기 때문이다. 말하자면 왕국마다 군주의 역량에 따라 영토를 확장하거나 축소해야 할 것이다. 반면에 원로원의 능력이 좀 더 안정적이면, 국가는 국경을 안정되게 유지할 수 있으며 행정도 꽤 잘 돌아가게 할 수 있다.

1인 정부의 가장 명백한 결점은 다른 두 정부 형태에서 중단 없이 이어지는 지속적인 승계가 이뤄지지 못한다는 점이다. 왕이 죽으면 다른 왕이 필요하다. 왕의 선출은 위험한 공백기를 남기게 되며 한바탕 풍파를 몰고 온다. 시민들이 공평무사하고 청렴결백하지 않은 한, 음모와 부패가 개입된다. 이런 정부 형태에서는 공정하고 청렴한 시민은 거의 찾아보기 힘들다. 돈으로 국가를 산 사람이 다시 국가를 팔아먹지 않고, 강자에게 강탈당한 돈을 약자를 희생시켜 보상받지 않기는 어려운 일이다. 이런 행정 아래에서는 조만간 모든 것이 돈으로 좌우된다. 그래서 왕 밑에서 누리는 평화는 통치 공백기의 무질서보다 더 나쁘다.

이런 해악을 막기 위해 한 일이 무엇인가? 특정 가문에 왕위가 계승되게 했고, 왕의 죽음에 따른 모든 분쟁을 예방하는 왕위 계승 서열을 정해 놓았다. 말하자면 선거제의 결점을 섭정제의 결점으로 대체함으로써 현명한 행정보다 표면상의 안정을 택했으며, 훌륭한 왕을 선출하기 위해 논쟁하기보다 어린이와 괴물과 멍청이를 감히 지도자로 갖는 것을 택했다. 인민은 자신이 그 대안의 위험들에 노출됨으로써 거의 모든 면에서 자기에게 불리한 결과가 초래됨을 생각하지 못했다. 디오니소스가 자기 아들의 수치스러운 행동을 꾸짖으며 "내가 너에게 그런 모범을 보였더냐?"라고 물었을 때 아들이 "아, 당신의 아버지는 왕이 아니었으니까요!"

라고 대답했는데 이는 아주 재치 있는 답변이었다.45

남에게 명령하도록 키워진 사람에게는 모든 것이 공모해 정의와 이성을 빼앗아 간다. 젊은 군주에게 통치술을 가르치는 데는 많은 노력이 필요하다고 전해진다. 이런 교육이 그들에게 유익할 것 같지 않다. 오히려 그들에게 복종술부터 가르치는 게 더 나을 것이다. 역사상 가장 유명한 왕들은 통치하도록 양육되지 않았다. 통치술은 아주 많이 배워도 절대로 더 많이 가질 수 없고, 명령하는 것보다는 복종하는 것을 통해서 더 잘 습득되는 지식이다. 선과 악을 판단하는 기준을 구별하는 가장 실용적이고 간단한 방법은 다른 황제 아래서라면 당신 자신이 무엇을 원하고 무엇을 원하지 않았을지를 생각해보는 것이다.*

이런 일관성 결여의 한 가지 결과는 군주정부의 불안정성이다. 이런 정부는 통치하는 군주나 군주를 대신해 통치하는 사람들의 성격에 따라 때로는 이런 정책을 따르고 때로는 저런 정책을 따르기 때문에 고정된 목표나 지속적인 운영 양식을 오랫동안 취할 수 없다. 이런 가변성으로 인해 국가는 언제나 서로 다른 원칙과 계획 사이에서 동요하게 된다. 이런 일은 군주가 언제나 동일 인물인 다른 정부 형태에서는 일어나지 않는다. 또한 일반적으로 왕궁에는 책략이 더 많지만 원로원에는 지혜가 더 많아 보이고, 공화국은 더 일관되고 지속적인 정책으로 국가의 목표를 추구하는 것처럼 보인다. 반면에, 왕실의 내각에 변혁이 생기면 국가에 변혁이 일어난다. 모든 대신과 거의 모든 왕의 공통된 원칙은 모든 일에서 전임자와 반대로 행하는 것이기 때문이다.

이와 같은 일관성 결여는 왕권을 강조하는 정치가들이 습관적으로 어떤 궤변을 늘어놓는 이유이기도 하다. 그 궤변은 앞에서 이미 오류라고 반박된 것인데, 시민의 통치를 가정의 통치에 비유하고 군주를 가장에

---

* 타키투스,《역사》, I.

비유할 뿐만 아니라, 행정관에게 필요한 덕목이란 덕목은 모두 그 행정관에게 마음대로 갖다 붙이며 현존하는 군주가 이상적인 군주와 일치되는 것처럼 언제나 믿게 한다. 만약 그렇다면 군주정부가 다른 어떤 정부보다 더 바람직한 것임이 분명하다. 군주정부는 이론의 여지 없이 가장 강력한 정부이며, 게다가 단체의지가 일반의지에 좀 더 일치하면 최선의 정부도 될 수 있기 때문이다.

그러나 플라톤의 말처럼* 천성적으로 왕인 사람이 아주 드물다면, 어떤 사람이 왕위에 오르기 위해서는 자연과 우연이 얼마나 많은 협력을 해야 하겠는가? 만약 왕실의 교육이 그 교육을 받은 사람을 필연적으로 타락시킨다면, 통치하도록 양육된 사람에게 무엇을 기대할 수 있겠는가? 따라서 군주정부를 훌륭한 왕〔곧 철인(哲人)왕〕의 정부와 혼동하는 것은 스스로를 속이려는 것임이 분명하다. 이 정부의 진상을 알려면 어리석은 군주나 사악한 군주 치하의 정부를 고찰해야 한다. 어리석거나 사악한 사람이 왕위에 오르거나, 왕위가 사람을 어리석거나 사악하게 만들어버리기 때문이다.

우리의 저술가들은 이런 난제들을 해결하지 못했지만, 이런 난제들 때문에 어려워하지 않는다. 그들의 말에 따르면, 불평하지 말고 복종하는 것이 방책이다. 신이 분노해 우리에게 나쁜 왕을 주면, 우리는 하늘의 벌로서 그를 감당해야 한다. 이런 강론은 확실히 교훈적이지만, 정치학 책보다는 설교단에 더 잘 어울리는 게 아닐지 모르겠다. 기적이 나타날 가능성이 있으니 참고 기다리라고 환자를 타이르는 게 의술의 전부인 의사에 대해 무슨 말을 하겠는가? 나쁜 정부 치하에서 고통을 겪어야 한다는 것은 누구나 잘 아는 사실이다. 문제는 훌륭한 정부를 찾아내는 것이리라.

---

* *In Civili.*

7장
혼합 정부

엄밀히 말하면 단일 정부는 존재하지 않는다. 지도자가 한 사람이더라도 하위 행정관들이 다수 있어야 하며, 인민정부에도 지도자가 한 사람은 있어야 한다. 따라서 행정권 분할은 언제나 다수에서 최소에 이르기까지 차등적으로 이루어지며, 이렇게 차등적이므로 어떤 때는 다수가 소수에 의존하고 또 어떤 때는 소수가 다수에 의존한다.

때때로 대등한 분할도 있다. 이런 분할은 영국 정부처럼 정부를 구성하는 부분들이 서로 의존할 때나 폴란드 정부처럼 각 부분의 권한이 독립적이지만 불완전할 때 나타난다. 후자의 형태는 나쁘다. 정부에 통일성이 없고 국가가 결속력을 갖지 못하기 때문이다.

단일 정부와 혼합 정부 중에서 어느 것이 더 좋은가? 이것은 정치가들 사이에서 수없이 토론된 문제로, 이에 대해서는 앞에서 모든 정부 형태에 관해 했던 것과 같은 답변을 해야 한다.

단일 정부는 단일하다는 사실 자체만으로도 최선의 정부다. 그러나 행정권이 입법권에 충분히 의존하지 않을 때, 말하자면 인민과 군주 간의 비율보다 군주와 주권자 간의 비율이 더 클 때는 정부를 분할함으로써 이런 균형상의 결함을 교정해야 한다. 그러면 분할된 부분들 각각이 모두 신민에게 동등한 권한을 행사하지만, 그 분할로 말미암아 주권자에 대항하는 전체의 힘은 더 약해지기 때문이다.[46]

이와 같은 어려움은 중간 역할을 하는 행정관들을 임명함으로써 예방할 수도 있다. 이 행정관들은 정부를 분할하지 않고도 입법권과 행정권 간의 균형을 이루고 두 권력을 각기 유지시키는 데 도움이 된다. 이런 정부는 혼합 정부가 아니라 완화된 단일 정부다.

이와 반대되는 어려움도 비슷한 방법으로 교정될 수 있다. 정부가 너무 느슨할 때는 집정관제를 도입해 정부의 힘을 강화할 수 있다. 이런 방법은 모든 민주정에서 행해지고 있다. 첫 번째 사례에서는 정부의 힘을 약화하려고 정부를 분할하며, 두 번째 사례에서는 정부의 힘을 강화하려고 정부를 분할한다. 극도로 강한 정부와 극도로 약한 정부는 모두 단일 정부에서 나타나는 반면에, 혼합 정부 형태는 평균적인 힘을 산출하기 때문이다.

8장
모든 정부 형태가 모든 나라에 적합한 것은 아니다

자유란 모든 기후에서 열리는 과일과 같은 것이 아니므로 모든 인민이 자유를 누릴 수 있는 것은 아니다. 몽테스키외가 확립한 이 원리를 생각하면 할수록 그것이 진리라고 느끼게 된다. 그 원리에 대해 이의를 제기하면 할수록 새로운 증거들로 그 원리를 확증할 기회가 더 많아진다.

세계의 모든 정부에서 공적 인격은 소비하지만 생산은 전혀 하지 않는다. 그러면 그것이 소비하는 물자의 출처는 어디인가? 구성원의 노동이다. 공적으로 필요한 것을 생산하는 것은 사적 개인들의 잉여 노동이다. 그래서 문명국가état civil는 사람들의 노동 생산물이 그들의 필요를 초과하는 한에서만 존속할 수 있다.

이런 초과분은 세계 모든 나라에서 다 같은 것이 아니다. 어떤 나라에서는 그 초과분이 대단히 많고 어떤 나라에서는 별로 없으며, 또 어떤 나라에서는 전혀 없고 어떤 나라에서는 부족하다. 이런 관계는 기후에 따른 토지 비옥도, 토지가 필요로 하는 노동의 종류, 생산물의 성질, 주민의 체력, 주민이 필요로 하는 다소 큰 소비량, 그 밖의 몇 가지 다른 비슷한 요소의 구성 비율에 좌우된다.

게다가 모든 정부의 성격이 같은 것은 아니다. 더 많이 소비하는 정부도 있고 덜 소비하는 정부도 있다. 이런 차이는 또 다른 원칙에 근거하는데, 그것은 바로 공적 분담액이 그것의 출처에서 멀어질수록 더 커진다는 점이다. 이 부담의 크기는 세금의 양으로 측정되는 것이 아니라 그 세금이 납세자의 수중으로 되돌아가는 과정이 얼마나 긴가로 측정되어야 한다. 이런 순환 〔과정〕이 신속하게 이루어지고 잘 정착되면 인민이 부담하는 세금의 많고 적음은 문제가 되지 않는다. 인민은 언제나 풍요롭고 재정은 언제나 건전한 상태를 유지한다. 반면에 인민이 아무리 세금을 적게 부담한다 해도 그 돈이 인민에게 되돌아오지 않으면 인민은 언제나 납부만 함으로써 머지않아 재산이 고갈되고 만다. 국가는 절대로 부유하지 않고 인민은 언제나 빈곤하다.

여기에서 인민과 정부 사이의 거리가 멀어질수록 조세 부담은 더 커진다는 결론이 나온다. 따라서 민주정에서 인민의 부담이 가장 적고, 귀족정에서는 그보다 많으며, 군주정에서 인민의 부담이 가장 많다. 그래서 군주정은 오직 부유한 나라에만 적합하고, 귀족정은 부와 영토의 크기에서 중간 정도인 국가에 적합하며, 민주정은 영토가 작고 가난한 국가에 적합하다.

사실 이 점을 깊이 파고들수록 여기서 자유국가와 군주국가 간의 차이가 더 잘 드러난다. 자유국가에서는 모든 것이 공동의 유익을 위해 사용되지만, 군주국가에서는 공적 힘과 사적 힘의 상호 관계에서 한쪽의 힘이 증대하면 다른 쪽의 힘이 약화된다. 결국 전제정치는 신민을 행복하게 만들기 위해 그들을 통치하는 것이 아니라 신민을 통치하기 위해 그들을 불행하게 만든다.

따라서 각국이 처한 자연 환경 요인에 기초해 그 나라에 필요한 정부 형태를 결정하는 것이 가능하며, 심지어 어떤 유형의 주민이 필요한지를 말하는 것도 가능하다. 투여된 노동에 비해 생산되는 것이 적은 메마른 땅은 개간하지 말고 버려두거나 미개인만 살게 해야 한다. 인간의 노동이 겨우 연명에 필요한 정도밖에 생산하지 못하는 땅에서는 야만인이 살게 해야 한다. 이런 곳에서는 어떤 정치 조직도 불가능하다. 노동량 대비 생산량이 평범한 수준인 땅은 자유 인민에게 적합하다. 적은 노동으로 많은 양을 생산할 수 있는 풍요롭고 비옥한 땅에서는 신민의 과다한 잉여 생산물을 군주의 사치로 소비할 수 있는 군주정부가 필요하다. 이런 잉여 생산물은 개인이 탕진하는 것보다 정부가 써버리는 것이 더 낫기 때문이다. 여기에 예외가 있다는 것은 나도 안다. 그러나 바로 이런 예외가 조만간 사물을 자연의 질서로 되돌리는 혁명을 일으킨다는 점에서 이 예외야말로 이 원칙을 입증한다.

일반적 법칙과 그것의 결과를 다르게 만들 수 있는 개별적 요인을 언제나 구별하자. 설령 남부 지역 전체에 공화국들이 들어서고 북부 지역 전체에 전제 국가들이 들어선다 해도, 자연적 기후의 영향으로 말미암아 더운 나라에는 전제정이 적합하고, 추운 나라에는 야만주의가 적합하며, 중간 지역에는 좋은 정체가 적합하다는 것이 여전히 맞는 말일 것이다. 나는 사람들이 이 원칙을 인정하면서도 그 적용에 대해서는 왈가왈부할 수 있음도 안다. 매우 비옥한 추운 나라도 있고 대단히 비생산적인 남쪽 나라도 있다는 반론이 있을 수 있다. 그러나 이것은 사물을 관련된 모든 것과 연관해 검토하지 않은 사람들에게나 해당되는 난제다. 내가 앞에서 이미 말한 것처럼 노동, 체력, 소비 등의 관련을 고려할 필요가 있다.

면적이 같은 두 지역이 있는데, 한 곳은 5를 생산하고 다른 한 곳은 10을 생산한다고 치자. 만약 전자의 주민은 4를 소비하고 후자의 주민은 9를 소비한다면, 전자의 잉여 생산은 5분의 1이고 후자의 잉여 생산은 10분의 1이 된다. 따라서 양자의 잉여 비율은 생산 비율의 반대이며, 5를 생산하는 토지가 10을 생산하는 토지에 비해 두 배의 잉여를 낳게 된다.

그러나 두 배의 생산은 문제가 되지 않는다. 나는 일반적으로 추운 나라의 비옥함이 더운 나라의 비옥함과 똑같다고 감히 주장하는 사람은 없다고 생각한다. 그렇지만 양자가 같다고 가정하자. 원한다면 영국과 시칠리아, 폴란드와 이집트가 같은 정도라고 해보자. 남쪽으로 더 가면 아프리카와 서인도제도가 있지만, 북쪽으로 더 가면 아무것도 없다. 양자의 생산량이 똑같으려면 경작 방법이 서로 얼마나 달라야 할까? 시칠리아에서는 그저 땅을 파헤치기만 해도 된다. 영국에서는 얼마나 힘들게 밭을 가는가! 같은 양을 생산하는 데 더 많은 손이 필요하다면 잉여는 필연적으로 더 적을 수밖에 없다.

게다가 같은 수의 사람이라도 더운 나라에서는 소비가 훨씬 적다는 점을 고려해보라. 그런 기후에서 건강을 유지하려면 절제가 필요하기 때문이다. 거기에서 유럽인이 고국에 있을 때와 같은 생활 양식을 유지하려했다가는 모두 이질과 소화불량으로 죽게 된다. 샤르댕은 다음과 같이 말한다. 우리, 곧 유럽인은 아시아인과 비교하면 육식 동물인 늑대와 같은 존재다. 페르시아인의 절제를 그 나라의 경작량이 덜한 탓으로 돌리는 사람도 있지만, 나는 그와 반대로 주민이 식료품을 덜 요구하므로 페르시아에 식료품이 풍족하지 못한 거라고 생각한다. 샤르댕은 이어서 말한다. 만약 페르시아의 검소함이 그 나라의 식량 부족에 따른 결과라면 가난한 사람들만 적게 먹을 테지만, 전체적으로 모든 사람이 적게 먹는다. 또한 각 지방에서 토지의 비옥도에 따라 많이 먹거나 적게 먹을 테지만, 페르시아 왕국 전체에서 똑같이 절제하는 모습이 발견된다. 페르시아인들은 자기네 생활 방식에 큰 자부심을 갖고 있어서, 자신들이 기독교인들보다 얼마나 더 훌륭하게 사는지는 얼굴빛만 봐도 안다고 말한다. 실제로 페르시아인들의 얼굴을 보면 한결같이 피부가 아름답고 곱고 윤기가 나지만, 페르시아의 지배를 받는 아르메니아인들은 유럽식으로 사는데, 얼굴이 거칠고 부스럼투성이에다가 몸은 비대하고 체중이 많이 나간다.[47]

적도와 가까운 지역에 사는 사람들일수록 더 적게 먹는다. 그들은 거의 육식을 하지 않는다. 쌀, 옥수수, 쿠즈쿠즈, 조, 카사바가 그들의 통상적인 양식이다. 서인도제도에는 하루 식비에 1솔sol[48]도 안 들이며 사는 사람이 수백만 명이나 된다. 우리는 유럽 지역 내에서도 북부에 사는 사람과 남부에 사는 사람 사이에 식욕의 차이가 아주 크다는 것을 알고 있다. 스페인 사람은 독일 사람의 저녁 한 끼 비용으로 일주일을 살 수 있을 것이다. 먹성이 더 큰 나라에서는 음식에서도 사치스러운 소비 성향이 나타난다. 영국에서 식탁에 고기를 가득 차려놓고 이탈리아에서 설탕과 꽃을 함께 대접하는 것은 이런 성향을 보여준다.

의복의 사치에서도 비슷한 차이점이 나타난다. 계절의 변화가 빠르고 극심한 기후에서는 사람들이 더 좋으면서도 더 수수한 옷을 입는다. 단지 장식용으로 옷을 입는 기후에서는 의복의 효용성보다는 화려함을 추구하며, 여기에서는 의복 자체가 일종의 사치가 된다. 나폴리에 가면 금빛 웃옷을 입고 양말은 안 신은 채로 포실리포에서 산책하는 남자들을 매일 보게 될 것이다. 건축물에서도 같은 차이점이 나타난다. 날씨의 피해를 걱정할 필요가 없다면 모든 것을 호화롭게 꾸민다. 파리나 런던에서는 사람들이 따뜻하고 편안하게 거주하려 한다. 마드리드에서는 사람들이 화려한 응접실을 갖추고 있지만 창문을 닫는 법이 없고, 잠은 누추한 헛간 같은 데서 잔다.

더운 지방의 음식은 훨씬 더 영양분이 풍부하고 맛이 좋다. 이것이 두 번째 차이점에 반드시 영향을 미칠 수 있는 세 번째 차이점이다. 이탈리아에서 채소를 그렇게 많이 먹는 이유는 무엇인가? 이탈리아의 채소가 질이 좋고 영양분이 많으며 맛이 뛰어나기 때문이다. 프랑스에서는 물만 주어 채소를 재배해 채소가 영양분을 적게 함유하기 때문에 식탁에서 중시되지 않는다. 그러나 이 채소를 재배하는 데 쓰이는 토지의 면적이 같은 만큼 최소한 같은 정도의 노고가 경작에 투여되어야 한다. 바르바리 지역의 밀이 프랑스의 밀보다 질은 떨어지지만 훨씬 더 많은 밀가루를 만들어내며, 프랑스의 밀이 북쪽 지역의 밀보다 더 많은 밀가루를 만들어낸다는 것은 경험을 통해 알 수 있는 사실이다. 따라서 일반적으로 적도에서 북극을 향해 올라가면서 비슷한 단계적 차이가 나타난다고 추론할 수 있다. 그런데 똑같은 생산물에서 더 적은 양의 식량을 얻는 것은 분명 불리한 점이 아니겠는가?

이런 여러 가지 고찰에 또 다른 고찰을 덧붙일 수 있다. 그것은 지금까지의 고찰에서 유래하면서도 앞선 고찰을 강화한다. 즉, 더운 나라가 추운 나라보다 더 적은 인구수를 필요로 하며, 더운 나라가 주민들을 더 잘 먹일 수 있다는 점이다. 바로 여기서 이중의 잉여가 생겨나는데, 이는 언제나 전제정에 유리한 상황이다. 같은 수의 주민이 차지하는 영역이 넓으면 넓을수록 반란을 일으키기가 더욱더 어려워진다. 사람들이 신속하고 은밀하게 일치된 행동을 할 수 없으며, 정부가 언제나 쉽게 그런 계획을 눈치채고 연락을 차단할 수 있기 때문이다. 그러나 더 많은 인민이 밀접해 있으면 그럴수록 정부가 주권자의 권리를 찬탈하기가 더 힘들어진다. 군주가 그의 자문 회의에서 안전하게 심의하는 것처럼 〔반란의〕 지도자들도 그들의 방에서 안전하게 심의하며, 군대가 신속하게 연병장에 모이는 것처럼 군중도 신속하게 광장에 모인다. 이 점에서 먼 거리에 걸쳐 지배하는 것은 독재정부에 유리하다. 독재정부는 설치해놓은 거점들의 도움으로 지렛대와 마찬가지로 거리가 멀어질수록 힘이 커진다.* 그와 반대로 인민의 힘은 집중되었을 때만 발휘되며, 마치 땅에 흩어진 화약이 한 발씩만 불이 붙는 것처럼, 흩어지면 소진되어 사라져버린다. 따라서 인구가 가장 적은 나라에서는 독재가 가장 적합하다. 맹수는 황야에서만 군림한다.

---

* 이런 사실은 2부 9장에서 큰 나라의 단점에 관해 이야기한 바와 모순되지 않는다. 거기서는 정부 구성원에 대한 정부의 권한과 관련해 이야기했고, 여기서는 신민에 대한 정부의 힘과 관련해 이야기하기 때문이다. 흩어진 정부 구성원들은 정부가 먼 거리에서 인민에게 작용하기 위한 거점 역할을 하지만, 정부가 이들 구성원에게 직접 작용하기 위한 거점은 전혀 없다. 따라서 전자의 경우에는 지

9장
훌륭한 정부의 특징

최선의 정부란 어떤 정부냐고 딱 잘라 묻는다면 이는 막연해서 대답하기 힘든 문제가 된다. 이에 대해서는 인민의 절대적 위치와 상대적 위치의 결합이 가능한 조합의 수효만큼 많은 올바른 답변이 있을 수 있다.

그러나 어떤 특정 인민이 잘 통치되는지 잘못 통치되는지를 어떤 징후로 알 수 있느냐고 묻는다면, 이것은 별개의 문제로서 사실과 관련된 이 질문에 대해서는 답변이 가능할 것이다.

하지만 이 문제도 전혀 해결되지 않는다. 각자가 자기 방식으로 답변하려고 하기 때문이다. 〔군주국의〕 신민은 공적 안정을 찬양하고, 〔민주국의〕 시민은 개인의 자유를 찬양한다. 전자는 재산의 안전을 선호하고, 후자는 인격의 안전을 선호한다. 전자는 가장 엄격한 정부가 최선의 정부라고 주장하고, 후자는 가장 온건한 정부가 최선의 정부라고 주장한다. 전자는 범죄가 처벌받기를 원하고, 후자는 범죄가 예방되기를 원한다. 전자는 이웃 나라가 두려워하는 나라가 되는 것이 좋다고 생각하고, 후자는 이웃 나라의 무관심을 더 원한다. 전자는 돈이 유통되면 만족하고, 후자는 인민이 빵을 먹을 수 있기를 요구한다. 설령 이런 점이나 다른 비슷한 점에서 의견이 일치한다 해도 〔문제 해결에〕 어떤 진전이 있었다고 할 것인가? 정신의 양은 정확히 측정할 수 없는데, 설령 어떤 징후에 대한 의견이 일치한다 해도 그 징후에 대한 평가에서 의견이 일치할 수 있겠는가?

나로서는 사람들이 그렇게 단순한 어떤 징후를 못 알아보거나 불신으

렛대의 길이가 정부의 힘을 약화하는 원인이 되지만, 후자의 경우에는 정부의 힘을 강화하는 원인이 된다.

로 말미암아 인정하지 않는 것이 언제나 놀랍다. 정치적 결사의 목적이 무엇인가? 그것은 구성원의 보존과 번영이다. 그러면 구성원이 보존되고 번영하는 가장 확실한 징후는 무엇인가? 그들의 수와 인구 구성이다. 그러니 이토록 논쟁의 여지가 많은 징후를 다른 데서 찾지 마라. 다른 모든 점이 같다면, 외국의 지원과 귀화와 이민 없이 시민이 많이 거주하고 증가하는 정부야말로 의심의 여지 없이 최선의 정부다. 인민의 수가 줄어들어 없어지는 정부는 최악의 정부다. 통계인들이여, 이제 이것은 당신들이 할 일이다. 수를 계산하고 측정하고 비교하라.*

---

* 인류의 번영이라는 점에서 선택할 가치가 있는 시대를 판단하는 데는 동일한 원칙이 적용되어야 한다. 문학과 미술이 융성한 시대는 그것들이 양성된 은밀한 목적에 대한 이해와 그 치명적인 결과에 대한 고찰도 없이 지나치게 찬미되었다. 그들은 무지해서 노예상태의 일부에 불과했던 때를 문명이라고 불렀다.[49] 우리는 책의 가르침 가운데 저자들이 언급하는 지나친 이해관계를 절대 알아채지 못할까? 아니다. 저자들이 뭐라 말하든, 나라가 번창하는데도 불구하고 인구가 줄어든다면, 매사가 순조롭다는 것은 사실이 아니며, 한 명의 시인이 10만 리브르의 〔막대한〕 수입을 올린다 해도 자기 시대를 최고의 시대로 만들기에는 부족하다. 외견상의 안정과 지도자의 평온보다 나라 전체의 복지, 특히 가장 인구가 많은 사회 계층의 복지에 더 많은 주의를 기울여야 한다. 우박은 몇몇 지방을 황폐화할 수는 있지만, 나라 전체에 기근을 가져오지는 않는다. 반란과 내전은 지도자를 크게 놀라게 하지만, 그것이 인민의 진정한 불행은 아니다. 인민은 심지어 누가 자신들에게 폭정을 행할 것인가에 대해 논쟁하면서도 편안할 수 있다. 인민의 지속적인 상태가 어떠한가에 따라서 인민의 진정한 번영이나 재앙이 생겨난다. 압제 아래 짓밟혀 있을 때는 모든 것이 멸망한다. 이때 지도자는 인민을 자기 멋대로 파멸시키며, 고독을 만들어내고 그것을 평화라 부른다.[50] 지도자들의 대립이 프랑스 왕국을 뒤흔들고 파리의 보좌신부가 주머니에 단도를 넣고 의회에 가는 일이 일어났을 때도 프랑스 인민은 행복했으며, 대다수가 웬만큼 먹고살 수 있었고 꽤 자유롭게 살 수 있었다. 옛날에 그리스는 가장 잔혹한 전쟁이 한창일 때 번영했다. 그리스에 피가 흘러넘쳤지만, 나라 전역이 사람으로 뒤덮였다. 마키아벨리는 다음과 같이 말한다. "우리 공화국은 살인, 추방, 내전 속에서 더욱 강력해진 것 같다. 결과적으로, 모든 분쟁이 공화국을 약화시켰기보다는 시민의 덕과 풍속과 독립성이 공화국을 더욱 강화한 것 같다. 약간의 동요는 정신에 활력을 주며, 인류를 진정 번영으로 이끄는 것은 평화라기보다는 자유다."

10장
정부의 폐해와 타락 성향

개별의지가 끊임없이 일반의지에 반해서 작용하는 것과 마찬가지로 정부는 지속적으로 주권에 저항하려고 노력한다. 이런 노력이 커질수록 정체는 점점 더 변해가며, 군주의 의지에 저항함으로써 그 의지와 대등해질 어떤 단체의지도 존재하지 않는 탓에 조만간 군주가 주권자를 억압하고 마침내 사회계약을 파기할 것임이 틀림없다. 고령과 죽음이 인체를 파괴하는 것과 마찬가지로, 바로 이것이 정치체가 형성될 때부터 쉬지 않고 정치체를 파괴하게 되는 내재적이면서도 불가피한 결함이다.

어떤 정부가 타락하는 데는 일반적으로 두 가지 길이 있다. 정부가 축소되거나 국가가 해체되는 것이다.

정부는 다수의 수중에서 소수의 수중으로 넘어갈 때, 곧 민주정에서 귀족정으로, 또 귀족정에서 왕정으로 바뀔 때 축소된다. 이것은 정부의 자연적 성향이다.* 만약 반대로 소수에서 다수로 되돌아간다면 정부는

---

* 베네치아 공화국이 간척지에서 서서히 형성되어 발전해나간 과정은 이런 계승의 주목할 만한 사례다. 매우 놀랍게도, 1,200년 넘게 지나서도 여전히 베네치아인들은 1198년에 '평의회 폐쇄Serrar di Consiglio'로 시작된 두 번째 단계에 머물러 있는 것처럼 보인다. 그들에게 비난받는 옛 대공들에 대해 말하자면,《베네치아의 자유사*squitinio della libertà veneta*》에서 뭐라 말하든, 그들이 베네치아인들의 군주가 아니었다는 것이 확실하다.

사람들은 분명 군주정에서 귀족정으로, 또 귀족정에서 민주정으로 변화하며 정반대의 진행을 보였다고 여겨질 로마 공화국의 사례를 들어 반박할 것이다. 나는 절대 그렇게 생각하지 않는다.

로물루스가 최초로 세운 정부는 혼합 정부였는데 이는 곧바로 전제정부로 타락했다. 신생아가 성인이 되지 못하고 죽은 것처럼 국가도 어떤 특별한 이유들로 인해 너무 일찍 멸망한다. 타르퀴니우스 왕족〔로마 초기의 왕족〕의 추방은 진정 공화국 탄생의 기원이었다. 그러나 공화국은 처음에 확고한 형태를 갖추지 못했다. 귀족 계급을 없애지 못해 절반의 성과에 머물렀기 때문이다. 합법적인 행정 가운데 최악의 것인 세습 귀족정이 이런 식으로 민주정과 갈등을 빚는 탓에 이 정부 형태는 계속 불안정하고 유동적이다가, 마키아벨리가 입증한 것처럼 호민관제가 수립되고 나서야 정착되었다. 이때 비로소 참된 정부와 진정한 민주정이 나타났다. 실제로 이때 인민은 주권자일 뿐만 아니라 행정

느슨해진다고 말할 수 있지만, 이렇게 반대 방향으로 진행하는 것은 불가능하다.

사실 정부는 낡아빠진 정부 기구 때문에 자체 보존이 힘들 만큼 약해지지 않는 한 절대로 형태를 바꾸지 않는다. 그런데 정부가 확대됨으로써 더 느슨해진다면, 정부의 힘이 완전히 없어져서 정부가 유지되기 힘들어질 것이다. 따라서 정부가 양보함에 따라 정부 기구를 바짝 조이고 강화해야 한다. 그러지 않으면 정부가 지탱하는 국가는 멸망하고 말 것이다.

국가가 해체되는 일은 두 가지 방식으로 일어날 수 있다.

우선, 군주가 법에 따라 국가를 관리하지 않고 주권을 찬탈하는 것이다. 그러면 정부가 아니라 국가가 축소되는 주목할 만한 변화가 일어난다. 즉, 거대한 국가가 해체되고 그 안에 정부의 성원만으로 구성되며 그 밖의 사람들에게는 지배자와 폭군일 뿐인 또 다른 국가가 형성된다. 그래서 정부가 주권을 찬탈하자마자 사회계약은 깨지고, 모든 일반 시민은 곧바로 자연적 자유를 회복해 복종을 강요당하되 복종할 의무는 지지 않게 된다.

〔다음으로〕 정부의 성원들이 반드시 단체로 행사해야 하는 권력을 개별적으로 찬탈할 때도 국가의 해체가 발생한다. 이는 법을 위반하는 것

관이자 재판관이었다. 원로원은 정부를 풀어주거나 억누르는 하급 관제에 불과했고, 집정관도 비록 귀족이자 최고 행정관이자 전시에는 최고 통수권자이지만 로마에서는 인민의 감독자에 불과했다. 그 이후 정부는 자연적 성향에 따라 귀족정으로 강력히 기운 것 같다. 어떤 의미에서는 귀족 계급 자체가 폐지되었으므로, 베네치아나 제노바에서처럼 귀족정은 이제 귀족 집단이 아니라 귀족과 평민으로 구성된 원로원이라는 집단 안에 존재하며, 심지어 호민관이 실제 권력을 장악하기 시작했을 때 호민관들의 집단 안에 존재했다. 말이 사물을 변화시키는 것은 아니므로, 인민이 인민을 대신해 통치하는 지도자를 갖게 될 때 지도자가 어떤 명칭으로 불리든 그것은 언제나 귀족정이다.

귀족정의 폐해로 말미암아 내전과 삼두정치가 생겼다. 술라,[51] 율리우스 카이사르, 아우구스투스는 사실상 진정한 군주가 되었으며, 티베리우스의 전제정치 아래서 결국 국가가 해체되었다. 따라서 로마 역사는 내 원칙을 부인하는 것이 아니라 확인시켜준다.

못지않은 일로서, 더 큰 무질서를 야기한다. 말하자면 행정관의 수만큼 많은 수의 군주가 있게 되며, 국가는 정부에 못지않게 분열되어 멸망하거나 형태가 변한다.

국가가 해체될 때, 정부의 폐해는 어떤 유형의 것이든 공히 무정부상태라는 이름을 취한다. 구분하자면 민주정은 중우정으로 타락하고 귀족정은 과두정으로 타락한다. 나는 왕정은 폭정으로 타락한다고 덧붙이겠다. 그러나 이 폭정이라는 말은 애매하기 때문에 설명이 필요하다.

통상적인 의미로 폭군이란 정의와 법에 상관없이 폭력으로 통치하는 왕을 가리킨다. 엄밀한 의미로 폭군이란 어떤 권리도 없이 왕권을 장악한 개인을 지칭한다. 그리스인들은 폭군이라는 말을 이런 식으로 이해했다. 그들은 합법적이지 않은 왕권의 소유자를 좋은 군주든 나쁜 군주든 구분하지 않고 폭군이라고 불렀다.* 따라서 폭군과 찬탈자는 똑같은 의미를 지닌 두 낱말이다.

다른 것들을 다르게 부르기 위해서 나는 왕권의 찬탈자는 폭군이라 부르고 주권의 찬탈자는 전제군주라 부른다. 폭군은 법을 어기고 왕권을 차지했지만 법에 따라 통치하려는 자이며, 전제군주는 법 자체를 초월해 자신을 법 위에 놓는 자다. 따라서 폭군은 전제군주가 아닐 수도 있지만, 전제군주는 언제나 폭군이다.

---

* 자유를 누려온 국가에서 평생 권력을 행사하는 모든 사람은 폭군으로 간주되고 폭군이라 불린다. 코르넬리우스 네포스, 《밀티아데스》. 아리스토텔레스는 《니코마코스 윤리학》 8부 10장에서 폭군은 자기 자신의 이득을 위해 통치하고 왕은 오직 자기 신민의 이득을 위해 통치한다는 점에서 폭군과 왕을 구별한 것이 사실이다. 그러나 크세노폰의 《히에론》에서 가장 잘 나타나듯이 일반적으로 모든 그리스 작가들이 폭군이라는 말을 다른 의미로 사용했을 뿐만 아니라, 아리스토텔레스의 구분을 따른다면 태초 이래 지금까지 단 한 명의 왕도 존재하지 않았다는 결론이 나올 것이다.

11장
정치체의 붕괴

정치체의 붕괴는 가장 잘 구성된 정부에서도 자연스럽고 불가피한 경향이다. 스파르타와 로마가 멸망했다면, 어떤 국가가 영구히 존속하기를 기대할 수 있겠는가? 따라서 오래 지속되는 체제를 형성하고자 한다면, 그것을 영구적인 것으로 만들 생각을 아예 하지 말자. 성공하려면 불가능한 것을 시도하지도 말아야 하고, 인간의 일에 허용되지 않는 견고함을 인간의 작품에 부여한다는 헛된 기대를 품지도 말아야 한다.

정치체는 인체와 마찬가지로 태어나면서부터 죽기 시작하며, 스스로를 파괴하는 원인을 내포하고 있다. 그러나 양자 모두 그럭저럭 오래 스스로를 보존하기에 적합한 제법 강건한 체질을 가질 수 있다. 인간의 체질은 자연의 작품이며, 국가의 체질은 기술(技術)의 작품이다. 인간의 생명을 연장하는 일은 인간이 할 수 없지만, 국가에 국가가 갖출 수 있는 최선의 체질을 만들어줌으로써 국가의 생존을 최대한 연장하는 일은 인간이 할 수 있다. 가장 잘 구성된 국가일지라도 결국 종말에 이르게 될 테지만, 그런 나라라면 예기치 못한 사고로 때 이르게 멸망하지 않는 한 다른 국가보다 오래 지속될 것이다.

정치적 생명의 원리는 주권에 있다. 입법권은 국가의 심장이고, 행정권은 국가의 뇌로서 다른 모든 부분을 움직인다. 뇌가 마비될 수도 있지만, 개인은 여전히 살아 있다. 인간은 바보가 되어서도 살아갈 수 있다. 그러나 심장이 기능을 멈추면 동물은 곧바로 죽는다.

국가가 존속하는 것은 법을 통해서가 아니라 입법권을 통해서다. 어제의 법에는 오늘 복종할 의무가 없다. 그러나 침묵은 암묵적인 동의로 간주되며, 주권자는 자기가 폐기할 수 있는 권력을 지닌 동안에 폐기하지 않은 법을 지속적으로 확인한 것으로 추정된다. 주권자가 원한다고 한번 선언한 모든 것은 주권자가 그 선언을 철회하지 않는 한 항상 유효하다.

그러면 사람들이 고대법을 그토록 존경하는 이유는 무엇인가? 바로 고대법이 오래되었기 때문이다. 오직 고대 의지의 탁월함 덕분에 고대법이 그토록 오랫동안 존속할 수 있었다고 믿어야 한다. 만약 주권자가 고대법을 줄곧 유익한 것으로 인정하지 않았다면, 그 법을 천 번은 폐기시켰을 것이다. 이것이야말로 잘 구성된 모든 국가에서 법이 약해지기는커녕 계속 새로운 힘을 획득하는 이유다. 옛것을 좋게 보는 선입관은 날이 갈수록 고대법을 더욱 존경하게 만든다. 그와 반대로, 법이 오래될수록 약화되는 곳이라면 어디에서든 그것은 입법권이 더 이상 존재하지 않고 국가도 더 이상 존속하지 않는다는 증거다.

12장
주권의 유지 방안(1)

주권자는 입법권 외에는 다른 힘을 갖고 있지 않아서 오직 법에 의거해서만 행동하며, 법이 일반의지의 공증서일 뿐이므로 주권자는 인민이 다 모여야만 행동할 수 있을 것이다. 인민이 다 모이다니! 그것은 환상일 뿐이다. 〔그러나〕 오늘날에는 그것이 환상이지만, 2,000년 전에는 절대 환상이 아니었다. 인간의 본성이 변한 것인가?

정신적인 문제에서 가능성의 범위는 우리가 생각하는 것보다 넓다. 그 범위를 좁히는 것은 인간의 약함과 악덕 및 편견이다. 천박한 정신을 지닌 자는 위대한 인간을 믿지 않는다. 비굴한 노예는 자유라는 말을 들으면 비웃는다.

이미 이루어진 것에 기초해 이루어질 수 있는 것을 생각해보자. 고대 그리스의 공화국들은 거론하지 않겠다. 그러나 로마 공화국은 거대한 국가였고, 로마라는 도시는 거대한 도시였다고 나는 생각한다. 로마의 마지막 인구 조사에 따르면 로마에서 무장 가능한 시민의 수는 40만이었으며, 로마 제국에서는 속국 신민, 외국인, 여성, 어린이, 노예를 뺀 시민의 수가 400만이 넘었다.

수도 로마와 그 주변에 거주하는 엄청나게 많은 주민을 자주 소집하는 것이 얼마나 어려운 일이었을지는 상상도 못할 것이다. 그러나 로마 인민은 일주일에 한 번도 집회를 열지 않는 경우가 거의 없었으며, 심지어 일주일에 몇 차례씩 집회를 열기도 했다. 로마 인민은 주권자의 권리를 행사했을 뿐만 아니라 정부의 권리도 일부 행사했다. 그들은 일정한 업무를 처리했고, 어떤 소송 사건을 심리하기도 했다. 로마 인민 전체는 공적 집회에서 시민인 만큼이나 종종 거의 행정관이었다.

민족의 최초 시기로 거슬러 올라가면, 대부분의 고대 정부, 심지어 마케도니아인이나 프랑크인의 정부 같은 그런 군주정부도 비슷한 집회를 열었다. 어쨌든 논쟁의 여지가 없는 이 단 하나의 사실이 모든 난제를 해결해준다. 실제로 존재하는 것에서 가능한 것을 이끌어내는 추론은 믿을 만해 보인다.

13장
주권의 유지 방안(2)

집회에 참석한 인민이 법 체제를 승인함으로써 국가의 구성이 일단 결정되는 것으로는 충분하지 않다. 인민이 영구적인 정부를 수립하거나 전체 행정관을 선출하는 선거를 한 번만 하는 것으로도 충분하지 않다. 예기치 못한 상황으로 인해 요청되는 비상 집회 외에 어떤 이유로도 폐지하거나 연기할 수 없는 규칙적인 정례 집회들이 있어야 한다. 그래야 인민이 어떤 다른 형식적인 소집 절차를 갖출 필요 없이 정해진 날짜에 법에 따라 정당하게 소집된다.

그러나 정해진 날짜만으로도 합법적인 이런 집회 외에, 인민 소집 업무를 위해 임명된 행정관에 의해서 규정된 형식에 따라 소집된 것이 아닌 모든 인민집회는 불법이며 그곳에서 이루어지는 일은 모두 무효로 간주되어야 한다. 집회를 소집하는 명령 자체도 법에서 유래해야 하기 때문이다.

합법적인 집회의 빈도에 관해서는 고려할 사항이 너무 많으므로 어떤 세부 규칙도 제시할 수 없다. 다만 일반적으로 정부가 강력해질수록 주권자가 더 빈번하게 자신을 드러내야 한다고 말할 수 있다.

사람들이 내게 물을 것이다. 이것이 단일 도시에는 적합할 수 있지만, 국가가 여러 도시로 이루어져 있다면 어떻게 할 것인가? 주권을 분할할 것인가, 아니면 어느 한 도시에 주권을 집중시키고 다른 모든 도시를 예속시켜야 하는가?

나는 둘 다 안 된다고 답하겠다. 첫째로, 주권은 유일무이한 것이며, 주권이 분할되면 반드시 파괴된다. 둘째로, 민족과 마찬가지로 도시도 다른 도시에 예속되는 것은 정당화될 수 없다. 정치체의 본질은 복종과 자유의 조화에 있으며, 신민과 주권자라는 낱말은 의미상 시민이라는 하나의 낱말에 결합되는 동일한 상관어이기 때문이다.

더 나아가 나는 여러 도시를 결합해 하나의 도시국가를 만드는 것에는 언제나 결점이 있으며, 그런 결합을 이루고 싶은 나머지 그 결합의 자연적 약점들을 피할 수 있다고 자신해서도 안 된다고 답하겠다. 작은 국가만 원하는 사람에게 커다란 국가의 폐해를 내세워 반대해서는 안 된다. 그러나 그래서야 어떻게 커다란 국가에 대항할 충분한 힘을 작은 국가에 줄 수 있겠는가? 오래전에 그리스의 도시국가들이 위대한 〔페르시아〕 왕에게 대항했고,[52] 좀 더 최근에는 네덜란드와 스위스가 오스트리아 왕가에 대항한 것처럼 말이다.

그러나 국가를 적절한 크기로 축소할 수 없다면, 하나의 편법이 아직 남아 있다. 수도를 허용하지 않고 각 도시에 교대로 정부를 설치해 그 나라의 집회를 각 도시를 순회하며 개최하는 것이다.

인구를 영토에 골고루 분포시키고, 동일한 권리를 전역으로 확대시키고, 풍요와 활력을 전역으로 확산시키라. 이런 방식으로 국가는 최대한 강력해지는 동시에 가장 잘 통치될 수 있을 것이다. 도시의 성벽은 오직 시골 농가들의 잔해가 쌓여 만들어진다는 것을 기억하자. 수도에 세워진 모든 궁전을 볼 때마다 나는 시골 전체가 오두막처럼 몰락해가는 것을 보고 있는 것만 같다.

14장
주권의 유지 방안(3)

인민이 주권체로서 정당하게 집회를 여는 순간 정부의 모든 관할권은 중단되고, 행정권이 연기되며, 가장 미천한 시민의 인격도 최고 행정관의 인격과 마찬가지로 신성불가침한 것이 된다. 거기에는 대표되는 사람이 있고 대표자는 더 이상 없기 때문이다. 로마 민회에서 일어난 소동 대부분은 이런 원칙을 몰랐거나 무시한 데 따른 것이었다. 그때 집정관은 인민의 의장에 불과했고, 호민관은 단순한 대변자였으며,* 원로원은 전혀 무의미한 존재였다.

군주가 자기보다 실제로 우위에 있는 존재를 인정하고 인정해야 하

* 이 말은 영국 의회에서 대변인이라는 단어에 주어진 의미와 비슷하다. 이들 직무의 유사성은 모든 관할권이 유보되었더라도 집정관과 호민관 사이의 갈등을 야기했을 것이다.

는 이런 권력 유보 시기를 군주는 언제나 두려워한다. 정치체의 방패이자 정부에 대한 구속인 이런 인민집회는 시대를 막론하고 지도자에게 공포스러운 것이었다. 따라서 군주는 시민의 집회가 열리지 못하게 하려고 온갖 노력과 반대, 난관과 약속을 아낌없이 동원한다. 시민이 탐욕스럽고 비겁하며 소심하고 자유보다 휴식을 좋아하면, 정부의 거듭되는 노력에 맞서 오래 버티지 못한다. 그래서 〔정부의〕 저항력이 계속 커지면 주권은 마침내 소멸하고, 대부분의 도시〔국가〕도 때 이르게 몰락하고 멸망한다.

그러나 주권과 독재정부 사이에 때로는 중간 권력이 끼어든다. 이제 다루어야 할 것이 이 점이다.

15장
대의원 혹은 대표자

공적 업무가 더 이상 시민의 주된 일이 되지 않고 시민이 직접 복무하기보다 돈으로 대신하는 것을 선호하게 되면, 국가는 이미 멸망 직전에 이른 것이다. 전쟁터에 나갈 필요가 있는가? 그들은 군대의 보수를 지급하고 집에 머물러 있다. 집회에 참석할 필요가 있는가? 그들은 대의원을 지명하고 집에 머물러 있다. 나태와 돈으로 말미암아 마침내 그들은 군인을 사들임으로써 나라를 예속시키고 대표자를 선정함으로써 나라를 팔아넘긴다.

육체적 봉사를 돈으로 대신하게 만드는 것은 상업과 예술에의 연루, 이득에 대한 탐욕스러운 관심, 안일과 안락함에 대한 사랑이다. 사람들은 자기 이득의 일부를 내놓고 자기가 원하는 이득을 늘리는 것이다. 돈을 주라. 그러면 당신은 곧바로 속박당할 것이다. 재정(財政)이라는 말은 노예의 말이다. 도시국가에서는 이 말을 모른다. 정말로 자유로운 국가에서는 시민이 자기 손으로 모든 일을 하고 돈으로 하는 일은 전혀 없다. 시민은 의무를 면제받으려고 돈을 지불하기는커녕 제 몸으로 직접 의무를 이행하려 할 것이다. 나의 견해는 통상적인 생각과 너무 다르다. 나는 조세보다 부역이 자유에 더 적합하다고 믿는다.

국가가 잘 구성될수록 시민의 마음속에서 공적 업무가 사적 업무보다 우세하게 된다. 사적 업무의 수도 훨씬 적다. 공동 행복의 합이 각 개인의 행복에서 더 큰 비중을 차지하는 만큼, 개인이 사적인 노력을 통해 추구할 행복이 적기 때문이다. 잘 운영되는 도시국가에서는 모든 사람이 집회에 몰려든다. 나쁜 정부 아래에서는 누구나 집회를 향해 한 발짝도 떼고 싶어 하지 않는다. 아무도 거기서 이루어지는 일에 관심이 없고, 거기서 일반의지가 지배하지 못할 것이 뻔하며, 결국 가정의 관심사가 모든 것을 흡수해버리기 때문이다. 훌륭한 법은 더 훌륭한 법을 만들게 하며, 나쁜 법은 더 나쁜 법을 불러온다. 누군가 국가의 일에 대해서 나와 무슨 상관인가?라고 말한다면 그 국가는 멸망했다고 간주해야 한다.

애국심의 약화, 사적 이익의 기승, 국가의 광대함, 정복, 정부의 폐해는 국민의회에 인민의 대의원 혹은 대표를 두는 방식의 창안으로 이어졌다. 어떤 나라에서는 이들을 감히 제3계급이라고 부르기까지 했다. 따라서 두 계층의 사적 이익이 첫 번째와 두 번째 위치에 놓이고, 공적 이익은 세 번째 위치에 놓일 뿐이다.

주권은 양도할 수 없는 것과 같은 이유로 대표할 수도 없다. 주권은 본질적으로 일반의지에 존재하며, 의지는 절대 대표할 수 없다. 의지는 의지이거나 의지가 아니거나 둘 중 하나지 중간의 의지라는 것은 없다. 따라서 인민의 대의원은 인민의 대표가 아니며 대표일 수도 없다. 그들은 단지 인민의 대리인일 뿐이다. 대리인은 그 어떤 최종 결정도 내릴 수 없다. 인민이 직접 승인하지 않는 모든 법은 무효다. 그것은 절대로 법이 아니다. 영국 인민은 자신들이 자유롭다고 생각하는데, 크게 착각하는 것이다. 영국 인민은 의회 의원의 선거 동안만 자유롭다. 의회 의원이 선출되는 즉시 영국 인민은 노예가 되고 아무것도 아닌 존재가 된다. 영국 인민이 자유를 누릴 수 있는 짧은 시간 동안 그 자유를 어떻게 사용하는지를 보면 그들은 분명 자유를 잃을 만하다.

대표라는 관념은 근대의 산물이다. 그것은 인류가 타락하고 사람이라는 이름이 더럽혀진 불공정하고 불합리한 정부인 봉건정부에서 유래한다.[53] 고대의 공화국은 물론 군주정에서조차 인민은 결코 대표를 갖지 않았다. 그들은 아예 대표라는 말을 몰랐다. 호민관을 그토록 신성시한 로마에서도 그들이 인민의 지위를 가로챌 수 있다는 것은 상상도 할 수 없는 일이었다는 것, 호민관이 그렇게 많았는데도 호민관들이 자신들의 권한으로 국민투표Plébiscite를 건너뛰려 한 적이 한 번도 없었음은 대단히 주목할 만하다. 그러나 때로는 다수의 군중으로 말미암아 생기는 어려움도 있었다. 예컨대 그라쿠스 형제 시대에 일부 시민이 지붕 위에서 투표하는 일이 있었다.

권리와 자유가 전부인 곳에서는 불합리한 일이 없다. 그 현명한 인민에게는 모든 것이 올바르게 판단되었다. 이 인민은 호민관이 감히 하지 못한 일을 호위관Licteur에게 하도록 허용했다. 이 인민은 호위관이 인민을 대표하고 싶어 할까 봐 염려하지 않았다.

그러나 때때로 호민관이 인민을 어떻게 대표했는지를 설명하려면 정부가 주권자를 어떻게 대표하는지를 생각해보는 것으로 충분하다. 법은 일반의지를 진술한 것에 불과하므로, 입법권의 행사에서 인민은 대표될 수 없음이 명백하다. 하지만 법에 적용된 힘에 불과한 행정권의 행사에서는 인민이 대표될 수도 있고 대표되어야 한다. 이로 미루어 잘 검토해보면 법을 가진 나라는 극소수에 불과함이 밝혀지리라는 것을 알 수 있다. 어쨌든 분명한 것은 호민관이 아무런 행정권도 갖고 있지 않아서 직무상의 권한으로 로마 인민을 대표하는 것은 절대 할 수 없었고, 단지 원로원의 권한을 침해했을 뿐이라는 점이다.

그리스에서 인민이 해야 하는 일은 모두 인민이 직접 했다. 그리스 인민은 끊임없이 광장에 집합했다. 그들은 온화한 기후에서 살았고 전혀 탐욕스럽지 않았으며, 노예가 그들의 일을 해주었고 그들에게 가장 중요한 일은 자신의 자유였다. 그 같은 이점들을 더 이상 갖고 있지 못하다면 어떻게 그런 권리들을 보존할 수 있겠는가? 더욱 가혹한 기후로 인해 생활필수품이 증가하고,* 1년 중 6개월은 공공 광장에 모이는 것이 불가능하며, 혀가 둔해 말소리가 야외에서는 잘 들리지 않고, 사람들이 자유보다 이득에 더 관심을 갖고 노예상태보다 가난을 훨씬 더 두려워한다.

뭐라고! 그렇다면 자유는 노예상태의 도움을 받아야만 유지될 수 있는 것인가? 그럴지도 모른다. 양극단은 서로 맞닿는다. 자연에 없는 것들은 모두 자체의 어려움을 안고 있는데, 그 가운데 시민사회는 다른 어떤 것들보다 더 그렇다. 타인의 자유를 희생시켜야만 자신의 자유를 보존할 수 있고, 노예가 극도로 예속적이어야만 시민이 완전히 자유로워질 수 있는 그런 불행한 처지가 있다. 스파르타의 처지가 그랬다. 요즘 사람인 여러분에 관해 말하자면, 근대인은 노예를 갖고 있지 않지만 여러분이 바로 노예다. 여러분은 여러분의 자유를 노예의 자유를 얻는 대가로 치른다. 여러분이 이런 선택을 자랑스럽게 여기지만 헛된 일이다. 나는 그것이 인간적인 선택이라기보다 비겁한 선택이라고 생각한다.

내가 말하려는 바는 노예를 가져야 한다거나 노예에 대한 권리가 합법적이라는 것이 아니다. 지금까지 나는 그 반대를 입증했기 때문이다. 나는 단지 자기가 자유롭다고 믿는 근대인은 대표를 갖고 고대인은 대표를 갖지 않은 이유가 무엇인지를 말하고 있을 뿐이다. 어쨌든 어떤 인민이

---

* 추운 나라에서 동방 사람들의 사치와 안일함을 채택하는 것은 그들의 족쇄에 묶이기를 원하는 것이며, 필연적으로 그들보다 훨씬 더 심한 속박에 예속되는 것이다.

대표를 선택하는 순간, 그 인민은 더 이상 자유롭지 못하고 더 이상 존재하지 않는다.

모든 점을 검토했을 때, 나는 앞으로 국가가 아주 작지 않은 한 주권자가 우리 가운데 계속 자신의 권리를 행사하는 것이 가능하지 않으리라고 생각한다. 그러나 국가가 아주 작으면 정복당하지 않을까? 아니다. 향후 나는 거대한 인민의 대외적 힘을 작은 국가의 편리한 치안 및 훌륭한 질서와 어떻게 결합시킬 수 있는지를 설명할 것이다.*

16장
정부의 수립은 계약이 아니다

일단 입법권이 제대로 확립되면, 행정권을 동일한 방식으로 확립하는 것이 문제다. 개별적인 행위를 통해서만 나타나는 행정권은 입법권과 본질적으로 달라서 당연히 입법권과는 별개의 것이기 때문이다. 주권자는 행정권을 갖고 있다고 간주되는데, 정말로 그것이 가능하다면 권리와 사실이 완전히 혼동되어 무엇이 법이고 무엇이 법이 아닌지 더 이상 알 수 없게 될 것이다. 그에 따라 변질된 정치체도 원래 폭력에 대비해 수립되었지만 머지않아 폭력의 먹이로 전락하게 될 것이다.

사회계약으로 말미암아 시민은 모두 평등하므로, 모든 사람이 해야 하는 일은 누구나 다 명령할 수 있는 반면, 자신이 하지 않는 일을 다른 사람에게 하라고 요구할 권리는 누구에게도 없다. 그런데 정치체에 생명과 활력을 불어넣는 데 필수불가결한 바로 이런 권리를 주권자는 정부를 수

---

* 이것은 내가 이 저작에 이어서 쓰려고 계획했던 주제다. 거기서 나는 대외 관계를 다루면서 아마도 국가연합을 논할 것이다. 이것은 전적으로 새로운 주제로서, 그 원리는 아직 확립 과정에 있다.

립함으로써 군주에게 부여한다.

어떤 사람들은 이런 정부 수립 행위가 인민과 인민이 선택한 지도자 사이에 맺은 계약으로서 양 당사자 중 한쪽은 명령해야 하고 다른 쪽은 복종해야 한다는 조건을 규정한 계약이라고 주장했다. 이것이 참으로 이상한 계약 방식이라는 데는 모두가 동의할 것이라고 나는 확신한다. 그러나 이런 의견이 지지할 만한 것인지 아닌지 살펴보기로 하자.

첫째, 최고 권력〔곧 주권〕은 양도할 수 없는 것과 마찬가지로 제한할 수도 없다. 그것을 제한하는 것은 그것을 파괴하는 것이다. 주권자가 자기보다 우월한 존재에게 자신을 내어준다는 것은 불합리하고 모순된다. 주권자가 스스로에게 어떤 지배자에게 복종할 의무를 지우는 것은 전적으로 자유〔를 누리는 상태〕로 복귀함을 의미한다.

더욱이 인민과 이런저런 사람들 사이의 이런 계약은 개별 행위일 것임이 분명하다. 따라서 이런 계약은 법도, 주권의 행위도 될 수 없는 만큼 부당한 계약이 될 것이라는 결론이 나온다.

또한 계약 당사자들이 자연법의 지배를 받고 상호 약속에 대한 어떤 보증도 받지 못하리라는 것을 알 수 있는데, 이는 모든 면에서 문명상태와 반대된다. 권력을 장악한 자는 언제나 그 집행권의 주인이 되므로, 이는 어떤 사람이 다른 사람에게 다음과 같이 말하는 행위에 계약이라는 이름을 붙이는 것과 마찬가지일 것이다. "나는 당신이 원하는 것만큼 나에게 되돌려준다는 조건으로 나의 모든 재산을 당신에게 준다."

국가에는 단 하나의 유일한 계약으로서 연합association 계약이 있을 뿐이며, 그 계약만이 다른 모든 계약을 배제한다. 이런 최초의 계약을 침해하지 않는 공적 계약이란 상상할 수도 없을 것이다.

17장
정부의 수립

그러므로 정부의 수립이 이루어지게 하는 행위를 어떤 개념으로 이해해야 할 것인가? 나는 우선 이런 행위가 복합적이라는 점 혹은 두 가지 다른 행위, 곧 법의 제정과 법의 집행으로 구성된다는 점을 지적하겠다.

첫 번째 행위에 의해 주권자는 정부 조직이 어떤 형태로 설립될 것인지를 규정한다. 이 행위가 법이라는 것은 분명하다.

두 번째 행위에 의해 인민은 설립된 정부를 맡을 지도자를 임명한다. 이런 임명은 개별적인 행위이므로 두 번째 법이 아니라 첫 번째 법의 결과이며, 정부의 기능이다.

어떻게 정부가 존재하기도 전에 정부의 행위가 존재할 수 있으며, 주권자이거나 신민일 뿐인 인민이 어떤 상황에서 군주나 행정관이 될 수 있는지를 이해하기란 쉽지 않다.

정치체는 외관상 모순되어 보이는 활동들을 조화시키는 속성을 갖고 있는데, 여기서 다시 한 번 정치체의 그런 놀라운 속성 가운데 하나가 드러난다. 이 속성은 주권이 민주정으로 급격히 전환될 때 생겨나는 것이기 때문이다. 그래서 어떤 주목할 만한 변화도 없이 단지 인민 상호 간의 새로운 관계를 통해 시민은 행정관이 되어 일반적인 행위에서 개별적인 행위로 이행하며, 법에서 법의 집행으로 이행한다.

관계의 이러한 변화는 실제 사례가 없는 교묘한 사변이 아니다. 그 변화는 영국 의회에서 매일 일어난다. 거기서는 하원이 어떤 경우에 업무 토의를 더 잘할 목적으로 특별위원회로 변경되어, 조금 전까지 주권자의 의회였던 것이 단지 하나의 위원회가 되어버리는 경우도 있다. 하원은 이 위원회가 특별위원회의 형식으로 결정한 사항에 대해서 다시 자기에게 보고하도록 하며, 이미 다른 명칭 아래에서 결정을 내린 사항에 대해 새로운 명칭 아래에서 다시 한 번 심의한다.

민주 정부의 독특한 장점은 그것이 일반의지의 어떤 단순한 행위에 의해 실제로 수립될 수 있다는 점이다. 그렇게 해서 세워진 임시 정부가 바로 채택된 형태라면 그대로 존속하게 하거나 주권자의 이름으로 법으로 규정한 정부를 수립함으로써, 모든 것이 규칙에 따라 시행된다. 앞에서 밝힌 원리들을 포기하지 않고 다른 어떤 합법적인 방법으로 정부를 수립하는 것은 불가능하다.

18장
정부의 찬탈을 막는 방법

이상과 같은 설명에서 16장의 내용을 확인해주는 다음과 같은 결론이 나온다. 정부를 수립하는 행위는 계약이 아니라 법이고, 행정권의 수탁자들은 인민의 지배자가 아니라 인민의 대리인이며, 인민은 자기 마음대로 그들을 임면할 수 있고, 그들의 과제는 계약을 맺는 것이 아니라 복종하는 것이며, 그들은 국가가 부과한 직무를 맡음으로써 시민으로서 지는 의무를 수행할 뿐 그 조건에 대해 왈가왈부할 어떤 권리도 갖지 못한다는 점이다.

따라서 인민이 세습 정부를 수립하게 될 경우, 그 세습 정부는 어떤 왕가에 속한 군주정부든 어떤 시민 계층에 속한 귀족정부든 인민이 책임을 지는 계약이 아니다. 그것은 인민이 행정에 부여하는 임시적인 형태로서 인민이 다른 형태로 조직하기를 원할 때까지 존속한다.

이런 변경은 언제나 위험하다는 것, 정부가 공공선과 양립할 수 없는 상황에 이르기까지 일단 수립된 정부에 절대 손을 대지 말아야 한다는 것이 사실이다. 그러나 이런 신중함은 정치적 원칙이지 법적 규칙은 아니다. 국가는 장수가 군사적 권한을 제멋대로 행사하도록 내버려두어서는 안 되는 것과 마찬가지로 통치자가 내정의 권한을 제멋대로 하도록 내버려두어서도 안 된다.

이런 경우에 적법하고 정당한 행위와 선동적인 소요를 구별하고 전체 인민의 의지와 어떤 당파의 소란을 구별하는 데 필요한 모든 절차들이 주의 깊게 지켜지지 못하리라는 것도 사실이다. 특히 이런 위험한 사례에서는 법을 가장 엄격히 해석하여 사회적으로 해로운 요구에 굴복하는 것을 피해야 한다. 군주는 바로 이런 의무를 아주 유리하게 이용해, 인민의 뜻에 반해 권력을 유지하면서도 인민의 권력을 찬탈했다는 말을 듣지 않을 수 있다. 군주가 외관상으로는 단지 자신의 권리를 행사하는 것처럼 보이면서 자신의 권리를 확장하고, 좋은 질서의 재건을 위한 집회들을 공공의 안녕이라는 구실로 막는 것은 매우 쉽기 때문이다. 따라서 군주는 인민이 침묵을 깨뜨리지 못하게 이용하거나 군주가 범한 불법 행위가 두려워 침묵하는 사람들의 태도를 자기에게 유리하게 단정하고 용기 있게 말하는 사람들을 처벌한다. 이런 방식으로 로마의 10인관도 처음에 1년 임기로 선출되었다가 1년을 연임해, 민회의 집회를 더 이상 허용하지 않고 자신들의 권력을 영구적으로 유지하려고 시도했다. 바로 이런 단순한 방법을 통해서 세상의 모든 정부는 공적 권력을 한번 부여받으면 조만간 주권을 찬탈한다.

앞에서 말한 정기 집회, 특히 형식을 갖춘 소집이 필요하지 않은 정기 집회는 이런 불행을 예방하거나 연기하는 데 적합하다. 이때 군주는 자신이 법의 위반자이고 국가의 적임을 공공연히 선언하지 않는 한 정기 집회를 막을 수 없을 것이기 때문이다.

오직 사회계약의 유지에 목적을 두고 있는 이런 정기 집회는 절대 빠뜨릴 수 없는 두 가지 안건을 항상 다뤄야 하며 두 안건은 별도로 투표가 이뤄져야 한다.

첫 번째 안건. 주권자는 현재의 정부 형태를 유지하기를 원하는가?

두 번째 안건. 인민은 현재 행정을 책임지고 있는 사람들에게 그대로 행정을 맡기기를 원하는가?

여기서 나는 내가 앞에서 증명했다고 생각되는 그 사실, 즉 국가에서 폐지할 수 없는 기본법이란 없으며 심지어 사회계약까지도 폐지할 수 있음을 전제하고 있다. 만약 모든 시민이 공동의 합의로 그 계약을 파기하기 위해 집합했다면 그것이 대단히 합법적으로 파기되리라는 점은 의심할 바 없다. 그로티우스는 심지어 사람들 각자는 자기가 속한 국가를 포기할 수 있으며, 그 나라를 떠남으로써 자신의 자연적 자유와 재산을 회복할 수 있다고까지 생각한다.* 그렇다면 시민 각자가 따로따로 할 수 있는 일을 시민 전체가 합동으로 할 수 없다는 것은 말이 안 될 것이다.

* 물론 국가를 떠나는 이유가 자신의 의무를 피하고 국가가 자기를 필요로 하는 순간에 조국에 대한 봉사를 모면하는 것이 아님을 이해해야 한다. 그런 사례에서 도피는 범죄이며 처벌받아 마땅할 것이다. 그것은 절대로 탈퇴가 아니라 탈주이다.

4부

1장
일반의지는 파괴할 수 없다

여러 사람이 한데 모여 스스로를 한 몸으로 여기는 한, 그들은 공동의 보존과 전반적 복지와 관련된 단일 의지만을 갖고 있다. 이때 국가의 모든 기구는 활력이 넘치고 단순하며, 국가의 원칙은 분명하고 명쾌하며, 국가에는 복잡하고 모순된 이해관계가 없다. 또한 공동선이 어디서나 명백히 드러나, 상식만 있으면 공동선을 알아볼 수 있다. 평화와 단결과 평등은 정치적 기교의 적이다. 정직하고 단순한 사람들은 그들의 순박함 때문에 속이기 어렵다. 술책과 교묘한 핑계도 그들을 속이지 못한다. 그들은 심지어 속아 넘어갈 만큼 현명하지도 못하다. 세상에서 가장 행복한 인민의 나라에서 농민의 무리가 떡갈나무 아래 모여 국사를 결정하고 언제나 지혜롭게 행동하는 것을 볼 때, 그토록 많은 기교와 신비로 스스로를 빛나게 하기도 하고 비참하게 만들기도 하는 다른 민족들의 세련됨을 어찌 경멸하지 않을 수 있겠는가?

이런 방식으로 통치되는 국가에서는 법이 거의 필요하지 않으며, 새로운 법을 제정할 필요가 생기면 이런 필요성을 모든 사람이 느끼게 된다. 새로운 법을 최초로 제안한 사람은 모든 사람이 이미 느끼고 있는 것을 말한데 불과하다. 다른 사람들도 자기처럼 하리라는 확신이 들자마자, 술책과 웅변이 전혀 끼어들지 않아도 각자가 이미 하기로 결심한 것이 법이 된다.

이론가들이 오류에 빠지는 것은 그들이 애초에 잘못 구성된 국가들만을 봐서 국가에 이와 같은 질서를 유지하기가 불가능하다는 생각에 사로잡혀 있기 때문이다. 그들은 교묘한 사기꾼이나 감언이설을 일삼는 사람이 파리나 런던의 인민을 상대로 늘어놓을 법한 온갖 터무니없는 말을 상상하며 비웃는다. 〔하지만〕 그들은 크롬웰이 베른의 인민에게 중노동형을 선고받고 보포르 공[54]이 제네바 시민에게 교정형의 벌을 받았음을 알지 못한다.

그러나 사회적 유대가 이완되어 국가가 약해지기 시작하고 사적 이익들이 중시되어 소사회가 대사회에 영향을 미치기 시작하면, 공동이익은 변질되어 그 반대에 직면하게 되고, 투표에서 더 이상 만장일치가 이루어지지 않게 되며, 일반의지는 더 이상 모든 사람의 의지가 아니게 되고 모순과 언쟁이 발생하며, 최상의 조언도 논쟁을 거치지 않고는 받아들여질 수 없게 된다.

마침내 멸망에 가까워진 국가가 그저 헛되고 무익한 형태로 계속 존재하며, 모든 사람의 마음속에서 사회적 유대가 끊어지고, 가장 천박한 이익이 뻔뻔스럽게도 공공선이라는 신성한 이름을 표방하게 되면, 일반의지는 침묵을 지키게 되고 은밀한 동기들에 좌우되는 모든 사람은 마치 국가가 존재하지 않는 것처럼 이제 시민으로서 자기 의견을 제시하지 않으며, 오로지 사적 이익만을 목표로 하는 불공정한 법령들이 법이라는 이름 아래 부당하게 통과된다.

그렇다면 일반의지가 소멸되거나 타락한 것이라는 결론이 따르는가? 그렇지 않다. 일반의지는 언제나 영속적이고 불변하며 순수하다. 그러나 일반의지는 그것보다 우월한 다른 것에 종속된다. 사람들 각자는 자기 이익을 공동이익과 분리시키면서도 둘을 완전히 구분할 수는 없음을 잘 알고 있다. 그러나 각자가 얻게 될 배타적인 이익과 비교하면 각자가 부담하는 공적 손해의 몫은 아무것도 아닌 것처럼 보인다. 이 사적 이익을 제외하면, 각자는 다른 어느 누구 못지않게 강력히 자기 이익을 위해 일반이익을 원한다. 심지어 돈을 받고 자신의 표를 파는 사람조차 자기 안에서 일반의지를 없앤 것이 아니라 일반의지를 피한 것이다. 그가 범한 잘못은 질문의 의미를 바꿔서 사람들이 물은 것과 다른 질문에 대한 답변을 한 것이다. 즉, 그는 투표를 통해서 이것이 국가에 유익하다고 말하지 않고, 이러저러한 제안이 통과되면 어떤 사람 혹은 어떤 정당에 유리하다고 말한 것이다. 따라서 의회에서의 공적 질서에 관한 법은 그 안에서 일반의지를 유지하는 것이라기보다 오히려 일반의지가 언제나 질문받고 답변하게 하는 것이다.

여기서 나는 그 무엇으로도 시민에게서 빼앗을 수 없는 권리인 모든 주권 행위에 대한 순수한 투표권과 정부가 언제나 매우 조심스럽게 구성원에게만 허용하려 하는 발언권, 제안권, 심의권, 토의권에 대해서도 많은 고찰을 하게 될 것이다. 그러나 이런 중요한 문제를 다루기 위해서는 별도의 책이 필요할 것이며, 여기서 모든 것을 말할 수는 없다.

2장
투표

앞 장을 통해, 일반적인 문제들이 다뤄지는 방식은 풍속의 현 상태와 정치체의 건전함에 대한 충분히 신뢰할 만한 지표가 될 수 있음을 알 수 있다. 의회에서 협력이 잘 이루어질수록, 다시 말해 의견이 만장일치에 가까워질수록 일반의지가 더욱 지배적이게 된다. 그러나 기나긴 토론과 의견 분열 및 소란은 사적 이익이 우세해지고 국가가 몰락해가는 징조다.

이런 현상은 심지어 로마 공화국의 전성기에도 서로 싸움으로써 종종 민회를 어지럽혔던 로마의 귀족과 평민처럼 국가가 둘 혹은 그 이상의 계층으로 이루어질 때는 뚜렷이 나타나지 않는 것 같다. 그러나 이런 예외는 실제적이라기보다 피상적이다. 그 경우에는 정치체의 내재적 결함, 말하자면 한 정치체 안에 두 개의 국가가 존재하는 것이기 때문이다. 양자 모두와 관련해서는 사실이 아닌 것이 각자 별개와 관련해서는 사실이 된다. 실제로, 심지어 가장 소란스러운 시기에도 원로원이 간섭하지만 않으면 인민 전체의 투표는 언제나 평온하게 진행되어 절대다수의 의사를 드러냈다. 시민들에게는 한 가지 이익밖에 없으므로 인민에게는 하나의 의지밖에 없었다.

이와 극단적으로 다른 순환에서도 만장일치가 다시 나타난다. 시민이 노예상태에 빠져 자유도 의지도 상실하게 될 때다. 이때는 두려움과 아첨이 투표를 갈채로 바꿔놓는다. 사람들은 더 이상 심의하지 않고 찬양하거나 저주한다. 바로 이것이 로마 황제 아래에서 원로원이 의견을 표현하는 천박한 방식이었다. 때로는 우스꽝스러운 사전 대책이 수반되기도 했다. 타키투스의 기록에 따르면, 오토 황제[55] 치하에서 원로원 의원들은 비텔리우스[56]를 격렬히 비난하면서 동시에 엄청난 잡음을 일으키려고 애썼다. 혹시라도 비텔리우스가 지배자가 될 경우 자신들 각자가

했던 말을 그가 알지 못하도록 덮어버리기 위해서였다.[57]

이런 다양한 고찰로부터 일반의지를 알아내는 것이 어느 정도로 쉬운지, 국가가 어느 정도로 쇠퇴했는지에 따라 어떤 식으로 표를 집계하고 의견을 비교할지를 규정하는 데 기초가 되는 원칙들이 나온다.

본질적으로 만장일치의 동의를 필요로 하는 법은 단 하나밖에 없다. 그것은 바로 사회계약이다. 시민의 연합은 세상에서 가장 자발적인 행위이기 때문이다. 모든 사람은 자유롭게 태어나고 자기 자신의 주인이므로, 누구도 어떤 구실로든 자신의 동의 없이 스스로를 예속시킬 수 없다. 노예의 아들이 노예로 태어나기로 결정하는 것은 사람으로 태어나지 않기로 결정하는 것이다.

따라서 사회계약을 맺을 때 반대자들이 있더라도 그들의 반대가 사회계약을 무효화하는 것은 아니다. 그것은 단지 그들이 사회계약에 포함되는 것을 막을 뿐이다. 그들은 시민들 속에서 이방인이다. 일단 국가가 구성되면, 거주가 곧 동의의 표시가 된다. 그 영토에 거주하는 것이 곧 주권에 복종한다는 의미가 된다.*

이런 원초적 계약을 제외하면 다수의 의견이 언제나 다른 모든 것을 구속한다. 이것은 그 계약 자체의 한 결과다. 그러나 자유로우면서도 어떻게 자신의 의지가 아닌 의지를 따르도록 강요당할 수 있느냐고 묻는 사람들이 있다. 어떻게 반대자들이 자유로우면서도 자기가 동의하지 않은 법에 복종하는가?

나는 질문이 잘못되었다고 답하겠다. 시민은 심지어 자기 뜻에 맞지 않게 통과된 법과 자기가 어느 하나라도 감히 위반하면 처벌받게 되는

---

* 이것은 언제나 자유국가에 해당하는 이야기로 이해되어야 한다. 가족, 재산, 피난처의 부재, 필요, 폭력은 어디서든 거주자를 그 자신의 의지에 반해 그 나라에 머물게 할 수 있는데, 그러면 그의 거주만으로 계약에 대한 동의나 계약의 위반을 더 이상 인정할 수 없기 때문이다.

법을 포함해 모든 법에 동의한다. 국가의 모든 구성원이 지닌 영속적인 의지가 일반의지로서, 구성원들은 바로 이 일반의지에 의해서 시민이 되고 자유로워진다.* 어떤 법이 인민집회에 제시될 때, 그것은 정확히 말해서 그들에게 그 제안을 승인하는지 거부하는지를 묻는 것이 아니라, 그 제안이 그들의 의지인 일반의지에 합치되는지 아닌지를 묻는 것이다. 이에 각자는 투표로 자신의 의견을 표현하며, 일반의지는 표의 집계를 통해 표명된다. 따라서 내 의견과 상반된 의견이 우세하다면, 내가 틀렸으며 내가 일반의지라고 생각한 것이 일반의지가 아니었다는 증거일 뿐이다. 만약 나의 사적인 의견이 우세했다면, 나는 내가 하고자 한 일이 아닌 다른 일을 한 것이므로 자유롭지 못했을 것이다.

사실 이것은 일반의지의 모든 특성이 여전히 다수성에 기인함을 전제로 한다. 만약 그 특성들이 다수성에 기인하지 않는다면, 어느 쪽이든 상관없이 자유는 절대 존재하지 않는다.

앞에서 나는 공적 심의에서 개별의지가 어떻게 일반의지를 대체하게 되는지를 설명하면서 이런 폐단을 예방할 방법을 충분히 제시했다. 이 문제는 뒤에서 다시 논할 것이다. 이 의지를 선언하는 데 필요한 투표의 비율과 관련해, 나는 이미 그것을 결정하는 데 관여하는 원칙들도 제시했다. 단 한 표의 차이가 등분(等分)을 깨뜨리고, 단 한 명의 반대자가 만장일치를 깨뜨린다. 그러나 만장일치와 등분 사이에는 여러 불균등한 배분이 존재하며, 정치체의 상태와 필요에 따라 어느 비율을 선택할 것인

---

* 제노바에서는 감옥 앞과 갤리선의 죄수들을 묶는 쇠사슬에 '자유Libertas'라는 말이 적혀 있다. 이런 표어를 적어놓은 것은 고상하고 올바른 일이다. 실제로 시민이 자유로워지는 것을 방해하는 사람은 모든 신분의 악인들밖에 없다. 바로 그런 사람들이 모두 갤리선으로 보내지는 나라에서는 가장 완전한 자유가 실현될 것이다. 갤리선은 그리스·로마 시대부터 지중해를 중심으로 사용된 배로, 노를 주로 쓰고 돛을 보조용으로 쓰는 군용선이었다. 제노바의 갤리선이 유명한데, 노예나 죄수를 동원해 갤리선의 노를 젓게 했다.

지 결정할 수 있다.

이런 비율을 정하는 데 도움이 될 수 있는 일반적인 원칙이 두 가지 있다. 하나는 심의가 중요하고 심각할수록 결정된 의견이 만장일치에 더 가까워야 한다는 원칙이다. 다른 하나는 심의 사항이 긴급한 것일수록 대립된 의견들 간의 차이가 더 작아야 한다는 원칙이다. 즉시 결정해야 하는 심의에서는 단 한 표 차이의 다수결로 충분해야 한다. 이런 첫 번째 원칙은 법에 더 적합해 보이고, 두 번째 원칙은 행정 처리에 더 적합해 보인다. 어쨌든 다수가 뚜렷이 드러나게 하는 적정 비율은 바로 이 두 가지 원칙의 조합 위에서 확립된다.

3장
선출

이미 말한 것처럼 복잡한 행위인 군주와 행정관의 선출과 관련해서는 두 가지 시행 방식, 곧 선거와 추첨이 있다. 이 두 방식은 여러 공화국에서 사용되었으며, 베네치아 총독의 선출은 지금도 여전히 이 두 가지가 매우 복잡하게 혼합된 방식으로 이루어진다.

추첨을 통한 선출은 민주정의 본질에 속한다고 몽테스키외는 말한다. 나도 동의한다. 그러나 어째서 그렇다는 것인가? 몽테스키외는 이어서 말한다. 추첨은 누구에게도 상처를 주지 않는 선출 방식이다. 추첨은 시민 각자에게 조국에 봉사할 수 있다는 정당한 기대를 안겨준다.[58] 〔그러나〕 이것은 이유가 되지 않는다.

지도자 선출이 주권의 기능이 아니라 정부의 기능이라는 것에 유의한다면, 추첨이라는 방식이 민주정의 본질에 더 부합되는 이유를 알게 될 것이다. 민주정에서는 행정 행위의 수가 적어지는 만큼 행정이 더 훌륭해지기 때문이다.

모든 진정한 민주정에서는 행정 관직이 특권이 아니라 부담스러운 의무이므로, 어느 특정 개인에게 다른 사람보다 많은 의무를 지우는 것은 공평하지 못하다. 오직 법만이 추첨을 통해 정해진 사람에게 이런 의무를 부과할 수 있다. 그래야 조건이 모두에게 똑같고 선출이 어느 개인의 의지에 좌우되지 않아, 법의 보편성을 변질시키는 어떤 특수한 적용도 없기 때문이다.

귀족정에서는 군주가 군주를 선택하고 정부가 정부 자체를 보존하므로, 여기에서는 투표가 적합하다.

베네치아 총독 선출의 사례는 이런 구분을 부정하기는커녕 오히려 확인해준다. 이런 혼합 형식은 혼합 정부에 적합하다. 베네치아 정부를 참된 귀족정으로 보는 것은 잘못이다. 비록 인민이 정부에 전혀 참여하지 않지만, 거기서는 귀족 자신이 인민이다. 수많은 가난한 바르나보트[59]들은 어떤 행정직에도 접근하지 못했고, 그들의 귀족 신분에 남은 것이라고는 '경Excellence'이라는 공허한 칭호와 대평의회에 참석할 권리가 전부였다. 이 대평의회는 제네바의 총평의회만큼 인원이 많아서, 저명한 의원도 제네바의 보통 시민과 같은 수준의 특권밖에 누리지 못한다. 두 공화국의 극단적인 차이를 배제하면 제네바의 부르주아지는 정확히 베네치아의 귀족에 해당하고, 제네바의 원주민과 거주민은 베네치아의 도시인과 인민에 해당하며 제네바의 농민은 베네치아 본토의 신민에 해당한다.[60] 결국, 베네치아 공화국의 크기는 차치하고 이 공화국에 대해 어떤 식으로 생각해보아도 베네치아 정부는 제네바 정부와 마찬가지로 귀족적인 정부가 아니다. 양자 간에 차이가 있다면, 제네바에서는 종신 지도자가 없기 때문에 베네치아와 같이 추첨을 할 필요도 없다는 것뿐이다.

진정한 민주정에서는 추첨을 통한 선출에 결점이 별로 없을 것이다. 진정한 민주정에서는 원칙과 재산은 물론 품행과 재능에서도 모든 것이 동등하므로 어떤 사람이 선택되든 상관이 없을 것이다. 그러나 앞에서 말했듯이, 진정한 민주정은 존재하지 않는다.

선거와 추첨이 혼합된 경우, 전자는 군사적 직업과 같이 특수한 재능을 필요로 하는 자리에 적용되어야 하며, 후자는 재판관직과 같이 상식과 정의와 정직이면 충분한 자리에 적합하다. 잘 구성된 국가에서는 이런 자질이 모든 시민에게 공통된 것이기 때문이다.

군주정에서는 추첨도 투표도 전혀 치러지지 않는다. 군주는 법적으로 유일무이한 군주이자 유일한 행정관이므로, 그의 신하를 선택하는 것은 오직 그의 소관이다. 생피에르 신부가 프랑스 왕의 평의회 규모를 키우고 그 구성원을 투표로 선출하자고 제안했을 때, 그는 스스로 깨닫지 못했겠지만 정부 형태의 변경을 제안한 것이었다.

이제는 인민의 의회에서 이뤄지는 투표와 투표 집계 방식에 대해 이야기해봐야 할 것이다. 그러나 이와 관련해서는 규율에 관한 로마의 역사가 아마도 내가 세울 법한 모든 원칙을 더 명확히 설명해줄 것이다. 20만 명에 달하는 평의회에서 공적 업무와 사적 업무가 어떻게 처리되었는지를 좀 더 상세히 고찰하는 일은 현명한 독자의 품위를 떨어뜨리지 않는다.

4장
로마의 민회

로마의 초기 시대에 관한 믿을 만한 자료는 전혀 남아 있지 않다. 그 시대와 관련된 그럴듯한 이야기의 대부분은 우화일 가능성이 아주 크다.* 일반적으로 인민의 연대기들 중에서 가장 교훈적인 부분, 곧 건국의 역사는 우리가 대부분 알지 못하는 이야기다. 우리는 날마다 경험을 통해 제국에서 혁명이 일어나는 원인을 배운다. 그러나 이제 인민이 새로 형성되는 일이 없으므로, 그들이 어떻게 형성되는지를 설명하려면 추측밖에 방법이 없다.

확립된 관례가 있다는 것은 적어도 이런 관례에 기원이 있었다는 증거다. 이 기원에서 유래한 전통들, 곧 가장 큰 권위로 뒷받침되고 가장 유력한 논거로 확인되는 그 전통들은 가장 확고한 것으로 인정되어야 한다. 바로 이것이, 지상에서 가장 자유롭고 가장 강력한 인민이 어떻게 최고권력을 행사했는지를 탐구함에 있어 내가 따르고자 한 원칙들이다.

로마 창건 후 이 신생 공화국은 건국 군대가 알바인, 사비니인, 외국인으로 구성돼 있었던 만큼 세 계층으로 분할되었고 이렇게 분할된 계층은 각기 '부족Tribus'이라고 불리게 되었다. 이 세 부족은 각각 10개의 쿠리아로 분할되었고, 각 쿠리아는 다시 〔10인조인〕 데쿠리아로 분할되었는데, 쿠리아의 우두머리는 쿠리온이라 불리고 데쿠리아의 우두머리는 데쿠리온이라 불렸다.

그에 더해, '100인대'라 불리는 100명의 기병 혹은 기사가 각 부족에서 선발되었다. 여기서, 로마의 도시 수준에서는 거의 필요하지 않은 이런 분할이 처음에는 단지 군사적인 것에 불과했음을 알 수 있다. 그러나 위대함을 추구하는 본능이 로마라는 작은 도시로 하여금 세계의 수도에 적합한 규율을 미리 갖추게 한 것 같다.

이런 최초의 분할로 말미암아 얼마 후 한 가지 결점이 나타났다. 알바인 부족**과 사비니인 부족⁂이 계속 일정 상태로 유지된 반면에 외국인

---

* 로마Rome라는 이름은 로물루스Romulus에서 유래한 것으로 추측되는 그리스어로, 힘force을 의미한다. 누마Numa라는 이름도 그리스어이며 법Loi을 의미한다. 로마라는 도시의 처음 두 왕이 그들이 이룩한 것과 그토록 관련 깊은 이름을 미리 가진 것을 우연으로 봐야 하는가?

** 람넨세스.

⁂ 타티엔세스.

부족*은 새로운 인원의 지속적인 유입으로 꾸준히 증가해 머지않아 다른 두 부족보다 많아지게 된 것이었다. 이런 위험스러운 폐해에 대해 세르비우스가 발견한 처방은 분할 방식을 변경하는 것으로서, 그는 인종에 기초한 분할을 폐지하고 그 도시 곧 로마에서 각 부족이 차지하고 있는 구역에 따른 분할로 대체했다. 또한 세르비우스는 부족을 셋이 아니라 넷으로 만들었다. 각 부족은 로마의 언덕들 가운데 하나씩을 차지했고, 그 언덕의 이름으로 호칭되었다. 그리하여 그는 당장의 불평등을 시정하면서 장차 다시 나타날 불평등도 예방했다. 그는 이런 분할이 지역뿐만 아니라 사람에도 적용되도록 한 구역의 주민이 다른 구역으로 이주하는 것을 금지함으로써 인종이 서로 섞이지 않게 했다.

그는 과거에 세 개였던 100인조 기병대를 배로 늘리고 12개를 추가했지만, 명칭은 바꾸지 않고 그대로 두었다. 이런 단순하고 적절한 방식을 통해서 그는 결국 인민의 불만을 야기하지 않고 기사단과 인민 단체를 구별했다.

세르비우스는 도시 부족 넷에다가 농촌 부족이라 불리는 15개 부족을 추가했다. 이들은 15개의 지방canton으로 분할된 농촌 주민들로 구성되었기 때문에 농촌 부족이라 불렸다. 그 후 다시 15개의 새로운 농촌 부족이 만들어졌고, 로마 인민은 최종적으로 35개의 부족으로 분할되었다. 이 숫자는 공화국이 끝날 때까지 유지되었다.

도시 부족과 농촌 부족의 이런 구분에서 주목할 만한 효과가 나타났다. 이와 같은 예는 다른 어디에서도 찾아볼 수 없고, 로마가 풍속을 보존하고 제국을 성장시킨 것은 모두 이런 구분 덕분이었다. 사람들은 도시 부족이 머지않아 권력과 명예를 독점해 금세 농촌 부족을 전락시켰다고 생각할 것이다. 사실은 정반대였다. 초기 로마인의 전원생활에 대한 애착

* 루케레스.

은 잘 알려져 있다. 이런 애착은 현명한 창건자에게서 유래한 것으로, 그는 농촌과 군대의 노동을 자유와 결합시키고 예술, 직업, 음모, 재물, 노예 제도는 말하자면 도시로 몰아넣었다.

따라서 로마에서 가장 저명한 사람은 모두 전원에서 살며 토지를 경작했으므로, 공화국의 중추를 오직 전원에서 찾는 것이 익숙했다. 이런 상태는 가장 훌륭한 귀족들의 상태로서 모든 사람의 존경을 받았다. 농촌 사람들의 단순하고 근면한 생활이 로마에 사는 부르주아의 한가하고 게으른 생활보다 선호되었다. 도시의 비참한 프롤레타리아에 불과했던 사람도 들판의 농부가 되면 존경받는 시민이 되었다. 바로[61]는 "고결한 우리 조상이 촌락을 전시에 자신을 방어하고 평화 시에 자신을 양육하는 건장하고 용감한 사람들의 양성소로 만든 것은 일리가 있다"고 말했다. 플리니우스[62]는 좀 더 적극적으로, "농촌 부족이 구성원들로 말미암아 존경받은 반면에, 멸시당할 만한 비열한 자들은 불명예스럽게도 도시 부족으로 이전되었다"고 말한다. 사비니인인 아피우스 클라우디우스[63]는 로마에 정착하게 되었을 때 거기서 크게 존경을 받고 한 농촌 부족에 편입되었는데, 이 부족은 그 후 클라우디우스라는 성을 이름으로 갖게 되었다. 끝으로, 해방된 노예는 모두 도시 부족으로 편입되고 농촌 부족에는 절대로 편입되지 못했다. 로마 공화국의 역사 전체를 통틀어 해방된 노예가 시민은 될 수 있었지만, 어떤 행정직이라도 맡은 사례는 하나도 없다.

이 원칙은 탁월한 것이었다. 그러나 너무 정도가 지나쳐, 결국 규율의 변화와 폐단이 초래되었다.

우선 감찰관Censeur은 시민을 어떤 부족에서 다른 부족으로 임의로 이전시킬 권리를 오랫동안 독점한 후, 대부분의 시민에게 어디든 자기가 원하는 부족으로 옮기는 것을 허용했다. 이런 허용은 유익한 목적에 분명 아무런 도움이 안 되었으며, 중요한 감찰 제도 가운데 하나를 앗아가고 말았다. 더욱이 상류층과 권력자는 모두 농촌 부족에 등록되고 시민이 된 노예는 일반 대중과 더불어 도시 부족 내에 잔류했으므로, 부족들은 대체로 더 이상 구역이나 영역을 갖지 못했다. 그 대신에 모든 부족이 너무 뒤섞여 각 부족의 구성원을 구별하는 일은 기록을 통해서만 가능해졌다. 그 결과, 부족이라는 말은 토지와 연관된 말에서 인격과 연관된 말로 전환되거나 거의 공상적인 말로 되었다.

게다가 도시 부족들은 접근이 더 쉬운 탓에 종종 민회에서 최강자가 될 수 있었고, 도시 부족의 구성원인 천민의 표를 부끄러운 줄도 모르고 사려고 하는 사람들에게 국가를 팔아먹기까지 했다.

쿠리아에 대해 말하자면, 로마의 창건자가 각 부족에 10개의 쿠리아를 두었으므로, 그 당시 도시 성벽 안쪽에 거주하던 전체 로마 인민은 30쿠리아로 구성되었고, 각 쿠리아에는 자체의 사원, 신, 관리, 사제 및 나중에 농촌 부족들이 벌인 파가날리아Paganalia와 비슷한 콤피탈리아compitalia라고 불리는 축제가 있었다.

세르비우스가 새로운 분할을 단행했을 때, 이 30이란 수는 그의 네 부족으로 똑같이 분할될 수 없었으므로 쿠리아에 대한 변경을 원하지 않았다. 그래서 쿠리아는 부족과 무관한 것으로서, 로마 주민들을 또 다르게 분할하는 요소가 되었다. 그러나 농촌 부족이나 농촌 부족을 구성하는 인민에게 쿠리아는 문제가 되지 않았다. 부족은 순전히 민간의 제도가 되고 군대의 징집에는 또 다른 규칙이 도입되어 로물루스가 정한 군사적 분할은 불필요한 것이 되었기 때문이다. 따라서 시민은 전체적으로 하나의 부족에 소속되었지만, 각 시민마다 소속된 쿠리아가 다르지 않기는 어려웠다.

세르비우스는 다시 세 번째 분할을 단행했는데, 이것은 앞선 두 분할과 아무 관련이 없지만 결과적으로 가장 중요한 분할이 되었다. 세르비우스는 모든 로마 인민을 여섯 계층으로 구분했는데, 장소나 사람으로 구분하지 않고 재산으로 구분했다. 그에 따라 제1계층은 부자로 채워지고 제6계층은 빈자로 채워졌으며, 중간 계층은 적당한 재산을 향유하는 자들로 채워졌다. 이런 여섯 계층은 100인대라 불리는 193개의 소집단으로 세분화되었으며, 이런 소집단은 제1계층에만 절반 넘게 돌아가고 제6계층에는 하나만 돌아가도록 분배되었다. 따라서 사람 수가 가장 적은 계층이 가장 많은 100인대를 갖게 되었고, 제6계층은 단독으로 로마 주민의 절반 이상을 차지할지라도 전체가 단 하나의 소집단으로 계산될 뿐이었다.

이런 마지막 구분의 결과를 인민이 잘 알아차리지 못하도록 세르비우스는 그것이 군사적 구분인 것처럼 보이게 하려 했다. 그는 제2계층에 두 개의 갑옷 제조인 100인대를 끼워 넣었으며, 제4계층에는 두 개의 전쟁 도구 제조인 100인대를 끼워 넣었다. 또한 제6계층을 제외한 각 계층에서 젊은이와 노인, 말하자면 무기를 들 의무가 있는 사람과 나이가 들어 법으로 그 의무를 면제받은 사람을 구분했다. 이런 구분은 재산에 따른 구분에 비해 호구 조사나 인구 조사를 자주 되풀이하지 않을 수 없게 했다. 끝으로, 세르비우스는 〔인민〕 집회가 연병장에서 개최되고 군 복무가 가능한 연령대의 모든 사람이 무기를 들고 그 집회에 나오기를 원했다.

세르비우스가 제6계층에서 이와 같은 노소의 구분을 따르지 않은 것은 이 계층을 구성하는 천민에게는 조국을 위해 무기를 드는 명예가 허용되지 않았기 때문이었다. 조국을 지킬 권리를 획득하려면 집을 소유하고 있어야 했다. 오늘날 국왕의 군대를 빛내는 수많은 궁핍한 병사들 가운데 군인이 자유의 수호자였던 당시의 로마 군대에서라면 멸시를 받으며 쫓겨나지 않았을 사람은 아마 한 명도 없을 것이다.

그러나 제6계층에서는 다시 무산자prolétaire와 평민capite censi이라고 불리는 사람 간에 구분이 있었다. 전자는 완전히 쓸모없는 존재가 아니라 적어도 국가의 시민이었으며, 심지어 가끔 긴박한 필요가 있을 때는 군인이 되기까지 했다. 가진 게 아무것도 없고 그저 머릿수만 차지하는 후자 곧 평민은 완전히 쓸모없는 존재였으며, 이들을 처음으로 군적에 등록시켜준 사람은 〔장군이자 정치가〕 마리우스였다.

이런 세 번째 인구 구분 형태가 그 자체로 좋은지 나쁜지 여기서 판정하지는 않더라도, 나는 그런 구분이 실행될 수 있었던 것은 오직 초기 로마인의 단순한 풍속, 공평무사함, 농업에 대한 애착, 상업과 이익 추구에 대한 경멸 덕분이었다고 단언할 수 있을 것 같다. 인민의 이글거리는 탐욕, 불안한 정신, 술책, 상시적 이동, 재산의 끊임없는 변혁에도 불구하고 국가 전체가 전복되는 일 없이 같은 제도를 20년간 존속시킬 수 있는 그런 인민이 이 시대에 어디 있을까? 로마에서는 이 제도보다 더 강력한 풍속과 검열이 제도의 결함을 교정했으며, 부자일지라도 부를 너무 지나치게 과시하면 빈자 계층으로 내쫓길 수 있었음을 똑똑히 주목해야 한다.

이 모든 사실을 통해서, 실제로는 여섯 계층이 있었음에도 주로 다섯 계층에 대해서만 언급되는 이유가 무엇인지를 쉽게 이해할 수 있다. 제6 계층은 병사들을 배출하지도 않고 연병장에서 시행되는 투표에 참여하지도 않아 공화국에서 거의 쓸모없는 존재였으므로 거의 문제시되지 않았다.*

로마 인민의 여러 가지 구분은 이와 같았다. 이제 이런 구분이 집회에서 어떤 결과를 낳았는지 살펴보자. 이런 집회가 정당하게 소집되면 민회 Comices라고 불렸다. 민회는 보통 로마의 광장이나 연병장에서 열렸으며, 이런 집회는 세 가지 조직 형태 중 어떤 것에 의해 소집되었는가에 따라 쿠리아 민회, 100인대 민회, 부족 민회로 나뉘었다. 쿠리아 민회는 로물루스의 제도에서 유래했고, 100인대 민회는 세르비우스의 제도에서

---

* 내가 '연병장에서'라고 말한 것은 바로 그곳에서 100인대의 민회가 열렸기 때문이다. 다른 두 형태에서는 인민은 광장이나 다른 곳에 집합했으며, 그때 평민Capite censi은 제1계층의 시민과 다름없는 영향력과 권한을 가졌다.

유래했으며, 부족 민회는 호민관 제도에서 유래했다. 어떤 법이든 반드시 민회에서 승인을 받아야 했고 어떤 행정관이든 반드시 민회에서 선출되어야 했다. 쿠리아나 100인대나 부족에 등록되지 않은 시민은 없었으므로, 결과적으로 어떤 시민도 투표권에서 배제되지 않았고 로마 인민은 법적으로나 사실적으로나 진정한 주권자였다.

민회가 합법적으로 소집되고 거기서 결정된 것이 법적 효력을 지니려면 세 가지 조건이 충족되어야 했다. 첫째, 민회를 소집하는 단체나 행정관에게 소집에 필요한 권한이 부여되어야 한다. 둘째, 집회는 법으로 규정된 날들 중에서 하루를 택해서 개최되어야 한다. 셋째, 점술가의 예언이 길조로 나타나야 한다.

첫 번째 규칙의 이유는 굳이 설명할 필요가 없다. 두 번째 규칙은 행정과 관련된 것이다. 따라서 축제일이나 장날에는 민회를 여는 것이 허용되지 않았다. 그런 날엔 농촌에서 로마로 일 보러 오는 인민에게 광장에서 하루를 보낼 시간적 여유가 없기 때문이다. 세 번째 규칙을 통해서 원로원은 의기양양하고 들떠 있는 인민을 제어하고 선동적인 호민관의 열정을 적절히 진정시켰다. 그러나 호민관은 이런 속박에서 빠져나갈 여러 방법을 찾아냈다.

법과 지도자 선출만이 민회의 결정에 맡겨진 것은 아니었다. 로마 인민은 정부의 가장 중요한 기능을 직접 맡아 했으므로 유럽의 운명이 로마 인민의 집회에서 결정되었다고도 말할 수 있다. 이런 다양한 목적으로 말미암아 로마 인민이 결정할 문제의 성격에 따라 로마의 집회가 다양한 형태를 갖게 되었다.

이런 다양한 형태에 대해 판단하려면 그 형태들을 비교해보기만 하면 된다. 쿠리아를 제도화한 로물루스의 목적은 인민이 원로원을 견제하고 원로원이 인민을 견제하게 하여 양자를 똑같이 지배하는 데 있었다. 따라서 그는 그런 형태를 통해서 자신이 귀족에게 허용한 권력과 부를 상쇄할 수 있는 다수에서 유래하는 모든 권한을 인민에게 부여했다. 그러나 그는 군주정의 정신에 따라 다수표에 대해 예속 평민에게 미치는 귀족의 영향력을 통해서 귀족에게 더 큰 혜택을 부여했다. 보호자〔귀족〕와 피보호자〔귀족에게 예속된 평민〕에 관한 이런 감탄할 만한 제도는 정치와 인류의 걸작으로서, 이런 제도가 없었다면 공화정의 정신과 모순되는 귀족의 지위는 존속하지 못했을 것이다. 오직 로마만이 그런 훌륭한 사례를 세계에 보여주는 명예를 누렸다. 로마의 사례에서는 아무런 폐단도 생겨나지 않았지만 그 뒤를 잇는 후속 사례는 하나도 없었다.

이 같은 쿠리아 형태는 로마 7왕의 치세 중 세르비우스 때까지 존속되었고 그 가운데 마지막 왕인 타르퀴니우스의 통치는 합법적인 것으로 간주되지 않았으므로, 왕국의 법은 일반적으로 쿠리아 법leges curiatae이라는 이름으로 다른 법들과 구별되었다.

공화제 하에서 쿠리아는 언제나 네 개의 도시 부족에 한정되었고 로마의 하층민만을 포함하고 있었으므로, 귀족의 우두머리인 원로원 의원이나 평민이지만 부유한 시민의 우두머리인 호민관의 마음에는 들지 않았다. 그래서 쿠리아는 신임을 잃고 가치가 떨어졌으며, 쿠리아 민회에서 당연히 해야 할 일을 30인의 릭토르 회의에서 하게 되었다.

100인대로 분할한 것은 귀족정에 매우 유리했으므로, 어째서 원로원이 집정관과 감찰관 및 다른 고위 행정관을 선출한 민회인 100인대 민회에서 언제나 우세하지 못했는지 얼핏 보면 이해가 잘 안 된다. 실제로 전 로마 인민의 여섯 계층을 구성하는 193개의 100인대 가운데 98개를 제1계층이 차지하고 투표 결과는 100인대의 투표만으로 집계되었으므로 제1계층은 투표수에서 단독으로 다른 모든 계층을 능가했다. 제1계층의 모든 100인대가 합의하면 더 이상 득표할 필요조차 없었다. 가장 소수의 사람이 결정한 것이 다수의 결정으로 인정되었으며, 100인대 민회에서는 흔히 표의 다수보다 금전의 다수로 사무가 처리되었다고 말할 수 있다.

그러나 이런 극단적인 권한은 두 가지 방법으로 완화되었다. 첫째, 호민관이 대개 부자 계층에 속하고 대다수의 평민도 부자 계층에 속했으므로, 이들이 제1계층 내에서 귀족 세력의 영향력을 견제했다.

두 번째 방법은 다음과 같다. 100인대로 하여금 순서대로 투표하게 하면 그것은 언제나 제1계층부터 시작하는 것을 의미하므로, 이렇게 하는 대신에 추첨으로 한 100인대를 선정해 반드시 그 100인대부터 선거를 시작하게 했다.* 그 이후 다른 날에 모든 100인대가 계층 순으로 소집되어 같은 선거를 치러 그 선거를 확정 짓는 것이 보통이었다. 그런 식으로 민주정의 원리에 따라 표본의 권한을 지위에서 빼앗아 추첨으로 부여한 것이다.

이런 관례는 또 다른 이점도 낳았는데, 농촌 출신의 시민이 두 번의 선거 사이에 잠정적으로 선정된 후보자의 장점에 관해 알아볼 시간을 갖게 됨으로써 충분히 알고 투표할 수 있었다는 것이다. 그러나 신속한 진행을 구실로 이런 관례는 결국 폐지되었고 두 선거가 같은 날에 치러졌다.

부족 민회는 실질적으로 로마 인민의 회의였다. 부족 민회는 오직 호민관을 통해서 소집되었다. 호민관은 부족 민회에서 선출되었고, 또한 거기에서 자신들의 법안을 인민 투표에 부쳤다. 원로원은 부족 민회에서 아무런 지위를 갖지 못했을 뿐만 아니라 거기에 참석할 권리조차 없었다. 원로원 의원들은 투표를 통해 법안의 통과 여부에 영향을 미치지도 못한 채 정해진 법에 강제로 복종해야 했고, 이 점에서 최하층 시민보다도 자유롭지 못했다. 이런 불공정은 대단히 잘못된 것으로서, 이것만으로도 구성원 모두에게 열려 있지 않은 단체의 법령을 무효화하기에 충분했

---

* 이런 식으로 선정된 100인대는 최초로 투표할 것을 요청받았으므로 'prae rogativa'라고 불렸다. 이것이 특권prérogative이란 말의 기원이다.

다. 설령 모든 귀족이 시민으로서 갖고 있는 민회에 대한 권리에 따라 민회에 참석한다 해도 그들은 거기에서 단순한 사적 개인이 될 수밖에 없었으므로, 머릿수로 계산되고 가장 비천한 프롤레타리아조차 원로원 의장과 같은 정도의 힘을 지닌 그런 투표 형태에 거의 영향을 미칠 수 없었다.

따라서 그토록 거대한 인민의 투표가 수집되는 방식에 대한 다양한 구분에서 비롯되는 질서는 별문제로 하더라도, 각각의 구분이 그것을 선호하게 만든 태도와 연관된 결과를 낳는 만큼 이런 구분들이 서로 무관한 것으로 처리될 수도 없다.

이에 대해 더 상세히 논하지 않더라도 앞의 설명을 통해서 부족 민회는 인민정부에 가장 유리하고 100인대 민회는 귀족정부에 가장 유리함을 알 수 있다. 로마의 서민층이 독자적으로 다수를 형성하는 쿠리아 민회에 대해 말하자면, 이것은 독재와 부도덕한 음모를 조장하는 데 유리할 뿐이어서 필연적으로 평판이 나빠졌으며, 선동가들 자신도 자신의 계획을 지나치게 노출시키는 방식을 기피했다. 로마 인민의 모든 위엄은 100인대 민회에서만 나타난 것이 확실하고, 이 민회만이 완전했다. 쿠리아 민회에는 농촌 부족이 불참했고, 부족 민회에는 원로원과 귀족이 불참했기 때문이다.

초기 로마인들이 표를 모으는 방식에 대해 말하자면, 비록 스파르타에서만큼 간단하지는 않았지만 그들의 풍속만큼 간단했다. 각 사람은 큰소리로 자신이 어디에 투표할지를 밝혔고, 서기는 그것을 기록했다. 각 부족 내의 다수표가 부족의 투표를 결정했고, 부족들 사이의 다수표가 인민의 투표를 결정했으며, 쿠리아와 100인대에서도 이와 마찬가지였다. 이런 관례는 시민 사이에 정직이 지배하고 각자가 부정한 의견이나 부적격한 사람에게 공개적으로 찬성표를 던지는 것을 부끄럽게 여기는 한 훌륭한 것이었다. 그러나 인민이 타락하고 투표가 매수되었을 때, 불신감에서 매수자를 제어하고 매수자의 돈을 받은 사람들에게도 매수자가 원하는 대로 투표하지 않을 수단을 제공하려면 투표가 비밀리에 진행되는 것이 적절했다.

나는 키케로가 이런 변화를 비난하고 로마 공화국 멸망의 원인 가운데 일부를 여기에 귀속시킴을 알고 있다. 그러나 나는 여기서 키케로의 권위가 얼마나 큰 비중을 차지하는지 알면서도 그의 견해에 동의할 수 없다. 반대로 나는 이런 변화가 더 많이 이루어지지 않아서 국가의 몰락이 촉진되었다고 생각한다. 건강한 사람의 섭생법이 아픈 사람에게 적합하지 못함과 마찬가지로 훌륭한 인민에게 적합한 법으로 타락한 인민을 통치하려고 해서는 안 된다. 베네치아 공화국의 존속보다 이런 실천 원칙을 더 잘 입증하는 사례는 없다. 이 공화국은 어쨌든 외관상 계속 존재하고 있는데, 그것은 오로지 이 공화국의 법이 나쁜 사람들에게만 적합한 것이기 때문이다.

따라서 각자가 다른 사람이 자신의 의견을 모르게 투표할 수 있도록 시민들에게 투표지가 분배되었다. 투표지의 수집, 투표수 계산, 투표수의 비교 등을 위한 새로운 형식도 확립되었다. 이런 모든 형식은 이런 일들을 담당하는 관리들*의 충실함이 종종 의심받는 것을 막지 못했다. 마침내 음모와 투표 매수를 막기 위한 법령들이 통과되었는데, 그 법령의 수가 많았다는 것은 그만큼 그 법령들이 쓸모가 없었음을 증명해준다.

로마 공화국 말기에 이르러서는 법의 결함을 보완하기 위해 종종 비상수단을 사용해야 했다. 때때로 기적을 연출하기도 했다. 그러나 이런 수단이 인민을 속일 수는 있어도 인민을 통치하는 사람들을 속일 수는 없었다. 어떤 때는 후보자가 술책을 꾸밀 여유를 갖기 전에 집회가 갑자기 소집되었다. 또한 인민이 끌려 들어가 나쁜 편에 넘어가려는 것으로 보이면 회의 기간에 발언을 계속해 회기를 마칠 때도 있었다. 그러나 결국

* Custodes(투표 감시자), Diribitores(투표지 배포자), Rogatores suffragiorum(투표지 수검자).

야욕은 모든 장애물을 피했다. 이 엄청난 인민이 그토록 많은 폐단 속에서도 원로원이 그랬던 것과 거의 마찬가지로 조상이 정한 규칙에 따라 끊임없이 행정관을 선출하고 법을 통과시키며 사건을 심판하고 사적 혹은 공적 업무를 매끄럽게 처리했다는 것은 믿기 어려운 사실이다.

5장
호민관직

국가를 구성하는 부분 사이에 정확한 균형을 이룰 수 없을 때나 제거될 수 없는 원인으로 말미암아 그 부분 간의 관계가 끊임없이 변할 때는 다른 행정직과 전혀 무관한 특별한 행정직을 설치해 각 부분의 참된 관계를 회복하게 한다. 이것은 군주와 인민 사이나 군주와 주권자 사이에서, 혹은 필요하면 두 경우 동시에 연계나 중개를 담당한다.

내가 앞으로 호민관직Tribunat이라고 부르게 될 이 기관은 법과 입법권의 보호자다. 이것은 어떤 때는 로마에서 인민의 호민관이 그랬던 것처럼 정부에 맞서 주권자를 보호하는 데 도움이 되고, 어떤 때는 오늘날 베네치아에서 10인평의회가 그러는 것처럼 인민에 맞서 정부를 유지하는 데 도움이 되며, 또 어떤 때는 스파르타에서 민선 장관éphoros이 그랬던 것처럼 부분과 부분의 균형을 유지하는 데 도움이 된다.

호민관은 국가의 한 구성 부분이 아니며, 입법권이나 행정권에서 어떤 지분도 차지해서는 안 된다. 그러나 바로 이런 이유로 말미암아 호민관 자체의 권력은 더욱 크다. 호민관은 아무것도 할 수 없는 대신에 모든 것을 못하게 할 수 있기 때문이다. 호민관은 법의 수호자로서 법을 집행하는 군주와 법을 만든 주권자보다 더 신성하고 더 존경받는다. 이 점은 언제나 인민 전체를 경멸한 그 오만한 귀족이 점술권이나 사법권도 갖지 못한 일개 인민의 관리 앞에 굴복할 수밖에 없었던 로마에서 아주 분명히 볼 수 있다.

지혜롭게 절제된 호민관은 훌륭한 국가 구성의 가장 견고한 지주다. 그러나 호민관은 아주 조금이라도 과도한 힘을 갖게 되면 모든 것을 뒤엎는다. 호민관은 본질적으로 나약함과는 맞지 않으므로, 어떤 일을 맡게 되면 그 일에 필요한 힘보다 절대로 적게 쓰지 않는 법이다.

호민관이 행정권의 조정자에 불과하면서 행정권을 가로채고 자기가 보호해야 할 법을 외면하려 하면 폭정으로 타락하게 된다. 스파르타가 자체의 풍속을 보존하는 동안에는 안전했던 민선 장관들의 막대한 권력은 일단 타락이 시작되자 그 타락을 가속화했다. 이 폭군들에게 살해된 아기스[64]의 피는 그의 후계자에 의해 앙갚음되었다. 민선 장관의 범죄와 처벌은 똑같이 공화국의 몰락을 촉진했으며, 클레오메네스[65] 이후 스파르타는 아무 쓸모 없는 나라가 되었다. 로마도 똑같은 방식으로 멸망했다. 호민관이 점차 가로챈 과다한 권력은 마침내, 자유를 보호하려고 만들어진 법의 도움으로, 자유를 파괴한 황제의 호위에 사용되었다. 베네치아의 10인평의회에 관해 말하자면, 그것은 귀족에게도 인민에게도 똑같이 끔찍한 피의 법정이다. 오늘날 그것은 자랑스럽게 법을 수호하기는커녕, 귀족과 인민이 타락한 이후 어둠 속에서 아무도 알아차리지 못하게 악행을 저지르는 데나 쓸모가 있을 뿐이다.

호민관은 정부와 마찬가지로 구성원이 많을수록 약해진다. 처음에 두 명이었다가 나중에 다섯 명으로 늘어난 로마의 호민관이 그 수를 두 배로 늘리길 원했을 때, 원로원은 그렇게 하도록 허용했다. 호민관들이 서로 견제할 것이라고 확신했기 때문인데, 정말로 그렇게 되었다.

그처럼 가공할 기관의 찬탈 행위를 방지하는 최선의 방법, 지금까지 어느 정부도 생각해내지 못한 그 방법은 이 기관을 상설 기관으로 만들지 않고 그것의 역할이 중지되는 기간을 중간중간 두는 방법일 것이다.

이런 간격은 그 역할의 부재로 인한 폐해가 자리 잡게 될 만큼 길어서는 안 되며, 필요한 경우에는 특별위원회가 그 간격을 쉽게 단축할 수 있도록 법으로 정해질 수 있다.

내가 보기에 이 방법은 전혀 무리가 없을 것 같다. 앞에서 말했듯이 호민관직은 헌법상 기구가 아니므로, 폐지되어도 헌법에 아무런 해를 끼치지 않기 때문이다. 또한 내가 보기에 이 방법은 효율적일 것 같다. 새로 임명된 행정관이 전임자가 가졌던 권력에서 출발하는 것이 아니라, 법이 자신에게 부여하는 권력에서 출발하기 때문이다.

6장
독재관직

정세에 순응하는 것을 가로막는 법의 경직성은 어떤 경우에는 법을 해롭게 만들 수 있고, 위기에 처한 국가를 몰락으로 이끄는 원인이 될 수도 있다. 법으로 갖춰야 할 여러 형식 절차와 완만한 진행은 때때로 상황이 허락하지 않는 시간적 여유를 요한다. 입법가가 전혀 대비하지 못한 수많은 상황이 발생할 수 있으며, 모든 것을 예견할 수 없음을 인식하는 것이야말로 대단히 필요한 선견지명이다.

따라서 법의 효력을 정지시키는 힘을 제거하는 정도로까지 정치 제도를 공고히 하는 것은 바라지 말아야 한다. 심지어 스파르타도 법의 효력을 정지시킨 적이 있었다.

그러나 공공질서를 변경하는 위험을 능가할 수 있는 것은 최악의 위험뿐이며, 조국의 안녕이 문제가 될 때를 빼고는 법의 신성한 힘을 절대로 정지시켜서는 안 된다. 이처럼 드물고 명백한 경우에는 가장 훌륭한 인물에게 공공질서에 대한 책임을 맡기는 특별한 행위로써 공적 안전을 대비

한다. 이런 위임은 위험의 종류에 따라 두 가지 방법으로 이뤄질 수 있다.

만약 정부의 활동을 늘리는 것으로 위험이 충분히 제거된다면, 그 활동을 정부 구성원 중 한두 명에게 집중시키면 된다. 따라서 이 경우에 변경되는 것은 법의 권위가 아니라 법이 시행되는 형식일 뿐이다. 만약 법 기구가 위험을 피하는 데 장애가 될 정도로 위험이 그렇게 심각한 수준이라면, 최고 지도자를 지명해 그로 하여금 모든 법을 침묵시키고 주권자의 권한도 일시적으로 정지시키게 한다. 이와 같은 경우에 일반의지가 어떤 것인지는 의심의 여지가 없으며, 인민의 최우선적인 목표는 국가가 멸망하지 않는 것임이 명백하다. 이런 방식에서 입법권의 정지는 입법권의 폐지가 절대 아니다. 법을 침묵시키는 행정관은 법이 작동하게 만들 수 없다. 그는 법을 지배하되 법을 대표하지 못한다. 그는 법 제정을 제외하고 모든 것을 할 수 있다.

첫 번째 방법은 로마의 원로원이 집정관에게 관례대로 공화국의 안녕을 지키는 일을 맡겼을 때 사용되었다. 두 번째 방법은 두 집정관 가운데 하나가 독재관(獨裁官)으로 지명될 때 나타났는데,* 알바[66]가 로마에 이에 대한 선례를 남겼다.

로마 공화국 초기에는 독재관에 대한 의존이 종종 나타났다. 국가가 국가 조직의 힘만으로 스스로를 유지할 수 있을 만큼 충분히 안정된 기반을 갖추지 못했기 때문이었다. 그 시기의 풍속은 다른 시대라면 필요했을 많은 대책을 불필요하게 만드는 것이었으므로, 독재관이 권한을 남용하거나 정해진 임기를 넘어서까지 권한을 유지할 수도 있음에 대해 아무도 걱정하지 않았다. 오히려 반대로 그처럼 큰 권력은 그것을 갖게 된 사람에게 무거운 짐이 되어서, 그것이 마치 법을 대신하는 너무나 고통스럽고 위태로운 직책이기라도 한 것처럼, 그는 몹시 서둘러 그 짐에서

* 이런 지명은 마치 한 사람을 법보다 우위에 세우는 것이 수치스러운 듯, 밤에 은밀하게 이뤄졌다.

벗어나려 한다고 여겨졌다.

따라서 초기에 이런 최고 행정관직의 무분별한 사용을 비난하게 만든 것은 남용될 위험보다 오히려 격하될 위험이었다. 그것이 선거와 봉헌식 및 순전히 의례적인 일들에 남용됨으로써 정작 필요할 때 강력한 힘을 발휘하지 못하게 되지 않을까 하는 걱정과 인민이 그것을 공허한 의식에나 사용되는 공허한 칭호라고 간주하는 습관이 생기지 않을까 하는 우려 때문이었다.

공화국 말기에 이르러 로마인은 더욱 신중해져서 독재관을 거의 활용하지 않았는데, 예전에 로마인이 이 제도를 남용했던 것과 마찬가지로 그럴 만한 이유가 별로 없었다. 그들의 우려가 별로 근거 없다는 것, 수도가 약하므로 오히려 당시 그 중심에 있던 행정관들에 대비해 수도를 지킬 수 있었다는 것, 독재관이 어떤 상황에서는 공적 자유를 전혀 위협할 수 없고 수호할 수 있다는 것, 로마의 족쇄가 되는 것은 로마 자체가 아니라 로마 군대라는 것이 뻔한 사실이었다. 술라에 대한 마리우스의 저항과 카이사르에 대한 폼페이우스[67]의 저항이 거의 힘을 발휘하지 못했다는 사실은 외부 세력에 저항해 내부 권력층에서 기대할 수 있었던 것이 무엇이었는지를 분명히 보여준다.

이런 오류로 말미암아 로마인은 커다란 실수를 범하게 되었다. 예컨대 카틸리나[68] 사건에서 독재관을 지명하지 않은 것이다. 그것은 도시 내부의 문제이거나 기껏해야 이탈리아 어느 한 지방의 문제에 불과했으므로, 법이 부여한 무제한의 권한을 지닌 독재관이라면 쉽게 그 음모를 분쇄했을지도 모른다. 〔그러나 실제로는〕 그 음모는 인간적 신중함으로는 절대 예견할 수 없는 우연한 요소가 결합된 덕분에 진압되었을 뿐이다.

원로원은 독재관을 지명하는 대신에 집정관에게 자신의 모든 권력을 주는 데 그쳤다. 이로 말미암아 키케로는 효과적으로 행동하려고 어떤 주요 사안에서는 부득이하게 월권을 했다.[69] 비록 처음에는 사람들이 폭발적인 환희에 젖어 키케로의 행위에 찬성하긴 했지만, 이후 법을 거슬러서 시민들이 피를 흘리게 된 것에 대해 사람들이 그에게 해명을 요구한 것은 정당한 일이었다. 이런 비난은 독재관에게라면 절대 할 수 없는 것이었다. 그러나 이 집정관은 웅변으로 모두를 설득했다. 키케로는 로마인이었으나 조국보다 자기 명예를 더 소중히 여겼으므로, 국가를 수호하는 가장 합법적이고 확실한 방법을 모색하기보다 오히려 이런 일로 영광을 누리는 방법을 모색했다.* 따라서 키케로가 로마의 해방자로서 명예를 누린 것도, 법의 위반자로서 벌을 받은 것도 다 정당했다. 그의 복귀가 아무리 찬란했을지라도, 그것은 특사(特赦)였음이 분명하다.

게다가 이런 중요한 위임이 어떤 방식으로 이루어지든 그 기간을 아주 짧은 동안으로 정해두고 절대 연장할 수 없게 하는 것이 중요하다. 이런 위임을 필요로 한 위기 속에서 국가는 곧 멸망하거나 구원받거나 둘 중 하나다. 일단 긴급한 필요가 사라지고 나면 독재관은 전제적인 것이 되거나 쓸모가 없어진다. 로마에서 독재관의 임기는 6개월이었는데, 대부분의 독재관이 이 기간을 다 채우지 않고 물러났다. 만약 그 기간이 더 길었다면, 10인관이 임기를 1년 연장한 것처럼 그들도 임기를 연장하려는 유혹을 느꼈을지도 모른다. 독재관은 자기를 선출하게 만든 필요에 전념할 만큼의 시간만 가졌고, 다른 계획을 생각할 시간은 갖지 못했다.

---

* 키케로가 독재관을 제안할 경우에는 이런 영광을 누릴 수 없었다. 그가 감히 자신을 지명하지도 않을 것이고, 자기 동료가 자기를 지명하리라고 확신할 수도 없기 때문이었다.

7장
감찰관직

일반의지가 법을 통해 선포되는 것과 마찬가지로 공적 판단은 감찰관을 통해 선포된다. 여론은 감찰관이 대행하는 일종의 법이며, 감찰관은 군주를 본받아 이 법을 특수한 상황에 적용할 뿐이다.

따라서 감찰 법정은 여론의 결정 기관이기는커녕 선포 기관일 뿐이며, 이 기관이 여론에서 멀어지자마자 그 결정은 쓸모없어지고 효력을 잃게 된다.

어떤 민족의 풍속과 그들이 존중하는 대상을 구분하는 것은 소용없는 일이다. 이것들은 모두 동일한 원리에서 유래하며 필연적으로 혼합되어 있기 때문이다. 세상의 모든 인민에게서 쾌락의 선택을 결정짓는 것은 본성이 아니라 여론이다. 여론을 바로잡으라. 그러면 그들의 풍속은 저절로 정화될 것이다. 사람은 언제나 아름다운 것이나 자기가 아름답다고 생각하는 것을 좋아한다. 그러나 사람들은 바로 이런 판단에서 오류를 범한다. 따라서 이런 판단을 결정하는 것이 문제다. 풍속을 판단하는 자는 누구나 명예를 판단하며, 명예를 판단하는 자는 누구나 여론에서 자신의 법칙을 끌어낸다.

어떤 인민의 여론은 그 인민의 헌법에서 비롯된다. 법이 풍속을 규제하지는 못하지만, 풍속을 낳는 것은 입법 행위다. 입법이 약화되면 풍속이 타락한다. 그러나 이때 감찰관의 판단이 법의 힘으로 하지 못할 일을 할 수는 없을 것이다.

여기서 감찰관이 풍속을 보존하는 데는 도움이 될 수 있지만 풍속을 재건하는 데는 절대 도움이 되지 못한다는 결론이 나온다. 법이 강력할 때 감찰관을 임명하라. 법이 힘을 잃는 즉시 모든 것은 절망적인 상황에 놓이게 된다. 법이 더 이상 아무 힘도 갖지 못하면 어떤 합법적인 것도 힘을 잃게 된다.

감찰관은 여론이 타락하는 것을 방지하고, 현명한 적용을 통해 여론의 올바름을 보존하고, 때로는 여론이 아직 불확실한 상황에서 여론을 결정하는 일까지 하면서 풍속을 유지한다. 프랑스 왕국에서 극도로 성행한, 결투에 입회인을 세우는 관행은 입회인을 부를 만큼 비겁한 사람들에 관하여와 같은 왕의 칙령의 몇 마디 말로 폐지되었다. 이런 판단은 대중의 판단을 미리 내다본 것으로, 대중의 판단을 단번에 결정지었다. 그러나 똑같은 칙령이 결투도 비겁한 행위라고 선언하려 했다면, 그것은 맞는 말이긴 하지만 여론과는 반대되는 것이어서, 공중은 그 결정에 의거해 판단을 하면서도 이런 결정을 경멸했다.

나는 다른 곳에서, 여론은 속박에 굴복하지 않으므로 여론을 대변하려고 개정된 법정에 속박의 흔적이 전혀 없어야 한다고 말한 바 있다.* 근대의 인민들에게서 완전히 사라진 이런 심판이 로마인들과 무엇보다도 스파르타인들에게서 잘 작동되게끔 했던 그 운영 기술에 대해서는 아무리 찬탄해도 충분치 않다.

스파르타 의회에서는 품행 나쁜 사람이 훌륭한 의견을 제시하면 민선장관이 그것을 무시하고 덕망 있는 시민으로 하여금 똑같은 의견을 제시하게 했다. 둘 중 어느 한 사람을 칭찬하거나 비난하지 않았지만, 전자에게는 얼마나 큰 치욕이고 후자에게는 얼마나 큰 영광이겠는가! 사모스의 몇몇 주정뱅이가 민선 장관의 법정을 더럽혔다. 다음 날, 사모스인들에게 수치스러운 행동을 허가한다는 공적 칙령이 내려졌다. 이와 같은 징벌의 면제보다 더 가혹한 형벌은 없었을 것이다. 스파르타가 옳은 일과 올바르지 못한 일에 대해 선포했을 때, 그리스는 스파르타의 판단에 대해 왈가왈부하지 않았다.

* 이에 대해서는 《달랑베르에게 보내는 편지》에서 자세히 다루었고, 여기서는 대략적으로 설명하는 데 그치겠다.

8장
시민종교

처음에는 사람들에게 신 외에 다른 왕이 없었고, 신정(神政) 외에 다른 정부가 없었다. 그들은 칼리굴라 식으로 생각했는데, 그 당시에는 올바른 생각이었다. 사람들이 동류인 인간을 지배자로 받아들임으로써 자신들이 더 좋게 될 것이라고 자부할 수 있기까지는 오랜 시간에 걸친 감정과 생각의 변화가 필요했다.

신을 각 정치사회의 우두머리로 모셨다는 단순한 사실만으로도 인민의 수만큼 많은 신이 존재했다는 결론이 나온다. 서로 이질적이고 거의 항상 적대적인 두 인민은 오랫동안 같은 지배자를 인정할 수 없었다. 서로 교전 상태에 있는 두 군대는 같은 지도자에게 복종할 수 없다. 따라서 민족의 분할에서 다신교가 유래했으며, 나아가 종교적 불관용과 시민적 불관용이 유래했다. 뒤에서 설명하겠지만, 이 둘은 본래 동일한 것이다.

야만인들의 신에서 자기네 신을 발견한다는 그리스인들의 엉뚱한 생각은 스스로를 이런 야만인들의 자연스러운 주권자로 여기는 데서 비롯되었다. 그러나 우리 시대에 이것은 몰록,[70] 사투르누스, 크로노스가 같은 신이고, 페니키아인의 바알[71]과 그리스인의 제우스와 라틴인의 주피터가 같은 존재이며, 서로 다른 이름을 가진 가공의 존재들이 어떤 공통된 것을 가질 수 있었던 것처럼, 다양한 민족의 신을 동일시하는 지식만큼이나 분명 우스꽝스러운 지식이다!

나라마다 독자적인 의식과 신을 갖고 있는 다신교 시대에 어떻게 종교전쟁이 일어나지 않았는지 사람들이 묻는다면? 나는 독자적인 정부만큼이나 독자적인 의식을 가진 각 나라가 자국의 신을 자국의 법과 구별하지 않았기 때문이라고 답변하겠다. 정치전쟁은 종교전쟁이기도 했다. 신의 영역은 말하자면 민족의 경계로써 확정되었다. 어떤 인민의 신은 다른 인민들에 대해서는 아무런 권리도 없었다. 이교도의 신들은 질투하는 신이 아니었다. 그 신들은 세계 제국을 나누어 지배했다. 모세 자신과 히브리 인민도 이스라엘의 신에 대해서 말할 때 때로는 이런 생각을 받아들였다. 그들이 가나안 사람들의 신을 하찮게 생각하고, 가나안 사람들을 추방당한 인민과 멸망할 인민으로 여기며, 가나안 땅을 자신들이 차지해야 한다고 생각한 것은 사실이다. 그러나 그들이 공격해선 안 되는 이웃 인민의 신에 대해서 어떻게 말했는지 주목하라! 예프테는 암몬 사람들에게 다음과 같이 말했다.[72] 당신들의 신 케모시[73]에 속한 것을 당신들이 소유함이 정당하지 않겠는가? 그와 같은 이유로 우리도 승자인 우리 신이 획득한 땅을 소유한다.* 내가 보기에 이것은 케모시 신의 권리와 이스라엘 신의 권리가 동등함을 명백히 인정한 것이다.

그러나 바빌론 왕들에게 정복당한 이후 시리아 왕들에게 정복당한 유대인들이 자기네 신 외에 다른 어떤 신도 인정하지 않고 완강히 버텼을 때, 승자에 대한 반란으로 간주된 이런 불복종은 그들의 역사에 나타난 바와 같은 박해를 초래했으며, 이런 박해는 기독교 이전에 유례가 없는 것이었다.**

따라서 각 종교는 오직 그것을 규정한 국가의 법과 결부되어 있어서, 어떤 인민을 개종시키려면 그 인민을 정복하는 것 말고는 다른 방법이

---

* 〔405년에 완역된〕 라틴어 번역 성서의 본문은 다음과 같다. Nonne ea quae possidet Chamos deus tuus tibi jure debentur? 드 카리에르de Carrières 신부는 다음과 같이 번역했다. 당신들은 당신들의 신 케모시에게 속한 것을 소유할 권리가 있다고 생각하지 않는가? 나는 히브리어 본문에 함축된 의미를 모른다. 그러나 나는 라틴어 번역본에서 예프테가 케모시 신의 권리를 적극적으로 인정한다는 것과 프랑스어 번역자가 라틴어본에는 없는 당신의 말에 따라라는 말로써 이런 인정을 약화시킨다는 것을 안다.

** 성전(聖戰)이라고 불린 포키스인들의 전쟁이 종교전쟁이 아니었다는 것은 너무도 명백하다. 이 '성전'은 기원전 4세기 중반에 있었던 포키스와 테베 간의 전쟁을 말한다. 이 전쟁의 목적은 신성 모독을 벌하는 데 있었지, 불신자를 굴복시키는 데 있지 않았다.

없었으며 정복자 외에 다른 선교사가 있을 수도 없었다. 제사 의식을 변경할 의무가 피정복자의 불가결한 조건이었으므로, 개종을 말하기 전에 먼저 정복해야 했다. 사람들이 신들을 위해 싸우기는커녕, 호메로스의 시에서처럼 신들이 사람들을 위해 싸웠다. 사람들은 각자 자신의 신에게 승리를 요청했고, 새로운 제단으로 승리에 대한 빚을 갚았다. 로마인들은 어떤 장소를 점령하기 전에 그곳의 신들에게 퇴거를 명했다. 로마인들이 타란토 인민에게 그들의 성난 신들을 그냥 남겨둔 것은 그 시점에 타란토 인민의 신들을 로마의 신들에 복종시켜 로마의 신들에게 경배하지 않을 수 없는 존재로 보았기 때문이었다. 로마인은 피정복자들에게 그들의 법을 계속 유지하도록 허용한 것처럼 그들의 신도 계속 숭배하도록 허용했다. 카피톨리움 언덕의 주피터 신전에 종종 화환을 바치는 것은 로마인이 부과한 유일한 공물이었다.

결국 로마인이 로마 제국의 확장과 더불어 로마의 종교와 신을 확산시키고, 때로는 이곳저곳에 있는 도시에 시민권을 인정해주며 스스로 피정복자의 신을 받아들이면서, 이 거대한 제국의 인민은 점차 어디서나 거의 같은 수많은 신과 종교 의식을 받아들이게 되었다. 바로 이렇게 해서 다신교는 결국 하나의 동일한 종교로 세상에 알려지게 된 것이다.

이런 상황에서 예수가 지상에 영적 왕국을 세우러 왔다. 종교체제가 정치체제에서 분리됨으로써 국가의 통일성은 종말을 고하게 되었고, 기독교인을 끊임없이 괴롭히는 내적 분열이 초래되었다. 내세의 왕국이라는 이런 새로운 생각은 이교도들의 머릿속에 절대 받아들여질 수 없었으므로, 그들은 언제나 기독교인을 진정한 반란자로 간주했다. 기독교인은 겉으로 복종하는 체하면서 독립을 얻어 주인이 되는 순간 곧 스스로 약하기 때문에 당장은 어쩔 수 없이 존경하는 체하는 그 권위를 교묘히 가로챌 순간을 노릴 뿐이었다. 이것이 박해의 원인이었다.

이교도들이 우려했던 일이 일어났다. 그래서 모든 양상이 바뀌었고 겸

손한 기독교인들이 말투를 바꾸었으며, 머지않아 이른바 내세의 왕국이 눈에 보이는 지도자 아래 이 세상에서 가장 난폭한 전제정이 되는 상황이 벌어지고 말았다.

그러나 〔지상에는〕 언제나 군주와 시민법이 존재한 탓에, 이런 이중 권력에서 끊임없이 관할권 갈등이 생겨나 기독교 국가에는 어떤 훌륭한 정체도 들어설 수 없게 만들었고, 사람들은 지배자와 사제 가운데 누구에게 복종해야 하는지를 알지 못했다.

심지어 유럽 안의 혹은 유럽에 인접한 몇몇 인민은 고대 체제를 보존하거나 재건하려 했지만 성공하지 못했다. 기독교 정신이 모든 것에 우선했다. 신성한 의식은 주권자와 별개로 언제나 독립적으로 유지되거나 독립성을 잃었다가도 되찾았으며, 국가 조직과 필연적인 관련이 없었다. 마호메트는 매우 건전한 견해를 갖고 있었고 자신의 정치체제를 잘 결합했는데, 그 정부 형태가 그의 후계자인 칼리프들 아래서 계속 유지되는 한 정부가 완전히 통일돼 있었다는 점에서 훌륭한 정부였다. 그러나 부유해지고 학식을 쌓고 세련되어지고 부드러워지고 약해진 아랍인들이 야만인에게 정복당했다. 그래서 두 권력 사이의 분열이 다시 시작되었다. 비록 그 분열이 기독교 세계에 비해 회교 세계에서 덜 뚜렷할지라도 그 분열은 분명히 존재하며, 특히 알리Ali 종파에서 심각하고 페르시아처럼 지속적으로 그 분열이 의식되는 국가들도 있다.

우리 주변에서는 러시아 황제가 그랬던 것처럼 영국 왕이 스스로 교회의 수장으로 취임했다. 그러나 그들은 이런 지위를 통해서 스스로 교회의 지배자가 되기보다 오히려 교회의 신하가 되었다. 그들은 교회를 변화시킬 권리를 획득했다기보다 교회를 유지할 권력을 획득했다. 그들은 교회의 입법가가 아니라 교회의 군주에 불과하다. 성직자가 단체를 구성하는 곳이라면 어디에서든* 성직자가 그 영역 내의 지배자이자 입법가다. 따라서 다른 모든 곳과 마찬가지로 영국과 러시아에도 두 개의 권력과 두 개의 주권자가 존재한다.

모든 기독교도 저자 가운데 철학자 홉스가 그 폐해와 해법을 정확히 파악한 유일한 사람이다. 홉스는 정치적 통일이 안 되면 어떤 국가나 정부도 절대로 잘 구성될 수 없으므로 독수리의 두 머리와 같은 양자를 재통합해 완전한 정치적 통일로 복귀할 것을 감히 제안했다. 그러나 홉스는 기독교의 주된 정신이 자신의 철학 체계와는 양립할 수 없는 것이며, 사제의 이해관계가 국가의 이해관계보다 언제나 강하리라는 것을 당연히 깨달았어야 했다. 그의 정치학을 불쾌한 것으로 만든 것은 거기에 담긴 끔찍하고 거짓된 내용이라기보다는 오히려 정확하고 참된 내용이다.**

이런 관점에서 역사적 사실들을 설명함으로써 벨[74]과 워버턴의 상반된 의견을 쉽게 반박할 수 있으리라고 나는 생각한다. 전자는 어떤 종교도 정치체에 무용하다고 주장하고, 후자는 반대로 기독교가 정치체의 가장 견고한 지주라는 입장을 견지한다. 전자의 주장에 대해서는 종교를 밑받침 삼아 세워지지 않은 나라는 없었다는 것이 근거로 제시될 것이며, 후자의 주장에 대해서는 기독교 교리는 근본적으로 국가의 강력한 구성에 유익하기보다는 해로운 면이 더 많다는 것이 근거로 제시될 것이다. 내 말의 뜻을 이해하려면 나의 주제와 연관된 종교에 관한 지나치게 모호한 관념들을 좀 더 정확히 규정하는 것이 필요할 뿐이다.

---

* 사제를 한 단체로 묶는 것은 프랑스의 총회와 같은 형식적인 총회라기보다는 오히려 교회 공동체라는 것을 분명히 지적해야 한다. 공동체 가입과 공동체로부터의 제명은 성직자의 사회계약으로서, 이런 계약을 통해 성직자는 언제나 인민과 왕의 지배자가 될 것이다. 함께 공동체를 이루는 성직자들은, 설령 지구의 반대편 끝에서 왔을지라도, 모두 동료 시민이다. 이런 발견은 정치적 걸작이다. 이교도의 사제들에게는 이런 것이 전혀 없다. 따라서 그들은 성직자 단체를 구성한 적이 없다.

** 그중에서 우선 그로티우스가 자기 형제에게 쓴 1643년 4월 11일자 편지에서 이 박학다식한 사람이 〔홉스의〕《시민론*De Cive*》중 무엇에 찬성하고 무엇을 비난하는지를 살펴보라. 그는 관대하므로 홉스의 단점을 감싸려고 장점을 용인하려는 것처럼 보이는 것이 사실이다. 그러나 모든 사람이 그렇게 관대한 것은 아니다.

일반적 사회든 특수한 사회든 사회와 관련시켜 고찰하면, 종교도 두 가지 유형 곧 인간의 종교와 시민의 종교로 구분될 수 있다. 전자는 사원도 제단도 의식도 없이 순전히 내적으로 절대 신을 숭배하는 것과 영구적인 도덕 의무에 한정되는 종교로서 순수하고 단순한 복음 종교, 참된 유신론, 자연적 신법이라고 부를 수 있다. 후자는 어느 한 나라에 한정되는 종교로서 그 나라에 고유한 신과 수호자를 세워준다. 이 종교의 교리와 의식 및 숭배 형식은 법으로 규정된다. 이 종교를 따르는 유일 민족에 속하지 않는 사람은 모두 이단자, 이방인, 야만인으로 간주된다. 이 종교는 인간의 의무와 권리를 자기 제단 내에서만 허용한다. 초기 인민의 종교는 모두 이런 것으로서 신성한 시민법 혹은 신성한 실정법이라는 이름을 붙일 만한 것이었다.

좀 더 기묘한 세 번째 유형의 종교도 있는데, 이 종교는 사람들에게 두 가지 법 체제, 두 명의 지배자, 두 개의 조국을 부여해 그들을 서로 모순되는 의무에 복종시켜 그들이 인간으로서도 시민으로서도 모두 충실하지 못하게 만든다. 라마교가 그렇고 일본의 종교가 그렇고 로마 가톨릭도 그렇다. 이것을 사제의 종교라 부를 수 있다. 여기에서 뭐라 이름 붙일 수 없는 혼합적이고 비사회적인 유형의 법이 나온다.

정치적 관점에서 고찰하면 이 세 유형의 종교에는 각기 결점이 있다. 세 번째 종교는 너무 명백히 나쁜 종교이므로, 그 결점을 입증하려는 시도는 시간 낭비일 뿐이다. 사회적 통합을 깨뜨리는 것은 모두 아무런 가치가 없다. 인간을 자기 자신과 모순되게 만드는 제도는 모두 아무런 가치가 없다.

두 번째 종교는 신에 대한 숭배와 법에 대한 사랑을 결합한다는 점과 조국을 시민의 예찬 대상으로 만듦으로써 시민에게 국가에 봉사하는 것이 국가의 수호신에 봉사하는 것이라고 가르친다는 점에서 훌륭하다. 그것은 일종의 신정정치로서, 여기에서는 군주 외에 어떤 다른 교황도 없고 행정관 외에 어떤 다른 사제도 없다. 그래서 자기 나라를 위해 죽는 것은 순교이고, 법을 침해하는 것은 불경을 범하는 것이며, 죄인에게 공적인 증오를 받게 하는 것은 그를 신의 분노에 맡기는 것, 곧 '신의 정죄(定罪)를 받게 하는sacer estod' 것이다.

그러나 이 종교는 오류와 허위에 토대를 두고 있어서 사람들을 속여 쉽사리 미신에 사로잡히게 만들고 신에 대한 참된 숭배를 공허한 의식으로 빠지게 한다는 점에서 나쁘다. 이 종교가 배타적이고 독단적인 것이 되어서 어떤 인민을 잔인하고 편협한 인민, 곧 살인과 학살만을 갈망하고 자기네 신을 받아들이지 않는 사람은 모조리 죽이는 것이 성스러운 행동이라고 믿는 그런 인민으로 만든다면 이 종교는 더 나쁘다. 이 종교는 그런 어떤 인민을 다른 모든 인민들과 자연적으로 전쟁상태에 놓이게 만들기 때문에 인민 자신의 안전에도 몹시 해롭다.

따라서 이제 남은 것은 인간의 종교 혹은 기독교인데, 여기서 말하는 기독교란 오늘날의 기독교가 아니라 그것과 전적으로 다른 복음서의 기독교다. 이런 성스럽고 고귀하며 순수한 종교를 통해서 같은 신의 자녀인 인간들은 모두 서로를 형제로 인정하며, 그들의 결합으로 이루어진 사회는 심지어 멸망해도 해체되지 않는다.

그러나 이 종교는 정치체와 특별한 관계가 전혀 없어서 법에 다른 어떤 힘도 덧붙이지 않고 그저 법에 내재하는 힘만을 허용하므로, 특정 사회의 커다란 유대 가운데 하나가 아무런 효력을 발휘하지 못한다. 훨씬 더 나쁜 것은 이 종교가 시민으로 하여금 국가에 대해 애정을 갖게 하기는커녕 시민의 마음을 모든 세속적인 일에서 떼어놓듯이 국가에서도 떼어놓는다는 것이다. 나는 이보다 사회정신에 더 반하는 것을 알지 못한다.

참된 기독교 인민은 인간이 상상할 수 있는 가장 완전한 사회를 만들 것이라고 사람들은 우리에게 말한다. 나는 이런 가정에서 한 가지 중요한 난제밖에 알아보지 못하겠다. 그것은 참된 기독교인의 사회는 더 이상 인간 사회가 아닐 것이라는 점이다.

나는 심지어 그런 사회가 가장 완전한 형태로 존재한다고 해도 그 사회는 가장 강하지도 않고 가장 지속적이지도 않을 것이라고 말하겠다. 그 사회는 완전한 나머지 결속력이 떨어질 것이다. 바로 그 사회의 완전함 자체에 그 사회를 파괴시키는 결함이 존재할 것이다.

각자가 자신의 의무를 이행할 것이다. 인민은 법에 복종할 것이고, 통치자는 정의롭고 온건할 것이며, 행정관은 타락하지 않고 정직할 것이며, 군인은 죽음을 두려워하지 않을 것이고, 허영도 사치도 없을 것이다. 모든 것이 아주 좋은 일이지만, 좀 더 멀리 내다보자.

기독교는 전적으로 영적인 종교로서 오직 천국의 일에만 관심을 갖는다. 기독교인의 조국은 이 세상에 있지 않다. 기독교인이 자신의 의무를 이행하는 것은 사실이다. 그러나 기독교인은 자기 노력의 결과가 좋고 나쁨에 대해 완전히 무관심한 채 의무를 이행한다. 기독교인에게는 그 자신이 책망받을 일이 없는 한 이 지상의 일이 잘되든 잘못되든 상관이 없다. 국가가 번영하더라도 기독교인은 자기 나라의 영광으로 자신이 오만해질까 봐 감히 공적 축복을 누리려 하지 않는다. 국가가 쇠퇴하더라도 기독교인은 자기 인민을 짓누르는 신의 손을 축복한다.

사회가 평화롭고 조화가 지속되려면, 모든 시민이 예외 없이 훌륭한 기독교인이 되어야 할 것이다. 그러나 불행히도 단 한 명의 야심가나 단 한 명의 위선자, 예컨대 카틸리나나 크롬웰 같은 자가 있다면, 그런 자가 독실한 동포를 이기리라는 것은 매우 확실하다. 기독교의 사랑은 이웃을 나쁘게 생각하는 것을 어렵게 한다. 그런 이웃이 계략을 꾸며 동포를 속이고 자신이 공적 권한의 일부를 차지하는 방법을 익히게 되는 즉시 그는 위엄을 갖춘 인물이 된다. 신은 사람들이 존경하기를 바란다. 바로 여기에 권력이 존재한다. 신은 사람들이 그 권력에 복종하기를 바란다. 이런 권력의 보유자가 그 권력을 남용하는가? 그는 신이 자기 자녀를 벌하는 데 쓰는 회초리와 같은 존재다. 이 찬탈자를 축출하는 것은 양심에 거리끼는 일이 될 것이다. 그것은 반드시 공적 안정을 저해하고 폭력을 사용하며 피를 뿌리게 될 것이기 때문이다. 이 모든 것은 기독교인의 온유함과 일치하지 않는다. 어쨌든 이런 불행의 골짜기에서 자유롭든 노예가 되든 무슨 상관인가? 핵심은 천국에 가는 것이며, 체념은 천국에 가는 또 하나의 수단일 뿐이다.

만약 외국과의 전쟁이 일어난다면? 시민은 기꺼이 전쟁터에 나간다. 시민들 가운데 도망칠 생각을 하는 사람은 아무도 없다. 시민은 자신의 의무를 이행하지만, 승리에 대한 열정은 없다. 시민은 승리하는 법보다 죽는 법을 더 잘 안다. 그들이 승리자가 되든 패배자가 되든 무슨 상관인가? 그들에게 무엇이 필요한지는 그들보다 신이 더 잘 알지 않겠는가? 용감하고 격렬하며 열정적인 적이 그들의 금욕적인 태도를 어떻게 이용할 수 있는지를 상상해보라! 영광에 대한 애착과 조국에 대한 열렬한 사랑으로 불타는 저 대범한 인민들을 적과 대결시켜보라. 여러분의 기독교 공화국이 스파르타나 로마와 대치하고 있다고 가정해보라. 독실한 기독교인은 주변을 살펴볼 시간도 없이 공격을 당해 짓밟히고 궤멸되거나, 적이 그들에 대해 품게 될 경멸 덕택에 구원받을 수 있을 뿐이다. 내 생각에는 파비우스의 군대가 한 맹세가 훌륭한 맹세였다. 그들은 죽음이나 승리를 맹세하지 않았다. 그들은 승리자로 돌아온다고 맹세하고 그 맹세를 지켰다. 기독교인이라면 결코 그런 맹세를 하지 않았을 것이다. 기독교인은 그것이 신을 시험하는 것이라고 믿었을 것이다.

그러나 내가 기독교 공화국이라고 말한 것은 실수다. 이 두 낱말, 곧 기독교와 공화국은 상호 배타적이다. 기독교는 오직 굴종과 예속을 설교할 뿐이다. 기독교 정신은 폭정에 너무 유리해서, 폭정은 언제나 거기서 이득을 취한다. 참된 기독교인은 노예가 되도록 만들어진 존재다. 그들은 그것을 알고 있으며, 그 때문에 동요하지도 않는다. 기독교인의 관점에서 이 짧은 인생은 너무 가치가 없다.

기독교인의 군대는 탁월하다고 사람들은 우리에게 말한다. 나는 이것을 부정한다. 누군가 나에게 그런 사례를 보여달라. 나로서는 기독교인의 군대를 전혀 알지 못한다. 사람들은 십자군을 인용할 것이다. 십자군 병사의 용기에 대한 논쟁은 제쳐놓고, 나는 그들이 기독교인이기는커녕 사제의 군대이며 교회의 시민이었음에 주목할 것이다. 그들은 어떤 알려지지 않은 방식으로 교회가 세속화한 영적인 나라를 위해 싸웠다. 잘 생각해보면 이것은 결국 이교도의 종교에 해당한다. 복음은 민족종교를 인정하지 않으므로, 기독교인에게는 성전(聖戰)이라는 것이 아예 불가능하다.

이교도 황제의 치하에서 기독교인의 군대는 용감했다. 이는 모든 기독교도 저술가가 인정하는 바이며, 나도 그랬을 것이라고 생각한다. 그것은 이교도의 군대와 겨루는 명예로운 경쟁의 하나였다. 황제가 기독교인이 되자마자 이런 경쟁은 중단되었고, 십자가가 독수리를 내몰았을 때[75] 모든 로마인의 용기도 사라졌다.

그러나 정치적 고찰은 제쳐놓고 다시 권리의 문제로 돌아가서 이 중요한 사항에 관한 원칙을 정하자. 앞에서 말한 바와 같이, 사회계약으로 말미암아 주권자가 신민에 대해 갖는 권리는 공적 효용의 한계를 넘지 못한다.* 따라서 신민은 자기 의견이 공동체와 관련된 사항이 아니라면 그 의견에 대해 주권자에게 책임질 필요가 없다. 그런데 각 시민이 자기 의무를 사랑하게 만드는 어떤 종교를 갖는 것은 국가에 대단히 중요하다.

---

* 다르장송 후작은 다음과 같이 말했다. 공화국에서는 사람들 각자가 타인에게 해가 되지 않는 한 완전히 자유롭다. 이것은 변함없는 한계다. 이보다 더 정확히 설명할 수는 없다. 나는 관직에서조차 참된 시민의 마음을 간직했고 자기 나라의 정부에 대해 올바르고 건전한 견해를 가졌던 탁월하고 존경할 만한 어떤 인물을 기리고 싶어서, 비록 대중에게 알려져 있지 않지만 이 원고를 인용하는 즐거움을 거부할 수 없었다.

그러나 이 종교의 교리는 도덕과 관련 있거나 도덕을 가르치는 사람이 타인을 상대로 이행해야 하는 의무와 관련되는 한에서만 국가나 국가 구성원과 관련이 있다. 게다가 각자는 그 범위를 넘어서는 어떤 의견이든 마음대로 가질 수 있고, 주권자는 그 의견이 어떤 것인지 알 필요도 없다. 주권자는 다른 세상〔곧 영적인 세상〕에 대해서는 아무런 권한도 없으므로, 내세에서 신민의 운명이 어떠하든 현세에서 훌륭한 시민이기만 하면 내세의 운명은 주권자가 관여할 사항이 아니다.

따라서 주권자가 조항들을 정해야 하는 순수하게 사회적인 신앙 고백이 있다. 그 조항들은 엄밀하게 말하면 종교적 교리가 아니라 사회적 정서로서 그것 없이는 훌륭한 시민도 충실한 신민도 있을 수 없다.* 주권자는 누구에게도 이것을 믿으라고 강요할 수 없지만, 이것을 믿지 않는 자는 누구든 국가에서 추방할 수 있다. 주권자가 그를 추방하는 것은 그가 불신자이기 때문이 아니라 비사회적인 존재이기 때문이며, 그가 법과 정의를 진정으로 사랑할 수 없고 필요하면 자기 목숨까지 바쳐가며 의무를 다하는 사람일 수 없기 때문이다. 만약 누군가가 이와 같은 교리를 공개적으로 인정해놓고 실제로는 그것을 믿지 않는 사람처럼 행동하면, 당연히 그를 죽음으로 처벌해야 한다. 그는 가장 큰 죄로서 법 앞에서 거짓말한 죄를 범한 것이다.

시민종교의 교리는 단순하고 항목이 적어야 하며, 설명도 해설도 없이 정확히 표현되어야 한다. 능력 있고 지혜로우며 자비롭고 선견지명이 있으며 미래를 대비하는 신의 존재, 내세의 삶, 정의로운 자의 행복, 악인의 처벌, 사회계약과 법의 신성함, 이런 것들이 적극적 교리다. 소극적 교리

---

* 카이사르는 카틸리나를 변호하며 영혼의 죽음에 관한 교리를 세우려고 시도했다. 카토[76]와 키케로는 철학적으로 그 교리를 반박하는 데 시간을 허비하지 않았다. 그들은 단지 카이사르가 나쁜 시민처럼 말했고 국가에 해로운 교의를 전개했다는 것만을 지적했다. 사실 이것은 로마 원로원이 판단해야 할 문제이지 신학의 문제가 아니었다.

에 대해 말하자면, 나는 그것을 단 하나로 한정한다. 그것은 바로 불관용이다. 불관용은 우리가 배척한 종교 의식의 부류에 속한다.

내가 생각하기에, 사회적 불관용과 종교적 불관용을 구별하는 것은 잘못이다. 이 두 불관용은 분리될 수 없다. 저주받은 존재로 여겨지는 사람들과 평화롭게 살아가기란 불가능하다. 그들을 사랑하는 것은 그들을 징계한 신을 미워하는 일이 될 것이다. 그들이 다시 믿음을 갖도록 이끌거나 그들에게 고통을 가하거나 반드시 둘 중 하나여야 한다. 종교적 불관용이 존재하는 곳이라면 어디서든 그것이 어느 정도 사회적 영향을 미치지 않기는 불가능하다.* 그것이 영향을 미치자마자, 주권자는 심지어 세속적인 문제에서도 절대로 주권자가 되지 못한다. 그때부터 사제가 진정한 지배자가 되며, 왕은 사제의 관리에 불과하게 된다.

배타적인 국교가 더 이상 존재하지 않고 더 이상 존재할 수도 없는 오늘날 시민의 의무와 전혀 어긋나지 않는 교리로 이루어져 있기만 하면, 다른 종교를 인정하는 모든 종교를 인정해야 한다. 그러나 교회 밖에는 구원이 없다고 감히 말하는 자는 누구든, 국가가 교회가 아니고 군주가 교황

---

* 예컨대 결혼은 사회계약으로서 사회적 영향을 미치며, 이런 영향이 없으면 사회가 존속조차 할 수 없을 것이다. 그런데 어떤 성직자가 그 행위를 허용할 권리, 곧 모든 불관용한 종교에서 반드시 성직자가 부당하게 차지하는 그 권리를 혼자서 독점한다고 가정해보자. 그러면 사제가 이 영역에 대한 교회의 권한을 주장함으로써 군주를 무력하게 만들어, 군주는 사제가 군주에게 기꺼이 넘겨주는 사람들 외에는 어떤 다른 신민도 갖지 못하게 될 것이 분명하지 않은가? 사람들이 어떤 종류의 교리를 따르는지, 어떤 종류의 종교적 공식을 받아들이고 거부하는지, 얼마나 독실한지에 따라서 사람들의 결혼 가부를 결정할 수 있는 지배자로서 사제가 신중하게 행동하고 단호한 태도를 견지함으로써 상속 재산, 그 공직, 시민, 심지어 국가까지 단독으로 장악하게 될 것이 분명하지 않은가? 만약 국가가 사생아만으로 구성된다면 존속할 수 있겠는가? 그러나 사람들이 반론을 제기할 것이고, 그런 폐해에 대해 고발할 것이며, 소환과 명령과 교회 재산의 압류가 있게 될 것이다. 얼마나 딱한 일인가! 만약 그 사제가 내가 용기라고 말하지 않고 상식이라고 말하는 것을 조금이라도 갖추고 있다면, 이런 일이 일어나게 할 것이며 평소대로 계속할 것이다. 그는 차분하게 그런 고발, 소환, 명령, 압류를 허용할 것이며, 마침내 지배자가 될 것이다. 내가 보기엔, 전체를 소유하는 것이 확실할 때 일부를 포기하는 것은 커다란 희생이 아니다.

이 아닌 한 국가에서 추방되어야 한다. 그런 교리는 오직 신정정부에서나 유익하고, 다른 모든 정부에서는 해롭다. 사람들은 앙리 4세가 로마 가톨릭을 포용한 것이 이성 덕분이라고 말하지만, 그 이성이야말로 모든 정직한 사람 특히 사리 판단을 할 수 있는 모든 군주로 하여금 그 종교를 떠나게 한 것임이 틀림없다.

9장
결론

정치적 권리의 참된 원칙을 밝히고 그 토대 위에 국가를 수립하려는 시도 후에 남은 과제는 국가를 대외 관계에 의해 강화하는 것이다. 국가의 대외 관계에는 국제법, 교역, 전쟁과 정복의 권리, 공법, 동맹, 협상, 조약 등이 포함될 것이다. 그러나 이 모든 것은 나의 한정된 시야에 담기에는 너무 광범위한 또 다른 대상이다. 나는 언제나 자신에게 더 가까운 데 시야를 두어야 할 것이다.

코르시카 헌법 구상

Projet de constitution pour la Corse

JEAN-JACQUES ROUSSEAU

머리말

코르시카에 적합한 정부에 대한 구상이 요구된다. 이것은 생각보다 많은 것을 필요로 한다. 그 구상을 아무리 잘 마련할지라도, 제대로 통치할 수 없는 사람들이 있다. 법이 그들을 장악하지 못하고 있으며, 법이 없는 정부는 훌륭한 정부가 될 수 없기 때문이다. 이에 반해 코르시카 인민은 아주 다행스럽게도 본래 훌륭한 행정을 받아들이는 성향을 갖고 있는 것처럼 보인다. 그러나 그것만으로는 충분하지 않다. 모든 일은 악용될 가능성을 지닐 뿐 아니라 종종 악용되는 것이 필연적이기 때문이다. 정치체제의 폐단도 그 제도와 밀접하게 연관되어 있어서, 어떤 제도를 힘들게 만들어놔도 그것이 대단히 빨리 타락함을 보게 될 뿐이다.

사람들은 정부를 최초 상태로 유지시켜줄 방법들을 동원해 이런 결점을 막으려 하고, 정부가 제 궤도를 유지하도록 수많은 구속과 속박을 가한다. 〔그러나〕 정부를 너무 많이 구속하면 정부는 그 사슬의 무게로 휘어져 활동하기 힘들어 움직일 수 없게 되며, 설령 멸망을 향해 쇠퇴하지는 않는다 해도 정부의 목적을 향해 나아갈 수 없게 된다.

이런 일은 모두 분리할 수 없는 두 가지, 곧 통치체와 피통치체를 분리하는 데서 비롯된다. 양자는 최초의 제도를 통해 오직 하나로 구성되는데, 단지 제도의 폐단 때문에 분리된다.

이런 경우에 가장 지혜로운 사람들은 조화 관계에 주목해 민족nation을 위해 정부를 수립한다. 그러나 그보다 훨씬 더 좋은 방법이 있다. 즉 정부를 위해 민족을 형성하는 것이다. 첫 번째 경우에는 정부가 쇠퇴하면 민족은 동일하게 유지되지만 양자의 적합성이 사라진다. 두 번째 경우에는 모든 것이 똑같은 보조로 변하고 민족이 스스로의 힘으로 정부를 이끄는 만큼, 정부 자체가 유지되면 민족도 유지되고 정부가 쇠퇴하면 민족도 쇠퇴한다. 정부는 언제나 민족에 적합하게 된다.

코르시카 인민은 훌륭한 제도를 가능하게 하는 운 좋은 상황에 있다. 그들은 원점에서 출발할 수 있고, 타락하지 않을 방법을 취할 수 있다. 기운과 활력이 넘치는 코르시카 인민은 자신들을 기운 있고 활기차게 유지시켜줄 정부를 위해 헌신할 수 있다. 그러나 이런 정부의 수립에는 분명 이미 몇 가지 장애가 존재한다. 코르시카인은 아직까지 다른 민족들의 악덕을 받아들이지 않았지만 그들의 편견을 이미 받아들였다. 훌륭한 제도를 수립하려면 바로 이런 편견과 싸우고 그것을 타파해야 한다.

구상

만약 코르시카인들이 현재 자기네가 심사숙고하는 제도에서 시선을 돌려본다면, 코르시카 섬의 유리한 위치와 그곳 주민의 낙천적인 기질이 자기들에게 번영하는 인민이 될 수 있고 언젠가 유럽에서 중요한 위상을 차지할 수 있으리라는 합리적인 희망을 안겨주는 것처럼 보일 것이다. 그러나 40년 동안 끊임없는 전쟁이 초래한 극단적인 피폐함과 그 섬이 처한 현재의 빈곤 및 인구 감소와 황폐 상태로 말미암아 코르시카인은 그런 목적을 위한 공공질서를 확립하는 데 필요한 행정에 드는 비용을 지체 없이 지출할 여유가 없다. 더욱이 극복할 수 없는 수많은 장애물이 이런 계획의 실행을 가로막을 것이다. 이 섬의 해안 일부와 거의 모든 해상 요충지를 여전히 지배하고 있는 제노바는 〔이탈리아의〕 제노바인과 〔북아프리카의〕 바르바리 해적의 이중 위험에 끊임없이 노출돼 있는 코르시카의 신생 해군을 끊임없이 궤멸시켰다. 코르시카인이 바다를 장악하는 것은 군함을 통해서만 가능한데, 그 비용은 무역을 통해서 얻을 수 있는 이익의 10배에 해당된다. 육상과 해상에서 위험에 처해 있고 사방에서 스스로를 보호해야 하는 그들은 장차 어떻게 될까? 그들은 모든 세력에 휘둘리고 힘이 약해 어떤 유리한 통상 조약도 맺을 수 없을 것이므로 세상의 모든 법을 받아들이게 될 것이다. 그토록 많은 위험의 한복판에서 코르시카인은 다른 어떤 인민도 거들떠보지 않을 정도로 장차 완전히 사라져버릴 미미한 이득밖에 얻지 못할 것이다. 설령 이해하기 어려운 어떤 행운으로 말미암아 코르시카인이 이런 모든 어려움을 극복한다 해도, 그들의 번영 자체가 인접 국가의 시선을 끌면서 제대로 확립되지 못한 스스로의 자유에 대한 새로운 위험이 될 것이다. 코르시카 섬은 강대국에는 끊임없는 탐욕의 대상이 되고 약소국에는 선망의 대상이 되어 매 순간 새로운 예속의 위협을 받을 것이며, 예속을 당하면 다시는 벗어날 수 없을 것이다.

코르시카 민족의 의도가 무엇이든 자체적으로 질서를 확립하는 데 가장 먼저 해야 할 일은 가능한 한 자력으로 스스로를 견실하게 만드는 것이다. 타인에게 의존하고 자기 힘의 원천을 자신 안에 갖고 있지 못한 자는 누구도 자유로울 수 없다. 동맹, 조약, 사람의 약속은 모두 약자를 강자에게 구속시킬 수는 있어도 강자를 약자에게 구속시킬 수는 없다. 따라서 협상은 열강에 맡겨두고, 여러분 자신을 제외한 어느 것에도 의지하지 마라. 용감한 코르시카인이여, 스스로에게서 끌어낼 수 있는 게 어떤 것인지를 여러분보다 더 잘 아는 사람이 누가 있겠는가? 친구도 없고 지원도 없고 돈도 없고 군대도 없이 가공할 지배자들에게 예속되었지만, 여러분만이 그들의 굴레에서 벗어났다. 그들이 여러분을 적대시하며 유럽의 가공할 세력가들을 하나하나 단결시키고 코르시카 섬을 외국 군대로 넘치게 했지만, 여러분은 모든 것을 극복했다. 여러분의 끈질김만이 돈으로는 절대 할 수 없었을 일을 했다. 만약 여러분이 부를 보존하기를 원했다면 여러분은 자유를 잃었을 것이다. 다른 민족에게서 끌어낼 수 있는 결론을 여러분에게 적용해선 절대 안 된다. 여러분 자신의 경험에서 끌어낸 원칙이 스스로를 통치할 수 있는 최상의 기반이다.

여러분이 현재와 다른 모습이 되는 것보다 현재의 모습을 보존하는 법을 아는 것이 더 중요하다. 코르시카인은 자유를 찾고 나서 많은 것을 얻었다. 여러분은 신중함에 용기를 결합시켰고, 동료의 말을 듣는 것을 배웠으며, 미덕과 풍속을 익혔고, 법을 전혀 갖고 있지 않았다. 만약 여러분이 스스로 그 상태를 유지할 수 있었다면, 내가 할 일은 거의 없을 것이다. 그러나 여러분을 결속시킨 위험이 사라지면 그 위험으로 말미암아 뒷전으로 밀려났던 파벌 싸움이 다시 여러분 사이에 자리 잡게 될 것이며, 여러분은 독립 유지를 위해 힘을 결집하는 대신에 상호 적대하는 데 힘을 다 써버려 다시 누군가로부터 공격을 받게 될 경우 방어할 힘이 전혀 남지 않게 될 것이다. 이것이야말로 당연히 예방해야 할 일이다. 코르시카인의 분열은 언제나 그들을 약화시키고 종속시키기 위한 지배자의 술책이었다. 그러나 이런 술책이 끊임없이 사용된 끝에 결국 그것이 성향으로 굳어져, 코르시카인은 침착하지 못하고 난폭하여 자신의 지도자들조차 통치하기 어려운 성향을 지닌 사람들이 되고 말았다. 폭정이 파괴해온 화합을 회복해 희망까지 재확립하려면 훌륭한 법과 새로운 제도가 필요하다. 코르시카는 외국 지배자에게 종속되어도 그들의 가혹한 지배를 절대 묵묵히 참지 않고 언제나 반항했다. 이제 코르시카인은 새로운 학습을 해야 하고 자유 안에서 평화를 추구해야 한다.

그러므로 내 생각에 따르면 코르시카 입법에서 기초가 되어야 하는 원칙들은 인민과 나라를 최대한 이용할 것, 스스로의 힘을 양성하고 결집할 것, 오직 자신의 힘에만 의존할 것, 외부 세력은 존재하지 않는 것으로 생각하고 자신에게만 의지할 것이다.

코르시카의 제도에 대한 원칙을 확립하려면 여기서부터 출발하자.

코르시카 섬은 돈이 풍부할 수 없으므로 인구가 풍부해지도록 노력해야 한다. 인구에서 유래하는 힘은 재정에서 비롯된 힘보다 실질적이며, 효과도 더 확실하다. 사람이 팔을 사용하는 것은 감춰질 수 없으므로 언제나 공적인 용도를 갖는다. 돈을 사용하는 것은 그렇지 않아서, 돈이 저절로 흘러 나가 사적인 용도로 사라져버린다. 사람들은 어떤 목적을 위해 돈을 모으지만 그 돈을 다른 용도로 쓰게 된다. 인민은 보호받기 위해서 돈을 지불하지만, 그 돈은 인민을 억압하는 데 쓰인다. 이것이야말로 돈이 풍부한 국가가 언제나 약하고, 인구가 풍부한 국가가 언제나 강한 이유다.

인구를 증가시키려면 식량을 증대해야 하므로 결국 농업을 확대해야 한다. 여기서 나는 농사를 더 정교하게 짓고 농업에 대해 학습하는 아카데미를 설립하며 농업을 다루는 책을 쓰는 것과 같은 기술에 대해 이야기하는 것이 아니다. 나는 인민이 전 영토에 널리 퍼져 정착하고 모든 곳에서 경작하며, 농촌 생활과 그 생활에 관련된 노동을 사랑하고, 농촌을 떠나고 싶은 마음이 전혀 생기지 않을 만큼 농촌에서 필수품과 삶의 즐거움을 충분히 찾을 수 있는 그런 체제constitution를 이야기하는 것이다.

농업에 대한 애호는 식량을 증대할 뿐만 아니라 민족 전체에 더 많은 아이가 태어나게 하는 기질과 풍속을 부여한다는 점에서 인구 증가에 유리하다. 모든 나라에서 농촌 주민이 도시 주민보다 많은 것은 더 좋은 체격을 형성해주는 농촌 생활의 단순함이나 무질서와 악덕을 예방하는 규칙적인 노동 덕분이다. 모든 조건이 같다면, 쾌락에 빠져도 남보다 감각적으로 덜 흥분하는 가장 정숙한 여성이 다른 여성들보다 아이를 많이 낳으며, 근면한 노동으로 더욱 절제 있게 된 남성이 나태함의 분명한 결과인 방탕으로 기력을 탕진한 남성보다 생식에 더 적합함이 확실하기 때문이다.

농민은 자기 토지에 대해서 도시 주민이 자기 도시에 애착을 갖는 것보다 훨씬 큰 애착을 갖고 있다. 다른 생활을 전혀 모르는 사람에게 농촌 생활의 일정함과 단순함은 그 생활을 바꾸고 싶지 않게 하는 매력이 있다. 그로 말미암아 자신의 상황에 대한 만족이 싹터 사람이 평화로워지고 조국에 대한 사랑이 싹터 그 체제에 대해 소속감을 갖게 된다.

경작은 훌륭한 군인이 되는 데 필요한 끈기 있고 강건한 사람을 형성한다. 도시에서 징집된 군인은 반항적이고 나약하다. 그들은 전쟁의 고달픔을 견뎌내지 못하며, 행군 도중에 사라지고 병들어 골골거리며, 자기들끼리 싸우다가 적 앞에서는 달아난다. 훈련된 민병은 가장 신뢰할 수 있는 최상의 군대이며, 군인이 되기 위한 진짜 교육은 농부가 되는 것이다.

한 국가가 다른 국가들로부터 독립을 유지할 수 있는 유일한 방법은 농업이다. 설령 여러분이 세상의 모든 부를 소유하고 있다 해도, 먹을 양식이 없다면 남에게 의존하게 된다. 여러분의 이웃은 급할 게 없으므로 여러분이 갖고 있는 화폐 가치를 자기들 마음대로 부여할 수 있다. 그러나 우리가 필요로 하는 양식은 논란의 여지가 없는 가치를 지니며, 모든 종류의 상거래에서 상대를 지배하는 자는 언제나 가장 서두르지 않는 사람이다. 물론 어떤 금융 제도에서는 다른 관점에 의거해 행동해야 하리라는 것을 인정한다. 모든 일은 최종 목표가 무엇인가에 좌우된다. 상업은 부를 산출하지만 농업은 자유를 보장한다.

부와 자유를 동시에 가지면 더 좋을 거라고 사람들은 생각할 것이다. 그러나 뒤에서 보게 되겠지만, 양자는 양립할 수 없다. 경작은 어느 나라에서나 한다고 부언하는 사람이 있을 것이다. 나는 이 말에 동의한다. 어느 나라에서나 상업이 있어서 많건 적건 상거래가 이루어지지만, 이것이 어디에서나 농업과 상업이 융성함을 의미하지는 않는다. 내가 여기서 살펴보고 있는 것은 사물의 필연에서 무엇이 비롯되는가가 아니라 정부의 종류와 민족의 전반적인 정신에서 무엇이 비롯되는가이다.

어떤 인민에게 주어진 정부 형태는 진정한 선택의 소산이라기보다 우연이나 운명의 소산이긴 하지만, 각국의 자연과 토지에는 어떤 정부가 다른 어떤 정부보다 더 적합하도록 만드는 특징들이 있으며, 각각의 정부 형태에는 인민을 이러저러한 직업으로 이끄는 특유의 힘이 있다.

우리가 선택해야 하는 정부 형태는 한편으로 코르시카가 가난하다는 점에서 최소한의 경비로 유지되는 정부이며, 다른 한편으로 현 시점에서 코르시카 인민에게 농업은 그들이 획득한 독립을 보존하고 그들에게 필요한 견실함을 부여할 수 있는 유일한 직업이라는 점에서 농업에 가장 유리한 정부다.

가장 비용이 들지 않는 정부administration는 신분의 등급을 최소화하고 위계질서를 최소화한 정부다. 그런 정부를 일반적으로 공화제état républicain라고 하며, 특별히 〔한정시키면〕 민주제état démocratique라고 한다.

농업에 가장 유리한 정부는 정부 권력이 어떤 지점에 집중되지 않아 인구 분포의 불균등을 야기하지 않고 인구가 영토에 골고루 분산되게 하는 정부다. 이것이 민주정démocratie이다.

이런 원리의 대단히 두드러진 적용은 스위스에서 보게 된다. 전반적으로 스위스는 가난하고 척박한 나라다. 스위스의 정부는 어디서나 공화정이다. 그러나 베른, 졸로투른, 프리부르와 같이 다른 곳보다 더 비옥한 주canton의 정부는 귀족정이다. 경작에서 얻는 수확은 더 적으면서 경작에 필요한 노동은 더 많은 그런 가장 가난한 주의 정부는 민주정이다. 이 국가는 가장 단순한 정부 아래서 지속적으로 생존하기에 필요한 것만을 갖고 있다. 다른 어떤 정부 아래에서도 스위스는 고갈되어 멸망할 것이다.

사람들은 코르시카가 그보다 더 비옥하고 기후가 더 온화하니 더 많은 경비가 드는 정부를 지탱할 수 있다고 말할 것이다. 다른 시대라면 그 말이 맞을 것이다. 그러나 오늘날 기나긴 노예 생활로 억눌리고 오랜 전쟁으로 황폐해져 있는 그 민족은 무엇보다 스스로를 재건할 필요가 있다. 코르시카인이 자신의 비옥한 땅을 개발한다면 번영과 더 훌륭한 정부를 꿈꿀 수 있을 것이다. 좀 더 이야기하련다. 최초의 제도 구축이 성공하면 필요한 변화가 뒤따를 것이다. 경작은 정신도 경작한다. 경작에 종사하는 모든 인민의 수가 증가한다. 인구는 토지의 산물에 비례해 증가한다. 이 토지가 비옥하면 결과적으로 인구도 대단히 많이 증가해 토지가 사람들에게 더 이상 충분하지 못하게 됨으로써, 식민지를 개척하거나 정부 형태를 바꾸지 않을 수 없게 된다.

나라의 인구가 포화 상태가 되면, 이제 과잉 인구는 경작에 종사할 수 없게 된다. 이 과잉 인구는 공업과 상업 및 예술에 종사시켜야 하며, 이런 새로운 체제는 새로운 정부를 필요로 한다. 코르시카가 만들려는 제도가 성공해 머지않아 이런 식의 변화가 필요해지기를 기원한다. 그러나 코르시카의 인구가 코르시카가 먹여 살릴 수 있는 수준을 넘어서지 않고 코르시카 섬에 미개간 토지가 한 줌이라도 남아 있는 한 농촌 체제를 유지해야 하고, 코르시카 섬이 그 체제에 충분하지 못할 때만 농촌 체제를 바꿔야 한다.

앞에서 말한 것처럼, 농촌 체제는 필연적으로 민주제 국가를 수반한다. 따라서 우리가 선택해야 하는 형태는 이미 주어져 있다. 〔물론〕 섬의 크기 때문에 민주제의 적용에 어느 정도 변형이 필요한 것은 사실이다. 순수하게 민주적인 정부는 한 나라보다도 작은 도시에 적합하기 때문이다. 한 도시의 전 주민을 집합시키듯이 한 나라의 전 주민을 집합시킬 수는 없다. 최고 권력이 대의원에게 주어질 때는 정부가 바뀌어 귀족정으로 된다. 코르시카에 적합한 정부는 인민이 부분적으로만 집합하고 인민 권력의 수탁자가 자주 바뀌는 일종의 혼합 정부Gouvernement mixte다. 이것은 베스코바도에서 1764년에 기록된 저자의 탁월한 문서에서 대단히 훌륭하게 묘사되었으므로, 여기서 설명하지 않은 모든 것에 대해 확실히 참조할 수 있다.

제대로 설립된 혼합 정부에서는 두 가지 커다란 장점이 생길 것이다.

하나는 행정을 단지 소수의 사람에게 위임함으로써 식견을 갖춘 사람들의 선임을 가능케 하는 것이다. 다른 하나는 국가의 모든 구성원이 최고 권력을 공유하게 함으로써 전 인민을 완전히 평등하게 하여, 그들을 코르시카 섬 전체에 확산시키고 모든 곳에 인구가 골고루 분포되게 하는 것이다. 이것이 우리 제도의 근본적인 원칙이다. 혼합 정부를 인구 분포를 고르게 유지하는 체제로 만들어보자. 그래야만 그 체제가 최대한 완전해질 것이다. 이런 원칙이 적절한 것이라면, 우리의 규칙은 명확해지고 우리의 과제는 놀라울 정도로 단순해질 것이다.

이런 과제의 일부는 이미 끝났다. 우리는 파괴해야 할 체제보다 타파해야 할 편견을 더 많이 갖고 있으며, 바꾸는 것보다 종식시키는 것이 더 중요하다. 제노바인들 자신이 여러분의 제도 설립을 준비해주었고, 신의 섭리라고 할 만한 배려로 그들의 폭정을 강화한다고 믿으면서 〔여러분의〕 자유의 기초를 닦아놓았다. 그들은 여러분에게서 거의 모든 교역을 박탈했지만, 사실 지금은 교역이 큰 비중을 차지하는 시대가 아니다. 만약 해외에 개방되었다면, 여러분의 체제가 확고한 기반을 확립하고 코르시카 내부에서 끌어낼 수 있는 모든 것이 여러분에게 공급될 때까지 교역을 금지시켜야 했을 것이다. 제노바인은 여러분의 물품 수출을 저지했다. 여러분에게 득이 되는 것은 물품을 수출하는 것이 아니라, 코르시카 섬에서 그 물품을 소비할 사람이 충분히 태어나는 것이다.

조세 징수와 명령 집행을 순조롭게 하려고 제노바인이 만들거나 보존한 교구piéve와 특별 재판권은 전체 인민이 한 번에 같은 장소에 집합할 수 없는 상황에서 민주제를 확립할 수 있는 유일한 방법이다. 그런 것들은 속박을 받기가 더욱 용이한 도시와 상관없이 농촌을 유지하는 유일한 수단이기도 하다. 제노바인은 코르시카의 귀족층을 파괴해 귀족의 기능과 작위를 박탈하고 거대한 영지를 소멸시키는 데도 전념했다. 이런 일에서 혐오스러운 부분들을 그들이 스스로 떠맡은 것은 여러분에게 다행스러운 일이다. 만약 그들이 그런 부분들을 여러분에 앞서 처리해주지 않았다면, 여러분은 아마 그 일을 해내지 못했을 것이다. 그들의 작업을 완성시키는 데 조금도 주저하지 마라. 그들은 자신을 위한 일을 한다고 믿었지만, 여러분을 위한 일을 한 것이다. 단지 목적이 아주 다를 뿐이다. 제노바인의 목적은 일 자체에 있었고, 여러분의 목적은 일의 결과에 있다. 제노바인은 코르시카의 귀족층을 비천하게 만들려고 했을 뿐이고, 여러분은 나라를 고귀하게 만들려고 한다.

내가 보기엔 이것이야말로 코르시카인이 아직 제대로 이해하지 못한 점이다. 코르시카의 모든 증거 서류와 엑스라샤펠의 선언문에서 코르시카인은 제노바가 자신들의 귀족층을 깎아내렸다고, 아니 정확히 말하자면 파괴했다고 불평했다.[77] 그것은 분명 불평거리였지만 불행은 아니었다. 그와는 반대로 오히려 장점으로서 코르시카인이 자유를 유지할 수 있었던 것은 〔전적으로〕 그 덕분이었다.

어떤 국가의 존엄을 몇몇 구성원의 작위에 두는 것은 그림자를 실체로 간주하는 것이다. 코르시카 왕국이 제노바에 귀속되었을 때, 후작과 백작 칭호를 지닌 귀족들이 말하자면 코르시카 인민과 제노바 공화국 사이에 중재자 역할을 해서 코르시카에 유익했을지도 모른다. 그러나 현재 그런 보호자가 누구에 대해 코르시카에 유익하단 말인가? 그런 보호자가 코르시카를 폭정에서 보호하는 데 적합하기보다 스스로 코르시카를 강탈하고, 그들 중 하나가 다른 모든 귀족을 굴복시켜 모든 동료 시민을 자기 신민으로 만들 때까지 다툼과 분쟁으로 코르시카를 황폐화하지 않겠는가?

귀족을 둘로 구분해보자. 군주정과 연관된 봉건귀족 및 귀족정과 연관된 정치귀족이다. 전자에는 수많은 지위와 등급이 있어서, 대제후부터 단순한 시종에 이르기까지 어떤 사람은 작위가 있고 어떤 사람은 작위가 없다. 봉건귀족의 권리들은 세습적이긴 하지만 개별적이고 사적인 권리로서 각 가문에 귀속되며, 서로 대단히 독립적이어서 국가 조직과 주권에서도 독립되어 있다. 반면에 후자는 불가분한 하나의 집단으로 결합돼 있어서, 그들의 모든 권리는 집단의 구성원이 아니라 그 집단에 속한다. 정치귀족은 정치체에서 대단히 본질적인 부분을 구성하고 있으므로 양자가 상대방 없이는 존속할 수 없으며, 이 귀족을 구성하는 모든 개인은 태어나면서부터 지위와 특권과 권한에서 평등하고 귀족이라는 공통된 이름 아래 융합된다.

그것은 코르시카의 옛 귀족이 지녔던 작위와 주권 자체에 거의 가까운 권리들과 함께 그들이 소유했던 영지로 미루어 분명하다. 코르시카의 옛 귀족은 첫 번째 귀족에 속했으며, 무어인 정복자나 프랑스인 정복자, 혹은 교황으로부터 코르시카 섬을 수여받은 군주들에게 기원을 두고 있었다. 그런데 이런 종류의 귀족은 민주제 공화국이나 혼합제 공화국의 일원이 될 가능성이 거의 없고 심지어 귀족정의 일부가 될 가능성도 없다. 귀족정은 귀족 집단의 권리만을 인정하고 귀족 개인의 권리를 인정하지 않기 때문이다. 민주정은 자유라는 덕 이외에 다른 어떤 고귀함도 모른다. 마찬가지로 귀족정은 권위 외에 다른 어떤 고귀함도 모른다. 정치체에서 그 속성과 무관한 모든 것은 조심스럽게 제외시켜야 한다. 따라서 평범한 시민의 품위를 떨어뜨리는 후작과 백작 같은 모든 작위는 다른 나라에 맡겨두자. 코르시카 제도의 근본 원리는 평등이어야 한다. 모든 것이 평등과 연관되어야 하며, 심지어 권위조차도 오직 평등을 옹호하기 위해서 확립되어야 한다. 모든 사람은 타고난 권리에 의해 평등해야 한다. 국가는 공적(功績)과 덕과 조국에 대한 봉사를 제외하면 차별을 인정해선 안 된다. 이런 차별이 세습적이어서는 안 되는 것은 그 차별의 토대가 되는 자질이 세습적이지 않은 것과 같다. 인민 가운데 가문과 귀족층이 없이 차이가 나는 서열을 어떻게 측정할 수 있는지에 대해서는 곧이어 살펴볼 것이다.

따라서 지금까지 있었던 모든 영지, 신하로서의 충성 서약, 지대(地代), 봉건적 권리는 영구히 폐지될 것이다. 국가는 그 가운데 아직도 존속하는 것을 다시 사들여, 〔장차〕 코르시카 섬 전체에서 영주의 권리가 억제되고 소멸될 것이다.

국가의 모든 부분은 우리가 확립하려고 애쓰는 개인 간의 평등 수준과 같은 정도로 최대한 평등을 유지하므로, 지방과 교구 및 재판 권역의 경계가 각 지역에서 느끼는 극단적인 불평등을 감소시키는 방식으로 조정될 것이다. 바스티아와 네비오 지역에만 카포 코르소, 알레리아, 포르토 베키오, 사르텐, 비코, 칼비, 달갈리올라 7개 지역의 주민들을 합한 만큼의 주민이 거주한다. 아작시오에는 인접한 4개 지역을 합한 것보다 많은 주민이 거주한다. 경계를 완전히 폐지하거나 재판 권역을 모두 바꾸지 않아도 약간의 사소한 변경을 통해서 이런 엄청난 불균형을 완화할 수 있다. 예컨대 영지의 폐지로 말미암아 카나리, 브랑도, 농자의 영지에 새로운 재판 권역을 수립하는 것이 용이해져, 피에트라부뇨 교구를 추가하면 카포 코르소 재판 권역과 거의 대등해짐을 알게 될 것이다. 사르텐 지역은 이스트리아의 영지를 합쳐도 여전히 코르트 지역이나 바스티아 지역과 대등한 수준에 미치지 못할 것이다. 네비오 지역은 한 교구를 빼내어 두 개의 재판 권역으로 나눠도 여전히 강력해서 구올로를 분리시킬 수도 있을 것이다. 이것은 내 말을 이해시키기 위한 하나의 예에 불과하다. 나는 어떤 단정을 내릴 수 있을 만큼 코르시카 지역을 잘 알지 못하기 때문이다.

이런 약간의 변경을 통해서 완전히 자유로워질 것이라고 내가 추정하는 코르시카 섬은 극단적인 불균형이 없어질 12개의 재판 권역으로 분할될 것이다. 무엇보다도 도시에 국한된 권리가 마땅히 해야 하는 방식으로 제한될 때, 재판 권역에 대한 이런 도시의 비중이 적어질 것이다.

도시에서 상업과 예술이 발전하는 정도에 비례해 어떤 나라에서는 도시가 유용하지만, 우리가 채택하려는 체제에는 유해하다. 도시 거주민 중에는 농사를 짓는 사람도 있고 무위도식하는 사람도 있다. 그런데 농사라면 도시인보다는 소작인이 언제나 더 잘한다. 이 순간까지 코르시카를 황폐화해온 모든 악덕의 근원은 게으름이다. 부르주아의 어리석은 오만은 농부를 타락시키고 낙담시킬 뿐이다. 정념을 촉진하는 유약함에 젖은 부르주아는 방탕에 빠져 욕구를 충족시키려고 자신을 팔아넘긴다. 이해관계가 그들을 비굴하게 만들고 나태함이 그들을 초조하게 만들어, 그들은 노예가 되거나 반항자가 되며 절대 자유롭지 못하다. 〔도시인과 농민의〕 이런 차이는 현존하는 모든 전쟁을 치르는 기간과 코르시카인이 자신의 족쇄를 끊어버린 이래 매우 분명히 느껴졌다. 혁명을 일으킨 것은 여러분의 교구에 거주하는 사람들의 활력이며, 혁명을 지탱한 것은 그들의 단호함이다. 어떤 역경도 꺾을 수 없는 여러분의 불굴의 용기는 교구에서 유래한 것이다. 돈에 좌우되는 사람들이 거주하는 도시들은 제노바인이 교묘하게 이용한 것으로 알려진 약간의 사소한 특권을 지키려고 자기 민족을 팔아넘겼다. 이런 비겁한 행위에 대해서 당연히 벌을 받은 그 도시들은 여전히 독재의 온상으로 남아 있다. 반면에 코르시카 인민은 자신들이 흘린 피의 대가로 획득한 자유를 이미 영광스럽게 향유하고 있다.

농민이 도시 거주를 동경하고 도시에 사는 게으름뱅이의 운명을 부러워해서는 안 된다. 따라서 도시에 거주하는 것에 어떤 혜택도 주어져서는 안 된다. 그런 혜택은 결과적으로 일반 주민에게 해롭고 민족의 자유를 훼손한다. 농부는 날 때부터 어느 누구보다 열등해서는 안 된다. 농부는 자기 위에 있는 것이라고는 법과 행정관뿐임을 알아야 하며, 그 자신이 학식과 성실함을 갖추어 행정관이 될 만하면 직접 행정관이 될 수 있어야 한다. 한마디로 말하자면, 도시와 도시 주민은 영지와 영지 소유자와 마찬가지로 어떤 배타적인 특권도 지녀서는 안 된다. 코르시카 섬 전체가 같은 권리를 누리고 같은 부담을 지며, 차별 없이 이 나라 말로 '공유지terra di commune'[78]가 되어야 한다.

그런데 도시가 유해하다면, 수도는 훨씬 더 유해하다. 수도는 일종의 심연으로서, 거의 모든 민족이 그곳에서 자신의 풍속, 법, 용기, 자유를 잃어버린다. 사람들은 대도시가 대량 소비를 하기 때문에 농업을 장려한다고 생각한다. 그러나 대도시는 더 좋은 직업을 얻으려는 욕망이 경작자를 매혹하거나 부르주아 부류가 자연적으로 쇠약해지는 것을 농촌에서 언제나 보충함으로써 훨씬 더 많은 경작자를 흡수해버린다. 수도 주변에는 삶의 활기가 존재하지만, 수도에서 멀리 떨어질수록 모든 곳이 점점 더 황량해진다. 수도에서는 끊임없이 독기가 발산되어 민족을 약화시키고 결국 파멸시킨다.

그러나 정부에는 하나의 중심, 곧 모든 것이 연결되는 집합점이 있어야 한다. 최고 행정부를 여기저기로 돌아다니게 하면 불편이 너무 클 것이다. 최고 행정부를 이 지역에서 저 지역으로 순회시키려면, 코르시카 섬을 몇 개의 작은 주(州)로 분할하고 각 주가 돌아가며 주재하도록 해야 할 것이다. 그러나 이런 체제는 전체 조직의 작용을 복잡하게 할 것이고 부분들 간의 결속력을 약화시킬 것이다. 코르시카 섬은 이런 분할이 필요할 정도로 크지 않지만, 수도를 두지 않기에는 너무 크다. 그러나 이 수도가 모든 사법 권역의 연락 거점으로 기능하되, 그 권역의 인민을 끌어들이지는 말아야 한다. 모든 것이 수도에서 의사소통이 되어야 하되, 각각의 것은 제자리에 머물러야 한다. 한마디로 최고 정부의 소재지는 수도라기보다 행정의 중심이 되어야 한다.

이런 문제에 관해서 이성 자체가 결정한 것과 마찬가지로 오직 필요가 민족의 선택을 결정했다. 해상의 요충지를 지배했던 제노바인은 여러분에게 코르트라는 도시만을 남겨놓았는데, 이 도시는 바스티아가 제노바의 행정에 적절한 위치에 있는 것과 마찬가지로 코르시카의 행정에 적절한 위치에 있다. 섬의 한복판에 위치한 코르트는 그 섬의 모든 해안에서 거의 같은 거리에 있다. 코르트는 산의 이쪽과 저쪽으로 구분되는 지점의 정중앙에 있어서 어느 쪽에서 도달하든 거리가 같다. 코르트는 바다에서 멀리 떨어져, 외부인의 유입이 쉬운 경우에 비해 더 오랫동안 주민의 풍속과 소박함 및 정직함과 민족적 기질을 보존할 것이다. 코르트는 그 섬의 가장 높은 곳에 위치하고 공기도 대단히 좋지만, 토지가 척박하고 여러 강의 발원지에 가까운 탓에 물자 공급이 더욱 어렵다 보니 과도하게 성장할 여지가 없다. 만약 이 모든 것에 국가의 어떤 고위직도 세습직이나 종신직으로 만들지 않는 대비책을 덧붙여두면, 공무에 종사하는 사람들은 일시적으로 그 직위를 점유하는 데 불과하므로, 국가의 흥망을 초래하는 해로운 영광을 장기간에 걸쳐 그 직위에 부여하지 못할 것이다.

이런 것이 코르시카 섬의 위치를 급히 검토하면서 내가 갖게 된 최초의 생각이다. 이제 정부에 관해 좀 더 자세히 논하기에 앞서, 정부는 먼저 무엇을 해야 하고 어떤 원칙에 근거해 업무를 수행해야 하는지를 살펴봐야 한다. 정부의 형태에 관한 결정을 끝내려면 당연히 그래야 한다. 각각의 정부 형태는 그에 적합한 본래의 특성을 갖고 있으며, 그 특성에서 절대 벗어나지 않을 것이기 때문이다.

지금까지 우리는 국토를 가능한 한 균등하게 분할했다. 이제 거기에 무엇을 구축해야 할 것인지 설계도를 그려보자. 우리가 따라야 할 첫 번째 규칙은 민족적 기질이다. 모든 인민은 민족적 기질을 갖고 있거나 갖고 있어야 한다. 만약 민족적 기질이 결여된 인민이 있다면, 그것을 부여하는 일부터 시작해야 할 것이다. 섬나라 사람들은 특히 다른 인민과 교제하고 섞이는 일이 적어서, 더 두드러진 민족적 기질을 보이는 것이 보통이다. 특히 코르시카인은 본래 대단히 예민한 기질을 갖고 있다. 코르시카인의 민족적 기질이 예속 상태와 폭정으로 일그러져 알아보기 어려워졌다면, 그 대신에 코르시카의 고립된 위치 덕분으로 민족적 기질을 재건해 보존하기가 그만큼 쉽다.

〔시칠리아 출신의 그리스 역사가〕 디오도로스의 말에 따르면, 코르시카 섬은 산이 많아서 숲이 무성하고 커다란 강들에서 물을 공급받는다. 코르시카의 주민들은 국토가 풍부하게 공급해주는 우유와 꿀과 고기를 먹고 산다. 그들은 다른 야만인들에 비해 엄격하게 서로 간에 정의와 인간성에 입각한 규칙을 지킨다. 산이나 나무 구멍에서 꿀을 처음 발견한 사람은 누구한테도 그것을 빼앗기지 않도록 보장받고 있다. 그들은 각자 자기 양에 표시를 해놓고는, 그 양을 아무 감시 없이 초원에 방목해도 언제나 되찾을 수 있음을 확신한다. 이와 같은 공정한 정신이 생활 전반에서 그들을 지배하는 것처럼 보인다.

위대한 역사가는 가장 단순한 이야기 속에서 논리적 추론도 없이 독자에게 자신이 전해주는 모든 사실에 대한 이유를 인식시킬 방법을 알고 있다.

어떤 나라에서 식민을 통해 사람이 거주하지 않을 때, 거주민의 처음 성격이 형성되는 것은 그 토지의 성질에서 비롯된다. 경작하기 어려운 거칠고 울퉁불퉁한 지대는 사람의 식량보다 동물의 식량을 더 많이 공급해야 하므로, 그런 곳에서는 틀림없이 논밭이 드물고 목초지가 풍성하다. 그곳에서 가축의 번식과 목축 생활이 유래한다. 그곳에서는 산을 돌아다니는 각자의 양 떼가 한데 뒤섞여 혼동된다. 꿀에는 최초 점유자의 표시 외에 다른 증거가 없다. 재산은 공공의 보증 없이 확립되거나 보존될 수 없다. 모든 사람이 정의롭지 않으면 누구도 그 어떤 것도 소유하지 못할 것이고 민족은 멸망할 것이다.

산맥, 삼림, 하천, 목장. 스위스에 대한 묘사를 보고 있는 것 같지 않은가? 디오도로스가 코르시카인이 지니고 있다고 생각한 성격, 곧 공정함, 인간성, 성실함이 스위스인에게도 똑같이 있지 않았던가? 차이가 있다면, 더 거친 기후에서 사는 스위스인이 더 근면했다는 것뿐이다. 그들은 6개월 동안 눈에 갇혀 지냈으므로 겨울을 나기 위한 식량을 비축해야 했고, 산악 지대에 흩어져 살았으므로 힘들게 농사를 지었으며, 힘든 노동으로 말미암아 강건해졌다. 그들은 끊임없는 노동 때문에 정념에 빠질 시간도 없었다. 왕래는 언제나 힘들었고, 눈과 얼음 때문에 완전히 갇혀 버리게 되면 각자는 자신의 오두막에서 가족과 함께 자급자족해야만 했다. 그래서 이에 적합한 거친 제조업이 생겨났다. 각자는 자기 집에서 필요한 모든 기술을 발휘했다. 누구나 석공, 목수, 가구장이, 수레바퀴 제작자였다. 다른 한편, 그들은 하천과 급류로 말미암아 서로 격리되었으므로, 각자가 이웃 없이 살아가는 법을 익히게 되었다. 제재소와 대장간과 제분소가 늘어남에 따라 그들은 물의 흐름을 조절해 물레방아를 돌리고 여러 곳으로 물을 흘려 보내는 것을 배웠다. 이런 식으로 절벽과 계곡 속에서 자기 땅에 사는 각자는 그 땅에서 필요한 것 대부분을 얻고 여유 있게 살아갔으며 그 이상 아무것도 바라지 않았다. 이익과 필요가 엇갈리는 일은 절대 없었고, 어느 누구도 타인에게 의존하지 않았으므로 그들 사이에는 친절하고 우호적인 관계밖에 없었다. 수많은 가정에서 화합과 평화가 넘쳤으며, 혼사 말고는 그들이 함께 다룰 일이 거의 없었다. 결혼에 있어서도 오직 애정만이 고려되었고, 야심 때문에 결혼이 이루어지거나 이해관계와 불평등 때문에 결혼이 방해받는 일은 절대 없었다. 가난하지만 부족함 없이 가장 완전한 독립 상태에 있던 이런 인민은 어떤 것으로도 손상될 수 없는 결합 속에서 수적으로 증가했다. 그 인민은 극복해야 할 악덕이라는 것을 전혀 알지 못하고 선한 행위를 할 때 감내해야 할 희생이라는 것도 전혀 모르므로, 결과적으로 아무런 덕성도 갖지 않은 셈이었다. 그 인민은 심지어 정의와 덕이 무엇인지 알지 못하면서도 선량하고 정의로웠다. 이런 근면하고 독립적인 생활의 힘이 스위스인으로 하여금 조국에 대한 애착을 갖게 했으며, 바로 그 힘에서 조국을 방어하는 두 가지 중대한 수단, 곧 일치단결과 용감한 전투 정신이 생겨났다. 사람들 사이에 지도자도 없고 법도 제대로 없는 상태에서 유지된 스위스인의 굳센 단결, 그들을 에워싼 군주들이 온갖 정치적 책략으로 분열시키려 했던 그 굳센 단결을 생각해보자. 또한 불굴의 강건함과 끈질김, 심지어 격렬함까지 지닌 이런 용감한 사람들이 자기가 죽든지 상대방을 정복하든지 둘 중 하나라는 각오로 자신의 자유를 위해 생명을 바치겠다는 생각도 전혀 없이 전투에 참가했다고 짐작해보자. 그러면 스위스인이 국토와 독립을 지키기 위해 어떤 놀라운 일들을 했는지 쉽게 상상이 되며, 유럽의 3대 강국과 가장 호전적인 군대들이 이 영웅적인 민족을 공격했다가 계속 실패를 맛봤다는 것에 더 이상 놀라지 않게 된다. 어떤 교활함으로도 이 민족의 우직함을 꺾을 수 없고, 어떤 용맹스러운 전의로도 이 민족의 담대함을 꺾을 수 없었기 때문이다. 코르시카인이여, 여러분이 원점에서 다시 시작하기 위해 따라야 할 본보기가 바로 이것이다.

그러나 처음에는 자신과 자기 산 및 가축밖에 몰랐던 이 소박한 스위스 사람들도 다른 민족에 맞서 스스로를 방어하는 과정에서 다른 민족에게 자신들을 알리게 되었다. 그들의 승리는 그들에게 인접국들의 국경을 열어주었으며, 용감한 그들에 대한 평판은 군주들로 하여금 그들을 고용할 생각을 하게 했다. 군주들은 자기가 굴복시킬 수 없었던 이 군대를 돈으로 고용하기 시작했다. 그토록 훌륭하게 자신의 자유를 지켰던 이 용감한 인민이 다른 인민의 자유를 억압하는 자가 되었다. 놀랍게도 그들은 과거에 군주에게 저항하려고 발휘했던 것과 똑같은 용기와 자기 조국을 위해 바쳤던 것과 똑같은 충성을 이제 군주에게 봉사하는 데 썼다. 그들은 돈으로 거의 살 수 없고 돈에 의해 가장 빨리 타락하는 덕을 돈을 받고 팔았다. 그러나 처음에는 그들이 군주에게 저항할 때 가졌던 것과 똑같은 자부심을 갖고 군주에게 봉사했다. 그들은 자신이 군주의 부하라기보다는 군주의 수호자라고 여겼으며, 자신이 돈을 받고 군주에게 봉사하는 것이라기보다는 군주를 보호하는 것이라고 믿었다.

그들은 자기도 모르게 스스로 품위를 떨어뜨렸고, 이제 용병에 불과한 존재가 되었다. 그들은 돈을 좋아하게 되면서 자신들이 가난했었다고 느끼게 되었다. 자신들의 상황에 대한 경멸은 그들이 성취했던 덕성들을 자기도 모르게 파괴했으며, 프랑스인이 4솔짜리 인간으로 전락한 것처럼 스위스인도 5솔짜리 인간으로 전락했다. 또 다른 더 은밀한 원인이 이 강건한 민족을 타락시켰다. 스위스인은 고립되고 소박한 생활로 말미암아 독립적이면서도 건장했다. 각자에게는 자신 외에 어떤 주인도 없었지만, 같은 이해관계와 같은 취미를 가진 모든 사람이 어렵지 않게 단결해 같은 일을 원하고 함께 했다. 스위스인들에게는 그들의 획일적인 생활이 법을 대신했다. 그러나 다른 인민과의 빈번한 접촉으로 말미암아 그들이 경계해야 할 것을 사랑하게 되고 경멸해야 할 것을 찬미하게 되자, 지배자의 야심이 싹터 그들로 하여금 원칙을 바꾸게 했다. 지배자들은 인민을 더 잘 지배하려면 인민으로 하여금 더 의존적인 취미를 갖게 해야 한다고 느꼈다. 그래서 상업과 제조업 및 사치가 도입되었다. 이런 것들은 개인을 자신의 직업과 필요를 통해서 공적 권위에 결부시킴으로써, 개인이 자신의 최초 상태에서 지배자에게 의존했던 것보다 훨씬 더 많이 의존하게 했다.

스위스에서 빈곤이 의식되게 된 것은 돈이 유통되기 시작하면서부터였다. 돈은 재산의 불평등과 마찬가지로 자원의 불평등도 초래했다. 돈은 치부를 위한 강력한 수단이 되었는데, 아무것도 갖지 못한 사람들은 가질 수 없는 수단이었다. 상업과 제조업 시설이 증가했다. 기술이 농업에 필요한 인력을 대폭 줄였다. 인구는 불균등한 분포를 보이며 증가했고, 사람들은 입지 조건이 더 좋고 자원을 얻기가 한층 더 쉬운 지역으로 퍼져 나갔다. 조국을 버리고 떠난 사람도 있었고, 아무것도 생산하지 않고 소비만 함으로써 조국에 전혀 쓸모없게 된 사람도 있었다. 어린이의 수가 많아진 것이 부담이 되었다. 인구 증가율은 현저히 감소했으며, 토지의 경작이 더 등한시되어 도시 인구가 증가했고, 생필품이 더 비싸져 외국 상품이 더 필요해지면서 그 나라는 인접 국가에 더 크게 의존하게 되었다. 게으른 생활은 부패를 초래했고 권력자에게 기생하는 자를 증가시켰다. 모든 사람의 마음속에서 조국에 대한 사랑이 사라졌고 단지 돈에 대한 사랑이 자리를 잡았다. 정신에 활력을 주는 모든 감정이 질식해 단호한 행동도 과단성 있는 결의도 더 이상 찾아볼 수 없게 되었다. 예전에는 빈곤한 스위스가 프랑스를 상대로 자신의 의지를 관철시켰으나, 이제는 부유한 스위스가 일개 프랑스 대신이 눈살을 찌푸린 것에 벌벌 떨고 있다.

이런 것이 코르시카 인민을 위한 커다란 교훈이다. 이런 교훈을 그들이 어떻게 적용해야 하는지를 살펴보자. 코르시카 인민은 최초의 덕을 많이 보존하고 있으며, 이 덕은 우리 헌법에 대단히 이롭게 작용할 것이다. 〔그러나〕 그들이 예속 상태에 있는 동안 많은 악덕도 몸에 배어, 그것을 치유해야만 한다. 이런 악덕 가운데는 그것을 생기게 한 원인과 더불어 저절로 사라질 것도 있고, 그것을 초래하는 정념을 근절해야 하는 것도 있다.

나는 첫 번째 부류에 코르시카인의 특성이라고 간주되는 길들일 수 없는 사나운 기질을 든다. 그들은 제멋대로 한다고 비난받는다. 〔그러나〕 그들이 공정한 통치를 받아본 적이 없는데 어떻게 이런 비난을 하겠는가? 그들이 서로 끊임없이 적대하도록 부추긴 사람은 이런 적대감이 종종 그것을 부추긴 사람에게로 방향을 틀리라는 것을 예상했어야 했다.

나는 두 번째 부류에 그들을 추악하게 만드는 도둑질과 살인 성향을 든다. 이 두 가지 악덕의 원천은 게으름과 처벌하지 않음이다. 전자는 명백한 사실이며, 후자에 대해서도 쉽게 입증할 수 있다. 즉, 어떤 족속이 원한을 품고 계획을 세워 끊임없이 복수하려는 데 전념하는 것은 한가로운 대화 가운데서 생기며, 음침한 생각을 거듭하면서 강화되고 어려움 없이 실행에 옮겨지는 것은 형벌의 면책 보증 때문이다.

이런 불행한 인민이 서로 목을 베는 것을 보려고 그들의 살인을 부추기는 데 어떤 노력도 아끼지 않는 야만적인 정부를 보고 어느 누가 공포에 사로잡히지 않을 수 있겠는가? 살인은 처벌받지 않았다. 내 말은, 살인이 보상받았다는 것이다. 유혈에 대한 대가는 제노바 공화국의 세입 항목 가운데 하나였다. 불행한 코르시카인은 전멸을 피하려고 필연적으로 공물을 바치며 무장 해제를 요청할 수밖에 없었다.

제노바인은 코르시카 섬에서 농업을 장려했다고 자랑스럽게 말하고, 코르시카인도 그들과 의견이 일치하는 것 같다. 나는 그 점에 동의할 수 없다. 농업의 빈곤한 성취가 제노바인이 활용한 수단이 빈곤했음을 입증한다. 그 행위에서 제노바 공화국의 목적은 코르시카 섬의 주민을 늘리는 것이 아니었다. 제노바 공화국은 공공연히 살인을 조장했기 때문이다. 그 목적이 주민의 삶을 안락하게 만드는 것도 아니었다. 제노바 공화국은 가혹한 수탈로 주민을 파멸시켰기 때문이다. 심지어 그 목적이 세금 징수를 촉진하는 것도 아니었다. 제노바 공화국은 물품의 판매와 수송에 과세하고 물품의 수출을 금지했기 때문이다. 그와 반대로 제노바 공화국이 목적으로 삼은 것은 도저히 늘릴 수 없는 이런 세금을 더욱 부담시킴으로써, 말하자면 코르시카인을 토지에 얽매이게 하여 상업과 공업 및 돈을 벌기에 유리한 모든 직업에서 제외시켜 그들이 정신적으로 향상되고 교육을 받고 부자가 되는 것을 억제함으로써 언제까지나 굴종 상태에 머물게 하는 데 있었다. 제노바 공화국의 목적은 그 관료들의 독점을 통해 모든 생산물을 매우 싸게 구입하는 것이었다. 제노바 공화국은 그 섬에서 돈이 필요하게 하고 그럼에도 돈이 되돌아오지 못하게 하려고 코르시카 섬에서 돈을 모조리 유출하기 위한 온갖 수단을 동원했다. 폭정도 그보다 더 교묘한 술책을 쓰지는 못했을 것이다. 제노바 공화국은 겉으로 경작을 장려하는 것처럼 보이면서 코르시카 민족을 궤멸시키는 데 성공했다. 제노바 공화국은 코르시카 민족을 더할 수 없이 비참한 상황에서 살아가는 비루한 농민 집단으로 전락시키길 원했던 것이다.

그 결과 어떤 일이 일어났을까? 낙담한 코르시카인은 아무런 희망도 찾을 수 없는 노동을 포기했다. 그들은 전적으로 손해만 보는 일로 허덕이느니 차라리 아무 일도 하지 않기를 택했다. 근면하고 검소한 생활은 나태와 무기력과 온갖 종류의 악덕으로 대체되었다. 생산물을 팔아서는 납부할 세금을 절대 조달할 수 없어서 그들은 도둑질로 그 돈을 충당했다. 그들은 자신의 경작지를 떠나 노상강도로 돌변했다.

코르시카인이 근면한 생활로 다시 돌아와 산적처럼 섬 주변을 방랑하는 습관을 버리게 되기를! 그들이 한결같은 소박한 직업으로 가정에만 집중해 서로 경쟁하는 데는 거의 관심을 갖지 않게 되기를! 그들이 노동을 통해서 그들 자신과 가족의 생존에 필요한 물자를 충분히 얻을 수 있기를! 생활에 필요한 것을 다 갖춘 사람들이 인두세와 기타 세금을 내거나 변덕스러운 취향이나 사치를 충족하기 위해 현금을 확보해야만 하는 일이 없기를! 사치는 그것을 과시하는 사람의 행복에 도움이 되지 못하고 다른 사람의 시기와 증오를 부추길 뿐이므로.

이런 점에서 우리가 우선권을 부여한 체제가 얼마나 큰 장점을 지니고 있는지를 쉽게 알 수 있다. 그러나 그것만으로는 충분하지 않다. 문제는 인민으로 하여금 이런 체제를 실제로 채택하게 하고, 우리가 인민에게 주고 싶어 하는 직업을 인민이 사랑하게 하며, 인민의 즐거움과 욕망 및 취향을 직업에 결부시키고, 대체로 그 직업에서 삶의 행복을 만들어 내며, 야심에 찬 계획들을 제한하는 것이다.

나는 그런 경지에 이르는 방법으로서 다음 두 가지보다 더 신속하고 확실한 방법을 모른다. 하나는 말하자면 토지에 근거해 사람을 구별하고 권리를 부여함으로써 사람을 토지에 귀착시키는 것이다. 다른 하나는 가장의 신분에 토지가 필요하게 함으로써 가족의 유대로 사람과 토지의 결속을 강화하는 것이다.

이런 관점에서 나는 사물의 본성에서 끌어낸 구분에 근거해 기본법을 제정하는 데 코르시카 민족을 세 계층으로 나눌 수 있다고 생각했다. 이런 분할에서 나타나는 영속적인 개인적 불평등이 우리가 폐지하려고 하는 봉건적 특권 제도에서 유래하는 가문 혹은 거주지의 불평등으로 대체될 수 있는 것은 다행이다.

제1계층은 시민citoyen 계층이다.

제2계층은 내국인Patriote 계층이다.

제3계층은 지원자aspiran 계층이다.

각 계층에 어떤 자격을 지닌 자가 등록되고 어떤 특권을 누리게 될지는 다음과 같다.

이런 계층 구별은 제도 수립 시에 호구 조사나 자격 심사를 통해서 이루어지면 절대 안 되고, 그저 시간의 흐름에 따라 자연스럽게 점차적으로 이루어져야 한다. 제도 수립의 첫 번째 행위는 20세가 넘는 모든 코르시카인의 엄숙한 서약이 되어야 하며, 이런 서약을 한 사람은 모두가 차별 없이 시민 계층에 등록되어야 한다. 피를 대가로 치르고 민족을 해방시킨 모든 용감한 사람들이 이런 모든 혜택을 향유하고, 그들이 민족을 위해 획득한 자유를 최우선적으로 누려야 함은 지극히 당연하다.

그러나 결합이 이루어지고 엄숙한 서약이 행해진 날 이후에 코르시카섬에서 태어나 아직 성년이 되지 못한 모든 젊은이는 다음과 같은 조건을 갖추어 다른 두 계층에 오를 수 있을 때까지 지원자 계층에 머무르게 될 것이다.

법에 따라 결혼했고 아내의 지참금과는 별도로 자기가 소유한 약간의 재산을 갖고 있는 모든 지원자는 내국인 계층에 등록될 것이다.

결혼하여 혼인 상태에 있거나 배우자와 사별한, 살아 있는 자녀가 두 명 있고 거주지와 살아가는 데 충분한 토지 재산을 소유한 모든 내국인은 시민 계층에 등록될 것이다.

이 첫걸음은 토지를 중시하게 하기에 충분하지만, 제노바 정부 치하에서 코르시카 섬의 빈곤을 초래한 돈의 필요성을 없애지 못하는 한 토지를 경작하게 하기에는 불충분하다. 〔따라서〕 돈이 가장 필요하다고 여겨지는 곳이라면 어디서든 민족이 더 많은 돈을 벌 수 있는 직업에 뛰어들기 위해 농업에서 이탈한다는 것을 분명한 원칙으로 삼아야 한다. 그러면 농부의 지위가 교역 대상이 되어, 대농장주들을 위한 일종의 소작농이 되거나 농민 대중의 빈곤에 대한 최후 수단이 된다. 상업과 제조업으로 돈을 충분히 벌어 부유해진 사람들은 토지를 사서 타인에게 경작을 맡긴다. 따라서 전체 민족이 토지를 가진 부유한 게으름뱅이와 그 토지를 경작하면서도 생계를 충분히 이어가지 못하는 비참한 농민으로 분열되고 만다.

개인에게 더 많은 돈이 필요해질수록 정부에도 더 많은 돈이 필요해진다. 결국 상업이 번창할수록 세금이 많아진다. 이런 세금을 부담하려면 농민이 자기 토지를 경작하는 데 그쳐서는 안 되고, 반드시 토지에서 거둔 수확물을 팔아야 한다. 농민이 아무리 밀과 포도주와 기름을 갖고 있어도 절대적으로 돈이 필요하므로 생산물을 도시로 가져가 이리저리 팔러 다녀야 하며 스스로 소상인, 작은 장사꾼, 작은 협잡꾼이 되어야 한다. 이런 중개 행위를 보며 자란 그의 자녀는 방탕에 빠지고 도시를 동경하며, 농민의 지위를 갖는 것에 대한 의욕을 상실해 아버지의 지위를 물려받기보다는 선원이나 군인이 된다. 머지않아 농촌 인구는 감소하고, 도시에서는 부랑자가 넘쳐나면서 점점 식량이 부족해진다. 소수의 개인이 부유해짐에 따라서 대중의 빈곤이 커지며, 양자가 뒤엉켜 모든 악덕을 야기하고, 그 악덕은 궁극적으로 한 민족의 파멸을 초래한다.

나는 모든 상업 제도를 농업을 파괴하는 것으로 간주하므로, 심지어 농산물의 상거래도 예외가 아니라고 생각한다. 상업 제도 내에서 농업이 유지될 수 있으려면 상인과 경작자에게 이윤이 균등하게 분배될 수 있어야 할 것이다. 그러나 이것은 불가능한 일이다. 자발적으로 임하는 상인과 어쩔 수 없이 임하는 경작자 간의 거래에서 경작자는 언제나 상인의 뜻에 지배될 것이므로, 이 양자의 불균형한 관계는 견고하고 영구적인 상태에 이를 수 없기 때문이다.

코르시카 섬이 많은 돈을 소유하게 되면 더 부유해질 것이라고 생각해선 안 된다. 다른 인민과의 관계와 대외적 관계에서는 이것이 사실이다. 그러나 대내적으로는 어떤 민족이 소유하는 돈이 많든 적든, 혹은 일정량의 돈이 유통되는 속도가 빠르든 느리든 같은 수준으로 귀착되므로 그 민족이 더 부유해지거나 더 빈곤해지지 않는다. 돈은 하나의 상징일 뿐 아니라 상대적인 상징이므로 그 분배의 불평등을 통해서만 진정한 효과를 지닌다. 코르시카 섬에 사는 각 개인이 10에퀴씩밖에 안 갖고 있다고 가정하든 10만 에퀴씩 갖고 있다고 가정하든, 모든 사람의 각자 위치는 두 경우에서 전적으로 같다. 그들 사이에 더 부유하거나 더 가난한 사람은 아무도 없으며, 유일한 차이란 후자의 가정에서는 좀 더 복잡한 거래가 필요하다는 점이다. 만약 코르시카가 외국인을 필요로 한다면 돈이 필요해질 것이다. 그러나 자급자족이 가능하면 돈이 필요하지 않다. 돈은 불평등의 상징밖에 되지 못하므로, 코르시카 섬에서 돈의 유통이 적을수록 참된 풍요로움이 더욱 넘칠 것이기 때문이다.

돈으로 이루어지는 일이 돈 없이도 가능한지를 살펴봐야 한다. 그것이 가능하다고 가정하면, 두 가지 방법을 우리의 목적에 관련하여 각각 비교하는 것도 필요하다.

코르시카 섬이 피폐하고 미개간된 상태에 있어도 그곳 주민의 생존에 충분함은 사실로 입증된다. 코르시카인이 36년이라는 전쟁 기간 동안 쟁기를 들기보다 무기를 들었어도, 어떤 종류든 그들이 사용할 물자와 식량을 실은 배가 단 한 척도 그곳에 들어온 적이 없었기 때문이다. 코르시카 섬에는 심지어 외부에서 아무것도 빌려오지 않아도 주민을 번영케 하고 그 상태를 유지하기 위한 식량 외에 모든 필요한 것이 있다. 이 섬에는 모직물을 만들기 위한 양모, 돛과 밧줄을 만들기 위한 대마와 아마, 구두를 만들기 위한 가죽, 선박을 만들기 위한 목재, 대장간 일을 위한 철, 여러 기구와 소액 화폐를 만들기 위한 구리가 있다. 이 섬에는 자체 사용에 필요한 소금이 있으며, 파괴된 상태에서 제노바인이 그토록 많은 수고와 비용을 들여 유지하려 한 알레리아의 제염소를 재건하면 그보다 훨씬 더 많은 소금이 산출될 것이다. 설령 코르시카인이 외부와의 무역을 원한다 해도 사치품을 사지 않는 한 무역 거래를 할 필요는 없었다. 심지어 그런 경우에도 그들에게는 교역을 위한 돈이 필요 없었을 것이다. 그들이 찾으러 다닐 것은 오직 상품일 뿐이기 때문이다. 이 점에서 다른 민족과 이런 관계에 놓여 있는 코르시카에는 돈이 전혀 필요하지 않다는 결론이 나온다.

코르시카 섬의 내부는 대단히 크고 산들에 의해 분할돼 있다. 많은 큰 하천은 항행이 거의 불가능하고 섬의 지역들이 서로 자연스럽게 연락을 취하지 못한다. 그러나 각 지역에서 나는 산물이 다르다는 점이 이 지역들을 서로의 필요에 따라 상호 의존하는 관계로 묶어준다. 카프 코르스 지방에서는 거의 포도주만 산출되므로 발라냐 지방에서 공급되는 밀과 기름이 필요하다. 이와 마찬가지로, 높은 지대에 위치한 코르트에서는 곡물이 산출되지만 다른 모든 것이 결핍되어 있다. 보니파치오는 섬의 한쪽 끝에 있는 바위산 밑에 위치해서 모든 것이 결핍돼 있고 아무것도 공급할 수 없다. 따라서 균등한 인구 분산 계획은 상품의 유통, 곧 한 관할 구역에서 다른 관할 구역으로의 손쉬운 순환을 가능하게 하는 내부의 교역을 필요로 한다.

그러나 이에 대해 두 가지를 덧붙이겠다. 하나는 정부의 협력에 의해 이런 교역이 대부분 물물교환으로 이뤄질 수 있다는 점이다. 다른 하나는 이와 같은 정부의 협력과 우리 체제 수립의 자연스러운 결과로서 이런 교역과 교환이 날이 갈수록 당연히 줄어들어 마침내 아주 미미해지리라는 점이다.

알다시피, 제노바인이 피폐하게 만든 코르시카에서 돈은 언제나 유출되기만 하고 전혀 되돌아오지 않아 결국 매우 희소해졌으므로, 섬의 일부 지역에서는 화폐가 전혀 유통되지 않아 물물교환이 아니고는 판매도 구매도 이뤄질 수 없었다.

코르시카인은 기록에서 이런 사실을 자신들이 겪은 고충 가운데 하나로 인용했다. 그들이 옳았다. 세금을 내는 데 돈이 필요했지만 더는 가진 돈이 없던 이 빈곤한 사람들은 집을 압류당하고 처분당했으며, 〔생활에〕 가장 필요한 도구, 가구, 헌옷과 누더기까지 강탈당하고 말았다. 이런 물건은 어떤 곳에서 다른 곳으로 이동하는 데 필요했고, 그것을 팔 때는 원래 가치의 10분의 1도 받을 수 없었다. 따라서 그들은 돈이 없어서 〔사실상〕 10배의 세금을 납부하게 되었다.

그러나 우리 체제에서는 누구도 세금을 현금으로 납부하도록 강요받지 않으므로, 돈이 없다는 것은 빈곤의 징표가 전혀 아니며 빈곤을 증가시키는 원인도 절대로 되지 않을 것이다. 교환은 매개 가치가 개입되지 않고 현물로 이뤄질 수 있으며, 사람들은 돈 한 푼 쓰지 않으면서 풍요롭게 살 수 있을 것이다.

나는 지역 간 상품 교역을 금지하고 숱한 방법으로 훼방한 제노바 총독 치하에서 마을 사람들이 교역에 유리하고 교역이 허락되는 시점까지 기다리려고 밀과 포도주 및 기름 창고를 만들었으며, 제노바 관리가 이런 창고를 온갖 악명 높은 독점에 대한 구실로 이용했음을 알고 있다. 이런 창고에 대한 구상은 새로운 것이 아니므로 실현시키기가 더 쉬울 것이며, 인민을 귀찮게 하는 불편을 초래하지 않고 공적으로나 사적으로나 개인에게 교환을 위한 편리하고 단순한 수단을 제공하게 될 것이다.

심지어 이런 창고나 보세 창고를 두지 않고, 각 교구나 행정 구역의 중

심지에 복식 부기를 사용하는 공공 장부를 비치해 한쪽에는 개인이 매년 초과하는 생산물의 종류와 수량을 기입하고 다른 쪽에는 부족한 생산물의 종류와 수량을 기입하게 할 수도 있다. 각 지역의 장부들을 결산해 비교하면 생산물의 가격과 교역량을 아주 잘 조절할 수 있으므로, 각 교구에서는 양적으로 부족하거나 초과하는 일 없이 마치 필요에 맞춰 수확이 이뤄진다고 할 정도로 편리하게 잉여분에 대한 소비와 부족분의 획득이 거의 가능해질 것이다.

이런 작업은 진짜 돈 없이도 교환 방식에 의해서 예컨대 프랑스에서의 피스톨처럼 단지 비교의 척도로 사용되는 관념적인 화폐의 도움을 받아서, 혹은 그리스인들에게서 사용된 소나 로마인들에게서 사용된 양처럼 숫자를 헤아릴 수 있는 일부 현물을 돈으로 간주함으로써 대단히 정확하게 할 수 있다. 소나 양을 사용할 때는 그것의 평균적 가치가 고정되어 있어야 한다. 어떤 소나 양이 다른 소나 양보다 가치가 높거나 낮을 수 있으므로 언제나 정확하고 추상적인 숫자로서만 생각되는 관념적 화폐를 선호하게 만드는 차이 때문이다.

이런 방법을 지키는 한, 교역의 균형을 유지하게 될 것이다. 교환은 오직 생산물의 상대적 과부족과 수송 수단의 편의에 따라서만 조절되어 모든 지역이 언제나 서로 상쇄 관계를 유지하고, 코르시카 섬의 모든 생산물은 균등하게 분산되어 인구수에 알맞게 정리될 것이다. 덧붙이자면, 공적 행정기구가 애로 사항 없이 이런 교역과 교환에서 균형을 유지하고 물량을 조절해 분배를 잘 관장할 수 있을 것이다. 교환이 현물로 이루어지는 한, 관리가 부정을 저지를 수도 없고 심지어 부정을 저지를 유혹조차 느끼지 못할 것이기 때문이다. 반면에 생산물이 현금으로 바뀌면, 그런 위치에 있는 사람이 통상적으로 행하는 것처럼 관리에게 온갖 부당 징수와 독점 및 부정 행위를 할 기회를 주게 된다.

처음에는 많은 혼란을 예상해야 한다. 그러나 이런 혼란은 처음 시작하는 모든 체제의 설립에 불가피하며 기존에 확립된 관례와도 상반된다. 덧붙이자면, 이런 규칙이 일단 확립되면 실행과 경험뿐만 아니라 거기에서 필연적인 결과로 나타나는 교역의 지속적인 감소를 통해 점차 최소한도로 축소됨으로써 해가 지날수록 그 관리가 더욱 쉬워질 것이다. 이것이야말로 우리가 마땅히 추구해야 하는 최종 목표다.

모든 사람이 생존해야 하며 어느 누구도 부자가 되어서는 안 된다. 이것이 민족 번영의 근본 원리이며, 내가 제안하는 공적 질서도 가능한 한 이런 목표를 향해 직접 나아가는 길이다.

잉여 생산물은 교역의 대상이 전혀 아니고 돈도 벌 수 없으므로 필수품을 소유하는 필요에 비례해서만 재배될 것이며, 부족한 것을 즉시 스스로 얻을 수 있다면 누구도 더 많은 것을 소유하는 데 관심을 갖지 않을 것이다.

토지의 생산물이 전혀 상품화되지 않게 되자마자 각 지방과 각자의 사적 보유가 그 지방의 전반적인 필요와 경작자의 개별적인 필요에 맞게 생산물의 재배는 조금씩 조정될 것이다. 현물 교환이 아무리 편리해도 각자는 모든 필요한 현물을 교환보다 재배를 통해 스스로 얻기 위해서 노력할 것이다.

각 토지가 거기에 가장 적합한 작물을 생산하기에 유리함은 이론의 여지가 없다. 이런 성질에 따라 어떤 지역에서는 다른 어느 지역보다 훨씬 더 쉽게 생산물을 얻기도 한다. 그러나 이런 고찰이 아무리 중요해도 그것은 부차적인 것일 뿐이다. 토지의 생산물이 점점 줄어든다 해도 주민이 더 훌륭한 질서를 이루고 있는 편이 한결 낫다. 이런 거래와 교환의 모든 활동이 이루어지는 가운데 파괴적인 악덕이 어떤 민족에게 스며들지 않기란 불가능하다. 토지의 선택에서 생기는 어느 정도의 결함은 노동으로 상쇄될 수 있으며, 인간을 부당하게 이용하는 것보다는 토지를 잘못 사용하는 것이 더 나을 것이다. 더욱이 각 경작자는 자기 토지에서 이런 선택을 할 수 있고 마땅히 이런 선택을 해야 하며, 나중에 서술하겠지만 각 교구나 공동체 자체의 공동 재산에 대해서도 마찬가지다.

내가 생각하기에 사람들은 이런 구조가 내가 기대한 것과 반대의 결과를 초래하지 않을까 우려할 것이다. 즉, 이런 구조가 경작을 장려하는 대신에 경작 의욕을 위축시키지 않을까, 소작인이 생산물에 대한 아무런 판로가 없어 노동을 소홀히 하고, 풍요함을 추구하는 대신에 생계유지에만 집중해 자신에게 절대적으로 필요한 것만을 수확하며, 토지를 더 이상 개간하지 않고 방치하지 않을까 우려하는 것이다. 제노바 정부 아래에서는 코르시카 섬 밖으로 생산물 수출을 금지시킨 것이 분명 이런 결과를 초래했으므로, 사람들의 우려도 그런 경험에 토대를 둔 것처럼 충분한 근거가 있을 것이다.

그러나 다음과 같은 사실을 고려할 필요가 있다. 즉, 제노바 정부 아래에서는 최상의 필수 요소인 돈이 노동의 직접적인 목적이 되어 돈을 벌지 못하는 노동은 당연히 모두 소홀히 여겨졌으며, 경멸과 원통함 및 고난에 시달린 경작자는 자신의 처지가 극도로 불행하다고 간주하고, 그대로는 자신의 필요를 충족시킬 수 없음을 깨닫고 다른 길을 찾거나 실의에 빠지게 되었다. 그 반면에 여기서 수립하고자 하는 모든 체제의 의도는 경작자의 신분을 평범함 속에서 행복하게 하고 소박함 속에서 존경받게 하는 것을 지향한다. 생활에 필요한 모든 것을 충족시키고, 판매나 거래를 하지 않으면서도 모든 공적 조세를 부담하며, 고려할 만한 모든 재원을 공급하는 경작자는 그보다 더 훌륭하거나 고귀한 신분은 상상도 할 수 없게 만드는 존재일 것이다. 이런 신분을 누리는 사람들은 자기보다 높은 어떤 신분도 보지 못해서 그 신분을 자신의 영광으로 삼고, 초기의 로마인처럼 더욱 위대한 과업으로 나아가는 길을 자신의 힘으로 개척하면서도 경작자로 남아 있을 것이다. 사람들은 이런 경작자의 신분에서 벗어날 수 없으므로 그 신분에서 두드러진 사람이 되려 할 것이다. 사람들은 다른 사람보다 일을 더 잘하고 더 많은 수확을 거두어 국가에 더 많은 분담금을 내고 선거에서 인민의 표를 얻을 수 있기를 바랄 것이다. 수많은 가정이 잘 먹고 잘 입는 것이 지도자에게 명예가 될 것이다. 진정한 풍요는 사치의 유일한 목적이므로, 각자는 그런 종류의 사치로써 자신이 두드러지기를 바랄 것이다. 인간의 마음이 현재와 같이 유지되는 한, 그런 체제는 나태함을 초래하지 않을 것이다.

개별 행정관들과 가장들은 다른 사람에게 폐를 끼치지 않도록 각 재판 권역과 교구 및 사적 소유지에서 활동해야 하며, 코르시카 섬 정부도 이웃 인민들에게 폐를 끼치지 않도록 행동해야 한다.

현재 상황에서는 사치와 잉여가 발생할 수 없으므로, 몇 년 동안 코르시카 섬에 들어온 상품의 정확한 기록을 보면, 섬에 필수적인 물건에 대해 분명하고 충실히 설명하고 있음을 알게 될 것이다. 섬에서 생산하는 것과 생산할 수 있는 것을 주의 깊게 관찰해보면, 외부에 의존해야 하는 물건이 극소수로 줄어듦을 알게 될 것이다. 이것은 다음 사실을 통해 완벽히 확인된다. 코르시카 섬은 1735년과 1736년에 제노바 해군에 봉쇄되어 대륙과의 통상이 단절되었는데, 그 당시 섬에서는 식량이 전혀 부족하지 않았고 어떤 종류의 결핍도 견딜 수 없을 정도로 심각하지 않았다. 섬 주민들이 가장 절실하게 필요로 한 것은 군수품과 가죽 및 양초 심지용 솜이었으며, 양초 심지로는 갈대 속과 같은 것이 대용되기도 했다.

수입이 필요한 이런 소수의 물건들 가운데 코르시카 섬에서 지금은 공급하지 못하지만 경작이 더 잘되고 제조업이 활성화되면 공급할 수 있는 물건도 모두 제외해야 한다. 사람들이 무익한 기술과 안락하고 부드러운 예술을 배제하는 데 주의를 기울일수록, 농업에 유익하고 인간 생활에 편리한 기술을 더 선호하게 되는 것이 당연하다. 조각가나 금세공인은 필요 없지만 목수와 대장장이는 필요하며, 직조공과 양모 세공인이 필요하지 자수를 놓거나 금으로 문양을 그리는 사람은 필요하지 않다.

먼저 가장 필요한 재료, 곧 목재, 철, 양모, 가죽, 대마, 아마를 확보하는 것으로 시작해야 할 것이다. 코르시카 섬에는 건축용과 난방용 목재가 풍부하지만, 이런 풍요에 만족해 삼림의 이용과 벌채를 삼림 소유자에게 전적으로 맡겨선 안 된다. 섬의 인구가 증가하고 개척지가 확대됨에 따라서 삼림의 급속한 황폐화가 초래될 것이며, 그것이 회복되려면 대단히 오랜 시간이 걸릴 것이[기 때문이]다. 이 점에 관해서는 내가 살고 있는 지역에서 통찰력 있는 교훈을 끌어낼 수 있다.[79] 스위스는 과거에 너무 많아서 불편할 정도로 풍부한 삼림으로 뒤덮여 있었다. 그러나 목장 확대와 공장 설립을 위해 과도하게 제멋대로 삼림을 남벌한 결과 지금은 그 거대한 삼림이 거의 벌거벗은 바위만을 드러내고 있다. 다행스럽게도, 프랑스의 사례에서 경고를 받은 스위스인들이 위험을 깨닫고 가능한 한 벌채를 자제하게 되었다. 그들의 주의가 너무 늦었는지 아닌지는 아직 알 수 없다. 이런 주의에도 불구하고 그들의 삼림이 나날이 축소되어 간다면, 머지않아 완전히 소실될 것이 분명하기 때문이다.

코르시카가 좀 더 장기적으로 대처한다면 그와 같은 위험을 걱정할 필요가 없을 것이다. 초기에 삼림에 대한 정확한 공적 질서를 확립하고 삼림의 재생산이 소비와 같아지도록 벌목을 규제해야 한다. 당연히 프랑스처럼 해서는 안 될 것이다. 프랑스에서는 치수와 삼림의 책임자가 벌목에 대한 권리를 갖고 있어서, 무엇이든지 벌목하는 것이 이익이므로 가능한 한 벌목하는 데 관심을 두고 있다. 일찍부터 장래를 내다볼 필요가 있다. 비록 현 시점에서는 해군을 창설할 것이 적합하지 않을지라도, 해군을 창설해야 하는 때가 올 것이다. 그때 바다에 인접한 멋진 삼림을 외국 해군에 넘겨주지 않은 장점을 느끼게 될 것이다. 성장을 멈춘 고목들은 벌목하거나 매각해야 하지만, 성장 중인 나무들은 모두 그대로 남겨두어야 한다. 그런 나무는 나중에 때가 되면 쓰이게 될 것이다.

코르시카 섬에서 구리 광산이 발견되었다고 한다. 잘된 일이지만, 철광산이 훨씬 더 가치가 있다. 그 섬에는 틀림없이 철광산이 존재한다. 산의 형세, 대지의 성질, 카프 코르스를 비롯한 여러 지방에서 발견된 온천, 이 모든 것으로 미루어 나는 이런 탐색에 정통한 사람을 기용해 잘 찾아보면 철광산이 많이 발견되리라고 믿는다. 철광산이 발견되면, 무차별적으로 개발을 허가하지 말고 가장 적합한 지점을 선택해야 할 것이다. 즉, 제철 공장을 설립하려면 삼림이나 하천에 가장 가까운 곳에서 수송에 가장 편리한 길을 낼 수 있어야 한다.

모든 종류의 공장을 설립할 때도 똑같은 주의를 기울여야 할 것이다. 각 공장에서도 가능한 한 작업과 유통에 편리하도록 여러 관련 사항을 잘 고려해야 할 것이다. 그러나 이런 종류의 시설을 섬에서 가장 인구가 많고 가장 비옥한 지역에 만들지 않도록 대단히 주의해야 할 것이다. 오히려 모든 조건이 같다면, 제조업으로 인해 인구가 모이지 않는 한 불모지대로 남아 있을 가장 황폐한 곳을 선택해야 할 것이다. 이렇게 하면 필요한 설비를 구하는 데 어느 정도 어려움이 수반되겠지만, 이런 선택으로 얻게 되는 장점들과 모면하게 되는 폐해들이 그런 어려움에 대한 고려를 훨씬 더 압도할 것이 틀림없다.

무엇보다도 이런 방법을 통해서 우리는 인구를 널리 퍼뜨리고 증가시킬 뿐 아니라, 가능한 한 섬 전체에 걸쳐 인구를 골고루 분산시킨다는 우리의 위대한 제1원칙을 따르게 된다. 만약 제조업 때문에 황폐한 곳에 사람이 살게 되는 일이 없다면, 그곳은 불모지대로 남아 있게 되어 민족의 확대 가능성에도 그만큼 불이익이 될 것이다.

만약 그런 시설을 비옥한 지역에 만들면, 식량이 풍부하고 농사일보다 기술직 노동으로 얻는 이윤이 당연히 더 커서 경작자나 그의 가족이 농사일을 떠남으로써 농촌 인구가 서서히 감소할 것이고, 결국 토지를 경작하려면 먼 곳에서 새로운 정착민을 끌어들여야 할 것이다. 따라서 영토의 어떤 지역에서는 주민이 넘쳐나고 또 어떤 지역에서는 주민이 줄어들어 인구의 균형이 파괴됨으로써, 우리 체제의 정신과 정반대로 나아가게 될 것이다.

상품의 수송은 제조 비용을 한층 높임으로써 노동자의 이익을 축소하고, 노동자의 처지가 경작자의 처지에 더 가까워지게 만들어, 양자 간 균형이 더 잘 유지될 것이다. 그러나 이런 균형은 언제나 제조업에 유리할 수밖에 없다. 국가가 보유하는 돈이 대부분 제조업에 투입되든지, 권력과 불평등에 유리한 수단이 된 재산이 공업과 결부되어 있든지, 야심가가 자기 이익을 위해 그 힘을 결합시키는 법을 알고 있는 제조업에 모이는 인간 집단이 지닌 더욱 거대한 힘 때문이다. 따라서 지나치게 혜택을 받은 제조업 분야 사람이 스스로 생존하는 데 그 나라의 다른 분야 사람에게 여전히 의지하고 있다는 점은 중요하다. 분야별 구분에서 소작인이 노동자보다 우위에 놓이게 하는 것이 우리가 수립하려는 체제의 본래 취지에 맞다.

이런 점을 주의하면 아무 위험 없이 코르시카 섬에 유용한 기술 시설 유치를 장려할 수 있다. 나는 이런 시설이 잘 운영되면 일부 사소한 품목을 제외하고는 외부에서 물건을 도입할 필요 없이 모든 필수품을 공급할 수 있으리라고 생각한다. 일부 사소한 품목에 대해서는 행정 당국이 언제나 수출입의 균형에 유의하며 적절한 양의 수입을 허락하면 될 것이다.

지금까지 나는 코르시카 인민이 어떻게 무역을 거의 하지 않으면서 안락하게 독자적으로 존립할 수 있었고, 그들이 필요로 하는 극히 적은 무역 가운데 대부분이 어떻게 물물교환으로 쉽게 이루어질 수 있으며, 어떻게 코르시카 섬 밖으로부터 수입하는 필수품을 거의 없도록 줄일 수 있는지를 밝혔다. 여기에서 다음과 같은 사실을 알게 된다. 즉, 개인적인 거래에서 돈과 화폐의 사용을 완전히 근절할 수는 없다고 해도 적어도 대단히 적은 수준으로 축소해, 돈의 폐단이 생기기 힘들고 돈으로는 재산을 형성하지 못하며 재산이 형성되더라도 거의 쓸모가 없어 재산 소유자에게 거의 아무런 이득도 되지 못하게 할 수 있으리라는 사실이다.

그러나 공공재정은 어떻게 관리할 것인가? 어떤 세입을 행정에 충당할 것인가? 행정을 무상으로 할 것인가? 또는, 행정의 유지를 어떻게 조절할 것인가? 이제 이런 문제를 검토해야 한다.

재정 제도는 근대에 창안되었다. 이 재정finance이란 말은 〔인두세를 뜻하는 단어들인〕 '타유taille', '카피타시옹capitation'과 마찬가지로 고대인은 모르는 말이었다.[80] 조공(朝貢)vectigal이라는 말은 뒤에 서술하는 것처럼 다른 의미로 사용되었다. 주권자는 정복하거나 패배시킨 인민에게는 세금을 부과했으나 직속 신민에게는 절대 과세하지 않았으며, 공화국에서는 특히 그랬다. 아테네 인민은 세금을 부과받기는커녕 오히려 정부로부터 보수를 받았다. 로마는 전쟁 비용이 상당히 많이 들었을 텐데도, 인민에게 곡물은 물론 토지까지 자주 분배해주었다. 그럼에도 그 국가는 존속했고 거대한 해군과 육군을 유지했으며 상당한 규모의 공공사업을 수행했는데, 그 비용이 적어도 근대 국가의 비용에 맞먹을 정도로 커다란 규모였다. 어떻게 그렇게 했을까?

이 국가들에서 두 시기, 즉 초창기와 성장기를 구분해야 한다. 국가의 초창기에는 공유지 외에 다른 세입원이 없었으며, 이런 공유지는 국가에 중요했다. 로물루스는 모든 토지의 3분의 1을 공유지로 만들었고, 다른 3분의 1을 제사장과 제사의 유지를 위해 할당했다. 나머지 3분의 1만 로마 시민들에게 분배되었다. 아주 적은 토지였지만, 이 토지에 대해서는 세금이 면제되었다. 프랑스 농민이라면 그 3분의 1의 토지에 대해 온갖 인두세와 토지세 및 십일조를 비롯한 모든 종류의 세금을 내지 않는다는 조건으로 자기가 경작하는 토지를 3분의 1로 기꺼이 축소하지 않을 것이라고 당신은 생각하는가?

이처럼 〔국가의〕 공적 세입은 돈으로 충당되지 않고 생산물과 다른 상품으로 충당되었다. 지출도 수입과 같은 성질을 지니고 있었다. 행정관이나 군인에게는 돈으로 보수가 지급되지 않고 식량과 의복이 제공되었다. 절박한 필요가 있을 때 인민에게 부과한 특별 부담은 법에 규정된 부역이었지 돈이 결코 아니었다. 이런 최상의 공적 노동으로 말미암아 국가는 거의 비용이 들지 않았다. 사람들이 전투에 참가한 것과 마찬가지로 공적 노동에 참여한 것은 이런 놀랄 만한 집단 활동의 성과였으며, 이런 집단은 하층민이 아닌 시민으로 구성되었다.

로마인이 강성해지기 시작하고 정복자가 되었을 때, 그들은 피정복민에게서 로마 군대의 유지비를 징수했다. 로마 군대에게 보수를 지급할 때도 종속민에게 과세해 충당했고 로마인에게는 절대 과세하지 않았다. 긴급 사태에 처하면 원로원이 헌금을 하고 돈을 차입하기도 했으며, 그 차입금은 원로원이 성실하게 갚았다. 내가 알기로는 로마 공화정 전 기간에 걸쳐 로마 인민은 인두세로든 토지세로든 금전으로 세금을 납부한 적이 전혀 없었다.

코르시카인이여, 이것이야말로 훌륭한 모범 사례다. 다른 어느 곳보다 돈이 덜 필요했던 로마에 더 많은 덕이 존재했다는 사실에 놀라지 마라. 로마는 소규모 세입으로 위대한 일을 했다. 로마의 보물은 시민들의 손안에 있었다. 코르시카의 위치와 그 정부 형태로 말미암아 이 세상에 코르시카만큼 비용이 적게 드는 국가는 절대 없다고 말할 수 있다. 코르시카는 섬이고 공화국이어서 상비군을 가질 필요가 없으며, 또한 국가의 지도자도 〔임기가 끝나면〕 모두 다른 사람들과 동등한 위치로 되돌아가므로, 일반 대중에게서 뭔가를 징수하더라도 반드시 그것을 곧바로 되돌려주지 않을 수 없기 때문이다.

그러나 나는 공적 힘의 근원을 이런 식으로 보지 않는다. 그와 반대로 나는 국가의 사업을 위해 사람들이 더 많은 지출을 하기를 바란다. 좀 더 정확하게 말하자면, 나는 종(種)의 선택을 논하고 있을 뿐이다. 나는 재정을 정치체의 지방(脂肪)으로 간주한다. 몸에 필요한 양만 흡수되고 남은 지방은 어떤 근육 조직에 축적되어 쓸데없는 비만으로 신체에 지나친 부담을 주며 신체를 강건하게 하기보다는 오히려 둔하게 한다. 나는 좀 더 건강한 음식으로 국가를 양육하길 원한다. 그런 음식은 국가의 실체와 결합해 혈관 등에 축적되지 않고 섬유 조직과 근육이 되며, 사지를 둔하게 하지 않고 활력을 주며, 신체를 압박하지 않고 강화하는 음식이다.

나는 국가가 빈곤해지기를 바라기는커녕, 정반대로 국가가 모든 것을 소유하고, 각자는 오직 국가에 봉사한 것에 비례해 공동 재산 중에서 자기 몫을 갖게 되기를 원한다. 요셉이 지나치지 않고 적절히 행동했다면, 그가 이집트 왕에게 이집트인의 모든 재산을 획득하게 한 것은 훌륭한 행동이 되었을 것이다.[81] 그러나 여기서는 나의 목적과 지나치게 동떨어진 이런 추론으로 빠지지 않고 다음과 같은 내 생각을 이해시키는 것으로 충분하다. 즉, 내 생각은 사유 재산을 전적으로 폐지하는 것이 아니라――그것은 불가능하다――, 사유 재산을 가장 좁은 범위로 제한하고 사유 재산을 제한하고 관리하고 통제하며 언제나 공공선에 종속시키는 어떤 척도와 규칙과 제약을 마련한다는 것이다. 한마디로 말하면, 나는 국가의 소유를 가능한 한 크고 강력하게 하기를, 시민의 소유를 가능한 한 작고 약하게 하기를 원한다. 이것이야말로 공적 감시를 피해 쉽게 은폐될 수 있는 화폐와 현금처럼 사적 소유자가 너무 지나치게 지배하는 형태로 소유가 이루어지는 것을 막으려는 이유다.

정복 영토가 어느 누구의 소유도 아니었던 초창기의 로마와 달리 토지가 이미 주민에게 분배되어 있는 오늘날의 코르시카에서는 공유지를 설정하는 것이 쉽지 않다는 데 나는 동의한다. 그렇지만 내가 알기에 코르시카 섬에는 비옥한 미개간 토지가 많이 남아 있으며, 정부로서는 농사를 지을 사람에게 그 토지를 몇 년간 양도하든 각 공동체로 하여금 부역을 통해 그 토지를 개간하게 하든, 그런 토지를 매우 쉽게 이용할 수 있다. 그런 토지와 거기에서 얻을 수 있는 이익의 분배를 판단하려면 현장에 있어야 할 것이다. 그러나 나는 약간의 교환 수단과 별로 어렵지 않은 어떤 조정을 통해서 각 재판 권역과 교구마다 공유재산을 마련할 수 있음을 전혀 의심하지 않는다. 이런 공유재산은 나중에 상속법에서 언급될 규칙에 따라 몇 년 내에 크게 늘어날 수도 있을 것이다.

더 정확하고도 확실하며 훨씬 더 많은 세입을 안겨줄 한층 더 쉬운 다른 방법은 〔스위스의〕 개신교 지역에서 내가 목격한 실례를 따르는 것이다. 종교개혁 당시 이런 지역은 교회의 십일조를 몰수했는데, 성직자의 생활을 그럭저럭 유지시키는 이 십일조가 국가의 주된 세입원이 되었다. 나는 코르시카인도 당연히 교회의 수입에 손을 대야 한다고 말하려는 것이 아니다. 그런 일은 절대 없기를! 그러나 나는 소유지로부터 이미 충분한 지대를 받고 있는 성직자가 요구하는 것과 같은 정도를 국가가 인민에게 청구할지라도 그들이 몹시 괴로워하지 않으리라고 믿는다. 이런 세금의 근거는 어떤 곤란과 문제점도 없이 거의 비용을 들이지 않고 〔확립〕될 수 있다. 교회의 십일조를 두 배로 늘려서 그것의 절반을 국가가 취하기만 하면 될 것이기 때문이다.

세 번째 종류의 세입은 가장 확실하고도 좋은 것으로서 사람들 자체에서 나오는 세입이다. 그것은 자기가 소유한 재산보다 자신의 노동과 팔과 마음을 활용해 민병이 되어 조국을 방위하거나 공공사업에 부역을 제공해 조국의 편의에 봉사하는 사람들에게서 나온다.

이런 부역이란 말 때문에 공화주의자들이 절대 충격을 받지 않기를 바란다! 프랑스에서는 부역이라는 말이 혐오의 대상임을 나는 알고 있지만, 스위스에서도 그러한가? 스위스에서 도로는 부역에 의해 건설되지만, 아무도 불평하지 않는다. 〔부역보다〕 돈으로 지불하는 것이 편리해 보이는 것은 피상적인 정신을 지닌 자만 유혹할 수 있을 뿐이다. 〔국가의〕 필요와 〔개인의〕 봉사 사이에 〔돈과 같은〕 매개체가 적으면 적을수록 봉사의 부담도 당연히 한층 더 줄어들 것임은 확실한 원칙이다.

내 생각을 굳이 완벽하게 표현하려는 것도 아니고, 시민이 행하는 부역과 모든 개인적 작업을 절대 선으로 간주하지도 않으며, 사람들이 원한다면 다음과 같은 조건 아래 모든 것을 돈으로 지불하는 것이 더 나을 수도 있다는 데 나는 동의할 것이다. 그 조건이란 〔돈이라는〕 지불 수단이 이런 강제 〔부역〕에서 생길 수 있는 폐해보다 더 크고 심각하며 연속적인 폐해와 무수한 부작용을 지나치게 초래하지 않아야 하고, 특히 그것을 부과하는 자가 부과되는 자와 동일한 지위에 있어야 한다는 점이다.

더욱이 군세(軍稅) 부담을 균등하게 하려면 토지를 소유하지 못해 그 생산물에 대한 십일조를 낼 수 없는 자는 자신의 노동으로 대신 내는 것이 공정하다. 따라서 부역은 특히 지원자 계층에 부과되어야 한다. 그러나 시민과 내국인은 지원자의 노동을 지도해야 하고 지원자에게 모범을 보여야 한다. 공적 선을 위해 행해지는 모든 일이 언제나 명예롭기를! 로마의 집정관이 로마 군대에 모범을 보이려고 야영지에서 노동하는 데 솔선수범한 것처럼, 행정관 자신도 다른 일로 바쁘더라도 〔부역에 임하는〕 사람들이 자기보다 하층민이 아니라는 것을 보여주기를!

공화국에서 네 번째 세입이 되는 것은 벌금과 몰수인데, 나는 우리 체제의 확립을 통해서 코르시카 공화국에서는 그것이 거의 없어지기를 기대한다. 따라서 나는 그것을 고려하지 않고 있다.

이런 모든 공적 세입은 화폐라기보다는 현물이므로 징수하고 보관하며 사용하는 데 불편해 보인다. 이것은 일부 사실이지만, 여기에서는 가장 쉬운 행정보다 가장 건전한 행정이 중요하며, 수고를 좀 더 하고 폐단을 좀 더 줄이는 편이 더 나을 것이다. 물론 코르시카와 어떤 공화국에 최상인 경제 제도가 군주제나 대국에도 반드시 최상인 것은 아니다. 내가 제안하는 경제 제도는 프랑스나 영국에서는 성공하지 못할 것이며, 심지어 확립되지도 못할 것이다. 그러나 스위스에서는 그 제도가 수세기 전에 확립되어 가장 큰 성공을 거두고 있으며, 그것이야말로 스위스가 감당할 수 있었던 유일한 제도다.

세금의 징수는 각 재판 권역 단위로 청부되는데, 현물로 징수할 것인지 화폐로 징수할 것인지는 납세자의 선택에 맡겨진다. 행정관과 관리의 급료도 대부분 밀, 포도주, 가축 사료, 목재로 지불된다. 이런 방식으로 하기 때문에 징세는 공적으로 어렵지도 않고 사적으로 개인에게 부담이 되지도 않는다. 그러나 내가 보기에 군주에게서 이익을 취하고 신민을 괴롭히는 직업을 가진 사람들에게는 이것이 불편하다.

공화국에서는 금융업을 직업으로 허용하지 않는 것이 몹시 중요하다. 그 이유는 금융업자들이 취하는 부당 이득보다도 그들의 행동 원칙과 사례가 너무 빨리 민족에게 확산되어, 부정한 부와 이득에 대한 동경으로 모든 선량한 감정을 파괴하고 공평무사함과 소박함 및 풍속과 모든 덕을 경멸과 치욕으로 덮어버리기 때문이다.

정신적 보물을 희생시켜 금전적 보물을 늘리지 않도록 조심하자. 정신적 보물은 우리로 하여금 진정 인간과 인간의 모든 힘을 소유하게 해주지만, 금전적 보물은 겉치레 봉사를 획득하게 해줄 뿐 의지를 사지는 못하기 때문이다. 국고 관리에서는 고리대금업자의 관리 방식으로 더 많은 이익을 얻는 것보다 가장(家長)의 관리 방식으로 어느 정도 손실을 보는 것이 더 낫다.

따라서 세수가 훨씬 줄어들 것이 분명하더라도, 세금 징수는 국가가 직접 하도록 맡겨두자. 심지어 세금을 징수하는 일을 직업으로 만들지 않도록 하자. 그러면 세금 징수를 청부하는 것과 거의 같은 부조리가 생길 것이기 때문이다. 재정 제도를 가장 해롭게 만드는 것은 징세 청부인의 기용이다. 어떤 대가를 치르더라도 국가 안에 세리(稅吏)는 절대 존재하지 말아야 한다. 세금 징수와 공공 수입을 돈을 많이 버는 직업으로 만드는 대신에 반대로 그런 일을 젊은 시민의 공적과 청렴결백함을 시험하는 기회로 삼아야 한다. 말하자면 이런 세금 징수는 공직자의 수습(修習) 업무이자 행정관직에 도달하기 위한 첫걸음이 되어야 한다. 내가 이런 생각을 하게 된 것은 파리의 자선 병원과 리옹의 자선 병원 관리에 대한 비교 때문이었다. 전자에서 일어나는 횡령과 도적 행위는 모든 사람에게 알려져 있으며, 후자는 아마도 이 세상에서 필적할 대상이 없을 만큼 질서 있고 사심 없는 행위의 표본을 보여준다. 이런 차이는 어디서 유래했을까? 리옹 사람 자체가 파리 사람보다 더 훌륭한가? 그렇지 않다. 그러나 리옹에서는 이런 관리직이 일시적인 직업으로서 그 일을 처음에 훌륭히 수행해야만 시장과 상인 대표가 될 수 있는 반면에, 파리에서는 관리자가 평생 동안 그 지위에 머문다. 파리의 관리자는 그 직무가 일시적인 시험이 아니라 일종의 직업과 보상으로, 다른 지위와 결부된 일종의 지위로서 거기서 최대한 이익을 얻어내려고 궁리한다. 이렇게 가난한 자를 약탈할 권리를 통해서 수입을 올린다고 인정되는 자리가 몇 개 있다.

이런 일이 젊은이가 지닐 수 있는 것보다 더 많은 경험과 지식을 요한다고 생각하지 마라. 그 일은 젊은이에게 딱 맞는 활동 수준을 요할 뿐이다. 젊은이는 일반적으로 노인보다 탐욕스럽지 않고 냉혹하게 징세하지 않으며, 한편으로는 가난한 자의 고통에 민감하고 다른 한편으로는 자기를 시험할 기회가 되는 직무를 훌륭히 수행하는 데 강한 열의를 갖고 있으므로, 젊은이야말로 그 일에 안성맞춤이다.

각 소교구의 징세인은 자신이 속한 교구에, 각 교구의 징세인은 그 교구가 속한 재판 권역에, 각 재판 권역의 징세인은 중앙의 회계 기관에 각기 보고서를 제출할 것이며, 중앙 회계 기관은 일정 수의 국가 지도 고문으로 구성되고 총독에 의해 주재될 것이다. 이런 방식으로 국고는 대부분

식료품과 또 다른 생산물로 채워지며, 왕국 전체에 퍼져 있는 작은 창고들로 분산될 것이다. 국고의 일부는 현금으로 채워지는데, 이 현금은 현장에서 지출되는 약간의 경비를 공제한 후 중앙 금고에 재수납될 것이다.

각 재판 권역에서 매년 결정되는 세율에 따라 개인이 자신의 몫을 현금으로 납부하든 생산물로 납부하든 언제나 자유롭게 선택할 수 있으므로, 일단 정부는 양자의 할당액 가운데 최적의 비율을 찾아서 계산해두어야 하며, 이런 비율이 변하는 즉시 현장에서 이 변화를 알아채고 원인을 파악해 교정할 태세를 갖춰야 할 것이다.

이것이야말로 우리 정부의 정치적 열쇠이며, 기술과 계산 및 심사숙고를 요하는 유일한 부분이다. 이 때문에 다른 곳에서는 모두 극히 낮은 지위의 심사 기관에 불과한 회계 기관이 여기서는 업무의 중심에 위치하고 전체 행정을 추진하며 국가의 최고 두뇌로 구성될 것이다.

생산물의 수납이 이런 기준을 넘고 현금의 수납이 그 기준에 미치지 못하면, 농업과 인구 〔증가〕가 잘 되어가지만 유용한 제조업을 소홀히 한다는 징후가 될 것이다. 이때는 개인이 지나치게 고립적이고 독립적이며 비사회적으로 되어 정부에 대한 결속이 충분히 유지되지 못할 우려가 있으므로 제조업을 어느 정도 다시 장려하는 것이 적절할 것이다.

그러나 〔양자의〕 비율이 깨지는 이런 결점은 확실한 번영의 징후로서 언제나 우려할 바가 거의 없으며, 그에 대한 대책도 쉽다. 이와 반대되는 결점의 경우에는 그것과 다르게 된다. 그런 결점이 나타날 징후가 느껴지면 이미 심각한 사태에 이른 것이며 쉽게 고칠 수 없다. 납세자들이 현물보다 돈을 더 많이 납부하면, 외국으로 지나치게 많은 수출이 이뤄지고 상업이 너무 쉬워지며, 수입이 좋은 공예가 섬에 확산되어 농업이 희생된 결과로 농업과 결부된 소박함과 모든 덕이 타락하기 시작한다는 확실한 징표가 될 것이기 때문이다. 이런 변화를 초래하는 폐해는 그것을 교정할 대책도 보여준다. 그러나 그 대책은 폐해를 관리하는 방법에서 위대한 지혜를 필요로 한다. 이런 경우에 악을 파괴하는 것보다 악을 예방하는 것이 더 쉽기 때문이다.

만약 사치품에 세금을 부과하고 무역항을 폐쇄하며 제조업을 억제하고 화폐 유통을 금지한다면 인민을 나태와 빈곤과 무기력에 빠뜨리게 될 뿐이며, 물품의 증가 없이 돈만 사라지게 하고 노동의 원천은 복구하지 못한 채 재산의 원천만 잃게 될 것이다. 화폐 가치를 조정하는 것도 공화국에서는 나쁜 조작이 된다. 첫째, 그런 조작을 하면 공중이 스스로 자신의 몫을 빼앗는 것이 되어 전혀 무의미한 행위가 되기 때문이다. 둘째, 〔화폐로〕 상징되는 양과 〔유통되는〕 물건의 양 사이에는 일정한 비율이 있어서 언제나 같은 방식으로 화폐의 상대적 가치를 조절하기 때문이며, 군주가 〔화폐의〕 상징을 변화시키길 원하면 물건의 가치도 당연히 같은 비율로 변하므로 명칭을 바꾸는 데 불과하기 때문이다. 왕국에서는 문제가 다르다. 군주가 화폐 가치를 올리면 자신의 채권자에게서 그만큼 약탈하는 실질적인 이득을 얻게 된다. 그러나 이런 조작이 되풀이되면 공신력이 떨어져 이런 이득이 상쇄되고 사라진다.

그 밖에 사치금지법을 제정하라. 단, 국가의 상류층에게는 언제나 그것을 더 엄격하게 적용하고 하류층에게는 그것을 완화시켜라. 소박함이 자랑거리가 되게 하고, 부유한 사람도 돈으로 명예를 얻는 방법을 알지 못하게 하라. 이것은 비현실적인 추론이 절대로 아니다. 이것이야말로 베네치아인이 귀족에게만 두껍고 조악한 파도바산 검은 직물 옷을 걸칠 권리를 부여함으로써, 가장 훌륭한 도시민이 같은 옷을 입도록 허가받는 것을 명예로 삼게 된 방식이다.

풍속이 소박할 때는 토지균분법이 필요하다. 그때는 부자의 재산 축적에 쓰일 다른 물건이 없기 때문이다. 그러나 토지균분법이든 다른 어떤 법이든 소급 효과가 있어서는 절대로 안 되며, 아무리 광대한 토지라도 지나치게 많은 소유를 금지하는 사후 법에 의해 합법적으로 획득된 토지를 몰수할 수는 없다.

어떤 법도 어느 개인에게서 재산을 일부라도 박탈할 수 없다. 법은 개인이 더 많은 재산을 획득하는 것을 억제할 수 있을 뿐이다. 따라서 개인이 법을 위반하면 처벌받아 마땅하고, 불법적으로 획득된 잉여분은 당연히 몰수되어야 한다. 로마인은 토지균분법을 제정할 시기를 놓친 다음에야 비로소 그 법의 필요성을 깨달았다. 내가 방금 한 구분을 몰랐으므로, 로마인은 공화국을 보존했을 것이 틀림없는 수단으로 결국 공화국을 파멸시켰다. 그라쿠스 형제는 로마 귀족의 토지를 빼앗고자 했지만,[82] 귀족의 토지 획득을 막는 것이 더 필요했음을 알았어야 했다. 물론 그 법의 제정에도 불구하고 로마 귀족이 이후 더 많은 토지를 획득한 것은 사실이다. 그러나 그 이유는 그 법이 제정되었을 때 이미 악이 깊이 뿌리내려 치유하기에 너무 늦었기 때문이었다.

공포와 희망은 사람을 지배하는 두 가지 수단이다. 그러나 양자를 무차별하게 사용하지 말고, 각각의 성질에 맞게 사용해야 한다. 공포는 〔행동을〕 촉구하지 않고 〔행동을〕 억제한다. 형법에서 공포를 이용하면 선을 행하게 하지는 못하지만, 악을 행하지 못하게 한다. 우리가 보기에 빈곤에 대한 공포가 게으른 인민을 부지런하게 하지는 못한다. 따라서 사람들이 일할 때 진정한 경쟁을 촉구하려면, 그들에게 굶주림을 피하는 수단이 아니라 복지로 나아가는 수단으로서의 노동을 알려주어야 한다. 요컨대 무슨 일을 하지 않아서 벌을 받는 것이 아니라 무슨 일을 해서 벌을 받기로 되어 있다는 일반 법칙을 정립해보자.

따라서 어떤 민족에게서 행동을 이끌어내려면 그들에게 커다란 욕망과 커다란 희망 및 행동하려는 적극적인 커다란 동기를 부여해야 한다. 잘 살펴보면, 사람을 행동하게 만드는 커다란 동기는 두 가지, 곧 육체적 쾌락과 허영심으로 귀착된다. 더욱이 전자에서 후자에 속하는 일체를 제거하면 결국 모든 것이 거의 허영심으로 귀착됨을 알게 될 것이다. 쾌락의 추구를 자랑하는 모든 사람이 허망할 뿐임을 알기란 쉽다. 그들의 이른바 쾌락은 겉치레에 불과해 쾌락을 즐기는 데서 나오기보다는 쾌락을 보여주거나 묘사하는 데서 나온다. 진정한 쾌락은 단순하고 평온하다. 진정한 쾌락은 침묵과 내면의 성찰을 사랑한다. 진정한 쾌락을 즐기는 사람은 그 일에 완전히 몰입하고, "나는 어떤 쾌락을 즐겨야 한다"고 말함으로써 스스로 즐기지 않는다. 그렇다면 허영심은 〔대중의〕 의견의 결실이다. 허영심은 여론에서 생겨나고 여론을 먹고 자란다. 그러므로 어떤 인민의 여론을 좌우하는 자는 인민의 행동을 좌우하는 자라는 결론이 나온다. 인민은 자기가 어떤 일에 부여하는 가치에 비례해 그 일을 추구한다. 인민에게 그가 무엇을 존중해야 하는지를 알려주는 것은 그가 무엇을 해야 하는지를 말해주는 것이다.

이 허영심이란 이름은 적절한 선택이 아니다. 허영심은 이기심amour-propre의 두 종류 가운데 하나일 뿐이다. 내 생각을 상세히 밝혀야겠다. 하찮은 대상에 커다란 가치를 부여하는 의견은 허영심을 낳는다. 그 자체로 위대하고 아름다운 대상에 대한 의견은 자부심을 낳는다. 따라서 사람이 인민의 판단을 이끄는 대상의 선택에 따라서 어떤 인민을 자랑스럽게 할 수도 있고 허영심에 빠지게 할 수도 있다.

자부심이 허영심보다 자연스럽다. 자부심은 정말로 존중할 만한 점에 의해 자기를 존중하는 것인 반면에, 전혀 무가치한 것에 가치를 부여하는 허영심은 천천히 형성된 편견의 소산이기 때문이다. 어떤 민족의 시선을 사로잡는 데는 일정한 시간이 필요하다. 독립과 권력보다 진정으로 아름다운 것은 없으므로, 모든 신생 인민은 일단 자부심이 크다. 그러나 신생 인민에게 허영심은 절대 없다. 허영심은 본질적으로 개인적이기 때문이다. 허영심은 어떤 민족 공동체를 형성하는 것과 같은 위대한 일의 도구가 될 수 없다.

상반된 두 가지 상태가 사람을 무기력한 나태함에 빠뜨린다. 하나는 자신의 소유에 만족하게 하는 정신의 평온이다. 다른 하나는, 도저히 만족할 수 없음을 느끼게 하는 탐욕스러운 열망이다. 욕망 없이 살아가는 사람과 자신이 욕망하는 것을 획득할 수 없음을 아는 사람은 둘 다 무기력하다. 행동하려면 뭔가를 열망하고 그것을 획득하는 것을 기대할 수 있어야 한다. 인민이 활동적이기를 바라는 모든 정부는 인민의 마음을 끌어당기는 대상을 인민의 손이 닿는 곳에 놓도록 신경을 써야 한다. 여러분의 평가만이 아니라 시민의 평가에 따라서도 노동이 시민에게 커다란 이익을 제공하게 하라. 그러면 틀림없이 여러분은 시민을 부지런하게 할 것이다. 이런 이익 가운데 사람의 마음에 끌리는 것을 획득하는 수단으로서 부가 도움이 되지 않는 한, 부는 언제나 가장 매력적인 것이 안 될 뿐 아니라, 다른 어떤 것보다도 덜 매력적일 수 있다.

욕망의 종류가 무엇이든, 욕망을 만족시키기 위해 취할 수 있는 가장 일반적이고 확실한 방법은 권력이다. 따라서 어떤 사람이든 인민이든 어떤 정념에 사로잡히면 탐욕스럽게 권력을 열망한다. 만약 그가 자부심이나 허영심에 빠져 있다면 권력 자체를 목적으로 추구하며, 그가 복수나 쾌락을 추구한다면 권력을 수단으로 추구한다.

따라서 정부의 가장 위대한 기술은 시민권력을 가장 효율적으로 이해시키는 데 존재한다. 그것은 시민권력을 유지하기 위한 것일 뿐만 아니라, 국가 전체에 활력과 생명이 널리 퍼지게 하고, 인민을 활기차고 부지런하게 만들기 위해서다.

시민권력은 두 가지 방식으로 행사된다. 하나는 권위에 의한 것으로서 정당한 방식이고, 다른 하나는 부에 의한 것으로서 그릇된 방식이다. 부가 지배하는 곳이면 어디서나 권력과 권위가 일반적으로 분리되어 있다. 부를 획득하는 수단과 권위에 이르는 수단이 같지 않고, 같은 사람이 사용하는 경우도 드물기 때문이다. 따라서 표면적인 권력은 행정관의 수중에 있는데, 실질적인 권력은 부자의 수중에 있다. 그런 정부에서는 모든 것이 사람의 정념대로 진행되며 어느 것도 제도 수립의 목적을 향해 나아가지 않는다.

따라서 열망의 대상이 분리되는 일이 일어난다. 어떤 사람은 권위의 행사를 부자에게 파는 수단을 통해서 자신이 부자가 되려고 권위를 열망한다. 다른 대다수 사람은 직접 부를 추구하는데, 그들은 부로 권위나 권위의 수탁자를 매수해 언젠가 권력을 소유하게 되리라고 확신한다.

이런 방식으로 구성된 국가에서 한편에는 명예와 권위가 세습적이고 다른 편에서는 부의 획득 수단이 소수의 수중에 놓여 있고 영향력과 호의 및 친구에 달려 있다고 가정해보자. 그러면 몇몇 협잡꾼이 재산과 그로 말미암은 지위를 점차 얻어가는 동안에 그 민족의 대부분은 전반적으로 실망하게 되고 무기력한 상태에 빠지게 될 뿐이다.

단편

모든 부유한 민족에서는 일반적으로 정부가 약하다. 내가 말하는 약한 정부는 약하게만 행동해 결과적으로 약할 뿐인 정부를 가리키기도 하고 스스로를 유지하려면 폭력적인 수단이 필요한 정부를 가리키기도 한다.

카르타고와 로마보다 더 내 생각을 명료하게 보여주는 사례는 없다. 카르타고는 장군과 행정관 및 구성원을 대량학살하고 십자가에 매달았는데, 끊임없이 무언가에 협박당해 떨고 있는 약한 정부에 지나지 않았다. 로마는 어느 누구의 생명도 빼앗지 않았고, 심지어 재산도 몰수하지 않았으며, 고발당한 범죄인도 조용히 로마를 떠남으로써 소송이 종료되었다. 이런 훌륭한 정부의 활력으로 말미암아 잔인함이 필요 없었고, 가장 큰 불행은 그 정부의 구성원이 되지 못하는 것이었다.

노동을 명예롭게 여길 때 인민이 부지런해질 것이며, 노동을 명예롭게 만드는 것은 언제나 정부가 어떻게 하는가에 달려 있다. 존경과 권위를 시민의 손이 닿는 곳에 두라. 그러면 시민 자신이 존경과 권위를 얻으려 노력할 것이다. 그러나 존경과 권위가 자신에게서 너무 멀리 있다고 생각하면, 그들은 한 걸음도 내딛지 않을 것이다. 시민을 실의에 빠뜨리는 것은 노동의 양이 아니라 노동의 무익함이다.

자기 논밭을 경작하면서도 통치에 필요한 재능을 습득할 수 있느냐고 혹자는 내게 물을 것이다. 나는 우리 정부와 같이 검소하고 공정한 정부에서는 그렇다고 답변할 것이다. 그 위대한 재능은 애국적인 열정을 보충하며, 자기 나라를 전혀 사랑하지 않고 지도자를 전혀 존경하지 않는 인민을 지도하는 데 필요하다. 그러나 인민이 공적인 일에서 즐거움을 느끼게 하고 덕을 추구하며 당신의 위대한 재능에 맡기〔지 않〕게 하라. 그런 재능은 선을 행하기보다는 해악을 끼칠 것이다. 어떤 정부의 최선의 원동력은 조국에 대한 사랑이며, 이런 사랑은 논밭을 경작하면서 함양된다. 잘 구성된 국가를 지도하는 데는 양식(良識)으로 충분하고, 양식은 머릿속과 마찬가지로 마음속에서도 정교히 다듬어지며, 정념으로 눈이 멀지 않은 사람은 언제나 훌륭하게 행동한다.

사람은 본래 게으르지만, 노동에 대한 열정은 질서 정연한 사회의 첫 번째 결실이다. 어떤 인민이 다시 게으름과 실의에 빠지게 된다면, 그것은 언제나 노동에 대해서 당연히 기대되는 가치를 더 이상 부여하지 않는 사회의 폐해에서 비롯된다.

돈이 지배하는 곳이면 어디에서든 인민이 자신의 자유를 유지하기 위해 제공하는 돈이 언제나 인민을 노예화하는 도구가 되며, 인민이 오늘 자발적으로 지불하는 것이 내일에는 강제로 지불하게 하는 데 이용된다.

섬에서 태어나는 모든 어린이는 법령에 따라 성년이 되었을 때 공화국의 시민이자 구성원이 될 것이며, 이 방식을 제외하고는 어느 누구도 공화국의 시민이자 구성원이 될 수 없을 것이다.

따라서 시민권은 어느 외국인에게도 주어질 수 없다. 다만 외국인이 시민권을 지원하여 시민권을 받기에 적합하거나 지원자들 가운데 가장 적합하다고 판정받을 경우 50년에 한 번씩 한 명에게만 시민권을 줄 수 있다. 그를 위한 환영회는 섬 전체에 걸친 축제가 될 것이다.

만 40세가 되도록 결혼하지 않았고 결혼한 적이 없는 모든 코르시카인은 평생 동안 시민권에서 배제될 것이다.

주거지를 변경해 어떤 교구에서 다른 교구로 옮겨 가는 모든 개인은 3년 동안 시민권을 상실할 것이고, 이 기간이 끝날 때 수수료를 지불하고 새 교구에 등록될 것이며, 그가 이 수수료를 지불하지 않으면 그것을 지불할 때까지 시민권에서 계속 배제될 것이다.

공적 업무를 수행하는 모든 사람은 위의 사항에서 제외된다. 그런 사람은 자신의 직책에 몸담고 있는 한 그가 근무하는 교구에서 모든 시민권을 인정받아야 한다.

코르시카인은 제노바의 지배를 받았다. 40여 년 전에 어떤 〔부당한〕 대우 때문에 코르시카인이 반란을 일으키게 되었는지 사람들은 알고 있다. 그때 이후로 코르시카인은 스스로 독립을 유지해왔다. 그럼에도 불구하고 호사가들Gazetiers은 여전히 코르시카인을 반역자라고 부르고 있으며, 금후 몇 세기 동안이나 계속 그렇게 부르지 알 수 없다. 현 세대는 〔코르시카의〕 노예상태를 본 적이 전혀 없다. 운 좋은 왕위 찬탈자도 두

세 해만 지나면 신성한 군주나 합법적인 왕이 되는데, 자유롭게 태어나 스스로를 지키는 사람이 어떻게 반역자로 여겨지는지 이해하기 어렵다. 이처럼 법적 시효는 폭정에만 유리하게 적용되고 자유에는 절대 유리하게 인정되지 않는다. 이런 감정이 그 일당partisans에게는 영예로운 것만큼 그 자체로 합리적이다. 다행스럽게도 그 말과 실태는 다르다. 피를 바쳐 자유를 되찾은 코르시카인은 제노바인들과 호사가들이 반역자라고 말하든 말든 자유로우며 자유를 누릴 자격이 있다.

각 교구에는 각 개인이 소유하는 모든 토지의 등기부가 보존될 것이다.

누구도 자신의 교구를 벗어난 토지를 소유할 수 없을 것이다.

누구도 〔 〕[83] 이상의 토지를 소유할 수 없을 것이다. 이런 분량의 토지를 소유한 사람은 물물교환으로 비슷한 분량의 토지를 획득할 수 있을 것이다. 그러나 심지어 질 나쁜 토지와 교환해도 그 한도를 넘지 못하며, 자신이 받을 수 있는 모든 증여나 유산도 이 한도를 넘으면 무효가 될 것이다.

여러분은 3년 동안 자유 인민을 정당하게 통치해왔으므로, 그들은 여러분에게 3년 더 같은 행정을 위임한다.

어떤 미혼 남성도 유언을 할 수 없지만, 그의 모든 재산은 공동체에 귀속될 것이다.

코르시카인이여, 정숙하라. 나는 모두의 이름으로 말하려 한다. 동의하지 않을 사람들은 밖으로 나가고 동의할 사람들은 손을 들라.

이런 법령에 앞서 각 사람에게 그 명령을 위반하면 출생과 귀화에 대한 자신의 권리를 상실한다는 조건으로 정해진 기간 내에 자기 주거지로 돌아가게 하는 명령을 포함하는 전반적 선언이 필요할 것이다.

I

코르시카 민족 전체는 정식 선서를 통해 단일 정치체로 결합될 것이며, 이후 코르시카 민족을 구성하는 단체와 개인도 그 정치체의 구성원이 될 것이다.

II

이런 연합 행위는 섬 전체에서 같은 날에 축하를 받을 것이며, 모든 코르시카인은 각자 자신의 도시와 마을이나 소교구에서 최대한 출석할 것인데, 추후 세부적으로 규정될 것이다.

III

선서는 야외에서 성서에 손을 얹고 다음과 같은 형식으로 한다.

나는 전능하신 신의 이름으로 성스러운 복음에 기초하여 신성하고 돌이킬 수 없는 맹세로 모든 재산과 나 자신 및 내게 속한 일체의 것을 귀속시키려고 나의 신체와 재산 및 의지와 모든 능력을 다해 자신을 코르시카 민족에 결합시킨다. 나는 코르시카 민족을 위해 살고 코르시카 민족을 위해 죽을 것이며, 코르시카의 모든 법을 준수할 것과 법에 합당한 모든 일에서 합법적인 지도자와 행정관에게 복종할 것임을 맹세한다. 따라서 신이 이런 삶에서 나를 도와주고 나의 영혼에 자비를 베풀어주시길 기원한다. 자유, 정의, 코르시카 공화국 만세. 아멘.

그러면 모든 사람이 오른손을 들고 '아멘'이라고 화답할 것이다.

각 소교구에서는 이런 장엄한 의식에 참석한 모든 사람의 정확한 명부가 기록될 것이다. 거기에는 그들과 그들 아버지의 이름 및 그들의 연령과 거주지가 기록될 것이다.

타당한 사유로 말미암아 이런 장엄한 의식에 참석할 수 없었던 사람들의 경우에는, 정식 선서일로부터 늦어도 3개월 내에 어떤 날을 정해서 같은 선서를 하게 한 뒤 그 이름을 명부에 등록시켜줄 것이다. 이 기간을 넘기면 이런 의무 이행을 소홀히 한 모든 사람은 권리를 상실하고 외국인 내지 지원자 계층에 머무르게 될 것이다. 이에 대해서는 나중에 언급할 것이다.

어떤 나라에서 토지가 생산 가능한 만큼의 생산을 할 수 있을 때, 즉 그 토지에 필요한 만큼의 경작자가 존재할 때, 그 나라는 독립을 위한 가장 큰 힘을 갖고 있다.

다섯 살이 넘는 아이를 둔 사람은 각 아이에 대해서 그 지역의 공유지를 재산으로 할당받을 것이다.

자녀가 부재중일 경우 아버지는 자녀가 돌아올 때까지 그 자녀를 계산에 넣을 수 없으며, 만 1년간 섬을 떠나 외부에 있었던 자녀는 비록 귀환한 후에라도 계산에 절대 넣을 수 없다.

사람들이 미신에서 벗어나게 하려면 시민으로서의 의무에 대단히 몰입하게 함으로써 가능하고, 민족적 축제로 연출함으로써도 가능하며, 시민 의식에 참여하게 하려고 대부분의 시간을 종교 의식에서 멀어지게 함으로써도 가능할 것이다. 성직자에게는 언제나 약간의 역할이 있지만, 이 역할은 너무 작으므로 뚜렷한 관심이 전혀 주어지지 않게 행동함으로써 성직자를 화나게 하지 않고 사소한 기술로도 이런 일을 행할 수 있다.

모든 생활 방식 가운데 사람들을 자기 나라에 가장 끈끈하게 묶어놓는 것은 농촌 생활이다.

호법관(護法官)이 원할 때는 언제든 전체 회의를 소집할 수 있을 것이며, 회의 소집일로부터 회의 종료 다음 날까지 최고 행정관과 국가평의회의 권위는 정지될 것이다.

호법관의 인격은 신성불가침할 것이며, 섬에서 그를 체포할 권한을 가진 사람은 아무도 없을 것이다.
각 교구는 언제든 마음대로 호법관을 해임하고 다른 사람으로 대체할 권리를 가질 것이다. 그러나 명백하게 파면되지 않는 한, 호법관은 평생 그 자리에 있을 것이다.

예외적으로 원로원이 일단 의회를 소집하면 원로원이 해산되거나 최고 행정관이 해임되지 않는 한 의회는 해산될 수 없다.

상속법은 각자가 조금씩 갖고 어느 누구도 과도하게 갖지 않도록 사물을 평등으로 인도하는 경향을 띠어야 한다.

자신의 교구를 떠나 다른 교구로 살러 가는 모든 코르시카인은 3년 동안 시민권을 상실한다. 3년이 지난 뒤 그가 시민권을 신청하고 공포하며 그에 대한 아무런 비난도 받지 않는다면, 그는 새로운 교구의 명부에 예전에 등록됐던 것과 같은 등급, 즉 시민이었다면 시민으로, 내국인이었다면 내국인으로, 지원자였다면 지원자로 등록될 것이다.

코르시카인도 비무장이라는 혜택을 받으려면 세금을 지불해야 한다.

섬에는 사륜마차란 없을 것이다. 성직자와 여성은 이륜마차를 이용할 수 있을 것이다. 그러나 남자는 어떤 신분에 속하든 불구자나 중환자가 아닌 한, 오직 도보로 여행하거나 말을 타고 여행할 수 있을 것이다.

누구도 자신의 이익과 관련된 일에서 선서하는 것이 금지될 것이다. 그러나 그 선서는…….

누구도 빚 때문에 투옥될 수 없다. 심지어 채무자의 집을 압류할 때도 몸에 걸치는 의복 외에 쟁기, 소, 침대, 가장 필수적인 가구 등은 남겨질 것이다.

만 20세 이전이나 만 30세 이후에 결혼하는 남자, 혹은 만 15세 미만의 소녀와 결혼하거나 자기보다 스무 살 이상 연상의 처녀나 과부와 결혼하는 남자는 모두 그가 국가에 기여한 봉사에 대한 공적의 수상으로 획득할 때까지 시민 등급에서 배제될 것이다.

섬의 생산물이 불균등하게 배분되어 있다면 사람들의 왕래를 차단하지 말아야 한다. 어떤 일에서는 인민의 편견과 단견을 고려해야 한다. 자기에게 없는 상품을 같은 나라 사람들에게서 구하려고 인근 지역으로 가는 것을 허락하지 않는다면, 인민은 변덕스럽고 가혹한 법을 비난하게 될 것이며 법에 대해 반항하거나 은밀히 법을 혐오하게 될 것이다.

만약 돈이 없어도 지낼 수 있고 돈이 주는 모든 장점을 누릴 수 있다면, 부로 즐길 수 있는 것보다 훨씬 더 많이 이런 장점을 즐길 수 있다. 돈이 그 장점을 해치면서 부와 함께 초래하는 악덕으로부터 이런 장점을 분리할 수 있기 때문이다.

누구도 신분상 행정관이 되거나 직업상 군인이 되어서는 안 된다. 누구든 조국이 자기에게 부과하는 직무를 차별 없이 이행할 각오가 되어 있어야 한다. 섬에서는 시민이라는 신분 말고는 다른 항구적인 신분이 없으며, 시민이라는 단 하나의 신분이 다른 모든 신분을 포함해야 한다.

코르시카인에게 돈이 유용한 한, 그들은 돈을 소중히 여길 것이다. 그들이 돈을 소중히 여기는 한, 공화국은 밀사와 반역자를 계속 유지해 각종 심의에 영향을 미침으로써 말하자면 예전 지배자들이 국가를 장악하도록 만들 것이다.

자유가 회복된 후의 생생하지만 언제나 짧은 열광을 절대 믿어서는 안 된다. 대중적 영웅주의는 순간적인 열정이므로 무기력과 태만이 그 뒤를 잇게 마련이다. 인민의 자유는 인민의 정념이 아니라 인민의 존재 양식에 근거를 두어야 한다. 정념은 일시적이고 대상을 바꾸기 때문이다. 그러나 훌륭한 헌법의 효과는 그 헌법만큼 오래 지속되며, 어느 인민도 자유의 덕을 보는 기간만큼 자유롭게 지낼 수 있다.

모든 종류의 특권이 그것을 획득하는 개인에게는 이득이 되고 그것을 부여하는 민족에게는 부담이 된다는 사실을 기억하길 바란다.

모든 폭력적인 정부는 사람들이 약한 상태에 처해 있길 원하면서도 그들에 의해 강해지고 싶어 하는 우스꽝스러운 모순에 빠져 있다.

이 민족은 결코 유명해지지 않겠지만 행복할 것이다. 이 민족은 사람들의 화제에 오르지 않고 해외에서 거의 주목받지 못하겠지만, 내부적으로 풍요와 평화와 자유를 누릴 것이다.

원로의 중재를 거부하거나 중재를 받아들이더라도 원로의 판단을 따르기를 거부하는 모든 소송 당사자는 법정 소송에서 패할 경우 이를 기록해두어 5년간 어떤 공직도 수행할 수 없게 할 것이다.

시민의 딸이 코르시카 남자와 결혼하면 그 남자가 어떤 계층에 속하든 남편의 교구로부터 지참금을 받을 것이다. 이 지참금은 언제나 한 뙈기의 토지일 것이며, 남편이 지원자 계층일 경우 그를 내국인 계층으로 승격시키기에 충분한 가치를 지닐 것이다.

모든 정부 가운데 민주 정부가 언제나 가장 비용이 적게 든다. 공적인 풍요가 다수의 사람에게 있을 뿐만 아니라, 인민이 주인인 곳에서는 권력이 현란한 신호를 전혀 필요로 하지 않기 때문이다.

두 개의 국가나 몇 개의 국가가 한 군주에게 복종하는 것은 권리나 이성에 반하는 것은 아니다. 그러나 어떤 국가가 다른 국가에 종속되는 것은 정치체의 본성에 맞지 않을 것 같다.

나는 코르시카 민족이 내 원리와 전적으로 상반되는 편견을 갖고 있음을 알지만, 내 의도는 설득의 기술을 사용해 그들로 하여금 내 원리를 받아들이게 하는 것이 결코 아니다. 오히려 나는 그들을 전혀 유혹할 수 없을 만큼 아주 단순하게 내 의견과 내 논거를 그들에게 말해주고 싶다. 나도 얼마든지 잘못 생각할 수 있으며, 내 감정을 그들의 편견으로 받아들임을 대단히 유감스럽게 생각할 가능성도 크기 때문이다.

코르시카를 그렇게 여러 해 동안 분열시키고 마침내 피사인에 이어서 제노바인에게 의지하게 만든 불화와 다툼과 내전은 어디에서 비롯됐는가? 그것은 모두 귀족의 술책이 아니었던가? 인민을 절망에 빠뜨리고 인민이 그토록 많은 폭군 아래서 고통받느니 차라리 평온한 노예상태를 바라도록 만든 것은 귀족이 아니었던가? 그 멍에를 벗어난 지금, 인민이 복종을 강요받았던 예전의 상태로 되돌아가길 원하겠는가?

나는 그들에게 도덕을 설교하지 않을 것이다. 나는 그들에게 덕을 갖추라고 명령하지 않을 것이다. 그러나 나는 그들을 덕이란 낱말을 모르고도 덕이 있고, 정의와 선이 무엇인지 잘 모르고도 선량하고 정의로워지는 위치로 이끌 것이다.

나는 어떻게 그런 일이 일어나는지 알지 못한다. 그러나 가장 많은 명부와 회계 장부를 보존하는 업무에서 정확히 가장 많은 협잡이 이뤄짐을 대단히 잘 알고 있다.

로마 청년들은 군대를 지휘하기 전에 군대의 재무관이나 회계원으로 시작했다. 그런 재무 담당자들은 비열한 사람이 아니었다. 그들의 머릿속에는 공금에서 이득을 취할 수 있다는 생각 따위는 아예 없었으며, 군사용 금고는 아무런 위험 없이 카토와 같은 인물들의 손에 넘어갈 수 있었다.

사치규제법으로 사치를 억제하는 것보다는 사치를 불가능하게 하는 행정으로 사치를 예방하는 것이 더 나을 것이다.

나는 잘 찾아보면 코르시카 섬에 철광이 있을 것이라고 확신한다. 금광보다 철광을 발견하는 것이 더 나을 것이다.

미심쩍을 때는 자연스럽게 다른 상태로 넘어가는 상태에서 시작하는 것이 좋다. 만약 더 나은 상태를 발견할 희망이 있다면, 잘 견뎌낼 수 있는 상태에서 시작하는 것이 나중에 다른 상태로 되돌아올 수 없을 만큼 파괴와 멸망밖에 남지 않은 상태에서 시작하는 것보다 언제나 낫다.

여러 가족이 누리는 특권Le prerogative che godernno le sudette famiglie.

이런 글은 군인이 행정관에게 전적으로 복종하고 스스로를 법 집행자들의 집행자에 불과한 존재로 간주하기를 바라는 공화국의 정신에 파괴적이다. 군인은 그 자체로 하나의 신분이 아니라 시민 신분의 한 부산물이라는 것이 무엇보다도 중요하다. 만약 귀족이 군대에서 특권과 특별대우를 누린다면, 머지않아 무관이 문관 위에 있다고 여겨지게 될 것이고, 공화국의 지도자도 법관Robins에 불과하다고 간주될 것이며, 군사적으로 통치되는 그 국가는 즉시 전제정으로 몰락할 것이다.

공직에 있는 동안 대단히 존경받았던 사람이 사적 신분으로 복귀하는 모습을 보여주는 것은 모든 것이 법과 관련돼 있음을 가르치는 아주 훌륭한 방법이다. 그 사람도 언젠가 자신이 〔사적 신분으로〕 돌아오리라고 확신함은 개인의 권리를 유지하기 위한 커다란 교훈이다.

예컨대 카프 코르스 지방에서는 포도주밖에 생산하지 못하므로, 여기서 생산되는 포도주를 더 많이 팔려면 코르시카 섬의 다른 모든 지역에서 포도주가 충분히 생산되지 못하게 해야 한다.

사유 재산이 대단히 약하고 아주 의존적이므로 정부는 아주 적은 힘만 필요로 하는데, 말하자면 손가락만 까딱해도 인민을 지도할 수 있다.

자기가 하려는 일이 합법적인지 아닌지를 상의하려고 신학자들을 불러 모을 생각을 하는 군주가 어디 있을까?

서문

때때로 내가 제노바 공화국의 모든 주권자에게 조금 가혹한 진리를 말하긴 하지만, 나는 제노바 공화국 특히 그곳의 주권자 각 개인에 대해서 깊은 존경심을 갖고 있다. 사람들이 용감하게 좀 더 자주 말하고 주권자가 때때로 경청해준다면 주권자 자신의 이익에도 도움이 될 수 있을 텐데.

내가 여기에서 부역이나 다른 종류의 강제 노동을 전적으로 유용한 것으로 간주하지 않는 데 주의하라. 무엇보다도 부역을 부과하는 사람과 부과받는 사람이 같은 지위에 있을 때, 〔화폐〕 지불 방식이 이런 강요에서 야기될 수 있는 폐단보다 많고 지나치게 큰 악의 무수한 폐단을 초래하지 않는다면, 자유롭게 〔화폐〕 지불로 대신하는 편이 더 나을 것이다.

만약 수입이 단 한 가지, 즉 토지에서 나오는 결실밖에 없다면 재산도 단 한 가지, 즉 토지밖에 없을 것이다.

공적 재산의 진정한 정신은 사유 재산이 직계에서는 매우 강하고 방계에서는 아주 약하거나 거의 없다는 점이다.

물품의 가치를 높이고 돈의 가치를 낮추려면 세금을 올려야 한다.

코르시카인은 대부분 여전히 자연적이고 건전한 상태에 있지만, 그 상태를 유지하려면 많은 기술이 필요하다. 그들의 편견이 그들을 그 상태에서 떼어놓고 있으며, 자신에게 꼭 맞는 것을 갖고 있지만 스스로에게 좋지 않은 것을 원하고, 그들의 감정은 올바르지만 그릇된 지식으로 어리석게 되기 때문이다. 그들은 인접 민족의 잘못된 빛을 보고 그것을 열렬히 좋아한다. 인접 민족의 재난을 느끼지 못하고 자신들이 훨씬 낫다는 것을 알지 못하기 때문이다.

상품의 수출을 막는 것이 대규모 소유를 근본적으로 근절한다.

고귀한 인민이여, 나는 여러분에게 사람이 고안한 인위적이고 체계적인 법을 주고 싶은 것이 절대 아니고, 자연법과 질서법 아래로 여러분을 되돌리고 싶은 것이다. 이런 법만이 마음에 대고 명령을 하며 절대로 의지를 폭압하지 않는다.

정치경제론

Discours sur l'économie politique

JEAN-JACQUES ROUSSEAU

경제Economie/Œconomie라는 말은 그리스어로 가정을 뜻하는 '오이코스oikos'와 법을 뜻하는 '노모스nomos'에서 유래했으며, 본래 모든 가족의 공동선을 위한 지혜롭고 정당한 가사 관리만을 의미했다. 이 말은 후에 대가족, 곧 국가의 통치라는 뜻으로 확대되었다. 이 두 가지 의미를 구분하려고 후자는 일반경제économie générale 또는 정치경제économie politique라고 부르고, 전자는 가정경제économie domestique 또는 개별경제économie particulière라고 부른다. 이 논문에서 문제 삼는 것은 오직 전자다. 가정경제에 관해서는 〔《백과전서》의〕 '가장Père de Famille' 항목을 보라.

몇몇 저자가 주장하는 것처럼 국가와 가정 사이에 유사점이 많을지라도, 둘 가운데 어느 하나에 적합한 행동 규칙이 다른 사회에도 당연히 적합하다는 결론이 나오지는 않을 것이다. 양자는 크기가 너무 달라서 같은 방식으로 관리될 수 없으며, 아버지가 직접 모든 것을 알 수 있는 가정

관리gouvernement domestique와 지도자가 타인의 눈을 통하지 않고는 거의 아무것도 볼 수 없는 시민 통치gouvernement civil 사이에는 언제나 극단적인 차이가 있을 것이다. 이런 점에서 상황이 대등해지려면, 아버지의 재능과 힘 및 모든 능력이 가족의 크기에 비례해 증가해야 할 것이며, 제국의 크기가 개인의 유산인 것처럼 강력한 군주의 정신도 보통 사람의 정신과 같아야 할 것이다.

그러나 국가의 통치와 가정의 통치가 근본적으로 다른데 어떻게 비슷할 수 있겠는가? 아버지는 육체적으로 자녀보다 강하므로, 자녀가 아버지의 도움을 필요로 하는 한 부권은 자연적으로 확립되는 것이 당연하다. 모든 구성원이 자연적으로 평등한 대가족에서는 정치적 권위의 확립이 순전히 자의적이므로 오직 계약에 근거할 수밖에 없으며, 행정관도 법을 통해서만 타인에게 명령할 수 있다. 아버지의 의무는 자연적 감정을 통해서 거의 거스를 수 없는 어조로 강요된다. 지도자에게는 그 같은 규칙이 전혀 없으며, 지도자가 인민에게 하기로 약속하여 인민이 법적으로 지도자에게 이행을 요구할 수 있는 바를 제외하면 인민에게 실제로 구속될 일이 없다. 훨씬 더 중요한 또 다른 차이점이 있다. 자녀는 아버지로부터 받은 것을 제외하면 아무것도 갖고 있지 않으므로, 모든 재산권은 아버지에게 속하거나 아버지로부터 나오는 것이 명백하다. 정반대로 대가족에서는 일반 행정이 오직 대가족에 앞서 존재한 사유 재산을 보장하기 위해서 집행된다. 모든 가족이 일하는 주된 목적은 아버지의 재산을 보존하고 늘려서 자녀가 가난해지지 않도록 언젠가 아버지가 그 재산을 자녀에게 나눠 줄 수 있게 하는 데 있다. 그 반면에 종종 대단히 잘못 이해되지만, 국가 재정상의 부는 개인이 평화와 풍요 속에 지낼 수 있게 해주는 수단에 불과하다. 요컨대 소가족은 소멸되어 언젠가 몇 개의 다른 비슷한 가족으로 분산될 처지이지만, 대가족은 언제나 같은 상태로 지속되도록 구성된다. 전자가 수적으로 늘어나야 하는 반면, 후자는 자체

보존으로 충분할 뿐 아니라 모든 성장이 유익하기보다 해로움을 쉽게 입증할 수 있다.

사물의 본성에서 유래하는 몇 가지 이유로 말미암아 아버지는 가정 내에서 당연히 명령자여야 한다. 첫째, 부권과 모권이 동등해서는 안 되며 유일한 지배권이 있어야 하고 의견이 나뉠 때도 결정권을 지닌 우월한 목소리가 있어야 하기 때문이다. 둘째, 아내에게 특유한 신체적 불편함을 아무리 사소한 것으로 간주하더라도, 그녀가 활동할 수 없는 공백기가 언제나 있다는 점이 부인을 우선순위에서 배제할 충분한 이유가 되기 때문이다. 저울이 완전히 수평을 이룬 상태에서는 한 오라기의 지푸라기도 저울을 한쪽으로 기울게 하기에 충분하다. 더욱이 남편은 아내의 행동을 감시해야 한다. 자신이 인정하고 부양해야 하는 자녀가 다른 사람의 자식이 아니라 확실히 자기 자식임을 스스로 확신하는 것이 중요하기 때문이다. 그런 일을 걱정할 필요가 없는 아내는 남편에 대해서 똑같은 권리를 갖지 못한다. 셋째, 자녀는 처음엔 필요해서 나중엔 고마워서 아버지에게 복종해야 하기 때문이다. 아버지로부터 반평생 동안 자신의 필요를 충족받은 후 자녀가 나머지 반평생 동안 아버지의 필요를 보살피는 데 헌신해야 한다. 넷째, 집안의 하인에 관해서는 그들이 받는 생계비가 적절하지 않아 계약을 파기하지 않는 한, 그 교환을 대가로 아버지에게 봉사해야 하기 때문이다. 나는 노예제를 말하는 것이 아니다. 노예제는 자연에 반하는 것이며 어떤 권리도 노예제를 정당화할 수 없기 때문이다.

이런 모든 일은 정치사회에 전혀 존재하지 않는다. 지도자가 개인들의 행복에 자연스러운 관심을 갖기는커녕 개인의 불행에서 자신의 행복을 추구하는 일은 드물지 않다. 행정관직이 세습직이면, 종종 어린애가 어른에게 명령한다. 행정관직이 선출직이면, 그 선출에는 수많은 단점이 나타난다. 두 경우 다 부자 관계에서 오는 모든 장점이 없다. 만약 여러분에게 지도자가 단 한 명밖에 없다면, 여러분은 여러분을 사랑할 아무런 이유가 없는 주인의 자의적인 재량에 맡겨져 있는 셈이다. 만약 여러분에게 여러 명의 지도자가 있다면, 여러분은 그들의 폭정과 의견 충돌을 동시에 감수해야 한다. 요컨대 공적 이익과 법이 아무런 자연적 힘을 갖지 못하고 지도자와 구성원의 개인적 이익과 정념이 끊임없이 충돌하는 모든 사회에서는 폐해가 불가피하고 그 결과가 치명적이다.

가장의 기능과 최고 행정관의 기능이 똑같은 목표를 지향함에도 불구하고 양자가 걷는 길이 너무 차이가 나고 양자의 의무와 권리도 너무 다르므로, 양자를 혼동하면 반드시 사회의 기본법에 관한 헛된 관념이 형성되며 인류에게 치명적인 실수를 범할 수 있다. 실제로 훌륭한 아버지가 의무를 잘 이행하기 위해 경청해야 하는 최선의 충고가 자연의 소리라면, 행정관에게는 그것이 헛된 지침에 불과하다. 행정관이 가장 숭고한 덕으로 절제되지 않으면, 그런 지침은 행정관을 그의 인민으로부터 끊임없이 분리시키는 작용을 하며, 조만간 행정관의 몰락이나 국가의 멸망으로 이어진다. 가장에게 필요한 유일한 대비책은 자신을 부패로부터 보호하고 자연적 성향이 타락하지 않도록 예방하는 것이지만, 행정관을 타락시키는 것은 바로 이런 성향 그 자체다. 가장이 올바르게 행동하려면 자신의 마음에 물어볼 필요가 있을 뿐인데, 행정관이 자기 마음에 귀를 기울이는 순간 그는 반역자가 된다. 그에게는 자신의 이성조차 의심스러워 행정관이 당연히 따라야 할 규칙은 공적 이성, 곧 법밖에 없다. 그 외에도 자연은 수많은 훌륭한 가장을 배출했지만, 창세 이후 지금까지 인간의 지혜로 동료 인간을 통치할 수 있는 사람이 열 명이나 있었는지 의심스럽다.

이상의 설명으로부터 얻을 수 있는 결론은 공공경제économie publique는 개별경제économie particulière와 논리적으로 구별된다는 점과 국가와 가족은 구성원 모두를 행복하게 만들어야 하는 지도자의 의무 외에는 공통점이 전혀 없으므로 똑같은 행동 규칙이 양자에 적합할 수 없다는 점이다. 나는 필머Filmer 경이 《가부장론*Patriarcha*》이라는 저작에서 수립하려 애쓴 추악한 체계를 폐기하는 데는 이 몇 줄로 충분하다고 생각했다. 〔그러나〕 유명한 두 저자가 이미 지나치게 경의를 표하여 그것에 반박하려고 책을 집필했다.[84] 더욱이 이런 오류는 매우 오래된 것으로서, 아리스토텔레스 자신도 그의 《정치학》 제1권에서 찾아볼 수 있는 이유로 그런 오류를 논박하는 것이 적절하다고 판단했기 때문이다.

독자들이 나의 주제이자 내가 정부gouvernement라고 부르는 공공경제 économie pulbique와 내가 주권souveraineté이라고 부르는 최고 권위를 신중히 구별하기를 바란다. 이런 구별에 따라 후자는 입법권을 갖고 어떤 경우에는 국민 전체corps de la nation까지도 구속하는 반면에 전자는 집행권puissance exécutrice을 소유하는 데 불과하고 개인을 구속할 수 있을 뿐이다. 이에 대해서는 〔《백과전서》의〕 '정치와 주권Politique et Souverainté' 항목을 참조하라.

여러모로 부정확하지만 이해를 돕기에 알맞은 평범한 비유 하나를 잠시 들어보겠다.

정치체는 개별적으로 하나의 유기체이자 생명체로서 인간의 육체와 비슷한 것으로 간주될 수 있다. 주권이 머리를 상징한다면 법과 관습은 신경의 근원이자 이해와 의지 및 감각의 중심 부위인 뇌이며, 재판관과 행정관은 뇌의 기관이다. 상업과 공업 및 농업은 공동의 생존 수단을 마련하는 입과 위장이고, 공공재정은 심장의 기능을 수행하는 현명한 경제가 신체의 모든 곳까지 음식과 생명을 공급하려 내보내는 피이며, 시민은 그 기관이 움직이고 생존하며 활동하게 만드는 신체와 손발이다. 그 존재가 건강한 상태에 있을 때 이런 신체와 손발 가운데 어느 부분이라도 상처를 입게 되면 고통스러운 반응이 즉시 뇌에 전달된다.

정치체의 삶과 인간의 삶은 전체에 공통된 자아 곧 공동체적 자아moi commun로서, 모든 부분의 상호 지각sensibilité이자 내적 상호 작용이다. 만약 이런 소통이 중단되고 형식적인 단일체가 사라지며 연결 부분이 서로 근접해 있다는 것으로써만 관련될 뿐이라면 어떤 일이 일어나는가? 그런 인간은 죽고, 그 국가는 해체된다.

따라서 정치체는 의지를 소유한 정신적 존재être moral이며, 전체와 각 부분의 보존과 복지를 언제나 지향하는 일반의지는 법의 원천으로서 국가의 모든 구성원에게 그들의 상호 관계와 국가에 대한 관계에서 정의와 부정의의 규칙이다. 말이 나온 김에 언급하자면, 이런 진리는 많은 저자가 마치 법이 명령하는 모든 일이 정당할 수 없는 것처럼 사소한 음식을 얻고자 하는 스파르타의 어린이에게 규정된 잔재주를 절도로 다루어 온 사실이 얼마나 관례상 어긋나는지를 알려준다. 이런 위대하고 찬란한 원칙의 근원으로서 〔《백과전서》의〕 '법Droit' 항목에서 전개하는 글을 참조하라.

모든 시민에 대한 관계에서는 확실한 이런 정의의 규칙이 외국인에게는 잘못될 수 있다는 점에 주의하는 것이 중요하다. 그 이유는 분명하다. 그때의 국가 의지가 구성원에 대한 관계에서는 일반적일지라도, 다른 국가와 그 구성원에 대한 관계에서는 절대 일반적이지 않고 사적이고 개별적인 의지가 되어 정의의 규칙을 자연법에서 취함으로써 기존에 확립된 원칙에 똑같이 잘 부합된다. 그때는 세계라는 거대한 도시가 정치체가 됨으로써, 자연법이 언제나 세계의 일반의지가 되고 다양한 국가와 인민은 개별적인 구성원에 불과하기 때문이다.

각 정치사회와 그 구성원에게 적용된 이와 같은 구별에서 훌륭한 정부와 나쁜 정부 및 모든 인간 행위의 도덕성에 대해 일반적인 견지에서 판단할 수 있는 가장 보편적이고 확실한 규칙이 생긴다.

모든 정치사회는 제각기 고유한 이익과 원칙을 갖고 있는 서로 다른 유형의 더 작은 여러 사회로 구성된다. 그러나 외적이고 공인된 형태를 취하므로 모든 사람이 인식하는 이런 사회만이 국가 내에 실제로 존재하는 유일한 사회는 아니다. 공동이익으로 결합된 모든 개인도 영구적이든 일시적이든 많은 다른 사회를 구성하는데, 그런 사회의 힘이 식별하기 힘들다는 이유로 실질적인 힘이 적은 것도 아니며, 잘 관찰해보면 그런 사회의 다양한 관계가 관습mœurs에 대한 진정한 지식이다. 바로 이런 모든 암묵적인 결사체나 형식적인 결사체가 자체의 영향력으로 공적 의지의 외양을 그토록 많은 형태로 변경시킨다. 이런 개별 사회의 의지는 언제나 두 가지 관계를 갖고 있는데, 그 결사체의 구성원에게는 일반의지이고 더 큰 사회에는 개별의지로서 흔히 전자의 관점에서는 옳지만 후자의 관점에서는 옳지 못한 것으로 알려진다. 어떤 사람이 경건한 사제나 용감한 군인이나 열정적인 실무가이면서 나쁜 시민이 될 수도 있다. 어떤 심의가 소규모 공동체에는 이익이 되면서 대규모 공동체에는 몹시 해로울 수도 있다. 개별 사회는 언제나 그것을 포함하고 있는 사회에 종속되므로, 사람들이 전자보다 후자에 우선적으로 복종해야 하는 것이 사실이다. 시민의 의무는 원로원 의원의 의무에 우선하고, 사람의 의무는 시민의 의무에 우선한다. 그러나 불행히도 개인의 이익은 언제나 의무와 반비례하는 데서 발견되고, 결사의 범위가 더 한정되고 약속이 덜 신성시되는 것에 정비례해서 증가한다. 이것이야말로 가장 일반적인 의지가 언제나 가장 정의롭고 인민의 목소리가 사실상 신의 목소리라는 절대 부인할 수 없는 증거다.

여기에서 공적 심의가 언제나 공정하다는 결론이 나오는 것은 아니다. 공적 심의도 외국 문제와 관련해서는 공정하지 못할 수 있으며, 그 이유는 이미 언급한 바와 같다. 따라서 잘 통치되는 공화국에서 정의롭지 않은 전쟁을 치르는 일이 불가능하지는 않다. 민주제 의회가 나쁜 법령을 통과시키고 결백한 사람에게 유죄 판결을 내리는 일도 불가능하지는 않다. 그러나 인민이 사적 이익에 현혹되지 않는다면 이런 일은 절대 일어나지 않는데, 일부 교활한 사람은 영향력과 웅변을 통해서 인민의 이익을 사적 이익으로 대체시킬 수도 있다. 그러면 공적 심의와 일반의지가 완전히 다른 것이 될 것이다. 따라서 아테네의 민주정을 반론으로 제기하지 마라. 그때의 아테네는 사실상 민주정이 아니라 학식 있는 자와 웅변가가 지배한 고도로 독재적인 귀족정이었기 때문이다. 어떤 심의에서 일어나는 것을 신중하게 검토하라. 그러면 일반의지는 언제나 공동선을 지향함을 알게 될 것이다. 그러나 아주 흔하게 은밀한 분열이 일어나고 암묵적인 공모가 형성됨으로써 사적 견해를 위해 의회의 자연스러운 성향이 무시되는 원인이 된다. 그때 사회 전체는 실제로 다른 여러 단체로 분할되어, 그런 단체의 구성원이 이런 새로운 단체와 관련해서는 훌륭하고 정의로운 일반의지를 채택하지만, 각 단체가 〔처음에〕 떨어져 나온 〔사회〕 전체와 관련해서는 정의롭지 않고 나쁜 의지를 채택한다.

이런 원칙을 알게 되면, 어떤 면에서는 양심의 가책과 명예로 충만하고 또 어떤 면에서는 기만적이고 교활하며, 가장 신성한 의무를 짓밟아 가며 종종 비합법적인 약속에 목숨을 걸 정도로 충실한 그토록 많은 사람들의 행동에서 나타나는 명백한 모순이 얼마나 쉽게 설명되는지 알 수 있다. 따라서 가장 타락한 사람도 공적인 신념에 대해서는 언제나 일종의 경의를 표하며, 거대한 사회에서 덕의 적인 강도조차 자기 소굴에서는 그런 신념을 존경하는 체한다.

일반의지를 공공경제의 최고 원리와 정부의 근본 규칙으로 정한 만큼, 나는 행정관이 인민에게 속하는 것인지 인민이 행정관에게 속하는 것인지, 또 공적 업무에서 국가의 이익을 고려해야 하는 것인지 아니면 지도자의 이익을 고려해야 하는 것인지를 심각하게 고찰할 필요가 있다고 생각하지 않았다. 이런 문제는 오래전에 한편으로는 실천을 통해서, 다른 한편으로는 이성을 통해서 해결되었다. 일반적으로 사실상 지배자인 사람이 자신의 이익보다 다른 사람의 이익을 오히려 바랄 것이라고 기대한다면 더없이 어리석은 일일 것이다. 따라서 공공경제économie publique

를 인민경제économie populaire와 폭군경제économie tyrannique로 세분하는 것이 적절할 것이다. 전자는 인민과 지도자가 같은 이익과 같은 의지를 갖는 모든 나라의 경제다. 후자는 정부와 인민이 서로 다른 이익을 갖고 있어서 서로 상반되는 의지를 갖는 곳이면 어디에나 반드시 존재한다. 후자의 원칙은 오래된 역사 문헌과 마키아벨리의 풍자 속에 새겨져 있다. 전자는 감히 인류애의 권리를 요구하는 철학자들의 저작 안에서만 찾을 수 있다.

I. 따라서 정당한 정부 혹은 인민정부, 곧 인민의 이익을 목적으로 하는 정부의 최우선적이고 가장 중요한 원칙은 이미 말했듯이 모든 일에서 일반의지를 따르는 것이다. 그러나 일반의지를 따르려면 일반의지가 무엇인지 알아야 하며, 특히 자기 자신으로부터 비롯되는 개별의지와 잘 구별해야 하는데, 이런 구별은 언제나 몹시 어렵고 이 구별을 명확히 밝혀줄 수 있는 것은 가장 고상한 덕뿐이다. 의지가 생기려면 반드시 자유로워야 하므로, 이보다 결코 덜하지 않은 또 하나의 어려움은 대중의 자유와 정부의 권위를 동시에 보장하는 것이다. 상호 필요 때문에 거대한 사회 안에 통합된 사람들을 시민사회에 의해 더 긴밀히 결합하도록 이끄는 동기를 찾아보라. 당신은 모든 사람의 보호를 통해 각 구성원의 재산과 생명 및 자유를 보장하는 동기를 발견할 뿐이다. 그러나 어떻게 타인의 자유를 침해하지 않고 사람들 가운데 한 사람의 자유를 보호하게 강요할 수 있을까? 또한 공적 필요에 기여할 것을 강요받는 사람들의 사유 재산을 변경하지 않고 어떻게 그 필요를 충족시킬 수 있을까? 이 모든 것을 미화하려고 어떤 궤변이 동원되더라도 누군가 내 의지를 제약할 수 있다면 나는 절대 자유롭지 못하고, 타인이 내 재산을 건드릴 수 있으면 나는 절대 그 재산의 주인이 아님이 확실하다. 누구도 극복할 수 없었을 것 같은 이런 어려움은 모든 인간의 제도 가운데 가장 고상한 제도를 통해서,

더 정확히 말하면 인간이 신의 불변하는 섭리를 이 지상에서 모방하도록 가르쳐준 하늘의 영감을 통해서 맨 먼저 해소되었다. 인간을 자유롭게 하려고 복종시키는 방법, 모든 구성원을 구속하지도 않고 그들과 상의하지도 않으면서 그들의 재산과 노동 및 생명까지도 국가에 봉사하게 하는 방법, 그들의 의지를 그들 자신의 서약에 속박시키는 방법, 그들의 동의가 거부보다 우세하게 만드는 방법, 그들이 원하지 않는 바를 행할 때 스스로 처벌받게 하는 방법을 어떤 상상할 수 없는 기술을 통해서 발견할 수 있는가? 그들은 복종하지만 명령하는 사람이 아무도 없고 주인도 없으며 타인의 자유에 해를 끼칠 수 있는 자유를 제외하면 어느 누구도 자신의 자유를 전혀 상실하지 않으므로, 겉으로는 속박 아래 있으면서도 실제로는 더욱 자유로운 것이 어떻게 가능할 수 있는가? 이런 기적들은 법의 작품이다. 인간이 정의와 자유를 갖게 된 것은 오직 법 덕택이다. 사람들 간의 자연적 평등을 권리로 재확립한 것은 바로 모든 사람의 의지의 건전한 대변자인 법이다. 모든 시민에게 공적 이성의 계율을 말해주고, 자신의 고유한 판단 원칙에 따라 행동하며 자기 자신과 모순되지 않도록 가르쳐주는 것도 바로 이런 하늘의 소리다. 지도자가 명령할 때도 오직 법을 통해 말해야 하며, 어떤 사람이 다른 사람에게 법과 관계없이 자신의 사적 의지에 복종하라고 요구하는 즉시 그는 문명상태를 벗어나 자신이 다른 사람과의 관계에서 순수한 자연상태, 곧 필연성만이 복종을 규정하는 상태에 놓이게 된다.

따라서 지도자의 가장 필수적인 의무이자 가장 절박한 관심사는 법 준수를 감시하는 것이다. 지도자는 법의 신하이며 지도자의 모든 권한은 법에 근거한다. 만약 지도자가 다른 사람들로 하여금 법을 준수하게 해야 한다면, 법의 모든 혜택을 누리는 사람과 마찬가지로 지도자 자신이 법을 준수할 훨씬 더 큰 이유가 존재한다. 지도자의 본보기는 매우 강력하므로, 설령 인민이 지도자에게 법의 멍에에서 벗어나는 것을 허용한다 해도 지도자는 그런 위험스러운 특권을 이용하지 않도록 조심해야 한다. 머지않아 이제 다른 사람들이 이런 특권을 찬탈하려 들 것이며, 때로는 이런 특권이 그 자신에게 해롭기 때문이다. 사실, 사회의 모든 약속이 본래 상호적인 만큼 법의 장점을 포기하지 않고 법 위에 존재하기란 불가능하며, 자신이 누구에게도 빚이 없다고 주장하는 사람에게 빚진 사람은 아무도 없다. 그와 같은 이유로 어떤 형태든 규율이 잘 이루어지는 정부에서는 어떤 권리로도 법으로부터 예외가 절대 허용되지 않을 것이다. 조국에 가장 큰 공적을 남긴 시민조차 명예로 보상을 받아야지 특권으로 보상을 받아서는 안 된다. 어떤 사람이 법에 복종하지 않는 것이 좋다고 생각할 수 있게 되는 즉시 공화국은 멸망 직전에 놓이기 때문이다. 그런데도 그 국가 내의 귀족이나 군대 혹은 어떤 다른 계층이 그런 규칙을 채택한다면, 모든 것이 속수무책으로 멸망하게 될 것이다.

법의 힘은 집행자의 엄격함보다 법 자체의 지혜에 훨씬 더 의존하며, 공적 의지는 그것을 부추긴 이성으로부터 가장 큰 무게를 얻는다. 플라톤이 칙령 서두에 언제나 그 칙령의 정당성과 효용성에 관한 상세한 설명이 포함된 머리말을 첨부함을 아주 중요한 예방책으로 간주한 것도 바로 이 때문이다. 실제로 법 가운데 제1의 법은 법을 존중하는 것이다. 형벌의 가혹함은 법이 얻을 수 없는 존중을 공포로 대체하려고 소인배가 생각해낸 헛된 수단일 뿐이다. 사람들은 신체적 형벌이 가장 가혹한 나라가 신체적 형벌도 가장 빈번한 나라라는 사실을 언제나 유념해왔다. 그래서 형벌의 잔인함은 거의 언제나 무수한 범법자가 있다는 징후이며, 모든 사람이 똑같이 가혹하게 처벌받으면 범죄자는 자신의 잘못에 대한 처벌을 회피하려고 어쩔 수 없이 범죄를 범하게 된다.

그러나 정부가 법의 주인은 아닐지라도 법의 보증인이 되고 법을 애호하게 하는 수많은 수단을 갖는 것은 몹시 중요하다. 통치의 재능이란 단지 이런 것이다. 수중에 힘을 가졌을 때는 모든 세상 사람을 전율시킬 어떤 기술도 필요 없고, 심지어 사람의 마음을 사로잡는 데도 아주 많은 기술이 필요하지 않다. 오랜 경험을 통해서 인민은 지도자가 자신에게 악을 행하지만 않아도 감사해하고 지도자가 자신을 미워하지만 않으면 지도자를 숭배하도록 배워왔기 때문이다. 순종적인 바보는 다른 사람과 마찬가지로 범죄를 처벌할 수 있다. 〔그러나〕 진정한 정치가는 범죄를 예방할 줄 안다. 그는 행위에 대한 지배보다 의지에 대한 지배를 통해 자신의 제국을 더 많이 확장한다. 만약 모든 사람이 올바르게 행동하는 상태를 이루어낼 수 있으면, 정치가 자신이 더 할 일은 아무것도 없을 것이며, 정치가의 대표적인 과업도 한가한 상태에 놓일 수 있게 될 것이다. 적어도 지도자의 최대 재능이 자신의 권력을 위장해 그 권력이 미움을 덜 받게 하는 데 있으며, 국가에 관리자가 필요 없어 보이도록 국가를 평화스럽게 관리하는 데 있다는 사실은 확실하다.

따라서 나는 입법가의 첫 번째 의무가 법을 일반의지에 합치시키는 데 있는 것처럼, 공공경제의 첫 번째 규칙은 행정을 법에 합치시키는 것이라는 결론에 이른다. 이런 결론만 따라도 입법가가 국가의 위치, 기후, 토질, 풍속, 주변과 자신이 정해야 할 인민의 모든 특수 관계가 요구하는 모든 것에 마땅히 유의한다면 국가는 나쁘게 통치되지 않기에 충분할 것이다. 정부의 지혜에 맡겨진 치안과 경제에 관한 헤아릴 수 없이 많은 세부사항이 여전히 남아 있지 않은 것은 아니다. 그러나 정부가 치안과 경제에서 올바르게 행동하게 해주는, 오류가 절대 없는 두 가지 규칙이 언제나 존재한다. 하나는 법의 정신으로서 법이 예견할 수 없었던 사례에 대해 결정하는 데 당연히 도움이 되어야 하는 규칙이다. 다른 하나는 일반의지로서 모든 법의 근원이자 보충이며 법이 부재할 경우에 언제나 참고해야 하는 규칙이다. 그러나 사람들은 일반의지가 전혀 드러나지 않는 사례에서 어떻게 일반의지가 무엇인지를 알 수 있으며, 예기치 못한 사건이 일어날 때마다 전 국민을 집합시켜야 하느냐고 내게 물을 것이다.

그런 집회가 내린 결정이 일반의지의 표현이 되리라고 확신할 수도 없으며, 거대한 인민에게는 이런 방법을 실현할 수 없고 정부가 선의를 품고 있다면 그런 집회가 거의 불필요하므로 전 국민을 집합시킬 필요가 없다는 것이다. 지도자는 일반의지가 언제나 공공 이익에 가장 유리한 편, 곧 가장 공평한 것을 위한다는 사실로 말미암아 정당하며 일반의지를 따른다는 확신이 필요할 뿐이라는 사실을 잘 알고 있기 때문이다. 일반의지가 너무 공공연히 무시되다 보면, 공적 권위의 가혹한 억제에도 불구하고 일반의지가 스스로 목소리를 내게 된다. 나는 그런 경우에 따라야 할 범례를 가능한 한 가장 가까운 곳에서 찾아본다. 중국에서는 군주가 관리와 인민 간에 일어나는 모든 분쟁에서 관리에게 책임을 묻는 것을 확고한 원칙으로 삼고 있다. 어떤 지방에서 식량의 가격이 비싼가? 그러면 해당 감독관은 감옥에 보내진다. 또 어떤 지방에서 폭동이 일어났는가? 그러면 그 지방의 수령은 면직되며, 모든 관리는 자기 관할 구역에서 일어나는 모든 재난에 목숨을 걸고 대응한다. 이런 일이 나중에 정식 절차로 검토되지 않는 것은 아니지만, 오랜 경험을 통해서 그런 판결이 내려질 것을 예상할 수 있게 했다. 여기서 고쳐야 할 부당함은 거의 찾아볼 수 없으며, 대중의 아우성이 절대 이유 없이 생기지 않는다고 확신하는 황제는 자신이 처벌하는 선동적인 외침 속에서 정당한 불평을 언제나 뚜렷이 분간해내 바로잡는다.

공화국의 모든 부분에서 질서와 평화가 지배하게 하는 것은 훌륭한 일이며, 국가가 평온하고 법이 존중받는 것도 대단한 일이다. 그러나 더 많은 일을 하지 않으면 이 모두가 실질적인 것이라기보다 외형적인 것이 될 뿐이며, 정부가 복종하는 데 만족하면 정부 자체가 복종을 받는 데 어려움을 갖게 될 것이다. 만약 있는 그대로의 사람을 활용하는 방법을 아는 것이 훌륭한 일이라면, 필요한 존재로서의 사람이 되도록 만드는 것은 한층 더 훌륭한 일이다. 가장 절대적인 권위는 사람의 내면에 침투해 행위에 못지않게 의지에도 영향을 미치는 권위다. 길게 보면 인민은 정부가 만드는 대로 만들어지는 존재임이 분명하다. 정부가 원한다면 전사, 시민, 인간 가운데 어느 것도 가능하며, 천민과 불량배가 좋다면 그렇게 만들 수도 있다.[85] 자신의 신민을 멸시하는 모든 군주는 자신이 그 신민을 존경받는 존재로 만들 줄 몰랐다는 사실을 보여줌으로써 스스로를 불명예스럽게 만든다. 따라서 여러분이 사람에게 명령하기를 원한다면 사람을 양성하라. 만약 여러분이 법이 준수되기를 원한다면 사람들로 하여금 법을 사랑하게 하라. 사람들이 해야 할 행동을 하게 하려면 자신이 마땅히 해야 한다고 생각하는 것이 필요할 뿐이다. 이것이 바로 고대 정부의 위대한 기술로서, 그토록 먼 시대에는 철학자가 인민에게 법을 주었고, 오직 인민을 지혜롭고 행복하게 만드는 데만 철학자의 권위를 사용했다. 여기에서 수많은 사치금지법, 풍속에 관한 규칙, 최대한 주의를 기울여 수용되거나 거부된 공적 원칙이 유래했다. 폭군조차 이런 행정의 중요 부분을 잊지 않았으며, 행정관이 동료 시민의 풍속을 바로잡으려고 세심한 주의를 기울인 것과 마찬가지로 폭군도 자기 노예의 풍속을 타락시키려고 세심한 주의를 기울였다. 그러나 우리의 〔근대〕 정부는 돈을 모으면 해야 할 일을 다 했다고 생각해서, 그 이상 나아가는 것이 필요하거나 가능하다는 것은 상상조차 하지 못한다.

II. 공공경제의 첫 번째 규칙 못지않게 중요한 두 번째 규칙이 있다. 일반의지가 실현되기를 바라는가? 모든 개별의지가 일반의지와 관련돼 있는지를 확인하라. 덕은 개별의지가 일반의지에 합치하는 것일 뿐이기 때문이다. 이와 같은 것을 한마디로 말하자면, 덕이 지배하게 만들라.

만약 정치가들이 야심에 눈이 덜 멀었다면 어떤 제도도 직무 법률에 따라 지도되지 않을 경우에 본래 의도대로 기능을 수행하기가 얼마나 불가능한지 알 것이며, 공적 권위의 최대 원천이 시민의 마음에 있고 정부

유지에 적합한 풍속을 대체할 것이 전혀 없음을 느낄 것이다. 법을 운영하는 방법을 아는 사람만이 훌륭한 사람일 뿐 아니라, 근본적으로 정직한 사람만이 법을 준수할 줄 안다. 양심의 가책을 애써 무시하는 사람은 누구든 오래 지나지 않아 신체적 형벌도 무시하게 될 것이다. 신체적 형벌은 양심의 가책보다 덜 엄격하고 덜 지속적인 처벌이며, 적어도 그것에서 벗어날 희망이라도 있는 처벌이다. 어떤 예방책을 취하더라도, 악행에 대한 면책을 기다리기만 하는 사람이 법을 피하거나 법망에서 벗어날 수단을 없애기란 거의 힘들 것이다. 그래서 모든 개별이익은 어느 누구의 이익도 아닌 일반이익을 거스르는 방향으로 결합하므로, 법이 악을 억제하는 힘보다 공적 악이 법을 약화시키는 힘이 더 크다. 또한 정부가 아무리 분별 있어도 인민과 지도자의 타락은 결국 정부로까지 확대된다. 모든 폐해 가운데 최악의 폐해는 겉으로만 법을 준수하면서 실제로는 확실히 법을 위반하는 것이다. 최선의 법이 머지않아 가장 해로운 법이 된다. 그런 법이 존재하지 않는 것이 백배나 더 낫고, 다른 수단이 남아 있지 않을 때는 여전히 하나의 방책이 될지도 모른다. 그런 상황에서는 법령 위에 법령을 덧붙이고 규칙 위에 규칙을 덧붙여도 헛된 일이다. 이런 모든 일은 이미 존재하는 폐해를 교정하지 않고 또 다른 폐해를 초래하는 데 도움이 될 뿐이다. 여러분이 법의 수를 늘리면 늘릴수록 법은 더욱더 경멸의 대상이 되며, 여러분이 임명하는 모든 감독관은 새로운 범법자가 되어 과거의 범법자와 한편이 되거나 독자적으로 약탈에 나서게 될 뿐이다. 덕의 대가(代價)는 곧바로 약탈의 대가가 된다. 가장 비열한 사람이 가장 신망받는 사람이 되고, 위대한 사람이 될수록 더욱더 경멸받는 사람이 된다. 자신의 존엄에서 불명예가 드러나며, 자신의 명예가 스스로를 불명예스럽게 만든다. 만약 지도자의 지지나 여인의 보호를 돈으로 사는 사람들이 있다면, 그들 자신이 바로 정의와 의무 및 국가를 팔아넘길 수도 있다. 자신의 악이 자신이 불행한 으뜸가는 원인임을 모르는 인민은 투덜거리며 절망에 빠져 부르짖는다. "나의 모든 재난은 전적으로 나를 재난으로부터 보호해주기로 하고 내게서 대가를 받은 사람들에게서만 비롯된다."

그러면 지배자는 사람들의 마음속에서 더 이상 들리지 않는 의무의 소리를 공포의 부르짖음이나 피지배자를 속이는 외형상의 이익이라는 미끼로 대체하도록 강요한다. 따라서 지배자는 국가의 원칙maximes d'état 혹은 내각의 비밀mystères du cabinet이라고 부르는 하찮고 비열한 모든 술책을 동원해야 한다. 정부에 남아 있는 모든 활력도 정부의 구성원이 사용해 점차 대체되고 소진됨으로써, 공무가 방치되거나 개인적 이익이 요구하고 지시하는 바에 따라 처리될 뿐이다. 마침내 이런 위대한 정치가들의 모든 기교는 도움을 필요로 하는 사람들의 눈을 너무나 현혹해, 그들의 이익을 위해 일하는 데도 사람들의 이익을 위해 일한다고 믿게 된다. 내가 〔여기서〕 그들의 이익이라고 말한 것은 사실상 지배자의 진정한 관심사는 인민을 복종시키려고 인민을 전멸시키는 데 있고, 지배자의 소유를 보호하려고 인민의 재산을 파괴하는 데 있다는 점에서다.

그러나 시민이 자기 의무를 사랑하고 공적 권위의 수탁자가 예컨대 자신의 노력을 통해 이런 사랑을 배양하는 데 진정으로 전념하면 모든 어려움이 사라지고 행정이 쉬워지므로 그 흉악함이 모든 비밀을 산출하는 음험한 기술을 쓰지 않고도 잘 처리할 수 있다. 그토록 위험하고도 찬양을 받은 이런 원대한 정신과 그들의 영광이 인민의 재난과 결합된 저 위대한 모든 대신이 없다고 아무도 아쉬워하지 않는다. 공적 풍속은 지도자의 천재성을 대체한다. 덕이 지배할수록 재능은 점점 덜 필요해진다. 야망 자체도 찬탈보다는 의무로 인해 더 잘 충족된다. 지도자가 오직 인민의 행복을 위해서 일한다는 확신을 인민이 갖게 되면, 지도자는 인민의 존경으로 말미암아 자기 권력을 강화하려는 수고를 할 필요가 없게 된다. 역사도 인민이 사랑하는 자이자 인민을 사랑하는 자에게 인민이 부여하는 권위가 모든 찬탈자의 폭정보다 백배는 더 절대적임을 무수히 많은 곳에서 보여준다. 이는 정부가 권력 사용을 두려워해야 한다는 뜻이 아니고, 오히려 권력을 반드시 정당한 방식으로 사용해야 한다는 뜻이다. 역사는 유약함이나 자만으로 몰락한 나약하거나 야망에 찬 지배자의 수많은 사례를 보여주지만, 공정하다는 이유만으로 잘못된 자는 아무도 없음을 보여준다. 그러나 태만을 절제로 온화함을 약함과 혼동해서는 안 된다. 정의로우려면 엄격해야 한다. 악을 억누를 권리와 힘을 가진 사람이 악을 묵인한다면 그 자신이 악한 존재로 된다.

시민에게 훌륭해지라고 말하는 것으로는 불충분하다. 시민이 훌륭해지도록 가르쳐야 하며, 이런 점에서 첫 번째 교훈인 모범 자체도 활용해야 할 유일한 수단은 아니다. 조국에 대한 사랑 곧 애국심이 가장 효과적이다.[86] 내가 이미 말한 것처럼, 모든 문제에서 일반의지와 일치하는 개별의지를 가진 모든 사람은 덕스럽고, 우리는 우리가 사랑하는 사람들이 원하는 것을 기꺼이 원하기 때문이다.

인류애라는 감정은 전 세계로 확대되면서 사라지고 약화되는 것 같으며, 우리가 타타르 지방이나 일본의 재난을 유럽 인민의 재난처럼 느낄 수는 없을 것 같다. 관심과 동정심에 활력을 부여하려면 어떤 방식으로든 범위를 제한하고 압축해야 한다. 우리 안에 있는 이런 성향은 함께 살아가야 할 사람들에게만 유용할 수 있으므로, 동료 시민들 사이에 집약된 인류애가 서로를 바라보는 습관과 그들을 결합시키는 공동이익을 통해 새로운 힘을 얻게 되는 것은 좋은 일이다. 애국심을 통해 덕의 가장 위대한 기적이 창출되어온 것은 확실하다. 이런 달콤하고 열렬한 감정은 이기심의 힘과 덕의 모든 아름다움을 결합시킴으로써 힘énergie을 얻게 되는데, 이 힘은 애국심을 손상시키지 않으면서 애국심을 모든 정념 가운데 가장 영웅적인 정념으로 만든다. 애국심의 광채는 연약한 우리 눈을 부시게 하는 수많은 불멸의 행위를 낳았으며, 애국심이 조롱거리로 변한 이래 우화로 간주되어온 고대의 덕을 갖춘 많은 위대한 인물을 낳았다. 이에 놀라지 말자. 부드러운 심장의 흥분은 그것을 전혀 느껴보지 못한 어느 누구에게도 그토록 많은 몽상처럼 보인다. 연인의 사랑보다 백배나 더 열렬하고 매혹적인 애국심도 이와 마찬가지로 경험하지 않고는 이해할 수 없다. 그러나 애국심으로 흥분된 모든 마음과 애국심이 고취시킨 모든 행위 가운데 가장 순수한 덕이 이런 사랑에서 분리되면 더 이상 빛나지 않는 격렬하고 숭고한 열정을 알아채기란 쉬운 일이다. 소크라테스와 카토를 감히 비교해보자. 전자는 철학자에 더 가깝고 후자는 시민에 더 가깝다. 아테네는 이미 몰락해 소크라테스에게는 전 세계 외에 다른 조국이 없었다. 카토는 마음속 깊이 언제나 조국을 품고 있었으며, 오직 조국을 위해 살았고 조국과 운명을 같이했다. 소크라테스의 덕은 가장 지혜로운 사람의 덕이다. 그러나 카이사르와 폼페이우스에 비해 카토는 인간들 가운데 신과 같은 존재로 보인다. 소크라테스는 소수의 개인을 가르치고 소피스트와 논쟁하고 진리를 위해 죽지만, 카토는 세계 정복자들에게 맞서 국가와 자유와 법을 수호하다가 마침내 자신이 봉사할 어떤 조국도 찾지 못할 때 이 세상을 떠난다. 소크라테스의 훌륭한 제자가 동시대인들 중에서 가장 덕 있는 사람이라면, 카토의 훌륭한 모방자는 동시대인들 가운데 가장 위대한 사람이다. 전자의 덕은 그 자신의 행복일 것이고, 후자는 다른 모든 사람의 행복에서 자신의 행복을 찾을 것이다. 전자는 우리를 가르칠 것이고 후자는 우리를 인도할 것이며, 이 사실만으로도 우리는 어느 것을 선택할지 결정할 수 있을 것이다. 지금까지 지혜로운 사람들로 구성된 인민은 있을 수 없었지만, 어떤 인민을 행복하게 만드는 것은 불가능하지 않기 때문이다.

인민이 덕스럽기를 원하는가? 그러면 인민이 조국을 사랑하게 하는 것부터 시작하자. 그러나 인민에게 조국이 외국보다 나을 것이 없고 누구도 거부할 수 없는 것만을 부여한다면, 어떻게 인민이 조국을 사랑하겠는가? 이 문제는 인민이 조국에서 시민적 안전조차 누리지 못하고 인민의 재산과 생명 및 자유가 강자의 처분에 맡겨져 인민이 감히 법에 호소하는 것이 가능하지 않거나 허용되지 않는다면 훨씬 더 악화될 것이다. 그러면 자연상태의 권리조차 누리지 못하고 스스로를 보호할 힘을 사용할 수 없으면서 문명상태의 의무에 복종하는 인민은 결과적으로 자유로운 인간이 처할 수 있는 최악의 상태에 놓이게 될 것이며, 조국이라는 말은 인민에게 추악하거나 우스꽝스러운 의미밖에 갖지 못할 것이다. 팔이 상처를 입거나 절단되었는데 그 고통이 뇌에 전달되지 않는다고는 절대 생각하지 말아야 한다. 일반의지가 국가의 구성원들 중 어느 누구에게도 다른 구성원을 해하거나 죽이는 것을 허용할 리 없다고 믿는 것은, 이성을 갖춘 사람이 손가락으로 자기 눈을 후벼 파 시력을 잃게 할 리 없다고 믿는 것과 같다. 사적 안전은 공적 연합과 밀접히 연관되어 있으므로, 구할 수 있었던 시민을 한 명이라도 죽게 하고 한 사람이라도 잘못 투옥하며 한 건의 소송이라도 명백히 부당한 결정으로 지게 한다면, 인간의 연약함을 고려하지 않은 이런 협약은 법에 의해 파기될 것이다. 기본 협약 conventions fondamentales에 위배될 때 단지 힘으로써 문명상태의 해체를 억제하지 못하는 한, 더 이상 어떤 권리나 이익으로 인민을 사회적 연합에 머물게 할 수 있는지 알 수 없기 때문이다.

실제로 전체 국민은 다른 모든 구성원에 대한 배려와 마찬가지로 가장 마지막 구성원의 보존에 대한 배려를 제공하는 약속 아래에 있는 것이 아닌가? 한 시민의 안전은 전체 국가의 안녕보다 적은 보잘것없는 요인이란 말인가? 만약 누군가 우리에게 한 사람이 모두를 위해 죽는 것이 훌륭하다고 말하면, 나는 자기 나라의 안녕을 위해 기꺼이 자원해 죽음으로써 봉헌하는 훌륭하고 덕 있는 애국자의 입술에서 나오는 이런 금언을 칭송할 것이다. 그러나 이런 원칙이 다수의 안녕을 위해 정부가 죄 없는 한 사람을 희생시키는 것이 허용됨을 의미한다면, 나는 이것이 지금까지 폭정이 날조한 가장 혐오스러운 것 가운데 하나이며, 사람들이 제시할 수 있는 가장 잘못된 것이고, 사람들이 허용할 수 있는 가장 위험한 것이며, 사회의 기본법에 가장 직접적으로 반대되는 것이라고 생각한다. 즉, 한 사람이 모두를 위해 죽어야 하는 것이 결코 아니라, 오히려 언제나 사적 연약함이 공적 힘에 의해 보호받고 각 구성원이 전체 국가에 의해 보호받도록 모두가 자신의 재산과 생명으로써 각자를 보호하기로 약속한 것이다. 인민에게서 개인을 한 명씩 차례로 뺀다고 추정한 후에 이런 원칙의 열혈 지지자들이 말하는 국가체corps de l'état라는 낱말이 의미하는 바를 그들에게 더욱 분명히 설명하도록 시켜보라. 그러면 그들이 마침내 인민을 인민이 아니라 인민의 관료인 소수의 사람으로 축소시키며, 인민의 관료는 개인적인 맹세를 통해 인민의 안녕을 위해 자신이 죽기로 약속했으나 오히려 인민이 인민의 관료를 위해 마땅히 죽어야 하는 것을 입증한다고 주장함을 알게 될 것이다.

국가가 구성원들에게 당연히 해야 할 보호를 한 사례와 그들의 인격에 표해야 할 존경을 표한 사례를 사람들이 찾고 싶어 하는가? 이런 사례는 오직 지상에서 가장 탁월하고 용감한 민족에게서 찾아야 하며, 인간의 가치를 아는 자유 인민을 제외하면 거의 아무도 없다. 스파르타에서는 죄지은 시민을 처벌해야 하는 일이 생기면 공화국 전체가 얼마나 심각한 혼란에 휩싸였는지 잘 알려져 있다. 마케도니아에서는 한 사람의 생명이 대단히 중요한 문제여서, 강력한 군주인 알렉산더의 가장 위대한 시기에도 피고인이 동료 시민들 앞에 몸소 나타나 스스로를 변호하고 나서 그들에게 유죄 선고를 받지 않는 한, 범죄자인 마케도니아인을 감히 사형시키지 못했다. 그러나 로마인은 정부의 개인에 대한 경의와 모든 국가 구성원의 침범할 수 없는 권리를 존중하는 데 쏟는 정부의 세심한 주의에서 지구상의 모든 인민 가운데 가장 두드러졌다. 한 시민의 생명만큼 신성한 것은 절대 없었다. 그와 마찬가지로 한 시민에게 유죄를 선고하려면 전체 인민의 집회가 필요했다. 원로원 자체도 대단히 존엄한 집정관도 단죄할 권리를 갖지 못했으며, 세계에서 가장 강력한 이 인민에게도 한 시민의 범죄와 형벌은 공적인 슬픔이었다. 어떤 범죄에 대해서든 피를 흘리는 것은 몹시 가혹하게 여겨졌으므로, 포르키아Porcia 법에 따라 그토록 사랑스러운 조국의 멸망 이후에도 계속 살아가기를 원하는 모든 사람에게 사형이 추방으로 감형되었다. 로마와 로마 군대에서는 모든 것이 동료 시민들 간의 사랑과 로마인이라는 이름에 대한 존경심을 불어넣었는데, 로마인이라는 이름은 그것을 지닐 명예를 가진 모든 사람에게 용기를 북돋워주고 덕을 고취했다. 노예상태에서 벗어난 시민의 모자나 타인의 생명을 구한 시민의 관(冠)은 승리의 축제 행렬 가운데 가장 커다란 환희로 간주되는 것이었다. 전쟁에서의 고귀한 행위를 영광스럽게 만들어주는 데 사용되는 관 가운데 시민의 관과 승리자의 관만 풀과 잎으로 만들어지고 다른 모든 관은 금으로 만들어졌다는 사실은 주목할 만하다. 따라서 로마는 덕스러웠고, 세계의 연인이 되었다. 야망을 품은 지배자여! 목동은 자신의 개와 가축을 지배하지만, 사람들 중에서 가장 비천한 자일 뿐이다. 만약 명령하는 것이 훌륭하다면, 복종하는 사람이 명령하는 사람을 명예롭게 할 때 가능하다. 그러므로 동료 시민을 존경하라. 그러면 여러분 자신이 존경받게 될 것이다. 자유를 존중하라. 그러면 여러분의 권력은 나날이 증대될 것이다. 여러분의 권리를 절대 초과하지 마라. 그러면 머지않아 그 권리는 무한히 커질 것이다.

따라서 조국이 시민들 공동의 어머니가 되게 하고, 시민이 자기 나라에서 누리는 혜택으로 인해 조국을 소중히 여기게 하고, 정부가 시민을 공공행정에 충분히 참여시킴으로써 시민이 자기 집에 있다고 느끼게 하며, 법이 시민의 눈에 오직 공동의 자유에 대한 보장으로 보이게 하라. 이 권리들은 모두 매우 고상하지만 모든 사람에게 속한다. 그러나 지배자의 나쁜 의지는 이런 권리를 직접 비난하는 것으로 보이지 않으면서도 그 효과를 쉽게 없앤다. 남용된 법은 강자에게 약자에 대한 공격 무기인 동시에 방어막으로서 역할을 하며, 공공선이라는 구실도 언제나 인민의 가장 위험한 재앙이다. 정부에 가장 필요한 것이자 아마도 가장 어려운 것은, 모든 사람에게 정의를 실현하고 특히 부자의 폭정에서 빈자를 보호하는 엄격한 공명정대함이다. 보호해야 할 빈자와 제지해야 할 부자가 존재하면 이미 가장 커다란 해악이 생겨난 것이다. 법의 최대 힘은 중간층의 부에만 영향을 미치는 데 불과하다. 법은 부자의 재물과 빈자의 궁핍에 대해서 똑같이 무기력하다. 부자는 법을 모면하고 빈자는 법에서 벗어나는데, 전자는 법의 그물을 뚫고 후자는 법 사이로 빠져나간다.

따라서 정부의 가장 중요한 과업 가운데 하나는 소유자의 재물을 빼앗지 말고 재물을 축적하는 모든 수단을 제거함으로써, 빈자를 위한 구호소를 건립하지 말고 시민이 빈곤해지는 것을 예방함으로써 부의 극심한 불평등을 방지하는 것이다. 어떤 곳에서는 인구가 많아 혼잡한 반면에 다른 곳에서는 인구가 줄어 황폐할 정도로 영토에 불균형하게 분포돼 있는 사람들, 유익하지만 힘이 드는 직업을 희생시키는 대가를 치르며 선호되는 예능과 순전한 기교, 상업에 희생된 농업, 국가 재정의 잘못된 관리로 인해 필요해진 세금 징수인, 마침내 평판이 화폐로 측정되고 덕 자체도 돈으로 팔리는 지경에까지 이른 금전 매수 행위 같은 것이 풍요와 빈곤, 공적 이익을 대체한 사적 이익, 시민의 상호 증오, 공동의 목적에 대한 시민의 무관심, 인민의 부패, 정부의 모든 기능 약화의 가장 확실한 원인이다. 그 결과로서 이런 것이 일단 의식될 정도가 되면 거의 치유하기 힘들지만, 사려 깊은 행정이라면 훌륭한 풍속과 더불어 법에 대한 존중, 애국심, 활기찬 일반의지를 유지하기 위해서 당연히 이러한 악들을 예방해야 한다.

그러나 이런 모든 예방책도 한층 더 나아가지 않으면 충분하지 못할 것이다. 나는 공공경제에 관한 이 부분을 처음에 당연히 시작했어야 하는 곳에서 끝맺는다. 조국은 자유 없이 존속할 수 없고, 자유는 덕 없이 존재할 수 없으며, 덕은 시민 없이 존재할 수 없다. 만약 시민을 형성하면 이 모든 것을 얻게 될 것이다. 시민을 형성하지 못하면, 국가의 지도자로부터 시작해 사악한 노예만을 얻게 될 것이다. 그런데 시민의 형성은 하루아침에 이루어지는 일이 아니며, 성인으로서 시민이 되려면 어렸을 적부터 가르쳐야 한다. 어떤 사람은 나에게 지배자가 되려는 자는 누구나 피지배자들의 본성을 벗어나 그들에게 불가능한 완전함을 추구하거나 피지배자의 정념을 파괴하려고 해서는 안 되며, 그런 계획의 집행은 바람직하지도 않고 가능하지도 않다고 말한다. 나는 이 모든 것에 더욱 강력히 동의할 것이다. 아무런 정념도 갖지 않은 사람은 확실히 몹시 나쁜 시민이 될 것이기 때문이다. 그러나 사람에게 아무것도 사랑하지 말라고 가르칠 수는 없더라도, 어떤 한 대상을 다른 대상보다 사랑하고 기형적인 것보다 진정으로 아름다운 것을 사랑하도록 가르치는 것은 불가능하지 않다는 사실에는 동의해야 한다. 예컨대 사람들이 자기 개인을 오직 국가 전체와 관련지어 바라보고, 말하자면 자신의 존재를 오직 국가의 일부로 인식하도록 일찍부터 양성된다면, 결과적으로 어떻게 해서든 자신을 이런 더 큰 전체와 동일시하고 자신을 조국의 구성원으로 느끼며, 고립된 사람만이 느끼게 되는 감미로운 감정으로 조국을 사랑하고 이런 위대한 대상에 걸맞게 자기 영혼을 영구히 고양하며, 우리의 모든 악을 생기게 하는 위험한 성향을 고상한 덕으로 변형시킬 수 있게 될 것이다. 철학이 이런 새로운 방향의 가능성을 증명하고 있을 뿐 아니라, 역사도 수많은 명백한 사례를 제시한다. 만약 이런 사례가 몹시 드물다면, 아무도 어떤 시민이 있는지에 관심을 갖지 않고 시민을 충분히 형성하는 일에 대해서도 훨씬 덜 생각하기 때문이다. 사람의 자연적 성향이 그만의 방향으로 나아가고 습관이 이기심과 결합되면, 자연적 성향을 바꾸기에는 이미 너무 늦었다. 일단 우리의 마음에 집약된 인류아(人類我)moi humain가 모든 덕을 빨아들이고 소인배의 생활을 구성하는 저 경멸할 만한 행동을 습득하면, 우리를 우리 자신에게서 끌어내기에는 이미 너무 늦었다. 애국심을 질식시키는 그토록 많은 다른 정념의 한복판에서 어떻게 애국심이 발생할 수 있겠는가? 탐욕과 정욕 및 허영 사이에서 이미 갈라진 마음에 동료 시민을 위해 남아 있는 것이 뭐가 있겠는가?

삶의 최초 순간부터 인생을 살아갈 만한 가치를 배워야 한다. 사람은 출생하면서 시민의 권리에 참여하므로, 태어난 순간은 당연히 의무 수행의 시작이어야 한다. 만약 타인에 대한 복종을 가르치는 성인을 위한 법이 존재한다면, 어린이를 위한 그런 법도 당연히 존재해야 한다. 각자의 이성이 자기 의무의 유일한 지배자가 되도록 허용되지 않는 것과 마찬가지로, 자녀 교육을 아버지의 지식과 편견에 내맡기는 것은 훨씬 더 부적절하다. 이 문제는 아버지에게보다 국가에 훨씬 더 중요하다. 자연의 진로에 따라 아버지의 죽음은 자녀 교육의 최종 결실을 종종 보지 못하게 하지만, 조국은 조만간 그 효과를 느끼게 되기 때문이다. 국가는 유지되지만, 가족은 해체된다. 만약 공적 기관이 아버지의 자리를 차지하고 이런 중요한 기능을 담당하며 아버지의 의무를 수행함으로써 아버지의 권리를 획득한다면, 아버지는 오히려 불평할 이유가 적어진다. 이런 점에서 아버지는 실제로 명칭을 변경한 것에 불과하고, 아버지라는 이름 아래 개별적으로 행사한 자기 자녀에 대한 권한을 시민이라는 이름 아래 공동으로 똑같은 권한을 갖게 될 것이며, 자연이라는 이름으로 말할 때 복종하는 것과 마찬가지로 법이라는 이름으로 말할 때 잘 복종하게 될 것이다. 따라서 정부가 정한 규칙과 주권자가 임명한 행정관 아래에서 공공교육은 인민정부 혹은 합법적인 정부의 근본 원칙 가운데 하나다. 만약 어린이들이 평등한 가운데 공동으로 양육되고 국가의 법과 일반의지의 원칙으로 고취되며, 이것을 다른 모든 것보다 존중하도록 교육받고 자기를 길러준 자상한 어머니와 자기가 어머니에게 받은 사랑과 헤아릴 수 없는 혜택 및 자기가 보답해야 할 것을 항상 생각나게 하는 사례와 대상으로 둘러싸여 있다면, 그들은 형제로서 서로를 소중히 여기고 사회가 원하는 게 아닌 것은 아무것도 절대 원하지 않고, 궤변론자의 무익하고 공허한 헛소리를 인간과 시민의 행동으로 대체하며, 언젠가 조국의 수호자가 되고 그토록 오랫동안 조국의 자녀로 남아 있을 그들이 조국의 아버지가 되는 것을 배우리라는 데 전혀 의심의 여지가 없다.

어떤 행정관이 분명히 국가의 가장 중요한 과업인 이런 교육의 주관자가 되어야 하는지에 대해서는 논하지 않으련다. 만약 공적 신뢰의 이런 표식이 경솔히 부여되어, 다른 모든 일을 훌륭히 수행한 사람들에게 이런 숭고한 기능이 그들의 노고에 대한 보상과 노년기의 명예롭고 기분 좋은 안식과 모든 명예의 절정으로서 주어지지 못한다면, 전체 과업은 쓸모없어지고 교육은 성공을 거두지 못할 것이다. 수업이 권위로, 또 교훈이 사례로 뒷받침되지 못하는 곳이라면 어디에서든 교육이 결실을 맺지 못하고, 덕 자체도 그것을 실천하지 않는 사람의 말에서는 신망을 잃기 때문이다. 그러나 월계관의 무게를 이기지 못할 정도로 걸출한 전사가 용기를 설파하고, 법정에서 위엄을 갖춘 반백(半白)의 정직한 행정관이 정의를 가르치면, 이들 모두가 덕 있는 후계자를 양성하게 될 것이며 시대를 초월해 대대로 지도자의 경험과 재능, 시민의 용기와 덕, 조국을 위해 살고 죽는 모든 사람에게 공통된 경쟁심을 전수하게 될 것이다.

내가 알기로 예전에 공공교육을 실천한 것은 단지 세 인민, 곧 크레타인과 스파르타인 및 고대 페르시아인에 불과했다. 공공교육은 이 세 인민에게서 가장 큰 성공을 거두었고, 스파르타인과 고대 페르시아인에게서는 놀랄 만한 성과를 창출했다. 세계가 제대로 통치될 수 있기에는 너무 커다란 나라들로 분할되었을 때 이런 방법은 더 이상 실행 불가능했으며, 독자가 쉽게 알 수 있는 다른 이유로 말미암아 어떤 근대 인민도 이런 공공교육을 시도하지 못하게 되었다. 로마인이 공공교육 없이 살아갈 수 있었음은 대단히 주목할 만한 사실이다. 그러나 로마는 5세기에 걸쳐 지속된 하나의 기적으로서, 세계가 다시 그런 기적을 보기를 기대해서는 안 된다. 폭정과 폭군의 범죄에 대한 공포 및 타고난 애국심에 의해 생겨난 로마인의 덕으로 말미암아 로마인의 가정은 모두 시민을 위한 학교와 같았으며, 자녀에 대한 아버지의 무한한 권력은 사적 영역에서 대단히 엄격해 행정관보다도 더 두려운 존재인 아버지가 집안 법정에서 풍속의 검열자이자 법의 징벌자였다.

따라서 인민에게서 애국심과 훌륭한 풍속을 유지하거나 되살리는 데 끊임없이 주의를 기울이는 신중하고 선의를 지닌 정부는 공화국의 운명에 대한 시민의 무관심에서 조만간 나타나게 될 악을 일찌감치 예방하며, 개인을 고립시키고 국가가 그 힘으로 약화되며 그 선의에서 아무것도 얻으리라고 기대할 수 없는 개인의 이익을 좁은 범위로 한정시킨다. 인민이 자기 나라를 사랑하고 법을 존중하며 소박하게 살아가는 곳이라면 어디서든 인민을 행복하게 할 일이 거의 남아 있지 않다. 재물이 개인의 운명에서 차지하는 역할보다 더 적은 공공행정에서는 지혜가 행복과 대단히 밀접하므로 이런 두 가지 목적을 서로 분간하기 힘들다.

III. 시민이 존재하고 시민을 보호하는 것으로는 불충분하다. 시민의 생존도 생각해야 한다. 공공의 필요를 제공하는 것은 일반의지의 명백한 실현이며, 정부의 세 번째로 중요한 의무다. 이 의무는 사람들이 느끼는 것처럼 개인의 곡물 창고를 가득 채움으로써 노동하지 않아도 되게 하는 것이 아니라, 손이 닿는 곳에 풍요를 유지함으로써 그것을 획득하려면 노동이 언제나 필요하고 절대 쓸모없지 않도록 하는 것이다. 이런 의무는 공공재정의 유지 및 공공행정의 비용과 관련된 모든 운영에도 확장된다. 따라서 지금까지 사람의 관리와 연관된 일반경제에 관해 논했으니 이제는 재산의 관리와 연관된 경제를 고찰해봐야 한다.

이 부분도 앞부분에 비해 해결해야 할 어려움이나 극복해야 할 모순이 적은 것은 아니다. 소유권은 시민의 모든 권리 가운데 가장 신성한 권리이며, 어떤 점에서는 자유 자체보다 더 중요한 것이 확실하다. 그 이유는 소유권이 생명의 보존에 더욱 밀접하게 관련되든지, 재산이 인격보다도 박탈하기 쉽고 보호하기 어려우므로 더욱 쉽게 도난당할 수 있는 것에 더 큰 주의를 기울여야 하든지, 재산은 시민사회의 진정한 기초이자 시민의 약속에 대한 진정한 보증이 되든지 하기 때문이다. 만약 재산이 사람의 인격에 대해 책임을 지지 않는 상태가 된다면, 자기 의무를 회피하고 법을 조롱하는 것만큼 쉬운 일이 전혀 없을 것이기 때문이다. 다른 한편으로 국가와 정부를 유지하는 데 비용과 지출이 필요한 것도 확실하다. 어느 누구도 목적에 동의하면 수단을 거부할 수 없으므로, 사회의 구성원은 사회의 유지를 위해 당연히 재산을 헌납해야 한다. 더욱이 다른 사람의 재산을 침해하지 않으면서 개인의 재산을 보장하기란 어려운 일이며 상속 지시, 유언, 계약과 관련된 모든 규칙이 어떤 점에서 시민 자신의 재산 처분과 결과적으로 시민의 소유권을 제약하지 않기란 불가능하다.

그러나 앞서 말한 법의 권위와 시민의 자유 사이에서 나타나는 조화에 관한 사실 외에도 재산의 처분과 관련된 많은 난제를 극복하는 데 중요한 의견이 하나 존재한다. 푸펜도르프가 알려준 바와 같이, 본질적으로 소유권은 소유자의 생애 이후까지 확장되지 못하며 사람이 죽는 순간에 재산은 이제 그에게 속하지 않게 된다.[87] 따라서 소유자에게 자신의 재산을 처분할 수 있는 조건을 규정해주는 것은 외관상 권리의 침해로 보일지라도 실제로는 권리의 확대다.

일반적으로 재산을 처분하는 개인의 권리를 규정하는 법 제도는 오로지 주권자의 소관이지만, 정부가 법을 적용하는 데 당연히 따라야 하는 법의 정신은 부자 사이는 물론 친족 사이에도 가족의 재산이 최대한 가족에게서 벗어나지 않고 양도되지 말아야 한다는 점이다. 자녀에게 유리한 이런 주장에는 명백한 이유가 있다. 만약 아버지가 자녀에게 아무것도 남겨주지 않는다면 자녀에게 소유권이란 전혀 쓸모없어질 것이기 때문이며, 더욱이 아버지의 재산 획득에 자녀가 노동을 통해 종종 기여했으므로 자녀의 권리로 아버지와 결합되어 있기 때문이다. 그러나 더 장기적이고 중요한 또 다른 이유는, 시민들 간의 재산과 지위에 일어나는 지속적인 변동보다 풍속과 공화국에 해로운 것은 절대 없다는 점이다. 이런 변동은 수많은 무질서의 증거이자 원천이며, 모든 것을 전복하고 혼란스럽게 하며 이런 변동으로 말미암아 어떤 일을 위해 육성된 자가 다른 일을 하도록 정해지므로, 성공한 자도 실패한 자도 자신의 새로운 지위에 적합한 원칙이나 지식을 터득할 수 없고 새로운 의무를 훨씬 덜 이행하게 된다. 나는 이제 공공재정이라는 주제로 넘어간다.

만약 인민이 스스로 통치하고 국가 행정과 시민 사이에 아무런 중개자도 없다면, 공적 필요와 개인의 능력에 비례해 기회가 생기는 대로 자기가 부담할 부분을 각출하는 것으로 충분하다. 어느 누구도 세금의 징수와 사용에서 절대 시선을 떼지 않으므로, 그것을 관리하는 데 부정행위나 악용이 끼어들 수도 없다. 국가는 빚을 절대로 지지 않을 것이며, 인민도 과중한 세금에 시달리지 않거나 적어도 확실히 세금이 적절하게 사용됨으로써 세금의 고충에 대해 위로를 받을 것이다. 그러나 매사가 이와 같이 진행될 수는 없으며, 국가가 아무리 적을지라도 시민사회의 숫자는 언제나 너무 많으므로 모든 구성원에 의해서 통치될 수 없다. 공공 세입은 반드시 지배자의 손에 의해 사용되어야 한다. 지배자는 모두 국가 이익 외에 사적 이익도 갖고 있는데, 이런 사적 이익 외에도 지배자가 조심해야 할 것이 있다. 다른 한편으로 인민은 공적 필요보다 오히려 지배자의 탐욕과 과도한 지출을 의식해, 타인에게 잉여분을 공급하기 위해 자신의 필수품이 빼앗기는 것을 보고 투덜거린다. 일단 이런 책동이 어느 정도까지 격화되면, 가장 공정한 행정도 신뢰를 다시 얻는 데 성공할 수 없을 것이다. 그래서 분담액이 자발적으로 정해지면 아무런 문제가 없으나 분담액을 강요하면 정당하지 못하므로, 정당하고 현명한 경제의 난제는 국가가 멸망하게 하는 것과 국가의 받침대인 신성한 소유권을 공격하는 것 가운데 하나를 고통스럽게 선택하는 데 달려 있다.

공화국의 수립자가 법 제정 후에 마땅히 해야 하는 첫 번째 일은 행정관과 다른 관료를 유지하고 모든 공적 비용을 충당하기에 충분한 재원을 찾는 것이다. 이런 재원이 금전이면 공적 자금ærarium/fisc이라고 부르고, 토지라면 공유지domaine public라고 부르며, 후자는 쉽게 알아볼 수 있다는 이유에서 전자보다 훨씬 선호된다. 이 문제에 관해 충분히 생각한 사람이라면 누구도 보댕과 다른 의견을 가질 수 없었는데, 보댕은 공유지를 국가의 필요를 공급하는 모든 수단 가운데 가장 정직하고 확실한 수단으로 간주한다. 로물루스가 토지를 분배하는 데 최우선적인 배려로 토지의 3분의 1을 이런 목적을 위해 지정했다는 사실도 주목할 만하다. 공유지의 결실을 잘못 관리하면 아무것도 얻을 수 없게 되는 것도 불가능하지 않음을 인정하지만, 잘못 관리되는 것이 공유지의 본질은 아니다.

이런 재원은 모두 사용에 앞서 마땅히 인민의회나 그 나라 모든 계층의 회의에 의해 할당되거나 승인되어야 하며, 그런 후에 이 회의가 재원의 사용을 결정해야 한다. 이런 재원을 양도할 수 없게 하는 공식적인 절차 이후, 말하자면 그 재원의 성격이 변하고 그 세입이 대단히 신성해지므로 그 목적을 저해하는 최소한의 것을 바꾸는 일도 모든 도둑질 가운데 가장 치욕스러울 뿐 아니라 대역죄가 된다. 재무관 카토의 청렴결백이 공개적으로 논의되고, 몇 푼의 돈으로 어떤 가수의 재능을 보상한 황제가 그 돈이 국가의 재산이 아니라 자기 가족의 재산에서 나왔다고 덧붙일 필요가 있었던 것은 로마에 있어서 커다란 불명예다. 그러나 〔로마 제국의 6번째 황제〕 갈바Galba 같은 사람도 거의 없다면, 카토와 같은 인물을 어디에서 찾을 것인가? 이미 악이 불명예가 되지 않는 이상, 자기 재량에 맡겨진 공적 세입에 손을 대지 않을 만큼 양심적인 지도자는 무엇이 될 것이며, 머지않아 허영심 많고 수치스러운 자신의 방탕과 국가의 영광을 혼동하고 자기 권한의 확대 수단을 국가 권력의 증대 수단과 혼동하는 체하여 속이지 않을 만큼 양심적인 지도자는 무엇이 될 것인가? 무엇보다도 이런 미묘한 행정 분야에서는 덕이 효과적인 유일한 도구이며, 행정관의 성실함이 그의 탐욕을 억제할 수 있는 유일한 견제 수단이다. 재산 관리인의 장부와 모든 기록은 그들의 불성실을 드러내기보다 은폐하는 데 오히려 도움이 되며, 새로운 대비책을 생각해내는 신중함도 그것을 교묘히 피하는 부정행위만큼 빠르지는 못하다. 따라서 기록과 서류는 내버려두고, 재정을 신뢰할 만한 자의 수중에 맡기라. 이것이 재정을 충실히 관리하는 유일한 방법이다.

일단 공적 기금이 확립되면, 국가의 지도자는 당연히 그 관리자가 된다. 비록 그 관리(管理)가 항상 똑같지는 않을지라도, 그 관리는 언제나 본질적인 통치의 일부가 되기 때문이다. 그 관리의 영향력은 다른 관리의 영향력이 감소하는 것에 비례해 증가하며, 정부에 남아 있는 유일한 활력이 돈이 될 때, 그 정부는 부패가 극에 달했다고 말할 수 있다. 그런데 모든 정부는 지속적으로 느슨해지는 경향을 띠므로, 이것만으로도 어째서 국가의 세입이 꾸준히 증가하지 않으면 어떤 국가도 존재할 수 없는 것인지를 알 수 있다.

이런 증가의 필요성을 처음 느끼게 될 때, 그것은 국가 내부의 무질서에 대한 최초의 징후이기도 하다. 현명한 관리자가 현재의 필요를 충족시킬 돈을 찾는 일을 생각하면서도 이런 새로운 필요의 근본적인 원인을 찾는 데 소홀하지 않음은, 마치 선원이 배가 침수되는 것을 보고 펌프질을 하면서도 물 새는 구멍을 찾아 틀어막는 것을 잊지 않음과 같다.

이런 규칙에서 세입을 증가시키기보다 필요를 예방하는 데 훨씬 더 많이 유의해야 한다는 재정 관리의 가장 중요한 원칙이 유래한다. 구제는 아무리 부지런해도 손해를 입은 후에야 천천히 행해지므로 언제나 국가를 힘들게 한다. 어떤 어려움에 대한 구제책이 시행되는 동안에 또 다른 어려움이 이미 느껴져서 그 대책 자체가 새로운 어려움을 낳게 된다. 이와 같이 됨으로써 마침내 국가는 빚에 허덕이고 인민은 짓밟히며 정부는 모든 활력을 상실해 이제는 많은 돈을 갖고도 일을 조금밖에 하지 못하게 된다. 이런 위대한 원칙이 제대로 확립되었을 때에야 모든 부를 가진 우리 시대의 〔근대〕 정부보다도 절약함으로써 더 많은 일을 한 고대 정부의 기적을 생기게 했다고 믿는다. 아마도 이런 사실에서 갖고 있지 않은 것을 획득하는 수단보다는 갖고 있는 것에 대한 현명한 운영과 더 관련된 경제라는 말의 통상적 의미가 유래한 것 같다.

관리하는 자의 성실함에 비례해 국가에 결실을 산출해주는 공유지와는 별도로 일반 행정의 전체 힘 특히 그것을 정당한 수단에 국한시킨 힘에 관해 충분한 지식을 가졌다면, 지도자가 개인의 사유 재산을 침해하지 않고도 모든 공적인 필요에 대비하는 여러 수단을 갖고 있는 데 놀라게 될 것이다. 지도자는 국가의 모든 상업의 주인이므로, 그에게는 종종 전혀 간섭하지 않는 것처럼 보이면서도 모든 것에 대비하는 방식으로 상업을 지도하는 것보다 쉬운 일이 없다. 재정을 운영하는 자가 대단히 장기적인 관점에서 미래를 내다보고 때로는 장차 거대한 이익을 실질적으로 획득하기 위해 임박한 현재의 명백한 손실을 감수하는 법을 알기만 하면, 시간과 장소에 따른 정당한 비율로 식료품과 돈 및 상품을 분배하는 일은 재정의 참된 비밀이며 부의 원천이다. 어떤 정부가 풍년에는 식량을 수출하고 흉년에는 수입함으로써 세금을 납부하기보다는 오히려 보조금을 지급하는 것을 보고 그것이 정말이라고 생각하려면 눈앞에 그런 사실이 실제로 존재할 필요가 있으며, 그런 사실이 오래전에 일어났던 것이라면 사람들은 그것을 순전히 허구로 간주할 것이다. 흉년의 기근을 방지하기 위해 공공 창고magasin public의 설치를 제안했다고 가정해보자. 얼마나 많은 나라에서 그런 유익한 제도의 유지를 새로운 세금의 구실로 삼지 않겠는가? 제네바에서는 현명한 관리(管理)에 의해 설치되고 유지되는 그런 곡물 창고가 흉년에는 공적 자원을 구성하고 평소에는 언제나 국가의 주된 세입이 된다. 그 건물의 전면에는 "식량을 주고 부유하게 하라Alit et ditat"라는 아름답고 정의로운 문장이 새겨져 있다. 여기에서 나는 훌륭한 정부의 경제 제도를 소개하기 위해 종종 이 공화국의 제도로 눈을 돌리는데, 내가 모든 나라에서 시행됐으면 하는 지혜와 행복의 본보기를 조국에서 발견하게 되니 얼마나 행복한지 모른다.

국가의 필요가 어떻게 증가하는가를 조사하면, 개인의 경우와 거의 마찬가지로 그것이 종종 진정한 필요보다는 무익한 욕망의 확대로 발생하며, 때로는 지출을 늘리는 것이 세입을 증대하는 구실이 될 뿐임을 알게 될 것이다. 따라서 국가는 때때로 부유하지 않아도 이득을 얻을 수 있으며, 그런 외형적인 부는 근본적으로 빈곤 자체보다 더 큰 짐이 된다. 인민에게 어느 한 손으로 받은 것을 다른 손으로 줌으로써 인민을 더욱 긴밀한 의존 상태에 놓이게 한다는 기대가 가능함도 사실이며, 바로 이것이 요셉이 이집트인에게 사용한 정책이었다.[88] 그러나 이런 공허한 궤변은 돈이 본래 그것이 나온 수중으로 되돌아가지 않고 이런 종류의 원칙이 유능한 사람에게서 빼앗은 노획물로 게으른 자만을 부유하게 한다는 점에서 국가에 한층 더 치명적인 해를 입힌다.

정복 취향은 이런 필요 증대의 가장 두드러지고 가장 위험한 요인 가운데 하나다. 이런 취향은 종종 표명하려고 하는 야망보다 다른 유형의 야망에서 발생하므로, 그것이 외형상의 취향과 언제나 같지는 않으며, 그 취향의 진정한 동기도 국가의 성장이라는 외형상의 바람이라기보다 오히려 군대 수효의 증가를 이용하고 전쟁의 목표가 시민 정신에 일으키는 전환을 통해서 지도자의 국내 권한을 증대시키려는 은밀한 욕망이다.

적어도 아주 확실한 사실은 피정복 인민처럼 짓밟히고 비참한 존재는 없으며, 심지어 그 인민의 성공조차 그들의 불행을 증대시킬 뿐이라는 점이다. 역사가 그렇게 가르치지 않더라도, 우리는 이성을 통해 국가가 커질수록 그에 비례해 국가에 드는 비용이 더 많아지고 우리가 더 많은 부담을 지게 되리라는 것을 충분히 알 수 있다. 모든 지방은 일반 행정 비용에 대한 자체 할당액을 부담하는 것 외에, 마치 각 지방이 독립되어 있는 것처럼 지방 자체의 개별 행정에 대해 같은 비용을 지출해야 하기 때문이다. 여기에 모든 재산이 어느 한 곳에서 만들어져 다른 곳에서 소비된다는 사실을 덧붙여보라. 이런 사실이 생산과 소비 사이의 균형을 오래지 않아 깨뜨리며, 수많은 지방을 빈곤하게 만듦으로써 어느 한 도시를 부유하게 만든다.

공적 필요 증대의 또 하나의 원인도 앞에서 말한 것과 연관된다. 시민 스스로가 이제 공동 원인에 관련이 없다고 생각하면 시민이 조국의 수호자가 되지 못하는 때가 도래할 수 있다. 조국에서도 자유인을 더욱 속박하려고 적절한 시간과 장소에서 용병을 이용할 뿐이지만, 행정관이 자유인보다 용병에게 명령하기를 선호하는 때가 도래할 수 있다. 공화정 말기와 황제 치하의 로마의 상태가 그러했다. 알렉산더 대왕의 승리와 마찬가지로, 초기 로마인이 거둔 모든 승리는 필요할 때 조국을 위해 피를 흘릴 줄 알았고 조국을 절대 팔아먹지 않았던 용감한 시민들에 의해 이뤄졌기 때문이다. 마리우스는 유구르타 전쟁에서 해방된 노예와 유랑인 및 다른 용병을 끌어들임으로써 로마 군단을 불명예스럽게 만든 최초의 인물이었다. 인민의 행복을 책임져야 하는 존재이면서 오히려 인민의 적이 된 폭군은 외형상으로 외국인을 제지하기 위해서라고 했지만 실제로는 국내 주민을 억압하기 위해서 상비군을 창설했다. 이런 군대를 양성하려면 농부를 경작지에서 떼어내야 했고, 그 결과 농민의 수가 감소하면서 식량 생산량이 줄어들었으며, 군대의 유지 비용은 식량 가격을 올리는 세금을 부과하게 했다. 이런 최초의 무질서는 인민의 불평을 낳았다. 그들을 억압하려면 군대의 수를 늘려야 했고 결과적으로 빈곤도 동시에 증가했다. 실망이 커지면 커질수록, 그 결과를 예방하려고 군대를 더욱 증강하는 것이 더욱더 필요해졌다. 다른 한편, 자신을 판 가격으로 스스로의 가치가 평가될 수 있는 이런 용병은 자신의 타락을 의기양양하게 여기고, 자기를 보호해주는 법과 자기에게 식량을 제공해주는 형제를 경멸하며, 로마의 수호자보다도 로마 황제의 수행자가 됨을 더욱 영광스럽게 생각했다. 맹목적인 복종에 헌신했던 그들은 동료 시민의 머리 위에 단도를 들고 언제든 신호가 떨어지는 순간에 살인할 각오가 되어 있었다. 이런 사실이 로마 제국 멸망의 중요한 원인 가운데 하나임을 보여주는 것은 어렵지 않을 것이다.

대포와 축성술의 발명으로 말미암아 우리 시대에 유럽의 주권자들은 자기 요새를 방어하려면 어쩔 수 없이 상비군의 사용을 재건해야 했다. 그러나 동기가 더 정당하더라도 결과가 똑같이 해롭다는 것은 두려운 일이다. 군대와 수비대를 창설하려면 농촌 인구가 줄어들어야 하며, 그들을 유지하려면 인민을 억압해야 한다. 최근에 이런 위험한 제도가 모든 나라에서 급속히 증가하고 있어서, 장차 유럽 인구가 감소하고 유럽에 거주하는 인민이 조만간 몰락하리라고 예견할 수밖에 없다.

어쨌든 이런 제도는 국가의 주된 세입이 공유지에서 나오는 참된 경제체제를 필연적으로 전복하며 보조금과 조세라는 좋지 않은 재원만을 남기게 되는 것이 분명하다. 이제 이 문제를 논하고자 한다.

여기서 사회계약의 기초는 재산이며 그 첫 번째 조건이 각 사람이 자기에게 속한 것을 지속적으로 평화롭게 향유하는 것임을 잊지 말아야 한다. 각자가 이와 같은 계약을 통해서 적어도 암묵적으로 공적 필요에 대한 자신의 몫을 부담할 의무를 지닌다는 것도 사실이다. 그러나 이런 계약이 근본법을 침해하고 납세자가 인정하는 필요한 증거를 전제하므로, 이런 지불이 정당하려면 개별적인 의지가 아니라 자발적인 의지로 이뤄져야 함이 명백하다. 그것은 마치 각 시민의 동의를 필요로 하고 틀림없이 자기가 원하는 것만 제공해야 하는 것처럼, 연합의 정신에 직접적으로 반대될 개별의지를 통해서가 아니라 다수결 투표로 일반의지를 통해서 자의적인 세금 부과에 대한 여지를 전혀 남기지 않는 비례세에 기초해야 한다.

과세는 인민의 동의나 인민의 대표자의 동의를 통해서만 정당하게 설정될 수 있다는 이런 진리는 보댕 자신도 예외 없고 정치적 권리의 문제에서 어느 정도 명성을 획득한 모든 철학자와 법률가가 일반적으로 인정해왔다. 어떤 사람들은 겉으로는 이와 상반돼 보이는 원칙을 확립했지만, 그들이 그렇게 하도록 고취한 사적 동기를 쉽게 알 수 있다는 사실은 별문제로 하고, 그토록 많은 조건과 제약을 부가함으로써 그 일은 사실상 정확히 같은 원칙으로 귀결된다. 인민이 무엇을 거부할 수 있거나 주권자가 당연히 무엇을 요구하면 안 되는지의 여부는 권리의 문제와 상관이 없기 때문이다. 만약 유일한 문제가 힘이라면, 정당하느냐 그렇지 않느냐를 검토하는 것은 가장 쓸모없는 일이다.

인민이 분담하는 세금의 종류는 두 가지로, 사물에 근거해 징수하는 재산세와 사람 수에 따라 징수하는 인두세가 있다. 양자에는 조세impôt 혹은 특별 징수세subside라는 명칭이 부여된다. 인민이 자기가 납부할 전체 액수를 결정한다면 특별 징수세라 부르고, 인민이 모든 수익을 세금 형태로 낸다면 조세라 부른다. 〔몽테스키외의〕《법의 정신》에서는 인두세가 노예상태에 더 잘 어울리고 재산세가 자유에 더 적합함을 발견하게 된다. 만약 사람 수에 따른 모든 분담액이 같다면 이런 주장은 논쟁의 여지가 없을 것이다. 이런 세금만큼 균형을 상실한 세금은 없을 것이며, 자유의 정신은 무엇보다도 정확한 균형에 대한 존중에 존재하기 때문이다. 그러나 프랑스에서 카피타시옹capitation이 가능했던 것처럼, 인두세가 개인의 재산은 물론 사람에게도 정확히 부과되면 가장 공평한 세금이 됨으로써 자유인에게 가장 적합한 세금이 된다. 얼핏 이런 균형은 아주 쉽게 지켜지는 것처럼 보이는데, 각 사람의 현재 지위에 대해 상대적인 과세 척도를 세상이 언제나 다 알고 있기 때문이다. 그러나 탐욕과 평판 및 기만으로 아무런 흔적도 남기지 않는 법을 알고 있다는 사실 외에도, 이런 계산에 마땅히 포함시켜야 할 모든 요소를 고려하는 것은 드문 일이다. 첫 번째로 양의 관계를 고려해야 한다. 그에 따라, 다른 모든 요소가 같다면 남보다 10배 더 많은 재산을 가진 사람은 10배 더 많은 세금을 납부해야 한다. 두 번째로 용도의 관계, 곧 필수와 잉여의 구별을 고려해야 한다. 겨우 연명하는 정도에 불과한 필수품을 가진 자는 세금을 전혀 납부하지 말아야 하며, 잉여를 가진 사람에 대한 세금은 필요하면 그의 필수품을 초과하는 전체에 가깝게 부과할 수 있다. 어떤 사람은 이 문제에 대해서, 자신의 지위를 고려하면 하층민에게는 잉여가 될 수 있는 것도 자기에게는 필수품이라고 답변할 수 있다. 그러나 이것은 거짓말이다. 귀족도 목축업자와 마찬가지로 두 다리를 갖고 있으며, 단 하나의 위장을 갖고 있기 때문이다. 더욱이 이른바 이런 필수품도 그의 지위에는 거의 필요하지 않으므로, 칭찬받을 만한 목적을 위해 그것을 포기할 줄 안다면 그는 더욱더 존경받게 될 것이다. 국가의 긴급한 필요가 있을 때 마차를 팔아버리고는 걸어서 의회에 참석하러 가는 각료 앞에서 인민은 허리를 굽혀 예를 표할 것이다. 결국 법은 어느 누구의 훌륭함도 요구하지 않으며, 예절도 권리에 반하는 이유가 절대로 되지 않는다.

세 번째는 사람들이 전혀 고려하지 않지만 언제나 맨 먼저 고려해야 하는 관계로서, 각 사람이 부자의 거대한 소유는 강력히 보호하고 비참한 빈자에게는 자신의 손으로 지은 오두막을 간신히 누리도록 하는 사회적 연합confédération sociale에서 끌어내는 효용의 관계다. 사회의 모든 혜택은 강자와 부자를 위한 것이 아닌가? 돈벌이가 되는 직업은 모두 그들이 독차지하고 있지 않은가? 모든 특혜와 면제가 그들에게만 주어져 있지 않은가? 공적 기관이 전적으로 그들의 편에 서 있지 않은가? 지위 높은 자가 채권자를 등치거나 다른 방식으로 속일 때, 그는 언제나 면책을 확신하고 있지 않은가? 그가 휘두르는 몽둥이질과 그가 저지르는 폭력 및 심지어 그의 살인죄와 암살죄도 시간이 지나면 잠잠해지고 6개월이 지나면 더 이상 문제시되지 않는 것이 아닌가? 그런데 바로 그 사람이 도둑질을 당하면 곧바로 모든 경찰이 움직이니, 그가 의심하는 무고한 사람들이 불행을 당한다. 그가 위험한 장소를 지나가는가? 그는 전 지역에서 호위를 받는다. 그의 의자 받침대가 부서졌는가? 모든 사람이 그를 구하고자 쏜살같이 달려온다. 그의 문 쪽에서 사람들이 시끄럽게 구는가? 그가 한마디만 하면 모두가 침묵한다. 군중이 그를 불편하게 하는가? 그가 한번 신호를 하면 모든 것이 정돈된다. 그의 통행로에 마부가 있는가? 그의 하인이 즉시 그를 때려눕힐 준비가 되어 있다. 자기 일을 보러 가는 50명의 정직한 보행인은 오히려 할 일 없이 빈둥거리는 자의 마차가 지체되지 않도록 짓밟힐 것이다. 이런 모든 배려에 대해 그는 한 푼의 대가도 치르지 않는다. 그것은 부자의 권리이지 부의 대가가 아니다. 가난한 사람의 상황은 얼마나 다른가! 인류애가 빈자에게 빚진 것이 많을수록, 사회는 더욱더 빈자를 거절한다. 빈자에게는 그가 문을 열게 할 권리가 있을 때조차 모든 문이 닫혀 있다. 때때로 빈자가 정당한 대우를 받는다 해도, 다른 사람이 특혜를 얻을 때보다 더 어렵게 받는다. 만약 강제 노역을 하고 군에 입대하면 그에게는 우선권이 주어진다. 빈자는 언제나 자신의 부담에다가 부유한 이웃이 면제받는 부담까지 함께 진다. 빈자에게 아주 사소한 사고만 일어나도 모든 사람이 그를 떠난다. 만약 빈자의 초라한 짐수레가 뒤집어진다면, 누군가에게 도움을 받기는커녕 그가 어떤 젊은 공작의 무례한 하인이 지나가면서 퍼붓는 모욕을 피하기만 해도 다행이라고 나는 생각한다. 요컨대 빈자는 필요할 때 전혀 도움을 받지 못하는데, 정확히 말하자면 빈자가 그런 도움에 대한 대가로 지불할 것이 아무것도 없기 때문이다. 만약 빈자가 불행히도 올바른 영혼을 지니고 친절한 딸이 있으며 이웃에 힘센 자가 살고 있다면 나는 그가 이미 파멸한 사람이나 다름없다고 생각한다.

그에 못지않게 주목할 만한 또 다른 중요한 것은 빈자의 손실이 부자의 손실보다 훨씬 더 회복되기 힘들며, 획득하는 어려움이 필요에 비례해 언제나 증대한다는 점이다. 무에서는 아무것도 나오지 않음이 물리학에서와 마찬가지로 사업에서도 사실이다. 돈이 돈을 벌고, 때로는 처음에 금화 하나를 버는 것이 나중에 100만 금화를 버는 것보다 더 힘들다. 그러나 그보다 한층 더 나아간다. 가난한 사람이 지불하는 모든 것은 그에게서 영구히 상실되고, 부자의 수중에 남거나 부자의 수중으로 돌아간다. 세입은 조만간 정부에 참여하거나 정부 가까이에 있는 사람들에게만 효과가 미치므로, 그들은 심지어 자신의 분담금을 납부하면서까지 세금을 늘리는 데 민감한 관심을 둔다.

두 신분의 사회계약을 몇 마디 말로 요약해보자. 나는 부유하고 당신은 가난하니, 당신에게는 내가 필요하다. 따라서 우리 서로 합의하자. 내가 당신에게 명령하는 수고에 대해 당신이 갖고 있는 사소한 것을 내게 준다는 조건으로 나를 섬기는 영예를 허락하노라.

이 모든 일을 조심스럽게 결합해 조세를 공평하고 정확하게 비례적인 방식으로 부과하려면, 납세자의 재산에 대한 비례뿐 아니라 납세자의 조건과 잉여 재산의 차이로 구성된 비례에 따라 과세가 이뤄져야 한다. 이처럼 매우 중요하고도 어려운 계산은 수리를 아는 수많은 정직한 사람들이 매일 해온 일이지만, 플라톤이나 몽테스키외와 같은 사상가는 덜덜 떨면서 계몽과 고결함을 하늘에 애원한 후에 감히 이런 일을 수행하려 했을지도 모른다.

인두세의 또 다른 결함은 그것이 너무 과중하게 느껴지며 너무 가혹하게 부과된다는 점이다. 이 때문에 많은 인두세 과세가 쉽게 기피되는 것을 막을 수 없다. 세금의 목록과 추적에서 소유 재산을 숨기는 것보다 사람의 수를 숨기는 것이 더 쉽기 때문이다.

다른 모든 종류의 과세 가운데 토지세 혹은 부동산세taille réelle는 인민에 대한 최소한의 번거로움보다 조세 수입의 양과 징수의 확실성을 더 고려하는 나라에서 언제나 가장 유익하다고 간주되어왔다. 농부는 납부할 것이 없으면 아무 일도 하지 않으며, 그를 게으름에서 깨어나게 하려면 짐을 지워야 한다고 감히 말하는 사람도 있었다. 그러나 세계 모든 인민의 경험은 이런 우스꽝스러운 원칙에 부합되지 않는다. 경작자가 거의 아무것도 납부하지 않는 네덜란드와 영국, 특히 전혀 아무것도 납부하지 않는 중국에서 토지가 가장 잘 경작된다. 그 반면에 토지의 소산물에 비례해 농부에게 과세되는 곳이라면 어디서든 농부가 땅을 개간하지 않거나 자기 생존에 필요한 것만을 정확히 수확한다. 이는 자기 노력의 결실을 잃게 되는 자에게는 아무것도 하지 않는 것이 이득이며, 노동에 벌금을 매기는 것은 게으름을 추방하는 몹시 이상한 방법이기 때문이다.

토지나 밀에 대한 세금은 특히 그것이 과다한 경우에 가공할 만한 두 가지 폐해로 귀결되어, 결과적으로 인구 감소를 불러오거나 그런 세금을 규정한 모든 나라를 결국 멸망시킬 것이다.

첫 번째 악폐는 화폐 유통의 부족에서 생긴다. 상공업이 농촌의 모든 돈을 대도시로 끌어들이고, 조세가 농부의 필요와 곡물 가격 사이에 여전히 존재할 수도 있는 비율을 파괴하므로, 돈은 언제나 대도시로 들어오고 농촌으로 절대 되돌아가지 않으므로 도시가 부유해질수록 농촌은 더욱더 가난해지기 때문이다. 토지세의 수입은 군주나 금융가의 수중에서 예술가나 상인의 수중으로 넘어가며, 그중에서도 가장 작은 부분을 받을 뿐인 경작자는 언제나 동일하게 납부하고도 더 적게 받음으로써 마침내 모든 것이 고갈되고 만다. 만약 어떤 사람에게 정맥만 있고 동맥이 전혀 없거나, 그의 동맥이 심장에서 몇 인치 떨어진 곳까지만 혈액을 순환시킬 수 있다면, 그런 사람이 어떻게 살 수 있겠는가? 페르시아에서는 식료품에 대한 군주의 세금 역시 식료품으로 지불되었다고 샤르댕은 말한다. 헤로도토스가 지적하듯이, 페르시아에서 다리우스의 시대에 이르기까지 오래전에 존재했던 이런 관행은 내가 방금 말한 악폐를 예방할 수 있다. 그러나 페르시아의 감독관, 관리자, 사무원, 창고지기가 그 밖의 모든 지역민과 다른 종류의 사람이 아니라면, 나는 이런 모든 산물의 가장 작은 것까지 왕에게 전달되고 곡식이 모든 창고에서 썩지 않으며 화재가 대부분의 창고를 태워버리지 않는다는 사실을 믿기가 어렵다.

두 번째 악폐는 외형상의 이익에서 생기며, 이런 이익으로 말미암아 사람들은 문제가 더욱 악화된 뒤에야 악폐를 인식하게 된다. 밀은 그것을 생산하는 나라에서 세금으로 가격을 조금도 올리지 않는 식량이며, 밀의 절대적 필요성에도 불구하고 가격 상승이 없다면 그 생산량이 감소하는 이유가 이것이다. 결과적으로 밀의 가격이 싸게 유지되더라도 많은 사람이 굶어 죽으며, 농부는 판매 가격으로 세금을 납부할 수 없는 부담을 혼자서 진다. 상품 가격이 상승함으로써 판매자보다 오히려 구매자가 지불하는 모든 상품에 적용되는 세금처럼 부동산세에도 똑같은 추론을 적용하면 안 된다는 사실에 주목해야 한다. 이런 세금 부담은 아무리 커도 자발적인 것이며, 판매자가 자신이 구입하는 상품에 비례해 납부하는 것에 불과하기 때문이다. 판매자는 자신의 판매에 비례해서만 구입하므로 개인에게 세금을 부과한다. 그러나 농부는 자기가 생산물을 팔든 안 팔든 그가 경작하는 토지에 대해 고정 금액을 납부하게 되어 있으므로, 생산물의 시장 가격이 자기가 원하는 가격에 도달할 때까지 기다리는 우위를 점하지 못한다. 설령 농부가 생활을 유지하기 위해 생산물을 팔지 않으려 해도 토지세를 지불하려면 그것을 팔 수밖에 없을 것이므로, 때로는 세금의 과중함이 농산물의 가격을 아주 저가로 유지시킨다.

더욱이 상공업의 재원이 풍부한 화폐로써 토지세를 더 감당할 수 있게 하기는커녕 더 부담스럽게 만들 뿐이라는 사실에 다시금 주목하자. 나는 아주 명백한 사실, 즉 어떤 국가에서 화폐의 많고 적음은 대외적 신용을 높이고 낮출 수는 있어도 시민의 실질적인 재산을 결코 변경시키지 못하며, 시민을 다소간 안락하게 만들지도 못한다는 사실을 역설하려는 것이 아니다. 나는 주목받는 두 가지 중요한 점을 말할 것이다. 하나는 국가가 잉여 식량을 소유하지 않아 이런 잉여물의 대외 판매를 통해 풍부한 돈을 마련할 수 없다면, 상업 도시는 이런 풍요를 누리는 유일한 장소가 되고 농부는 상대적으로 더욱 가난해질 뿐이라는 점이다. 다른 하나는 돈이 늘어나는 만큼 모든 물건의 가격이 상승하면서 세금도 그에 비례해 당연히 오르게 됨으로써, 농부는 더 많은 재원을 갖지 못한 채 자신이 더 많이 부담하고 있다고 생각한다는 점이다.

토지세는 실제로 토지의 생산물에 대한 과세임을 분명히 해야 한다. 밀 구매자가 납부하는 밀에 대한 세금 곧 곡물세처럼 위험한 것이 없다는 데는 누구나 동의하지만, 경작자 자신이 토지세를 지불할 때 생기는 폐단이 그보다 100배나 더 심각하다는 사실을 어떻게 볼 수 있는가? 이런 사실은 국가의 존속을 근원까지 침해하는 것이 아닌가? 그것이 직접적으로 국가의 인구를 최대한 감소시킴으로써 결국에는 국가를 멸망시키려고 작용하는 것이 아닌가? 국가에서 인구가 부족한 것보다 더 나쁜 결핍은 없기 때문이다.

진정한 정치가만이 과세의 기준을 정하는 데 재정적인 목적을 넘어 부담스러운 의무를 공공 정책의 유용한 규정으로 전환시키는 쪽으로 자기 시야를 높이며, 그런 제도가 어쩌면 세금 징수보다 결국 나라의 안녕을 목적으로 하는 것이 아닌가라고 인민이 생각하게 할 수 있다.

주민이 갖기를 열망하지만 국가에 필요하지 않은 외국 상품의 수입에 대한 과세, 국내에는 여분이 없고 외국인에게는 필수적인 국내 상품의 수출에 대한 과세, 쓸데없고 지나치게 영리적인 예술 작품에 대한 과세,

순전히 오락물에 불과한 도시 물건의 도입에 대한 과세, 일반적으로 모든 사치품에 대한 과세는 모두 이런 두 가지 목적을 충족시킬 것이다. 빈자의 부담을 덜어주고 부자에게 부담을 지우는 이런 과세를 통해서 재산 불평등의 지속적인 증가, 수많은 노동자와 무기력한 종복의 부자에 대한 예속, 도시에서 빈둥거리는 사람의 증가, 농촌의 황폐화를 막아야 한다.

물건의 가격과 그 물건에 부과되는 세금 사이에 어떤 비율을 정해서 개인이 막대한 이윤을 얻으려는 탐욕으로 말미암아 부정행위를 저지르려는 유혹에 빠지지 않게 하는 것이 중요하다. 가장 은밀히 거래하기 힘든 상품에 특혜를 줌으로써, 밀수가 쉽게 이뤄지지 않도록 예방해야 한다. 끝으로, 세금은 물품의 판매자보다 오히려 세금이 부과된 물품의 소비자가 부담하는 것이 적절한데, 판매자는 자기에게 부과된 세금의 액수에 따라 속임수를 쓰는 방법을 더 찾게 되고 그 유혹을 더 느끼게 될 것이다. 이는 중국에서 일상적인 관행인데, 이 나라는 세계에서 세금이 가장 많고 가장 잘 납부되는 나라다. 판매자는 아무런 세금도 내지 않는다. 구매자만이 세금을 납부하는데, 어떤 저항이나 반란도 생기지 않는다. 쌀과 밀 같은 삶에 필수적인 식량은 전적으로 면세이므로, 인민에게는 전혀 부담이 되지 않고 부자에게만 세금이 부과되기 때문이다. 더욱이 이런 모든 대책은 밀수 행위의 두려움을 통해서가 아니라 개인을 불법적인 이윤 획득의 유혹에서 보호하기 위해 정부가 기울여야 하는 주의를 통해서 마련되어야 한다. 그런 유혹은 나쁜 시민을 만들어내고 오래지 않아 그를 부정직한 사람으로 변모시킬 것이다.

하인의 제복, 사륜마차, 거울과 샹들리에와 가구, 옷감과 금박 입힌 물건, 대저택의 산책로와 정원, 온갖 종류의 극장 공연, 광대와 가수와 연사처럼 한가한 직업, 요컨대 모든 사람의 눈을 현혹하고 유일한 용도가 보여주는 것으로 그것이 보이지 않으면 전혀 쓸모없으므로 거의 드러내지 않을 수 없는 사치·오락·무위도식과 관련된 무수한 대상에 대해서는 높은 세금이 부과되게 하자. 그런 세금은 절대 필수품이 아닌 물건에만 부과되므로, 세입이 제멋대로일 것이라고 걱정할 필요가 없다. 일단 사치의 유혹에 빠진 사람이 사치를 포기할 수 있다고 믿는 것은 사람이라는 존재를 크게 잘못 본 것이다. 사람은 사치품을 포기하는 것보다 100배나 빨리 필수품을 포기할 것이며, 수치를 당해 죽기보다 오히려 굶어 죽기를 선택할 것이다. 물품 가격과 세금 부담으로 말미암아 화려함을 과시하려는 허영심에 더 많은 비용이 들 때, 그런 비용의 증가는 사치를 계속하려는 새로운 이유가 될 뿐이다. 부자가 존재하는 한, 그들은 자신이 빈자와 구별되기를 원할 것이며, 국가도 이런 구별에 근거해 부담이 한결 적으면서도 더 안정된 세입을 창출할 수 있다.

공공재정을 탄탄하게 하고, 농부의 부담을 경감해 농업을 부흥시키며, 점차적으로 모든 부를 국가의 진정한 힘을 창출하는 중간 계층에 좀 더 집중시키는 그런 경제 질서 하에서는 같은 이유로 산업도 전혀 피해를 입지 않을 것이다. 이런 과세가 어떤 유형의 산업을 더 빨리 사라지게 하는 데 도움이 될 수 있음을 나는 인정한다. 그러나 이런 일은 국가 재정에 어떤 손실도 입히지 않으면서 노동자가 이득을 보게 될 다른 유형으로 대체되지 않고는 절대 일어나지 않을 것이다. 요컨대 정부의 정신이 항상 부자의 잉여에 대해 모든 세금을 부과하는 데 있다고 가정하면, 다음 두 가지 상황 가운데 하나가 생길 것이다. 하나는 부자가 경비의 과잉 지출을 그만둘 것이고, 이는 국가에 이익이 될 것이다. 이런 경우에 과세의 기초는 최상의 사치금지법 효과를 낳을 것이고, 국가의 경비는 당연히 개인의 경비와 더불어 감소함으로써, 재정이 조금이라도 줄어들면 지출할 것은 한층 더 줄어들게 될 것이다. 다른 하나는 부자가 사치를 조금도 줄이지 않는다면, 재정은 국가의 실질적인 필요에 충당하는 재원을 세금 수입에서 찾게 될 것이다. 첫 번째 경우에는 그 경비의 전적인 감소를 통해 재정이 풍성해지며, 두 번째 경우에도 마찬가지로 개인의 불필요한 경비 지출을 통해 재정이 풍성해진다.

이 모든 것에, 독자적으로 모든 일을 하려고 열망하는 정부가 많은 주의를 기울여야 하는 정치적 권리의 중요한 구별을 덧붙여보자. 나는 인두세와 절대 필수품에 대한 과세가 소유권을 직접적으로 침범하고, 결과적으로 정치사회의 참된 토대까지 침범하므로, 이런 과세가 인민이나 인민 대표자의 명시적 동의에 의해 확정되지 않으면 언제나 위험한 결과를 초래하기 쉽다고 말했다. 이와 같은 사실은 사용 금지 물건에 대한 과세에는 적용되지 않는다. 그때는 개인이 지불하도록 절대적으로 강요되지 않으므로, 그의 납세를 자발적인 것으로 간주할 수 있기 때문이다. 따라서 각 납세자의 개별적인 동의가 일반적인 동의를 대신하며, 심지어 보기에 따라서는 일반적인 동의를 전제로 하기 때문이다. 기꺼이 납부하려는 사람에게만 부과되는 모든 세금의 부과에 인민이 왜 반대하겠는가? 법으로 금지되지도 않고 관습에 반하지도 않으며 정부가 금지할 수 있는 것은 무엇이든지 세금을 부과할 수 있음이 확실한 것 같다. 예컨대 정부가 호화로운 사륜마차의 사용을 금지할 수 있다면 더 강력한 근거로 사륜마차에 세금을 부과할 수 있게 되는 것인데, 이런 세금은 사륜마차를 없애지 않고 그러한 마차의 사용을 비난하는 현명하고도 유용한 수단이다. 따라서 세금은 일종의 벌금으로 간주될 수 있는데, 세금 수입은 세금이 응징하는 폐해에 대한 보상이다.

보댕이 징세꾼imposteur이라고 부른 사람들, 곧 조세를 부과하거나 생각해내는 사람들은 부유층에 속하므로, 자기를 희생해 타인을 아껴주거나 빈자의 부담을 덜어주려고 스스로 부담을 질 만큼 배려심을 갖고 있지 않을 것이라고 혹자는 내게 반론을 제기할지 모른다. 그러나 이런 생각은 떨쳐버려야 한다. 만약 모든 나라에서 주권자가 인민의 통치를 위임한 사람들이 국가에 의해 적으로 정의된다면, 이런 사람들이 인민을 행복하게 하려고 무엇을 해야 하는지를 모색하기란 힘들 것이다.

생피에르 영구평화안 발췌

Extrait du Projet de paix perpétuelle
de Monsieur l'abbé de Saint-Pierre

JEAN-JACQUES ROUSSEAU

인류가 모든 무기를 내려놓고 서로 상의하며

사람들이 서로 사랑하게 하소서!

—루카누스

유럽의 모든 인민 사이에 영구적이고 보편적인 평화안보다 마음을 사로잡는 더 크고 더 훌륭하며 더 유익한 계획은 없었으므로, 지금까지 이런 계획을 실천에 옮길 수단을 제시한 저자보다 대중의 주목을 더 많이 받을 가치가 있는 사람은 없었다. 지각 있고 덕스러운 사람이라면 그런 문제에 조금도 열광하지 않기란 어려운 일이다. 나는 이 문제에서 순수하게 인간적인 마음에서 비롯된 환상이 저 격렬하고 불쾌한 이성보다 바람직한 것인지 아닌지 잘 모르겠다. 전자의 열정이 모든 일을 쉽게 만드는 반면, 후자는 언제나 공공선에 대한 무관심에서 도움이 될 수 있는 모든 것에 대한 첫 번째 장애물을 발견한다.

나는 많은 독자가 확신의 즐거움에 저항하려고 미리 의구심을 품은 채 스스로를 방어하리라는 것을 의심하지 않는다. 나는 대단히 슬프게도 독자가 고집을 지혜로 잘못 알고 있음을 동정한다. 그러나 일부 정직한 사람은 인류에게 그토록 흥미로운 주제에 관해 집필하려고 펜을 잡는 나와 즐거운 감정을 공유했으면 하는 것이 나의 바람이다. 나는 적어도 마음속으로 사람들이 서로 단합하고 사랑하는 것을 볼 것이며, 모든 사람이 영원한 화합 속에서 살고 같은 원칙으로 인도되고 공동의 행복으로 행복한, 감미롭고 평화스러운 형제 사회에 관해 상상할 것이다. 그처럼 감동적인 정경을 내 마음속에 그리면 현실에는 절대 존재하지 않는 행복의 이미지가 나에게 잠시 동안이나마 진짜로 존재하는 그림처럼 느껴질 것이다.

나는 내게 충만한 이런 감정에 처음 몇 줄을 할애하지 않을 수 없었다. 이제 냉정하게 논리적으로 생각해보자. 나는 입증 없이는 어떤 것도 주장하지 않기로 단호히 결심했으므로, 독자에게도 자신이 반박할 수 없는 것은 부정하지 말라고 요청할 수 있다고 믿는다. 내가 우려하는 독자는 논리적으로 생각하는 사람이라기보다 오히려 증거를 받아들이지 않으면서 어떤 반론도 제기하려 하지 않는 사람이기 때문이다.

어떤 정부를 완성할 방법에 대해 숙고하다 보면 얼마 지나지 않아 정부의 구성 자체보다는 정부의 대외 관계에서 비롯되는 혼란과 장애가 무엇인지를 알아채게 된다. 이런 혼란과 장애로 말미암아 어쩔 수 없이 공공질서에 쏟아야 할 노력을 대부분 정부의 안전에 기울여야 하며, 정부 자체를 완성시키는 것보다 다른 정부에 대한 저항 상태를 유지하는 것에 더 신경 써야 한다. 만약 누군가의 주장처럼 사회질서가 정념보다 오히려 이성의 산물이라면, 우리의 행복을 위해 그 사회질서에서 지나치게 많거나 지나치게 적은 일이 행해져왔다는 것, 각자가 동료 시민과는 문명상태에서 존재하고 그 외의 모든 세계와는 자연상태에서 존재하므로 지금까지 사적 전쟁을 예방한 것은 이보다 수천 배 가공할 전면 전쟁을 촉발하기 위함에 불과했다는 것,[89] 스스로 일부 사람과 단결함으로써 실제로는 인류의 적이 된다는 것을 우리가 아는 데 그토록 오래 걸릴 수 있었단 말인가?

만약 이런 위험한 모순을 제거할 어떤 방법이 있다면, 그것은 연합정부gouvernement confédérative의 형태밖에 없다. 연합정부는 개인을 결합시키는 것과 비슷한 속박을 통해서 여러 인민을 결합시켜 개인과 인민을 모두 똑같이 법의 권위에 복종시킨다. 더욱이 연합정부는 대국과 소국의 장점을 동시에 포함하고 있다는 점에서 다른 어떤 정부보다 바람직해 보인다. 연합정부는 그런 힘으로 말미암아 대외적으로 가공할 만한 정부, 법이 시행되는 정부, 신민과 지도자와 외국인을 동등하게 통제하는 데 유일하게 적합한 정부이기 때문이다.

이런 형태는 어떤 점에서 새로워 보일 수도 있고, 실제로 근대인만이 그것을 제대로 이해하고 있지만, 고대인이라고 해서 그것을 몰랐던 것은 아니다. 그리스 사람들에게는 근린 동맹Amphictions이, 에트루리아 사람들에게는 도시국가연합Lucumonies이, 라틴 사람들에게는 페리아Féries가, 골 사람들에게는 도시연합Cités이 있었으며, 그리스는 최후의 순간에 아카이아 동맹Ligue Achéenne으로 한층 더 빛나게 되었다. 그러나 이런 연합 가운데 어떤 형태도 독일연방Corps Germanique, 스위스동맹Ligue Helvétique, 네덜란드 공화국의 전국 회의Etat Généraux의 지혜를 따라가지 못했다. 만약 이런 정치체가 여전히 수도 적고 완성될 가능성이 희박하다고 느낀다면, 그것은 최선의 정치체란 우리가 생각하는 대로 실현되는 것이 아니고, 정치에서든 도덕에서든 지식의 확대는 우리의 막대한 불행밖에 입증하지 못하기 때문이다.

이런 공적인 연합 외에 그보다 뚜렷하지는 않지만 그에 못지않게 실질적인 다른 형태의 연합이 이해관계의 일치와 규범 관계 및 관습의 유사성에 의해서, 혹은 분열된 여러 인민 사이에 공통된 관계가 존재하도록 해주는 다른 환경들에 의해서 묵시적으로 형성될 수 있다. 이것이 모든 유럽 열강에서 같은 종교, 국제법, 풍속, 문학, 교역 및 이 모든 것의 필연적 결과인 균형에 의해 유럽을 결합시키는 일종의 체제가 형성되는 이유이며, 이런 체제는 사실상 누구도 그것을 보존하는 것에 유념하지 않는데도 많은 사람이 생각하는 것만큼 쉽사리 깨어지지 않는다.

이런 유럽 인민의 사회가 언제나 존재했던 것은 아니지만, 그 사회를 발생시킨 특수한 원인은 여전히 이런 사회를 유지시키는 데 도움이 된다. 실제로 로마의 정복 이전에 세계에서 이 지역에 사는 모든 인민은 야만인이었고, 서로 알지 못했으며, 인간의 자질 곧 그 당시에 노예제로 인해 타락해 정신적으로 야수의 자질과 거의 다를 바 없는 자질 외에는 공통점이 전혀 없었다. 또한 논리적이고 자만심 강한 그리스인은 말하자면 인류를 두 부류로 구별했는데, 하나는 그리스인 자신이 속하는 부류로서 명령하기 위해 창조되었고, 다른 하나는 그리스인 외의 세계 모든 사람을 포함하는 부류로서 오직 복종하기 위해서 창조되었다고 보았다. 이런 원칙에서 골 사람이나 이베리아 사람도 그리스 사람에게는 카피르족이나 아메리카 인디언보다 나을 게 전혀 없는 존재이며, 그리스인이 야만인과 유사성이 없는 만큼 야만인끼리도 서로 간에 아무런 유사성이 없다는 결론이 나왔다.

그러나 날 때부터 지배자였던 그리스 인민이 자기 노예를 로마인에게 헌납하게 되고 세상에 알려진 지역의 절반이 똑같은 굴레를 쓰게 되었을 때, 한 제국의 모든 성원 사이에 정치적, 시민적 결합이 형성되었다. 이런 결합은 정복자의 모든 권리를 피정복자에게 물려준다는 지극히 현명하거나 어리석은 원칙과 아울러 특히 로마의 모든 신민을 로마 시민으로 편입시킨 유명한 클라우디우스 칙령을 통해 훨씬 더 강화되었다.[90]

이런 방식으로 모든 성원을 한 조직체로 묶어주는 정치적 결속에 시민적 제도와 법이 덧붙여졌다. 이런 제도와 법은 적어도 그토록 거대한 제국에서 시행될 수 있을 만큼 공평하고 분명하며 명확한 방법으로 군주와 신민 간은 물론 시민들 간에도 지켜야 할 상호 의무와 권리를 규정함으로써 이런 결속에 새로운 힘을 부여했다. 테오도시우스[91] 법전과 이후의 유스티니아누스[92] 법전은 분명 매우 느슨해진 주권자의 권력이라는 끈을 적절한 시기에 정의와 이성이라는 끈으로 대체한 새로운 결속이었다.[93] 이런 보완책이 로마 제국의 해체를 대단히 오래 지연시켰으며, 로마가 그 제국을 유린하곤 하던 바로 그 야만인들에 대한 일종의 지배권을 오랫동안 보유하게 해주었다.

앞의 것보다 더 강력한 세 번째 결속은 종교적 결속이다. 유럽이 오늘날에도 성원들 사이에 계승되어온 일종의 사회를 여전히 갖고 있는 것은 무엇보다 기독교에 힘입은 결과임을 부인할 수 없다. 이 점에서 다른 구성원의 감정을 전혀 받아들이지 않는 유일한 구성국은 언제나 이방인으로 남아 있게 될 정도다.[94] 발생 초기에 그토록 멸시됐던 기독교가 결국 기독교를 비방했던 자들을 위한 피난처가 되었다. 로마 제국은 그토록 잔인하게 기독교를 박해한 후에야 자신의 무력으로는 절대 가질 수 없는 힘의 원천을 기독교에서 발견했다. 로마 제국에서는 기독교 선교가 전쟁 승리보다 더 가치 있었고, 로마 장군의 잘못을 바로잡기 위해 주교를 파견했으며, 로마 병사가 패배했을 때는 로마의 사제를 통해 승리를 차지했다. 이것이 프랑크인, 고트인, 부르고뉴인, 롬바르드인, 아바르인을 비롯한 수많은 다른 종족이 로마를 정복한 뒤에도 결국 로마의 권위를 인정한 이유이며, 적어도 표면상으로는 복음의 법과 더불어 그것을 공포한 군주의 법을 받아들인 이유이다.

사라져가는 그 거대한 조직체에 대한 존경심은 변함이 없어서, 로마의 파괴자들이 마지막 순간까지 로마의 작위를 명예롭게 느낄 정도였다. 로마를 타락시킨 정복자도 마찬가지로 로마의 관리가 된 것으로 보이고, 최고의 왕도 귀족의 명예나 주 장관직Préfecture이나 집정관직Consulat을 받아들이고 심지어 얻으려 애쓴 것으로 보이며, 마치 사람을 잡아먹을 수 있는 사자가 사람의 비위를 맞추는 것처럼, 로마 제국을 전복시킨 주인공인 그 무서운 승리자들이 그 제국의 권좌에 경의를 표한 것으로 보인다.

이것이 교회와 로마 제국이 어떤 이익이나 권리나 종속 같은 것의 실질적인 공동체는 갖고 있지 않지만 원칙과 의견의 공동체는 갖고 있는 다양한 인민의 사회적 유대를 형성한 방법인데, 그 원리가 사라졌어도 그 영향은 여전히 남아 있다. 로마 제국의 오래된 이미지는 제국의 구성원들 사이에 일종의 유대를 계속 형성했으며, 로마는 제국 멸망 후에도 다른 방식으로 지배했다. 이런 이중 결속으로 말미암아* 성직과 제국이라는 두 세력의 중심지인 유럽 민족들 사이에는 너무 흩어져 있어서 서로 왕래할 수도 없고 함께 모일 장소도 전혀 없는 세계 다른 지역의 다양한 인민들에 비해 더욱 긴밀한 사회가 여전히 존재한다.

이런 상황에 세계의 다른 지역보다 인구가 균등하게 분포되어 있고 토지가 고르게 비옥하며 모든 부분들이 잘 연결되어 있는 유럽의 특수한 상황, 곧 혈연관계와 교역·기술·식민지 문제로 인해 각국 주권자들의 이해관계가 끊임없이 얽히고설키는 것, 모든 왕래를 쉽게 해주는 수많은 강과 다양한 강의 흐름, 끊임없이 여행하고 서로 자주 찾아가게 만드는 유럽 주민들의 움직이기 좋아하는 기질, 학문과 지식 공동체를 부여해준 인쇄술의 발명과 보편화된 문학 취미, 끝으로 각자가 언제나 상대방을 필요로 하게 만드는 사치의 필요성과 다양한 풍토에 덧붙여 국가의 수가 많고 그 크기가 작은 점을 덧붙여보자. 이런 모든 원인이 합쳐져 유럽에서는 아시아나 아프리카와 같이 이름 말고는 아무 공통점이 없는 인민들 사이의 공상적인 집합이 아니라, 자체의 종교, 풍속, 관습, 심지어 법까지 갖고 있으며 그 사회를 구성하는 인민이라면 그 사회에서 벗어나는 즉시

---

* 로마 제국에 대한 존경이 너무 오래 지속되어서, 많은 법학자가 신성로마 제국 황제는 세계의 당연한 주권자가 아니지 않은가 하는 문제를 제기했으며, 바르톨로는 한층 더 나아가 감히 그것을 의심하는 자는 누구든 이단으로 대할 정도였다. 교회법학자들의 저작은 로마 교회의 세속적 권위에 대한 이와 비슷한 결정으로 가득 차 있다.

혼란에 봉착하기 마련인 그런 현실적인 사회가 형성되었다.

그 반면에 현자들의 이 훌륭한 체류지, 학문과 예술의 이 찬란한 성지를 날마다 파괴하는 끊임없는 분쟁, 약탈, 찬탈, 반란, 전쟁, 살육을 보라. 우리의 세련된 화술과 끔찍한 행동, 인류애가 넘치는 원칙과 잔인함이 넘치는 행동, 그토록 온화한 종교와 다른 종교에 대한 냉혹한 배척, 저술에서는 대단히 현명하고 실제에서는 아주 가혹한 정치, 그토록 자비로운 지도자와 비참한 인민, 대단히 온건한 정부와 잔인한 전쟁을 생각해보라. 누구도 이런 이상한 모순을 화해시킬 방법을 알지 못하며, 이른바 유럽 인민의 형제애라는 것도 그들의 상호 적대감을 빈정대며 표현하는 조롱 섞인 용어에 불과해 보인다.

그러나 이런 점에서 사물은 자연스러운 진로를 따를 뿐이다. 법이나 지도자가 없는 모든 사회와 우연히 형성되거나 유지되는 모든 결합은 근본적인 환경의 변화가 일어나는 순간에 필연적으로 분쟁과 불화로 타락하기 마련이다. 유럽 인민들의 오래된 결합은 무수한 방식으로 그들의 이익과 권리를 복잡하게 만들었다. 그들은 너무 많은 점에서 서로 접촉하고 있어서 어떤 인민의 가장 사소한 움직임도 반드시 다른 인민에게 충격을 준다. 그들의 관계가 친밀해질수록 그들의 분열도 점점 더 치명적이 된다. 그들 사이에서 자주 일어나는 분쟁도 거의 내전처럼 잔인하다.

따라서 유럽 열강들의 상대적인 상태는 문자 그대로 전쟁상태이며, 그 열강들 몇몇 사이의 부분적인 조약도 모두 진정한 평화라기보다는 오히려 일시적인 휴전임을 인정하자. 이런 조약은 조약 체결 당사국 외에 아무런 공통의 보증인이 없거나 절대로 각 당사국의 권리를 근본적으로 해결해주지 않기 때문이며, 부당하게 소멸된 권리나 어떤 상위자도 인정하지 않는 열강들 사이에 제기되는 주장은 그것을 주장하는 자가 다른 환경에서 새로운 힘을 부여받게 되자마자 틀림없이 새로운 전쟁의 근원이 될 것이기 때문이다.[95]

더욱이 유럽의 공법은 합의에 의해 제정되거나 승인된 것이 절대 아니고 일반 원칙도 없으며 시간과 장소에 따라 끊임없이 변하는 것인 만큼 모순된 규칙으로 가득 차 있고, 이런 모순된 규칙들은 최강자의 법으로써만 조정될 수 있다. 그래서 확실한 지침이 없는 이성은 의심스러운 문제에서 언제나 개인적 이익에 굴복하므로, 설령 각자가 공정하고 싶어 하더라도 전쟁은 여전히 불가피하게 일어날 것이다. 선한 의도를 갖고 할 수 있는 일은 이런 종류의 문제를 무력을 통해 해결하거나 일시적인 조약으로 완화하는 것뿐이다. 그러나 머지않아 똑같은 분쟁이 다시 일어나는 경우에는 그 분쟁을 변경시키는 다른 것이 결합되어 모든 것이 혼란스럽고 복잡해지며, 결국 사태의 근본을 절대 알 수 없게 된다. 찬탈이 권리로 통하고 무력함이 부정의로 통하며, 이런 끊임없는 무질서 속에서 각자는 자신의 상태가 서서히 아주 현저하게 바뀌는 것을 알게 되므로, 확고한 최초의 법으로 되돌아갈 수만 있다면 현재 소유하는 모든 것을 반환하지 않을 군주가 유럽에서 거의 없을 것이다.

또 다른 전쟁 원인은 다른 원인에 비해 잘 드러나지는 않지만 그에 못지않게 현실적인 원인으로서, 사물이 본질은 변해도 형식은 변하지 않는다는 점이다. 즉, 실제로는 세습제 국가이면서 외관상으로는 선출제 국가로 남아 있고, 군주국에 의회나 민족 국가Etats nationaux가 존재하고 공화국에 세습 군주가 존재하며, 타국에 종속된 어떤 국가가 여전히 자유의 외관을 유지하고, 같은 권력에 복종하는 모든 인민이 같은 법으로 통치되지 않으며, 같은 군주 치하의 다양한 국가에서 계승 서열이 다름으로써, 결국 모든 정부는 언제나 변화하는 경향이 있는데 이런 변화의 진행을 막을 수 없다는 점이다. 이런 것이 바로 우리가 스스로를 파괴하기 위해 결합하고 언제나 인간의 피로 얼룩진 손으로 그토록 세련된 사회적 교리를 기록하게 하는 일반적인 원인이자 특수한 원인이다.

악의 원인들이 일단 알려지고 처방이 존재한다면, 그 원인들에 의해 충분히 제시된다. 모든 사회는 공통의 이해관계에 의해 형성된다는 것, 모든 분열은 상반된 이해관계에서 비롯된다는 것, 수많은 사건이 상반된 이해관계를 변화시키고 수정할 수 있으므로 어떤 사회가 존재하자마자 공통의 이해관계와 상호 약속에 그 자체로는 가질 수 없는 결속을 부여하려면 구성원의 행동을 지시하고 조화시키는 강제력이 필요함을 누구나 알고 있다.

더욱이 이런 격렬한 상태가 기술의 도움 없이 단지 사물의 힘을 통해서 변화될 수 있다고 기대함은 커다란 잘못일 것이다. 유럽 체제는 항구적인 동요 속에서도 완전히 전복되지 않고 유지될 수 있을 정도의 결속력을 분명히 갖추고 있으므로, 유럽의 불행은 커질 수 없다면 더 적게 끝날 수 있을 것이다. 앞으로는 어떤 대혁명도 불가능하기 때문이다.

여기에 필요한 증거를 제시하기 위해 유럽의 현 상태를 전반적으로 훑어보는 것에서 시작하자. 유럽에 거주하는 인민들의 경계 역할을 하는 산과 바다와 강의 위치가 이런 인민의 수와 크기를 결정한 것으로 보이며, 세계에서 이 지역의 정치질서는 어떤 점에서 자연의 산물이라고 말할 수도 있다.

사실 누군가 그토록 과찬을 받는 세력균형을 확립했고 세력균형을 유지할 목적으로 어떤 일을 했다고 생각하지 말자. 사람들은 세력균형이 존재함을 발견한 것이며, 스스로 세력균형을 깨뜨리기에 충분한 힘이 있다고 느끼지 않는 자가 세력균형을 유지한다는 구실로 사적인 목적을 감추고 있다. 그러나 세력균형에 대해 생각을 하든 안 하든 이런 균형은 존재하며, 누군가 개입하지 않아도 세력균형을 유지하는 데는 어떠한 외부 존재도 필요하지 않다. 만약 세력균형이 어느 한편에서 일시적으로 깨진다면, 곧바로 다른 편에서 스스로 재확립될 것이다. 그래서 세계 왕조를 열망한다고 비난받는 군주는 그가 정말로 그것을 열망하든 안 하든, 이런 점에서 자신의 재능보다는 야망을 보여준 것이다. 군주라면 어떻게 이런 구상의 어리석음을 곧바로 깨닫지 못하고 잠시라도 이런 계획을 구상할 수 있겠는가? 언제나 지배자가 될 수 있을 만큼 다른 국가들보다 충분히 강력한 유럽의 맹주란 절대 없음을 느끼지 못할 수는 없을 테니 말이다. 혁명을 일으킨 모든 정복자는 비무장이거나 분열되었거나 규율이 없는 인민에게는 언제나 예기치 못한 무력이나 이질적이고 특수하게 단련된 군대를 보유한 것처럼 보였다. 그러나 유럽의 군주 가운데 가장 강력한 군주도 전체에서는 너무도 작은 부분이며 모두가 그를 그토록 크게 경계하는데, 유럽의 한 군주가 다른 모든 군주의 힘을 압도하는 예기치 못한 무력을 어디에서 끌어오겠는가? 그가 다른 모든 군주보다 더 많은 군대를 보유하겠는가? 그럴 수 없다. 아니면 그런 군대를 보유함으로써 단지 그 군주가 더 빨리 파멸하거나, 군주의 군대가 대규모로 말미암아 더 나빠질 것이다. 그가 더 잘 단련된 군대를 보유하겠는가? 군주는 단련의 정도에 반비례해 더 적은 군대를 갖게 될 것이다. 게다가 규율은 현재 어디에서나 거의 같거나 조만간 거의 같게 될 것이다. 그가 돈을 더 많이 갖겠는가? 재원은 공통적이며, 돈으로 커다란 정복을 수행한 적은 절대 없다. 군주가 전격적인 침략을 단행하겠는가? 기근과 요새가 매번 그를 멈추게 할 것이다. 그가 서서히 강대해지려 하겠는가? 그는 단합해서 저항하는 방안을 적에게 제공해 시간과 재력과 인력이 지체 없이 그를 몰락시키게 될 것이다. 그가 다른 열강들을 분열시켜 그들을 전부 정복하겠는가? 유럽의 원칙은 이런 정치를 헛수고로 만들며, 가장 부족한 군주라도 이런 술책에 빠지지 않을 것이다. 끝으로, 유럽의 어느 군주도 배타적인 자원을 소유할 수 없으므로 저항은 긴 안목으로 보면 노력과 대등하게 되며, 시간의 흐름은 특별히 각 군주를 위해서는 아닐지라도 적어도 유럽의 전반적인 구조를 위해서 우연히 발생한 돌발 사건을 곧바로 교정한다.

이제 두세 명의 군주가 다른 모든 군주를 정복하기로 합의하는 경우를 가정해보고자 하는가? 그들이 누구든 세 명의 군주가 힘을 합해서 유럽의 절반을 차지하지는 못할 것이다. 그러면 유럽의 다른 절반이 분명 그들에게 대항해 단결할 것이므로, 그들은 자기들보다 더 강력한 상대를 정복해야 할 것이다. 덧붙이자면, 세 군주 가운데 어떤 군주의 의도가 다른 군주들의 의도와 너무 상반되고, 서로 간에 시기심이 지나치게 커서 그와 유사한 계획을 수립하는 것조차 불가능할 것이다. 더 나아가 설령 그런 계획을 수립하고 실행에 옮겨 어느 정도 성과를 얻었더라도, 이런 성과 자체가 그 정복자 동맹에 불화의 씨앗이 될 것이다. 이득이 각자 자기 몫에 똑같이 만족하도록 분배되기란 불가능하므로, 가장 불만족스러운 자가 즉시 다른 사람들의 몫이 증대되는 것에 반대할 것이며, 다른 사람들 역시 비슷한 이유로 지체 없이 분열될 것이기 때문이다. 나는 세상이 생긴 이래 지금까지 세 개 혹은 심지어 두 개의 대국이 타국을 점령하는 데는 잘 단합하면서도 〔의무의〕 분담이나 〔권리의〕 몫에 대해 싸우지 않고 자기들끼리의 불화로 말미암아 약소국으로 하여금 즉시 새로운 방책을 마련하게 하지 않는 것을 본 적이 있는지 의심스럽다. 따라서 어떤 가정을 하더라도 이제부터는 어떤 군주나 동맹도 우리가 처해 있는 사물의 상태를 대규모로 영구히 변화시키지 못할 것이다.

이런 사실이 말해주는 것은 알프스 산맥, 라인 강, 바다, 피레네 산맥 등이 커다란 야망에 극복할 수 없는 장애물이 된다는 것이 아니라, 이런 장애물이 그것을 강화하는 다른 장애물로 지탱되거나, 〔어떤〕 일시적인 노력으로 경계선이 이탈되면 국가가 동일한 경계선으로 되돌아가게 해준다는 점이다. 유럽 체제의 진정한 지지대를 이루는 것은 부분적으로는 거의 언제나 서로 상쇄시키는 상호 협상의 역할임이 확실하다. 그러나 유럽 체제에는 또 하나의 훨씬 더 견고한 지주가 있는데, 그것은 바로 독일Corps Germanique이다.[96] 독일은 거의 유럽의 중심부에 위치해 다른 모든 지역을 견제하며, 아마도 자국의 성원을 유지하는 것보다 인접 국가를 유지하는 것에 훨씬 더 도움이 되고 있다. 독일은 영토의 크기와 인구 및 인민의 용맹함으로 인해 외국인에게는 두려운 존재이지만, 정복자에게 정복 의지와 수단을 박탈해 정복의 장애물로 변한 구조로 말미암아 모든 사람에게 유익하다. 독일 제국의 이런 구조가 지닌 결함에도 불구하고 독일이 존속하는 한 유럽의 균형이 절대 깨지지 않을 것이고, 어떤 군주도 다른 군주에게 폐위당할 것을 두려워할 필요가 없을 것이며, 아마도 베스트팔렌 조약이 언제나 우리 정치 제도의 기초가 될 것이 확실하다.[97] 따라서 독일인이 그토록 열심히 연구하는 공법은 그들이 생각하는 것보다 훨씬 더 중요하며,[98] 그것은 단지 독일의 공법이 아니라 어떤 점에서는 유럽 전체의 공법이다.

그러나 유럽의 현 제도가 확고부동하다면, 바로 그 사실로 말미암아 유럽은 더욱 격렬해진다. 유럽 열강들 사이에는 국가를 완전히 전복시키지 않고 끊임없는 동요 속에 놓이게 하는 작용과 반작용이 있으며, 그 나라들의 노력은 수위의 변동이 전혀 없이 수면을 끊임없이 휘젓는 바다의 파도처럼 언제나 공허하면서도 늘 재연되어 군주에게 특별히 득이 되는 것도 없이 인민이 끊임없이 유린되기 때문이다.

이와 같은 진실을 유럽의 모든 궁정의 특수한 이해관계에서 추론하는 것은 내게는 쉬운 일일 것이다. 나는 그들의 모든 힘이 상호 견제하는 방식으로 이해관계가 서로 얽혀 있음을 쉽게 보여줄 것이기 때문이다. 그러나 교역과 돈에 대한 생각은 일종의 정치적 광신을 초래하므로, 그런 생각이 모든 군주의 외형상의 이익을 대단히 신속하게 변화시킴으로써 군주의 진정한 이익에 기초한 어떤 확고한 원칙도 확립될 수 없게 된다. 이제는 모든 것이 궁정 대신의 머릿속에 떠오르는, 대부분 극도로 기괴한 어떤 경제 제도에 의존하기 때문이다. 어쨌든 매일 스스로 균형을 유지하려는 경향이 있는 교역은 특정 국가들에서 그 나라들이 교역을 통해 획득하는 배타적인 이득을 제거하는 동시에 타국에 대한 법을 정하는 데 사용하곤 했던 커다란 수단 가운데 하나를 제거한다.*

만약 내가 현재의 유럽 구조에서 비롯된 힘의 균형 배분을 강조한다면, 그로부터 일반 연합의 수립에 중요한 어떤 결론을 추출하기 위함이었다. 즉, 견고하고 지속적인 국가연합을 형성하려면, 모든 구성국이 상호 의존하게 함으로써 어떤 국가도 혼자 힘으로는 다른 모든 국가에 저항하지 못할 상태에 있게 하고, 큰 연합을 해칠 수 있는 개별적인 결사가 형성되어 작동하지 못하도록 그 연합 내에 충분한 장애물을 갖추는 것이 필수적이다. 이렇게 하지 않으면 연합은 공허한 것이 될 것이며, 모든 국가는 외형상 종속되어 있으면서도 실제로는 독립적으로 존재할 것이다. 만약 이런 장애물들이 내가 앞에서 말한 바와 같고, 모든 열강이 서로 간에 동맹과 공세적인 조약을 체결하는 데 완전히 자유로워, 거대한 군사동맹이 이런 군사 동맹을 파기하거나 이에 저항하려는 나라를 언제나 처리할 준비가 되어 있다면 그 장애물이 어떤 것일지 판단해보라. 이는 그런 연합이 각국이 따르지 않아도 아무 처벌도 받지 않는 그런 공허한 의결에 존재하는 것이 아니라, 어떤 효과적인 권력이 창출되어 야심을 품은 국가들을 일반 조약의 범위 내에 유지하도록 강제할 수 있다는 데 존재함을 보여주기에 충분하다.

이런 설명에서 논쟁의 여지가 없는 세 가지 사실이 나타난다. 첫째, 터키를 뺀 전 유럽의 인민 사이에는 인류애라는 전반적이고 느슨한 결속보다는 불완전하지만 더 긴밀한 사회적 관계가 널리 펴져 있다는 점이다.

---

* 내가 이 글을 쓴 후에 사정이 변했지만, 내 원리는 언제나 참될 것이다. 예컨대 향후 20년 내에 영국은 그 모든 영광과 더불어 멸망하고, 게다가 현재 유지되고 있는 자유도 상실하게 되리라고 예견하는 것은 대단히 쉬운 일이다. 모든 사람이 그 섬나라에서 농업이 번성하고 있다고 역설하지만, 나는 영국의 농업이 몰락하고 있다고 단언한다. (출산율이 낮은) 런던이 나날이 확대되고 있으므로, 그 왕국은 인구가 감소하고 있다. 영국인들은 정복자가 되기를 원하므로, 그들은 머지않아 노예가 될 것이다.

둘째, 이런 사회의 불완전함은 유럽인들 사이에 아무런 사회가 없는 것보다 상태를 더 악화시킨다는 점이다. 셋째, 이런 초기의 유대가 유럽 사회에 해를 끼치면서도 그 사회를 완전하게 하는 것을 용이하게 해, 모든 성원이 현재 자신들의 불행을 실제로 구성하는 것에서 행복을 이끌어낼 수 있게 되고 자신들 사이에 만연한 전쟁상태를 영구평화로 바꿀 수 있게 된다는 점이다.

이제 우연히 시작된 이런 위대한 작업이 어떤 방식으로 이성을 통해 완성될 수 있으며, 모든 유럽 국가를 결합시키는 자유롭고 자발적인 사회가 어떻게 진정한 정치체의 힘과 견고함을 얻어 실질적인 국가연합으로 바뀔 수 있는지를 알아보자. 이런 연합에 결여된 완전함을 부여하면, 그 연합이 잘못을 고치고 장점을 확대하며 모든 당사국이 공동선을 위해 협력하도록 강요할 것이라는 점에는 의심의 여지가 없다. 그러나 이를 위해서는 이런 연합이 아주 보편적이어서 어떤 주요 강대국도 이 연합을 거부하지 말아야 하고, 사법 기관이 존재해 모든 구성국이 따라야 하는 법과 규칙을 제정할 수 있어야 하며, 각국이 공동의 결의에 따라 행동하거나 삼가도록 강요할 수 있는 강제적이고 강압적인 힘을 가져야 한다. 요컨대 이런 국가연합은 구성국이 자국의 특수이익이 일반이익과 배치됨을 안다고 믿자마자 마음대로 탈퇴할 수 없을 정도로 확고하고 지속적이어야 한다. 이런 것들이 바로 그 기구를 현명하고 유용하고 흔들리지 않는 것으로 인식하게 하는 확실한 징표다. 이제는 이런 가정을 확대해, 여기에서 어떤 효과가 당연히 나타나고, 그것을 설립하는 데 어떤 수단이 적합하며, 그 가정을 실행에 옮기는 데 어떤 합리적인 기대를 품을 수 있는지를 분석하는 것이 문제다.

유럽에서는 일반적인 여러 정치회담Diète이 회의congrès라는 이름 아래 수시로 개최되는데, 유럽의 모든 국가에서 온 사람들이 엄숙하게 그곳으로 나아가지만 결론은 같은 방향으로 귀착된다. 그곳에서는 사람들이 모이지만 아무 말도 하지 않고, 모든 공적 업무가 사적으로 취급되며, 공동으로 심의되는 문제는 탁자를 원형으로 배치할 것인지 사각형으로 배치할 것인지, 회의실의 문을 많게 할 것인지 적게 할 것인지, 어떤 전권 대표가 창을 향해 앉고 어떤 전권 대표가 창을 등지고 앉을 것인지, 시찰 중에 누가 2인치 앞서고 뒤설 것인지 따위의 수많은 문제로서, 3세기 동안 논쟁되어온 쓸데없는 문제들이자 분명 오늘날 정치가들의 깊은 관심을 끌 만한 문제들이다.

이런 회합 가운데 어느 모임의 구성원들이 언젠가는 상식을 갖추게 되는 일도 일어날 수 있으며, 그들이 진심으로 공공선을 원하는 것도 전혀 불가능하지는 않다. 뒤에서 논증할 여러 가지 이유로 말미암아, 그들이 많은 어려움을 해소한 후에 각국의 군주로부터 범국가연합에 서명하라는 명령을 받을 수 있는데, 나는 이런 국가연합이 다음과 같은 5개 조항으로 요약된다고 생각한다.

제1조에 따라,[99] 조약을 체결하는 군주들이 그들 사이에 영구적이고 취소할 수 없는 동맹을 맺고 지정된 장소에서 개최되는 상설 회담이나 회의에 참석할 전권 대표를 임명할 것이며, 조약 체결 당사자들 사이의 모든 분쟁은 이런 회의에서 중재나 판결의 방식을 통해 해결되고 종결될 것이다.

제2조에 따라, 회의에서 투표권을 행사할 전권 대표를 파견할 군주의 수, 조약의 비준에 초청할 군주의 수, 일정한 간격으로 번갈아 의장직을 맡기 위한 순서와 시기 및 방법, 더 나아가 공동의 지출에 충당할 분담금의 상대적인 할당과 분담금의 출연 방식을 명시할 것이다.

제3조에 따라, 국가연합은 구성국이 현재 보유하는 모든 국가의 영토와 정부를 보장할 것이며, 선출식 승계든 세습식 승계든 모든 것을 각국의 기본법에서 확립된 방안에 따라 결정할 것이다. 끊임없이 재연되는 분쟁의 원천을 단번에 없애기 위해 국가연합은 현재의 소유와 가장 최근

조약을 계약 체결 당사국의 모든 상호 권리의 기초로 간주하는 데 동의할 것이다. 예전의 다른 모든 주장을 영원히 상호 포기하고, 그 외에 분쟁이 되고 있는 향후 승계와 거기에서 발생하는 다른 권리도 모두 회담의 중재를 통해 해결하며, 어느 누구도 힘으로 보상을 획득하는 것이 허용되지 않고 어떤 구실로도 상호 적대해 무기를 사용하는 것이 절대 허용되지 않을 것이다.

제4조에 따라, 조약을 위반하는 모든 동맹국이 유럽에서 추방되고 공공의 적으로 배척되는 사례가 명시될 것이다. 즉, 거대 동맹의 판결을 집행하기를 거부한다든지, 전쟁 준비를 한다든지, 국가연합에 반대하는 조약을 교섭한다든지, 국가연합에 저항한다든지, 동맹국 가운데 하나를 공격하려고 무기를 사용한다든지 하는 사례다.

유럽에서 추방된 모든 국가가 무장을 해제하고 회담의 판결 사항과 결정 사항을 이행하며, 불법 행위에 대해 배상하고 지출 경비를 보상하며, 그 조약에 위배되는 전쟁 준비에 대해 배상할 때까지 그 국가에 맞서 공세적으로 연대해 공동 비용으로 무장하고 행동할 것도 이 조항에서 합의될 것이다.

마지막으로 제5조에 따라, 유럽 연합체의 전권 대표는 각국 궁정의 훈령에 따라 유럽 공화국과 각 구성국을 위해 가능한 모든 이득을 보호하기에 중요하다고 판단되는 규칙을 잠정적으로는 과반수의 찬성으로, 확정적으로는 5년 후 4분의 3의 찬성으로 회담에서 결정할 권리를 언제나 보유할 것이다. 그러나 이상의 다섯 가지 기본 조항은 국가연합 구성국이 만장일치로 동의하지 않으면 절대 변경하지 못할 것이다.

이런 방식으로 요약되고 일반적인 규칙으로 표현된 이 5개 조항은 수많은 사소한 어려움을 겪게 되며, 그 가운데 몇몇 어려움에 대해서는 긴 해명이 필요할 것이다. 그러나 사소한 어려움은 필요한 경우에 쉽게 해소되고, 이런 중대한 과업의 수행에 문제가 되지 않는다. 그것이 회의에서 공적 질서의 세부 사항에 관한 문제라면 장애가 수없이 나타날 것이고, 장애를 제거하는 방법도 그보다 10배 넘게 발견될 것이다. 여기에서 고찰할 문제는 사물의 본성상 그 과업의 수행이 가능한지 여부다. 만약 모든 것을 예견하고 모든 것에 답해야 한다면, 하찮은 일이 너무 많아 어찌할 바를 모르게 될 것이다. 논쟁의 여지가 없는 원칙을 고수함으로써, 모든 생각을 충족시키고 모든 반대를 해결하거나 모든 일이 어떻게 이뤄질 것이라고 말하려고 애쓸 필요가 없으며, 모든 것을 할 수 있다고 제시하면 충분하다.

그러면 이런 체제를 평가하려면 무엇을 검토해야 하는가? 나는 일반적으로 평화상태가 전쟁상태보다 바람직함을 입증하는 것으로 독자를 모독하고 싶지 않으므로, 두 가지 문제만 검토하면 된다.

첫 번째 문제는 여기서 제시된 국가연합이 목표를 확실히 달성할 것인지 여부와 유럽에 견고하고 영구적인 평화를 제공하기에 충분할지 여부다.

두 번째 문제는 이런 국가연합을 수립하고 그에 상응하는 대가를 치르면서 평화를 얻는 것이 주권자에게 득이 되는지 여부다.

이렇게 일반적인 유용성과 개별적인 유용성이 함께 증명되면, 사물의 이치에서 이익을 얻는 관계자의 의지에만 달려 있는 연합 수립의 실행을 막을 수 있는 어떤 이유도 찾을 수 없다.

먼저 제1조를 논하려면, 내가 앞서 말한 전반적인 유럽 체제와 유럽 각국을 거의 그 영역 내로 한정시켜 다른 국가를 궤멸시키지 못하게 하는 공동의 노력을 여기에 적용해보자. 이 점에 대한 나의 주장을 더욱 쉽게 이해시키고자 여기서 유럽 공화국을 구성한다고 생각되는 19개 주권자의 목록을 덧붙이는데, 각국은 동등한 투표권을 보유하므로 회담에서는 19개의 투표권이 존재하게 될 것이다.

그 목록은 다음과 같다.

신성로마 제국 황제.

러시아 황제.

프랑스 왕.

스페인 왕.

영국 왕.

네덜란드 연합국.

덴마크 왕.

스웨덴.

폴란드.

포르투갈 왕.

로마 교황.

프로이센 왕.

바이에른 선거후와 제휴국.

팔라티나 선거후와 제휴국.

스위스와 제휴국.

교회 선거후와 제휴인.

베네치아 공화국과 제휴국.

나폴리 왕.

사르데냐 왕.

제노바 공화국, 모데나 공국(公國), 파르마 공국 같은 몇몇 소규모 국가들과 위의 목록에서 빠진 다른 국가들은 약소국끼리 결합함으로써 연합을 형성할 것이며, 신성로마 제국 백작들의 합동 투표votume curiatum와 비슷한 선거권을 갖게 될 것이다. 여기에서 이런 목록을 더 자세히 열거하는 것은 쓸데없는 일이다. 연합 계획이 실행되기까지 수시로 여러 사건이 발생함에 따라 필연적으로 그 목록을 재조정해야 하지만, 그런 사건이 연합 체제의 기초에 대해서 아무것도 변경시키지 못할 것이기 때문이다.

이런 목록을 대충 훑어보기만 해도 필연적으로 어떤 한 구성국이 하나의 조직체로 결합된 다른 모든 국가에 저항하는 상황이 불가능하며, 어떤 부분적인 동맹이 결성되어 거대한 국가연합에 대항할 수도 없음을 아주 분명히 알 수 있다.

어떻게 그런 동맹이 결성될 수 있겠는가? 그것도 최고의 강대국들 사이에 말이다. 우리는 그것이 지속적일 수 없음을 이미 보여주었으며, 이제 그것이 모든 강대국의 특수한 체제와 양립할 수 없고 각 강대국의 조직과 분리될 수 없는 이해관계와도 양립할 수 없음을 매우 쉽게 알 수 있다. 한 거대 국가와 몇몇 작은 나라들 사이에서 그것이 가능할까? 그러나 국가연합에 결합된 다른 대국들이 그 동맹을 즉시 분쇄할 것이다. 사람들은 분명히 거대 동맹은 언제나 단결돼 있고 무장돼 있으므로, 평화와 공공질서를 교란하는 경향을 띤 부분적이고 선동적인 동맹을 앞의 제4조에 근거해 쉽게 예방하고 진압할 수 있을 것이라고 느낄 것이다. 공적 질서의 결함과 구성국의 극심한 불평등에도 불구하고 독일 연방체 안에서 일어나는 일을 주목하라. 신성로마 제국이 자국에 대항해 행동할 것을 두려워하지 않을 충분한 이유가 있다고 믿지 않는 한, 심지어 가장 강력한 국가 가운데서도 그 제국의 구성을 공공연히 손상시킴으로써 감히 스스로를 제국의 추방령에 노출시킬 국가가 단 하나라도 있겠는가?

이로써 나는 유럽 의회가 일단 성립되면 반란을 두려워할 필요가 절대 없으며, 설령 일부 폐해가 침투할지라도 그것이 기구의 목적을 벗어나는 정도까지는 절대 이르지 못할 것임을 증명했다고 생각한다. 이제 이런 목적이 기구 자체를 통해 충분히 실현될 것인지 여부를 보여주는 과제가 남아 있다.

이를 위해 군주로 하여금 무기를 손에 들게 하는 동기들을 고찰해보

자. 이런 동기는 정복의 수행, 정복자로부터 자신을 방어하기, 너무 강력한 인접국을 약화시키기, 침해당한 권리의 옹호, 평화적으로 끝낼 수 없는 분쟁의 종식, 마지막으로 조약에 따른 약속의 이행이다. 이 여섯 가지 주요 동기 가운데 어느 하나로 분류될 수 없는 전쟁 원인이나 구실은 없으며, 〔연합의 수립으로 인한〕 이 새로운 상황에서는 이런 모든 동기가 존재할 수 없음이 분명하다.

우선 어떤 정복 수행도 불가능하므로 정복을 포기해야 한다. 자신이 가질 수 있는 힘보다 더 큰 힘으로 말미암아 도중에 그만두게 될 것임을 확신하기 때문이다. 따라서 모든 것을 잃게 될 위험으로 말미암아 어떤 것도 얻을 힘이 없게 된다. 유럽에서 세력을 확장하려는 야심에 찬 군주는 두 가지 일을 한다. 그는 훌륭한 동맹으로 자신을 강화하기 시작해 적국을 불시에 공격하려고 한다. 그러나 개별적인 동맹은 더 강력하고 항상 존재하는 동맹에 대항해서는 쓸모가 없으며, 이제는 어느 군주도 무장할 아무런 구실이 없으므로, 그가 무장하려 하면 항상 무장되어 있는 국가연합이 미리 알아채 응징하게 될 것이다.

각 군주에게서 정복에 대한 모든 기대를 박탈한 바로 그 이유가 침략당하는 것에 대한 모든 우려도 사라지게 한다. 질서가 잡힌 나라에서 시민의 소유가 보장되는 것처럼 군주의 국가가 유럽 전체에 의해 보장될 뿐 아니라, 군주가 시민의 유일하고 특별한 수호자인 것보다는 더욱 강력한 유럽 전체가 그 국가를 수호하는 것이 한층 더 확실하〔기 때문이〕다.

이제 더 이상 두려워할 필요가 없는 인접 국가를 약화시키려 들 이유가 없으며, 성공할 가능성이 전혀 없을 때는 그런 일을 시도조차 하지 않게 된다.

군주의 권리 유지와 관련해서, 무수한 억지와 모호하고 혼란스러운 주장은 현재의 실제 소유에 대한 동맹 군주 사이의 모든 상호 권리를 명확히 규정한 국가연합의 제3조로 모두 무효화되리라는 것을 우선 지적해야 한다. 따라서 실행 가능한 모든 요구와 주장이 장차 명확해질 것이며, 그 발생 원인에 상응하여 〔유럽〕 의회에서 판정을 받을 것이다. 만약 누가 내 권리를 침해하면, 나도 같은 방식으로 내 권리를 유지해야 한다는 점을 덧붙여보라. 그러면 내 권리가 무력으로 침해받을 경우에는 언제든지 〔유럽〕 의회를 통한 금지를 초래할 것이다. 따라서 이제는 내가 내 권리를 무력으로 방어할 필요가 없으며, 두 군주 사이에 야기될 수 있는 모욕, 불법 행위, 배상, 예측하기 힘든 모든 분쟁에 대해서도 같은 말을 할 수 있다. 군주의 권리를 옹호해야 하는 바로 그 힘이 군주의 불만도 덜어주어야 한다.

마지막 조항에 대한 해법은 금방 눈에 띈다. 우선 더 이상 두려워할 침략자가 없으므로 방위 조약이 필요하지 않음을 알게 되며, 거대한 국가연합보다 더 견고하고 안전한 연합을 만들 수 없으므로 다른 모든 것은 쓸모없고 불법적인 것이 됨으로써 무효화될 것이다.

따라서 일단 연합이 성립되면 국가연합은 연합국들 사이에 어떤 전쟁의 불씨도 남겨놓을 수 없고, 여기서 제안된 체제의 실현을 통해서 영구평화라는 목표가 분명히 달성될 수 있다.

이제 또 다른 문제, 즉 연합에 참여한 당사국들의 이익과 관련된 문제를 검토하는 일이 남아 있다. 사적 이익을 해치면서 공적 이익을 부르짖는 것이 공허한 일임을 사람들은 잘 의식하고 있기 때문이다. 일반적으로 평화가 전쟁보다 나음을 증명하는 것은 평화보다 전쟁을 선호할 이유가 있다고 믿는 자에게는 아무 말도 하지 않는 것〔과 같고〕, 그에게 지속적인 평화를 확립할 방안을 제시함은 그것에 반대하도록 촉구하는 것에 불과하다.

이것은 결국 다음과 같은 말이 될 것이다. 즉, 〔영구평화안을 제시하는〕 사람들은 군주에게서 스스로 정의를 행할 권리, 곧 필요할 때 부정해질 권리와 자기 인접국을 희생시켜 세력을 확장할 권리를 박탈하고, 군주로 하여금 세계를 전율시키는 폭력과 공포의 과시 및 자기 영예를 이끌어내는 정복의 영광을 포기하게 하며, 결국 군주에게 공평하고 평화적으로 될 것을 강요하는 셈이다. 이토록 많은 박탈에 대한 보상은 어떻게 이뤄질 것인가?

나는 감히 생피에르 신부처럼 답변하지는 못할 것이다. 생피에르 신부는 다음과 같이 답변한다. 군주의 진정한 영광은 공적 효용과 신민의 행복에 있고, 군주의 모든 이익은 자기 명성에 종속되어 있으며, 현인 사이에서 얻은 그 명성은 사람을 위해 베푼 선행으로 측정되고, 영구평화는 지금까지 수행된 과업 중에서 가장 위대하므로 그것의 창시자에게 불멸의 영광을 부여할 가능성이 가장 크다. 이와 같은 과업은 인민에게도 가장 유익하고, 특히 유혈과 약탈 및 눈물과 저주로 더럽혀지지 않은 유일한 과업이므로 군주에게도 가장 명예로우며, 결국 수많은 왕 가운데 유명해지는 가장 확실한 방법은 공공복지를 위해 일하는 것이다. 대신들의 집무실에서는 이런 말로 영구평화안의 저자와 그 계획을 조롱거리로 삼아왔다. 그러나 그들처럼 그 저자의 논거를 무시하지는 말자. 군주의 덕이 어떻든지, 군주의 이익에 대해 말해보자.

유럽의 모든 열강들은 서로 간에 상충하는 권리나 요구를 갖고 있는데, 이런 권리는 본래 완벽히 명확해질 수 없는 성질의 것이다. 그 권리를 판단할 어떤 공통된 불변의 규칙이 없고, 그 권리가 종종 모호하고 불확실한 사실에 근거하기 때문이다. 그것이 야기하는 분쟁은 언제든 뒤집힐 수 있을 정도로 절대 종결될 수 없다. 이는 강력한 중재자가 없고, 모든 군주가 기회만 생기면 자기보다 강한 군주에 의해서나 불행한 전쟁 이후에 체결된 조약에 의해서 강요당했던 양보를 주저 없이 철회하기 때문이다. 따라서 자신과 타자 사이의 상호 권리를 강화하기 위한 수단에서 양자 중 어느 편도 더 정당하거나 우월하지 못할 때, 타자에 대한 자신의 권리만을 고려하고 자신에 대한 타자의 권리를 망각하는 것은 잘못이다.

모든 것이 운에 달려 있다면, 현재의 소유는 심지어 대등한 기회가 있더라도 장차 얻게 될 이익에 배치되는 모험을 하지 못하게 하는 지혜의 소중한 대가이며, 모든 사람이 자기 재산을 배로 늘리려는 기대에서 감히 주사위 던지기라는 모험을 무릅쓰는 부자를 비난한다. 그러나 현존 체제에서조차 팽창 계획을 세운 자는 모두 자기 노력을 능가하는 저항을 틀림없이 받게 됨을 알게 되었다. 여기서 강자도 내기를 할 이유가 없고 약자도 이득을 취할 어떤 기대도 없으므로, 자기가 소유하는 것을 확보하기 위해 자기가 바라는 것을 포기함이 모든 사람에게 좋다는 결론이 나온다.

가장 운이 좋은 전쟁이라 해도 그것이 어떤 국가에 사람과 돈의 소모, 모든 종류의 힘의 고갈을 얼마나 초래하는지를 살펴보고, 이런 손해를 그 국가가 전쟁에서 얻은 이득과 비교해보자. 그러면 국가가 이겼다고 믿을 때도 종종 진 것이며, 전쟁 전보다 약화돼 있기 마련인 승자가 자기보다 더 약화된 패자를 바라보는 데서 위안을 얻을 뿐임을 알게 될 것이다. 〔더욱이〕 그 이득도 실질적인 것이라기보다 피상적인 것이다. 승자가 적국을 상대로 획득할 수 있는 우월함도 중립국을 상대로 해서는 상실되는데, 중립국은 상황의 변동 없이도 교전국들이 약화됨으로 말미암아 상대적으로 강화되기 때문이다.

아직 모든 군주가 정복의 어리석음에서 벗어나지는 못했더라도, 적어도 가장 현명한 군주들은 때때로 정복이 가치를 얻기보다 대가를 더 많이 치르게 됨을 어렴풋이 감지하기 시작한 것처럼 보인다. 이 점에서 우리를 너무 멀리 끌고 갈 무수한 특징은 다루지 않고, 일반적으로 다음과 같이 말할 수 있다. 군주는 자기 영토를 넓히려고 새로 획득하는 신민의 수만큼 옛 신민을 상실해, 더 커지는 만큼 더 약화된다는 점이다. 군주가 방어할 공간이 커지는데 방어를 맡을 자가 없기 때문이다. 그런데 오늘날 전쟁이 치러지는 방식에 따라 전쟁이 초래하는 최소한의 인구 감소는 군대에서 이뤄지는 것, 곧 외형적이고 명확한 손실임을 모를 수 없다. 그러나 이와 동시에 국가 전체에서는 사람들의 사망보다 더 중대하고 회복할 수 없는 손실, 곧 출산 중단, 과세 증가, 교역 중단, 전원의 황폐함, 농업 포기가 나타난다. 처음에는 이런 폐해를 전혀 알아채지 못하지만, 〔수 세대가 지난〕 나중에는 고통스럽게 느끼게 된다. 그래서 결과적으로 몹시 강력해졌음에도 그만큼 약화되었음에 깜짝 놀라게 된다.

하드리아누스 황제가 대단히 현명하게 행한 것처럼, 정복이 한층 더 흥미를 못 끌게 된 것은 오늘날 영토를 넓히지 않을 뿐 아니라 때때로 영토를 좁히면서도 권력을 두세 배 늘릴 수 있는 방법이 알려져 있기 때문이다. 왕의 힘을 만드는 것은 오직 사람뿐이라고 알려져 있으며, 같은 수의 주민을 먹여 살리는 두 국가 가운데 더 작은 크기의 땅을 차지한 국가가 실제로 더 강력하다는 것이 내가 방금 말한 사실에서 추출되는 명제다. 따라서 현명한 군주는 어떤 것도 우연에 맡겨두지 않고 훌륭한 법과 현명한 공적 질서 및 원대한 경제적 통찰을 통해서 자기 힘이 커짐을 확신한다. 인접국에 대한 군주의 진정한 정복은 그가 국내에서 만들어내는 더 유용한 제도이며, 거기에서 태어난 더 많은 신민도 모두 그가 죽이는 수많은 적과 마찬가지다. 여기서 내가 다음과 같은 점을 지나치게 많이 논증하고 있다고 반론을 제기해서는 안 된다. 즉, 사물이 내가 표현하는 바와 같다면 각 군주가 전쟁에 가담하지 않는 것이 진정한 이익이며, 개별이익이 평화를 유지하기 위한 공동이익에 결합되어 평화가 저절로 확립되고 어떠한 국가연합 없이도 영구히 지속됨이 틀림없다는 점이다. 이것은 현재의 구조constitution에서 극히 저급한 논의를 제기할 것이다. 언제나 평화상태에 있는 것이 모두에게 훨씬 더 좋을지라도, 이 점에 대한 공동의 안전이 결여됨으로써 전쟁의 회피를 확신할 수 없는 각 군주는 좋은 기회가 생기면 적어도 자기에게 유리한 때 전쟁을 시작해 인접국에 선수를 치려 하기 때문이다. 그와 마찬가지로 인접국도 정반대의 기회가 생기면 반드시 상대국을 공격하려 할 것이다. 따라서 많은 전쟁, 심지어 침략전쟁도 타국의 재산을 강탈하는 수단이라기보다 오히려 자국의 재산을 확보하기 위한 부당한 예방 조치가 된다. 일반적으로 공공선의 원칙이 아무리 유익하더라도, 정치는 물론 심지어 때로는 도덕에서 고려하는 목적만을 생각하면, 그 원칙을 자신에게는 적용하지 않으면서 다른 모든 사람에게는 적용하기를 끝까지 주장하는 사람에게는 유해하게 됨이 확실하다.

나는 무기의 시위에 대해서는 할 말이 없다. 공포나 희망의 확고한 근거가 못 되는 이런 시위는 아이들의 놀이이며, 군주가 인형을 갖고 놀아서는 안 되기 때문이다. 나는 정복자의 영광에 대해서도 할 말이 없다. 만약 학살할 인간이 없다는 것만으로 슬픔에 잠겨 있는 괴물이 있다면, 그런 존재에게는 합리적으로 말할 것이 아니라 격분해 살인을 자행할 수단을 박탈해야 하기 때문이다. 제3조의 보장으로 말미암아 전쟁의 모든 확실한 원인이 예방되었으므로 다른 나라를 상대로 전쟁을 일으킬 동기가 전혀 없게 되며, 상대방에게도 마찬가지로 우리를 상대로 전쟁을 일으킬 동기가 없게 된다. 각국이 홀로 모든 나라에 대항하는 위험에서 벗어나게 되는 것도 대단한 수확이다.

공동재판소Tribunal commun에 대한 각국의 의존 관계에 대해 말하자면, 제3조에 근거하여 각국에서 외국의 모든 침략은 물론 자기 신민의 모든 반란에 대해서도 군주의 권위를 보장함으로써, 그것이 주권을 전혀 제한하지 않고 오히려 강화해 더욱 확실하게 만들 것이 매우 분명하다. 따라서 군주의 절대적 지위가 추호도 흔들리지 않을 것이며, 그들의 왕위도 더욱 확고해질 것이다. 그 결과는 대등한 나라들끼리의 분쟁에서 〔유럽〕 의회의 결정에 복종하고 다른 나라의 재산을 강탈하는 위험스러운 권력을 스스로 제거함으로써, 자신의 진정한 권리를 자력으로 확보하고 자신이 갖고 있지 않은 권리를 포기하는 것일 뿐이다. 더욱이 다른 나라에 의존하거나 어떤 조직체의 한 구성국에 불과한 것과 그 조직체에서 각국이 차례로 지도자 역할을 하는 것 사이에는 커다란 차이가 있다. 후자의 경우에는 각국이 조직 전체에 약속함으로써 자신의 자유를 확보하는 것일 뿐이기 때문이다. 이런 자유가 지배자의 수중에서는 양도하게 될 것이지만, 연합Associés의 수중에서는 강화된다. 이 점은 독일연방의 예에서 증명된다. 독일연방 구성국의 주권이 헌법상 많은 점에서 제약되어 결과적으로 유럽연방 구성국보다 불리한 위치에 있을지라도 독일연방의 권위를 시기하는 구성국조차 설령 그것이 가능하더라도 독일 제국을 떠나 완전한 독립을 확보하기를 원하지 않기 때문이다.

게다가 독일연방에 주목하면 여기에는 영구적인 지도자가 있어서 필연적으로 이 지도자의 권위가 끊임없이 찬탈되는 경향이 있기 마련인데, 권력의 불균등을 감안하지 않고 의장직을 반드시 돌아가면서 맡는 유럽의회에서는 그와 같은 일이 일어날 수 없다.

이 모든 고찰에, 군주가 언제나 그런 것처럼 돈에 욕심내는 인민에 대한 훨씬 더 중요한 또 다른 고찰이 덧붙여진다. 즉, 평화가 지속되면서 군주의 수입을 탕진시키고 나날이 인민과 군주 자신에게 더욱 부담이 되는 군사 시설과 수많은 요새와 막대한 군대를 개혁함으로써 과잉 지출이 절약되어 군주와 그의 인민에게 생길 수 있는 모든 장점으로 말미암아 많은 돈을 소유하기가 대단히 쉬워진다는 점이다. 나는 모든 군주가 자신의 군대를 모두 없애서 예기치 못한 폭동을 진압하거나 갑작스러운 침략을 격퇴하기 위한 공적 힘을 수중에 전혀 갖지 않는 것이 적절치 않음을 알고 있다.* 나는 유럽 국경을 수비하고 필요한 경우 유럽 의회의 명령을 집행하기 위한 국가연합군을 지원하기 위해 국가연합에 배치할 군대가

* 여기에는 다른 반론이 제기되지만, 영구평화안의 저자가 그것들을 제기하지 않았으므로 나도 넘겨 버렸다.

있어야 하리라는 것도 알고 있다. 그러나 이런 모든 비용이 지출되더라도 특정 전쟁에 드는 비용이 영구적으로 없어지는 만큼 통상적인 군사비의 절반 이상이 여전히 남아 신민의 구제와 군주의 금고에 할당될 것이다. 따라서 인민의 조세 부담은 훨씬 적어지고 군주는 훨씬 더 부유해져서, 인민의 부와 군주 자신의 부를 더 증가시킬 상업과 농업 및 기술을 촉진하고 유익한 제도를 확립하는 상태가 될 것이다. 이와 더불어 국가는 평화로운 시기에도 끊임없이 국가의 재원을 소모시키는 군대와 전쟁의 모든 전시물을 통해서 얻을 수 있는 안전보다 훨씬 더 완벽한 안전 속에 있게 될 것이다.

아마도 사람들은 유럽의 변경 국가들이 훨씬 더 불리한 위치에 있게 될 것이며, 터키인이나 아프리카 해적이나 타타르인과 여전히 전쟁을 수행하게 될 것이라고 말할 것이다.

이에 대해 나는 다음과 같이 답하겠다. 첫째, 이런 국가들은 오늘날에도 동일한 환경에 처해 있으므로 이것이 적극적으로 불리한 점이라고 거론할 것이 아니라 단 한 가지 장점이 적을 뿐이며, 그 국가들의 위치에서 드러나는 불가피한 단점이다. 둘째, 유럽 쪽의 모든 불안에서 벗어나 있는 그 국가들이 유럽 외부에 저항하기에 훨씬 더 유리한 상태에 있을 것이다. 셋째, 유럽 안에 있는 모든 요새를 제거해 그 요새 유지에 필요한 비용을 억제함으로써 국가연합은 연합국들에 부담을 주지 않고 변경에 수많은 요새를 구축할 수 있는 상태에 놓이게 될 것이다. 넷째, 공동 비용으로 구축되고 유지되며 수비되는 이런 요새는 변경 국가들의 안전과 절약 수단을 훨씬 더 크게 보장할 것이다. 다섯째, 유럽 변경에 배치되는 국가연합의 군대는 언제나 침략자를 격퇴할 준비가 되어 있을 것이다. 여섯째, 끝으로 유럽 공화국과 같은 그토록 가공할 조직체는 그에 비해 무한히 약한 독일연방이 인접 국가로부터 존중받고 연방을 구성하는 모든 군주를 효과적으로 보호하기에 충분한 것처럼, 유럽 외부의 국가가 어느 구성국에 대해서도 공격할 의도를 갖지 못하게 할 것이다.

또한 사람들은 이제 유럽인들 사이에 어떤 전쟁도 없게 될 것이므로 군사 기술은 부지불식간에 잊힐 것이고, 군대는 용기와 규율을 상실해 군대에 장군도 사병도 절대 존재하지 않게 될 것이며, 유럽은 결국 첫 번째 침략자의 처분에 맡겨지게 될 것이라고 말할지도 모른다.

나는 유럽의 인접국들이 유럽을 공격해 전쟁을 치르든지, 아니면 국가연합을 두려워해 유럽을 평화스럽게 유지되도록 놔두든지 둘 중 하나일 것이라고 답하겠다.

전자의 경우에는 군사적 재능과 소질을 함양하고 군대를 단련하고 구성할 기회가 존재한다. 이 점에서 국가연합의 군대는 유럽의 학교가 될 것이고, 변경에 가서 전쟁을 익히게 될 것이며, 유럽의 한복판에서는 평화를 향유할 것이고, 이런 방식으로 전쟁과 평화의 장점을 결합시킬 것이다. 전사가 되려면 본국에서 싸우는 것이 언제나 필요하다고 믿는 자가 있는가? 투렌 지방과 앙주 지방이 서로 전쟁을 하지 않는다고 해서 프랑스인이 덜 용감한 것인가?

후자의 경우에는 사실 전쟁에 단련되는 것이 불가능하겠지만, 전쟁에 단련될 필요가 절대 없을 것이다. 누구하고도 전쟁을 치르지 않는데 전쟁을 익히는 것이 무슨 소용이 있겠는가? 해로운 기술을 함양하는 것과 해로운 기술을 쓸모없게 만드는 것 가운데 뭐가 더 나을까? 만약 악화되지 않는 건강을 누릴 비결이 있다면, 의사에게서 경험을 습득할 기회를 박탈하지 않기 위해 그 비결을 거부하는 것이 도대체 상식에 맞는 일인가? 이런 비교에서 두 가지 기술 가운데 어느 것이 그 자체로 더 유익하고 보존될 가치가 더 많은지를 고찰하는 과제가 남아 있다.

갑작스러운 침략이 있을 것이라고 우리를 위협하지 말라. 유럽은 두려워할 상대가 전혀 없으며 이런 첫 번째 침략자가 절대 오지 않으리라는 것을 사람들은 잘 알고 있다. 이제는 더 이상 하늘에서 뚝 떨어진 것처럼 보이는 〔홀연히 나타난〕 야만인들의 침략 시대가 아니다. 우리는 호기심에 찬 눈으로 온 세계를 돌아다녔으므로, 대단히 먼 곳에서 예견할 수 없는 것이 우리에게 다가올 수 있는 일은 전혀 없다. 오늘날 유럽 전체를 위협할 수 있는 상태에 있는 국가는 지구상에 존재하지 않는다. 설령 그런 국가가 나타난다 해도, 오랜 분쟁을 급격히 종식시켜 신속히 단결시켜야 하는 경우보다는 유리하게 그 위협에 대비할 시간이 있거나 적어도 한 조직체로 결합해서 그것에 저항할 상태에 놓여 있을 것이다.

충분한 숙고를 통해서 이제 우리는 국가연합 상태의 단점이라고 주장되는 모든 것이 전혀 사실이 아님을 알게 되었다. 그렇다면 최강자의 법으로써 군주 사이의 분쟁을 해결하는 현재 방식에서 비롯되는 단점, 다시 말하면 유럽의 군주들 사이에 퍼져 있는 불완전한 사회에서 모든 주권자의 절대적이고 상호적인 독립으로 말미암아 필연적으로 발생하는 공적 무질서와 전쟁상태에 대해서 이 세상 누가 감히 그렇게 말할 것인지 아닌지를 묻는 바이다. 따라서 나는 더 나은 조건에서 이런 단점을 심사숙고할 수 있도록 그 내용을 몇 마디로 요약해 독자의 판단에 맡기려 한다.

1. 최강자의 법 이외에 어떤 확실한 법도 존재하지 않음. 2. 어떤 인민도 자신이 누리는 강점을 수중에 확정시킬 수 없게 하는 여러 인민 관계의 지속적이고 불가피한 변화. 3. 인접국이 복속되거나 멸망하지 않는 한, 완벽한 안전은 절대 존재하지 않음. 4. 첫 번째 인접국을 정복하면 더 많은 인접국이 생겨나는 것을 고려할 때, 전체적으로 모든 인접국을 멸망시킬 가능성이 없음. 5. 자국의 수호에 필요한 막대한 비용과 경계(警戒). 6. 소수파와 반란에 대한 방어 부족과 힘 부족. 국가가 분열될 때, 다른 편에 대항해 어느 한편을 지지할 수 있는 자는 누구인가? 7. 상호 약속에 대한 보장 결여. 8. 막대한 비용과 손실 없이는 타자에게 어떤 정의도 기대할 수 없음. 이런 비용과 손실도 언제나 정의를 획득하지는 못하며,

분쟁의 대상도 그 비용과 손실을 거의 보상하지 못함. 9. 자신의 권리를 추구하는 데 국가는 물론 때로는 자기 생명에 대한 불가피한 위험. 10. 인접국의 분쟁에 본의 아니게 참여해야 할 필요성과 가장 원하지 않을 때도 전쟁을 수행해야 할 필요성. 11. 교역과 공적 자원이 가장 필요한 순간에 그것들이 단절됨. 12. 약소국이라면 강력한 인접국으로부터의 끊임없는 위협, 강대국이라면 동맹으로부터의 끊임없는 위협. 13. 끝으로, 행운이 지배하는 곳에서 쓸모없는 지혜, 인민에 대한 끊임없는 유린, 승리와 그 반전(反轉)에 따른 국가의 약화, 훌륭한 정부의 수립과 자신의 소유에 대한 평가 및 자기나 다른 사람을 행복하게 하는 것이 전혀 불가능함.

마찬가지로, 연합 군주들에 대한 유럽 중재의 장점을 요약해보자.

1. 현재와 장래의 분쟁이 언제나 어떤 전쟁도 없이 해결될 것이라는 완전한 보장 및 소송을 하지 않는 경우보다 비교할 수 없을 정도로 당사자에게 더욱 유리한 보장.

2. 이전의 모든 주장을 무효화함으로써 제거되거나 거의 무의미해진 논쟁의 주제가 폐기된 것을 보충하고 영토를 확인함.

3. 군주의 신체, 가족, 그의 국가 및 각국의 법으로 확정된 상속 서열에 반대하는 왕위를 노리는 야심에 찬 부당한 자와 반항적인 신민의 반란에 대한 완전하고 영구적인 보장.

4. 유럽 공화국의 보증에 따라 군주들 사이의 모든 상호 약속 이행에 대한 완벽한 보장.

5. 국가 간 교역과 멀리 떨어진 각국의 교역에 관한 완벽하고 영구적인 자유와 안전.

6. 전쟁 시 육지와 바다에서 지출되는 엄청난 군사비의 전면적이고 영구적인 삭감 및 평화 시 통상적인 비용 지출의 상당한 감소.

7. 농업과 인구, 국가의 부와 군주 수입의 현저한 발전.

8. 주권자의 영광과 권위, 공적 자원과 인민의 행복을 증진시킬 수 있

는 모든 제도 수립의 용이함.

이미 말한 바와 같이, 나는 이런 모든 조항의 검토와 국가연합에서 비롯되는 평화상태와 유럽의 공적 무질서에 기인한 전쟁상태의 비교를 독자의 판단에 맡긴다.

만약 우리가 이런 계획을 논리적으로 잘 설명했다면 다음과 같은 사실이 증명된 것이다. 첫째, 영구평화의 확립은 전적으로 주권자의 동의에 달려 있으며, 그들의 저항 이외에는 제거해야 할 어떤 난제도 제기되지 않는다. 둘째, 영구평화의 확립은 주권자에게 모든 면에서 유익하며, 주권자를 위해서도 영구평화의 단점과 장점의 비교란 있을 수 없다. 셋째, 주권자의 의지와 이익이 일치된다고 가정하는 것이 합리적이다. 따라서 이런 영구평화의 확립이 일단 제시된 계획에 근거해 이루어진다면 견고하고 지속적일 것이며, 그 목적을 완벽히 수행할 것이다. 물론 이것은 주권자가 이런 계획을 채택할 것이라는 말이 아니라(누가 다른 사람의 '이성'을 대신해 답변할 수 있겠는가?), 주권자가 자신의 진정한 이익을 고려한다면 그것을 채택할 것이라는 말이다. 우리가 사람을 선하고 관대하고 사심 없고 인류애에 기초한 공공선을 사랑하는 〔당위적인 존재로서〕 있어야 할 사람이 아니라, 부정하고 탐욕스럽고 자기 이익을 모든 것에 우선시하는 〔현실적인 존재로서〕 있는 그대로의 사람으로 가정했다는 것에 충분히 주의해야 하기 때문이다. 주권자에 대한 유일한 가정은 그가 자기에게 무엇이 유익한지를 알기에 충분한 이성과 자신의 행복을 창출하기에 충분한 용기를 갖고 있다는 것뿐이다. 따라서 이런 모든 것에도 불구하고 영구평화의 계획이 실행되지 못한 채로 남아 있다면, 그것은 그 계획이 공상적이기 때문이 아니라 사람들이 어리석기 때문이다. 바보들 가운데서는 지혜로운 것이 일종의 바보짓이 되기 때문이다.

단상

유럽을 구성하는 국가들의 구조를 검토하면서 어떤 국가는 잘 통치될 수 있기에는 너무 크고 또 어떤 국가는 스스로 독립을 유지할 수 있기에는 너무 작다는 것을 나는 알게 되었다. 그 모든 국가들에 만연한 무한한 폐단은 방지하기 어렵지만, 이런 폐단의 대다수가 그 폐단을 없앨 수 있는 사람들의 이익 자체에 근거하므로 교정하기가 불가능하다고 보였다. 즉, 나는 모든 국가 사이에 존재하는 연계가 어느 국가에도 헌법을 개정하는 데 필요한 시간과 안전을 절대로 남겨두지 않으리라는 것을 알게 되었다. 끝으로, 편견은 어떤 종류의 변화에도 몹시 저항하므로, 즉각 사용할 수 있는 힘을 갖지 못한다면, 생피에르 신부처럼 순진하게 적어도 어느 정부에서든지 극히 사소한 쇄신을 제안해야 할 것이다.

생피에르 영구평화안 비판

Jugement sur le Projet de paix perpétuelle
de Monsieur l'abbé de Saint-Pierre

JEAN-JACQUES ROUSSEAU

영구평화안은 그 목적에서 선량한 인간을 사로잡기에 더할 수 없이 알맞으므로, 생피에르 신부가 자신의 모든 구상 가운데 제일 오랫동안 숙고하고 가장 끈질기게 추구한 것이었다. 성공할 가능성이 없음이 분명하고 매일 조롱받는 것을 감수해야 하며 타인의 반감을 끊임없이 견뎌내야 함에도 불구하고, 이 구상을 절대 포기하지 않은 그의 선교사적 열정을 달리 설명하기 어렵기 때문이다. 오로지 공적 선에만 관심을 기울인 〔생피에르 신부의〕 그 건전한 영혼은 장애물에 물러서지 않고 개인적 이익조차 고려하지 않은 채, 그 일에 쏟은 자신의 수고를 전적으로 공공선이라는 척도에 따라 측정한 것으로 보인다.

만약 정신적 진리vérité morale도 증명된다면, 이 구상의 전반적이고 개별적인 효용이 그런 것처럼 보인다. 각국 군주와 각국 인민 및 전 유럽에 있어서 이 구상의 실행으로 발생하는 장점은 엄청나고 명백하고 이론의 여지가 없다. 그 저자가 이런 장점을 증명하는 논거보다 더 확고하고 정확한 논거는 있을 수 없다. 그가 말한 유럽 공화국은 영구히 지속되기에 충분한 것인 만큼 그 공화국을 단 하루라도 실현해본다면, 각자가 경험을 통해 공동선에서 자신의 사적 이익을 발견하게 될 것이다. 그러나 유럽 공화국이 존재하면 온 힘을 다해 공화국을 방어할 바로 그 군주가 지금은 온 힘을 다해 그것의 수립에 반대할 것이며, 그 공화국의 소멸을 막게 될 군주가 반드시 그것의 수립도 저지할 것이다. 따라서 우선 영구평화에 관한 생피에르 신부의 저작은 영구평화를 이룩하는 데 소용이 없고 그것을 보존하는 데 불필요한 것처럼 보인다. 그래서 몇몇 성급한 독자는 그 저작이 헛된 추론이라고 말할 것이다. 그렇지 않다. 그 저작은 견실하고 사려 깊은 책이며, 그런 책이 존재한다는 것은 매우 중요하다.

모든 이유를 이성이 아니라 결과에 의해서만 판단하고 지금까지 그런 구상이 실행된 적이 없다는 점 외에는 이 안에 대해 아무런 반대 이유도 갖고 있지 않은 사람들이 제기하는 난제를 검토하는 것으로 시작하자. 요컨대 그들은 틀림없이 다음과 같이 말할 것이다. 이런 장점이 그토록 실질적이라면 왜 유럽의 주권자들은 이 평화안을 채택하지 않았는가? 주권자의 이익이 그토록 잘 논증되었다면 왜 주권자들은 자신의 이익을 무시하는가? 주권자가 자기 수입과 권력을 증대하는 수단을 거절하는 것을 다른 데서 본 적이 있는가? 만약 이 평화안이 그것을 주장하는 사람의 말처럼 훌륭하다면, 그토록 오랫동안 주권자를 방황하게 만든 모든 구상보다 그 안에 대해 주권자들이 열의가 적다는 것과 명백한 이득보다 수많은 기만적 방책을 선호하는 것을 믿을 수 있겠는가?

물론 주권자가 야망만큼 지혜도 갖고 있고 자신의 이익을 더 강력히 추구할수록 그 이익에 대해 더 잘 알게 된다고 가정하지 않는다면, 이것은 믿을 만한 이야기다. 그에 반해 주권자의 이익을 기만하는 수단에 호소하는 것은 언제나 과도한 이기심의 큰 징벌이며, 바로 이 정념의 열기가 거의 언제나 주권자를 자신의 목표에서 벗어나게 만든다. 따라서 정신처럼 정치에서도 실질적 이익과 외관상의 이익을 구별해보자. 전자는 영구평화에서 찾을 수 있으며, 〔생피에르 신부의〕 구상에 표명되어 있다. 후자는 주권자가 법의 제국에서 벗어나 운명의 지배를 받게 되는 절대적 독립 상태에서 존재하는데, 이것은 마치 몰상식한 선장이 헛된 지식을 과시하며 선원에게 명령하려고 폭풍우 치는 동안 닻을 내려 배를 정박시키기보다 바위 사이를 헤치고 나아가기를 더 좋아하는 것과 같다.

군주나 군주의 직무를 위임받은 자에게 부과된 모든 업무는 오직 대외적으로 군주의 지배를 확장하고 대내적으로 그 지배를 더욱 절대화하는 두 가지 목적과 관련돼 있다. 다른 모든 목적은 이 둘 중 하나에 관련되거나 이 둘의 구실에 불과하다. 공익, 신민의 행복, 민족의 영광이 그런 것인데, 이런 말은 집무실에서는 절대로 사용되지 않지만 공적 칙령에는 매우 어설프게 적용되므로 해로운 명령을 고지할 뿐이며, 지배자가 인민에게 가부장적 배려를 말할 때 인민은 우선 신음 소리부터 내게 된다.

이런 두 개의 근본 원칙에 기초해 그 가운데 한 원칙과는 직접적으로 상충하고 다른 원칙에도 별로 호의적이지 않은 제안을 군주가 어떻게 받아들일지를 판단해보자. 국경과 마찬가지로 각국 정부가 유럽 의회를 통해서 결정되고, 군주의 폭정에 대항해 신민을 보호하지 않고는 신민의 반란에 대항해 군주를 보호하는 것도 불가능하며, 그렇지 않으면 그 제도가 존속할 수 없으리라는 것을 사람들은 아주 잘 느끼고 있기 때문이다. 그렇다면 나는 이런 식으로 생피에르 신부의 가장 고귀한 계획에 영원히 구속되어, 외국인은 물론 심지어 자국 신민에게도 정당해야만 한다는 생각을 아무런 분노도 느끼지 않고 참아낼 주권자가 이 세상에 과연 단 한 명이라도 존재할지 묻는 바이다.

게다가 한편으로 〔대외적〕 전쟁과 정복이, 다른 한편으로 〔대내적〕 전제정치가 진행되면서 서로를 강화한다는 것, 타인을 정복하려고 노예민에게서 돈과 사람을 무제한으로 탈취한다는 것, 전쟁은 금전적 수탈을 위한 핑계가 되고 인민을 위협하여 꼼짝 못하게 할 대규모 상설 군대를 만들 또 다른 핑계가 된다는 것도 쉽게 이해할 수 있다. 요컨대 정복 군주는 적을 상대로 하는 전쟁만큼 적어도 자기 신민을 상대로 하는 전쟁을 수행하고 있으며, 정복자의 처지는 피정복자의 처지보다 나을 게 없음을 모두가 잘 알고 있다. 한니발은 카르타고인들에게 다음과 같이 편지를 써 보냈다. 내가 로마인에게 이겼으니 나에게 군대를 보내달라. 내가 이탈리아에 군세(軍稅)를 부과했으니 나에게 돈을 보내달라. 이것이 자기 지배자의 승리에 대해 인민이 보내는 환희의 노래Te Deum와 축제의 횃불 및 갈채가 의미하는 것이다.

군주들 사이의 차이에 관해 말하자면, 자기 권력을 오직 칼로써 유지한다고 감히 자랑하고 하늘에 있다는 이유만으로 신까지 언급하는 군주가 상위의 심판관에게 복종하리라고 기대할 수 있는가? 법이 아무리 엄격해도 개인에게 그 법을 받아들일 것을 절대 강요할 수 없었는데, 군주간 분쟁에서 주권자가 군주를 법정에 복종시킬 것인가? 모욕을 당한 일개 신사도 프랑스 명예 법원Tribunal des maréchaux de France에 자신의 소송을 제기하는 것을 경멸하는데, 군주가 유럽 의회에 자신의 소송을 제기하리라고 기대하는가? 전자가 법을 위반하면 자기 생명이 두 배로 위험해지지만, 후자는 자기 신민을 위험에 빠뜨리는 것 외에 거의 아무런 부담을 지지 않으며, 무기를 들면서 인류 전체에게 인정받은 권리를 사용하고 그 권리는 오직 신에게만 책임을 진다고 주장하는 차이가 있다.

자신의 이익을 전쟁의 모험에 거는 군주는 자신이 상당한 위험을 무릅쓰고 있음을 모르지 않지만, 그가 자신이 기대하는 이득보다 위험을 덜 생각하는 것은 자신의 지혜로부터 얻기를 기대하는 것보다 운명을 훨씬 덜 두려워하기 때문이다. 강력한 군주라면 자신의 힘에 의지하고, 약한 군주라면 자신의 동맹에 의지한다. 군주에게는 국내에서 좋지 않은 분위기를 해소하고 다루기 힘든 신민을 굴복시키며 심지어 역경을 겪는 것도 때때로 유익하다. 유능한 정치가는 실패에서 이득을 끌어낼 줄 안다. 이런 식으로 추론하는 자는 내가 아니라 정의와 법이 군주에게 부여하는, 행복하고 번영하는 인민 위에 세워진 확고부동한 제국보다 오히려 거대한 영토와 소수의 가난하고 종속된 신민을 선호하는 궁정의 궤변가임을 사람들이 기억했으면 한다.

이와 같은 원칙으로 말미암아 군주는 헛된 정복이 초래하는 교역 중단, 인구 감소, 재정 파탄, 실질적 손실에서 비롯되는 논의조차 스스로 배척한다. 주권자의 손익을 언제나 돈으로 평가하는 것은 대단히 잘못된 계산이며, 주권자가 목표로 삼은 권력의 정도를 누군가 소유하는 엄청난 돈으로는 절대 계산하지 못한다. 군주는 언제나 자신의 계획을 순환시키고 있으니 군주는 부유해지려고 명령하기를 원하며, 명령하려고 부유해지기를 원한다. 군주는 자기가 갖고 있지 않은 어느 한쪽을 획득하려고 둘 다 교대로 희생하겠지만, 군주가 따로따로 추구하는 것은 결국 양자를 함께 해야만 둘 다 소유하는 데 성공한다. 인간과 사물의 지배자가 되려면 제국과 돈을 동시에 소유해야 하기 때문이다.

끝으로, 보편적이고 영구적인 평화에서 비롯되는 교역의 커다란 이득에 관해서는 그 이득 자체가 대단히 확실하고 논란의 여지가 없지만, 모든 사람에게 공통되는 이득은 그 차이에 의해서만 느껴지고 자신의 상대적 권력을 증대시키려면 오직 배타적인 이득을 추구해야 한다는 점을 고려하면 어느 누구에게도 실질적인 이득이 되지 못하리라는 것을 덧붙이자.

군주는 끊임없이 사물의 외관에 기만당함으로써, 설령 자신의 이익을 선호할지라도 이런 평화를 거부할 것이다. 군주가 심사숙고하게 하면 인민의 이해관계와 언제나 반대되고 군주의 이해관계와 거의 언제나 반대되는 이해관계를 가진 군주의 대신에게 어떤 일이 일어나겠는가? 대신은 자신이 필요한 존재가 되게 하며, 자기 없이는 벗어날 수 없는 곤경에 군주를 빠뜨리려고, 필요하면 자신의 지위보다 오히려 국가를 멸망시키기 위해 전쟁을 필요로 한다. 대신에게는 공적 필요라는 구실로 인민을 괴롭히고 자기 수하에게 자리를 만들어주며, 시장에서 농간을 부리고 은밀하게 수많은 부당한 독점을 행하기 위해서 전쟁이 필요하다. 그로서는 자신의 정념을 충족시키고 서로 내쫓기 위해 또 궁정에서 자신에 대한 위험한 음모가 있을 때 군주를 궁정 밖으로 유인해 독점하기 위해 전쟁이 필요하다. 영구평화로 인해서 대신은 이런 모든 힘의 원천을 상실하게 될 것이며, 대중은 이런 평화안이 가능하다면 대신이 그것을 채택하지 않는 이유가 무엇인지 반드시 물을 것이다! 대중은 대신이 그 평화안을 채택하지 않는 것 말고는 이런 평화안에 불가능한 것이 전혀 없음을 모른다. 그러면 대신은 그 평화안에 반대하려고 어떻게 하겠는가? 대신이 언제나 해온 일은 이런 평화안을 조롱거리로 만드는 것이다.[100]

심지어 군주나 군주의 대신이 절대 지니지 않을 선의가 존재한다 해도, 생피에르처럼 이런 영구평화 체제의 실행에 유리한 순간을 찾기가 쉬우리라고 믿어서는 안 된다. 그러기 위해서는 개별이익들의 합계가 공동이익을 초과하지 않아야 하고, 각자는 모든 사람의 이익에 자신이 스스로 기대하는 최대한의 이익이 있다고 믿어야 할 것이다. 그런데 수많은 사람의 지혜의 일치와 수많은 이해관계의 일치가 필요한 이것은 모든 필연적인 환경에서 뜻밖에 생기는 우연한 일치로서 거의 기대하기 힘든 것이 틀림없다. 그럼에도 불구하고 이런 일치가 이뤄지지 않으면 힘만이 그것을 대체할 수 있으므로, 이제 문제가 되는 것은 설득이 아니라 강제이며, 필요한 것은 책을 쓰는 일이 아니라 군대를 동원하는 일이다.

따라서 영구평화 구상은 대단히 현명하지만, 그것을 실행하는 수단과 관련해서는 저자의 순진함을 느끼게 된다. 생피에르는 전체 회의Congrès를 소집해서 자신의 조항들을 제안하고 그것이 서명 날인되면 모든 일이 성취되리라고 순진하게 생각했다. 이 성실한 인간은 자신의 평화안이 확정되면 어떤 효과가 있을지는 잘 알았지만, 그것을 확정하는 수단에 대해서는 어린애처럼 판단했음을 인정하자.

나는 단지 기독교 공화국을 처음 주장한 사람의 이름을 대는 것으로 기독교 공화국의 구상이 망상이 아님을 증명하고자 한다. 앙리 4세가 미치지 않았고 쉴리도 공상가가 아니었음이 분명하기 때문이다.[101] 생피에르는 자신의 체제를 새롭게 하기 위해 이런 위대한 이름의 권위에 의지했다. 그러나 시간, 환경, 제안, 제안 방식, 제안자의 차이가 얼마나 많은가! 그것을 판단하려면 앙리 4세가 자신의 방안을 실행하려고 선택한 시점의 전반적인 상황을 대략 훑어보자.

세계의 일부분을 지배했고 다른 부분을 전율시킨 카를 5세의 위대함은 그로 하여금 위대한 성공 방법과 그것을 이용하는 위대한 재능으로 세계 군주가 되려는 열망을 품게 했다. 카를보다 부유했지만 힘은 더 약했던 그의 아들은 아버지가 실행할 수 없었던 계획을 끊임없이 추진함으로써 유럽을 계속 불안하게 만들었다. 이처럼 오스트리아 왕가가 다른 국가에 대한 패권을 장악했으므로, 어떤 군주도 오스트리아 왕가와 좋은 관계를 맺지 않고는 안전하게 지배할 수 없었다. 펠리페 3세도 자기 아버지보다 훨씬 능력이 떨어졌지만 선왕의 모든 유산을 물려받았다. 스페인 권력의 공포가 여전히 유럽을 꼼짝 못하게 하고 있었으나, 스페인은 복종시킬 권력보다도 명령하는 습관을 통해 계속 지배했다. 사실 네덜란드의 반란, 영국에 대항하는 무적함대, 프랑스의 내전은 스페인의 힘과 인도의 보물을 탕진시켰고, 오스트리아 왕가는 양분되어 더 이상 하나로 행동하지 않았으며, 〔신성로마 제국〕 황제는 독일에서 카를 5세의 권위를 유지하거나 회복시키려고 노력했지만, 결국은 황제 자신만 〔독일 내〕 군주들과 격리되고 여러 동맹의 조성으로 짧은 시간 내에 음모가 꾸며져, 하마터면 황제가 폐위될 뻔했다. 따라서 오스트리아 왕가의 쇠퇴와 〔유럽〕 공통의 자유의 재확립은 오래전부터 준비되어왔다. 그러나 어느 누구도 감히 그 멍에를 벗어던지고 혼자서 전쟁을 치르는 위험을 무릅쓰려 하지 않았다. 성공하지 못한 앙리 4세의 예가 다른 모든 사람에게서 용기를 앗아갔다. 더욱이 어떤 일을 수행하기엔 너무 약하고 지나치게 종속적인 사보이 공작을 제외해도, 그토록 많은 군주 가운데 어떤 계획을 구상하고 유지할 능력이 있는 군주는 단 한 명도 없었으며, 모든 사람이 시간과 환경의 변화에 의해 자신의 족쇄를 타파하게 될 순간을 기다리고 있었다. 이것이 앙리〔4세〕가 기독교 공화국을 위한 방안을 수립해 실현하려 했던 당시의 대략적인 상황이다. 그 구상 자체가 대단히 위대하고 몹시 경탄스러우며 나도 그 명예를 훼손하고 싶지 않지만, 그 구상은 가공할 적의 타도를 기대하는 숨은 동기를 갖고 있었으므로, 공적 유용성이라는 것만으로는 끌어내기 힘든 활력을 이런 절박한 동기를 통해서 얻을 수 있었다.

이제 이 위대한 인간이 그토록 고상한 과업을 준비하는 데 어떤 방법을 사용했는지 알아보자. 나는 우선 앙리 4세가 모든 어려움을 미리 알고 있었다고 기꺼이 생각한다. 그래서 어린 시절부터 이런 계획을 구상해 일생 동안 심사숙고하고 그것의 실행을 노년으로 미루었는데, 이런 행위는 어려운 일에 대한 커다란 장애물을 유일하게 극복할 수 있는 열렬하고 부단한 소망이자 그것을 넘어 오랜 기간 선견지명과 준비를 통해 그 길을 평탄케 한 끈기 있고 사려 깊은 지혜임을 입증하는 첫 번째 행위다. 어떤 일을 우연에 맡기기를 원하는 필수적인 과업에 대한 신중함과 그것 없이도 지낼 수 있어서 확실하지 않고는 시도하지 않으므로 성공만이 정당화할 수 있는 과업의 신중함 사이에는 그 자체로 대단히 큰 차이가 있기 때문이다. 앙리 4세가 그 계획을 실행하는 순간까지 평생토록 지킨 그런 깊은 비밀은 대단히 많은 사람의 협력이 필요하면서도 이해관계상 그토록 많은 사람이 방해하려 드는 그런 거대한 사업에서는 어렵고도 본질적인 것이었다. 비록 그가 유럽 대부분을 자기편으로 삼고 가장 강력한 군주들과 동맹을 맺었을지라도, 그 구상의 전체 규모를 아는 사람은 단 한 명의 절친한 친구뿐이었던 것으로 보이는데, 하늘이 최선의 군주에게만 부여하는 행운으로 말미암아 이 친구는 성실한 대신이었다. 그럼에도 이런 거대한 구상에 관한 비밀이 전혀 누설되지 않은 것은 아니지만, 모든 것이 그 구상의 실행을 향해 소리 없이 나아갔다. 쉴리는 런던을 두 차례 다녀왔고 제임스 왕과 한편이 되었으며, 스웨덴 왕도 그의 편이 될 것을 약속했고, 독일 신교도들과의 동맹이 체결되었다. 그들은 심지어 이탈리아의 군주들도 믿었으며, 마치 자신이 모르는 형태와 용도를 지닌 새로운 기계의 부속품을 각각 조립하는 노동자처럼, 모두가 목표가 무엇인지 말할 수는 없어도 그 커다란 목표를 향해 서로 협력했다. 그렇다면 이런 전반적인 움직임을 촉진한 것은 무엇인가? 그것은 어느 누구도 예견하지 못하고 거의 아무도 관심을 갖지 않은 영구평화였던가? 절대 누구의 것도 아닌 공적 이익이었던가? 생피에르는 그렇다는 답변을 기대했으리라! 그러나 실제로는 각자가 자신의 개별이익이라는 목표에서만 노력했으니, 앙리 4세는 〔겉으로는〕 대단히 매력적인 양상 아래에 그들 모두에게 각자의 개별이익을 제시하는 비결을 갖고 있었다. 영국 왕은 모두 스페인에 의해 선동되는 국내 가톨릭교도의 끊임없는 음모를 제거해야 했다. 더욱이 영국 왕은 네덜란드 공화국의 해방에서 커다란 이점을 발견했다. 네덜란드 공화국은 영국 왕이 유지하기에는 대가가 너무 크고, 날마다 영국 왕을 그가 두려워하는 전쟁 직전으로 몰아넣는 존재로서, 이런 전쟁에서 영구히 벗어나기 위해 다른 모든 나라와 일전을 치르기를 더 선호했다. 스웨덴 왕은 포메라니아 지방을 확보하고 독일 내에 근거지를 마련하기를 원했다. 당시 신교도이자 아우크스부르크 교파의 수장이던 팔라티나 선제후는 보헤미아 지역에 대해 관심을 갖고 있어서 영국 왕의 모든 전쟁에 동참했다. 독일의 군주들은 오스트리아 왕가의 침탈을 진압해야 했다. 사보이 공작은 자기가 열렬히 원한 밀라노 지역과 롬바르디아의 왕좌를 획득했다. 스페인의 폭정에 지친 교황까지도 자기에게 약속된 나폴리 왕국으로 말미암아 앙리 4세 편에 섰다. 네덜란드인은 다른 어떤 인민보다 많은 보상을 받아 자유를 보장받았다. 요컨대 어디서든 지배하려는 오만한 세력을 타도한다는 공통 이익 외에도 각국은 몹시 강렬하고 뚜렷한 개별이익을 갖고 있었으며, 프랑스와 영국을 제외하고는 자력으로 아무것도 차지할 수 없었던 모든 동맹국들 사이에 전리품을 분배하는 데 합의했으므로, 어떤 폭군을 다른 폭군으로 대체한다는 공포로 말미암아 흔들리는 일이 전혀 없었다. 앙리 4세의 야망에 대해 가장 걱정하는 사람들을 안심시키는 데는 이것으로 충분했다. 그러나 이 현명한 군주는 이런 조약을 통해서 자신이 아무것도 보유하지 않을지라도 다른 어느 누구보다도 많은 것을 획득한다는 사실을 모르지 않았다. 자기 재산에 어떤 것을 추가하지 않고도 자신이 최강자가 되려면 유일하게 자기보다 강한 존재의 재산을 분할시키는 것으로 충분하기 때문이다. 앙리 4세는 그 계획의 성공을 보증할 수 있는 모든 사전 조치를 취함으로써, 자신이 창립하길 원했던 단체에서 자신이 우위에 서게 될 사전 조치를 소홀히 하지 않았음을 아주 분명히 보여준다.

더 나아가, 앙리 4세의 준비는 대외적으로 가공할 연맹ligue을 결성하거나 인접 국가 및 적대국의 인접 국가와 동맹을 체결하는 데 전혀 편협하지 않았다. 그는 그토록 많은 사람들로 하여금 유럽 제일의 군주를 타도하는 데 관심을 두게 하면서도, 자신이 홀로 유럽 제일의 군주 지위를 차지하게 되리라는 것을 잊지 않았다. 그는 자신이 심사숙고한 과업에 마땅한 준비를 하는 데 15년간의 평화 시기를 이용했다. 자신의 금고를 돈으로 채우고, 병기고를 대포와 무기와 군수품으로 채웠으며, 예기치 못한 필요에 대비해 먼 곳에서도 자원을 모았다. 그러나 그는 분명 이 모든 것 이상의 일을 하여 인민을 현명하게 통치했고, 모든 분열의 싹을 서서히 뿌리 뽑았으며, 신민을 쥐어짜지 않고도 모든 것을 조달할 수 있도록 아주 순조롭게 재정의 균형을 이루어냈다. 따라서 대내적으로 확고하고 대외적으로 가공할 존재가 된 그는 6만 명의 군대와 20척의 전함을 무장시키고 유지하게 되었으며, 가장 사소한 혼란의 근원조차 남기지 않은 채 자기 왕국을 떠나서 통상적인 수입을 건드리거나 새로운 과세를 한 푼도 부과하지 않은 채 6년 동안 전쟁을 치를 수 있는 위치에 있게 되었다.

그토록 많은 준비에다가, 그 계획을 수립한 앙리 4세 자신과 그 과업을 수행할 두 명의 대신이나 마찬가지인 열정과 신중함을 더해보라. 결국 앙리 4세에게 대치할 적이 한 명도 없는데, 그와 같은 지휘관이 군사원정대의 사령관이라면 만족스러운 성공이라고 선언할 수 있는 어떤 것도 앙리 4세의 기대에 못 미치는 것은 아닌지를 판단할 수 있게 될 것이다. 앙리 4세의 의도를 꿰뚫어 보지 못하고 그의 방대한 준비에 주목한 유럽은 일종의 공포에 휩싸여 그 결과를 기다렸다. 사소한 구실로 말미암아 저 거대한 혁명이 막 시작되려는 참이었다.[102] 최후의 전쟁이 되었을 전쟁이 불멸의 평화를 준비하고 있을 때, 무서운 신비로 두려움을 증대시킴에 틀림없는 어떤 사건이 세계 최후의 희망을 영구히 사라지게 했다.[103] 이런 훌륭한 군주의 생명을 끊어버린 바로 그 일격이 유럽을 끊임없는 전쟁으로 몰아넣어, 이제 유럽은 전쟁의 종말을 볼 가망이 없게 되었음에 틀림없다. 어떻든 간에 이런 것이 생피에르가 한 권의 책을 통해 수립하자고 주장한 바로 그 구상을 위해 앙리 4세가 결집시킨 방안들이었다.

그러니 생피에르 신부의 체제가 채택되지 않았다고 해서 그것이 훌륭하지 않다고 말하지 말라. 반대로, 그것이 너무나 훌륭해서 채택되지 않은 것이라고 말하라. 왜냐하면 악과 폐해는 그것으로 이득을 보는 사람들이 많은 탓에 저절로 도래하지만, 대중에게 유익한 것은 거의 언제나 개별이익과 상충하는 탓에 강제를 통해서만 도래할 수 있기 때문이다. 물론 영구평화는 현재 대단히 터무니없는 구상이지만, 앙리 4세나 쉴리

같은 인물이 우리에게 다시 나타난다면 다시 합리적인 구상이 될 것이다. 아니면 오히려, 그토록 멋진 구상을 칭송하자. 그리하되 그것이 실행되는 것을 보지 못한 것에 대해 스스로를 위로하자. 왜냐하면 영구평화는 인류에게 가공스럽고 폭력적인 방법을 통해서만 이루어질 수 있기 때문이다. 연합 동맹은 혁명 말고는 다른 어떤 방법으로도 수립될 수 없으니, 이 원칙에 의거하면 이런 유럽 연맹Ligue Européenne이 바람직한 것인지 두려워해야 하는 것인지 우리 가운데 누가 감히 단언할 수 있을까? 유럽 연맹은 아마 미래의 수세기 동안 그것이 예방할지 모르는 해악보다 더 큰 해악을 단번에 초래할 것이다.

해설

타락한 시민사회를 극복하는 참된 정치 공동체의 모색

박호성

1. 루소 사상의 현대적 의의

장 자크 루소가 사망한 지 2세기도 넘었다. 루소는 분명 과거의 인물이다. 하지만 오늘날 루소의 저작을 읽는 많은 사람들은 루소가 현 시대의 문제와 쟁점에 관해 잘 알고 있다고 느낀다. 인간과 사회, 사적인 삶과 공적인 삶, 경제와 정부에 관한 루소의 견해는 놀라우리만큼 현대의 문제에 적절하기 때문이다. 이렇게 본다면, 현대를 살아가는 사람들이 겪는 고민의 시초는 근대 초기에 이미 싹을 갖고 있었는지도 모른다.*

실상 근대를 구성하는 핵심 요소 가운데 많은 개념들을 근본적으로 이해하기 위해서라도 루소에 대한 이해가 필요하다. 루소는 근대의 중요한

---

* Mario Einaudi, *The Early Rousseau* (Ithaca, New York : Cornell University Press, 1967), Ch. I, "Rousseau Today", 16~25쪽.

쟁점들에 대해 계몽주의 시대의 이단아로 몰리면서까지 독창적인 견해를 제시했다. 물론 루소가 제기한 숱한 문제가 절대적으로 옳다거나 현실적인 해결이 가능한 것이라고 할 수는 없다. 하지만 루소가 당시에 제기한 문제 가운데 상당 부분은 양태를 달리하면서 시대를 뛰어넘어 계속 논의되고 있다.

루소 이후 수많은 사람들이 루소의 사상에 관해 연구해왔으며, 이 과정에서 숱한 논란이 제기되었다. 루소의 독특한 생애와 다방면에 걸친 저작은 그에 대한 이해를 더욱 어렵게 만들었다. 루소의 사상에 대한 연구의 어려움은 오늘날에도 여전히 존재한다.

루소의 사상을 올바르게 이해한다는 것은 쉬운 일이 아니다. 루소의 저작 곳곳에는 루소 고유의 논리와 역설(逆說)이 드러나 있다. 루소의 사상에는 외견상 모순으로 여겨지는 명제들이 숱하게 존재하는 만큼 접근하는 데 특히 주의가 필요하다. 루소의 정치사상에는 인간의 선함과 타락, 주인과 노예, 지배와 복종, 권리와 의무, 강제와 자유, 개인과 사회, 개인주의와 집단주의 등 모순된 명제가 공존해서 일반 독자뿐 아니라 전문 연구자들도 자칫 극단적인 오해로 나아갈 수 있는 것이다. 하지만 루소의 저작을 차분히 읽고 깊이 생각해보면, 루소가 논의를 구체화하는 가운데 일견 대립되었던 양자를 어느새 조화시키고 있음을 곳곳에서 확인하게 된다. 계몽주의의 유산을 지니고 있으면서도 계몽주의의 신념에 반대되는 명제를 제시한 루소의 이중성도 이러한 맥락과 닿아 있다.

따라서 루소의 사상을 올바르게 이해하기 위해서는 그의 단편적인 글일지라도 그것이 루소의 전체 사상 체계와 어떤 맥락에서 관련되어 있는가를 유의해서 살펴봐야 한다. 그래야만 얼핏 보면 서로 모순되는 듯한 그의 많은 주장들이 조리 있게 연결되고, 루소 사상의 전체 맥락에서 적절한 위치를 부여받게 된다.

근대 사상가로서 루소는 결코 한 시대에 해결될 수 있는 과제를 제시하지 않았다. 따라서 오늘날 루소의 사상을 연구한다는 것은 부질없이 과거에 집착하는 것이 아니다. 루소의 사상에 담긴 지혜를 탐구함으로써 지금 이 시대의 문제에 대한 심도 있는 해결을 모색하는 것이다.

2. 루소의 근대 사회 비판

18세기 계몽주의 시대의 사상가 루소가 근대 정치학의 새로운 지평을 제시한 마키아벨리와 마찬가지로 철저한 현실 분석을 토대로 정치사상에 대한 논의를 전개했다는 것은 잘 알려진 사실이다. 루소의 정치 현실 분석에서는 정치 현실에 대한 비판과 그 정치 현실을 극복하는 방안에 대한 모색이 긴밀히 연결되어 있다. 따라서 루소의 정치사상이 추구하는 목표를 올바르게 이해하기 위해서는, 먼저 루소가 비판적으로 분석한 시민사회와 근대인의 근본 문제들이 무엇인가를 살펴볼 필요가 있다.

루소의 근대 사회에 대한 비판은 사회 결속에 관한 그의 논의에서 이미 어느 정도 시사된다. 루소는 사회 결속을 두 가지로 구분한다. 첫째는 상호 존경과 호의 혹은 사회에 대한 애착을 바탕으로 하는 사회 결속이고, 둘째는 계몽된 이기심, 즉 상호 의존이나 개인적 이익을 바탕으로 하는 사회 결속이다. 그런데 양자는 서로 반대되는 것으로, 어느 하나의 결속은 다른 것의 비결속을 상정하지 않고는 더 이상 강해질 수가 없다.*

첫 번째 사회 결속은 역사적으로 두 유형의 사회에서 찾아볼 수 있다. 하나는 가장 원시적인, 야만 사회다. 이 사회는 아직 재산권의 발달이나 이성의 진보가 이루어지지 않고 위선이나 이기적인 욕구 등이 미처 등장

---

* 멜저, 〈루소와 근대 사회의 쟁점〉, 박호성 편역, 《루소 사상의 이해》(고양시 : 인간사랑, 2009), 358~359쪽.

하지 않았기 때문에, 상호 친애가 파괴되지 않은 상태라 할 수 있다. 때로는 문명화된 사회에서도 상호 친애가 유지되지만 이는 아주 드문 사례로서, 완벽한 입법 기술로 덕과 애국심에 의해 통합된 진정한 사회가 창출된 경우다.

두 번째 사회 결속은 원시 사회가 타락함에 따라 필연적인 결과로서 불완전한 사회가 성립되었을 때 찾아볼 수 있다. 이는 문명화된 시대에는 어디에서나 흔히 보게 되는 결속이기도 하다. 사실 루소가 사회société라고 말할 때는 대체로 이 두 번째 사회를 의미하며, 루소가 비판하는 사회도 이기적인 종류의 사회적 결속이 자연스러울 정도로 지나치게 지배하고 있는 이 사회다.*

루소는 이기적인 동기에 기초한 사회에서 인간은 더 이상 자유로울 수 없으며, 철저히 타락할 수밖에 없다고 주장한다. 더 나아가, 인간이 타락하고 불행하게 된 일차적 원인은 사회에 있다고 역설한다.** 인간이 아니라 인간 사회라는 새로운 책임 주체를 찾아낸 것이다.⁂ 루소의 모든 독창적인 사고는 다음과 같은 유명한 명제에서 비롯된다 해도** 지나친 말이 아니다.

> 자연은 인간을 행복하고 선하게 만들었지만 사회가 인간을 타락시키고

---

* 멜저, 〈루소와 근대 사회의 쟁점〉, 앞의 책, 359쪽.

** Lucio Colletti, *From Rousseau to Lenin : Studies in Ideology and Society*, John Merrington · Judith White (trans.)(New York : Monthly Review Press, 1972), 145쪽 ; Ernst Cassirer, *The Question of Jean-Jacques Rousseau* (New York : Columbia University Press, 1954), 75쪽.

⁂ 루소가 이를 최초로 발견했다는 카시러의 주장은 일반적으로 인정되고 있다. 다만 버먼은 영국과 프랑스의 초기 정치경제학자들의 유사한 사례를 들어 반론을 제기한다. Marshall Berman, *The Politics of Authenticity : Radical Individualism and the Emergence of Modern Society* (New York : Atheneum, 1970), 156쪽, n. 27.

** Arthur M. Melzer, "Rousseau and the Problem of Bourgeois Society", *American Political Science Review*, Vol. 74(1980년 12월), 1024쪽.

비참하게 만든다.*

이를 문자 그대로 해석하면, 루소는 자연과의 대비 아래 사회를 통틀어 강력히 비판하는 것으로 보인다. 그러나 루소가 비판하는 책임의 소재가 모든 사회에 해당되는 것은 아니다. 루소는 전반적인 사회와 근대 시민사회를 구분하며, 전자를 비판하는 것이 아니라 특정 형태를 취하는 후자를 비판한다. 요컨대 루소가 비판하는 사회는 분업, 교환, 사유 재산 등에 기초한 사회로서, 후에 '부르주아 사회'라고 불리게 되는 사회,** 달리 말해서 근대의 소산인 시민사회다.⁂ 루소는 근대 시민사회가 근대인의 필요 충족에 필수적인 것인 동시에 근대인을 타락시키는 것이라는 이중적 측면에 주목했다.

루소가 살았던 18세기는 소위 계몽주의 시대였다. 이성에 대한 신뢰와 진보에 대한 낙관적인 확신을 특징으로 하는 이 시대에 근대 시민사회는 동시대인에게 무한한 기대를 품게 만드는 새로운 삶의 터전으로 간주되었다. 이러한 경향은 역사에 관한 견해에 반영되어, 거의 모든 계몽 사상가들은 인류의 미래에 대해 낙관적으로 확신하기에 이르렀다. 심지어 볼

* J.-J. Rousseau, *Rousseau juge de Jean Jaques. Dialogues*, *Rousseau. Œuvres complètes* I, 934쪽 ;《루소, 장 자크를 심판하다—대화》(책세상, 2012), 349쪽.

** Patricia Springborg, "Rousseau and Marx", Ross Fitzgerald (ed.), *Comparing Political Thinkers* (Sydney : Pergamon Press, 1980), 225쪽.

⁂ 루소의 '시민사회' 개념이 루소 이전 정치 공동체의 개념 등과 대비해 어떤 의미를 갖는지에 대해서는 별도의 논의가 필요할 것이다. 고전적 의미에서 시민사회는 정치학적 전통 개념, 즉 정치 세계의 중심적 근본 범주라고 말할 수 있다. 고전적 전통을 이어받은 근대에서도 시민사회와 국가는 여전히 동일시된다. 홉스는 다음과 같이 기술하고 있다. "……이와 같은 방식으로 이루어진 연합체가 곧 국가 또는 시민사회라고 불린다." Thomas Hobbes, *Leviathan*, C. B. Macpherson (ed.)(Middlesex : Penguin Books Ltd., 1968), 227쪽. 그러나 루소는 시민사회와 국가를 분리해 인식한다. 시민사회의 개념과 역사적 기원에 관해서는 다음을 참조하라. Manfred Riedel, *Studien zu Hegels Rechtsphilosophie* (Frankfurt am Main : Suhrkamp Verlag, 1969) ; 만프레트 리델, 《헤겔의 사회철학》, 황태연 옮김(한울, 1983), 특히 제2장 43~105쪽.

테르 같은 사상가는 확고한 신념을 갖고서 당시의 문명*을 기준으로 모든 시대에 적용되는 보편적 도덕 법칙을 제시할 정도였다. 볼테르는 야만적인 귀족이 누렸던 것보다도 훨씬 더 많은 것을 제공하는 당시의 문명은 그 전에는 존재한 적이 없었다고 확신했으며, 이후 그보다 더 나은 문명이 나타나리라고 상상하지도 않았다.**

루소는 계몽주의 사상가들이 일반적으로 받아들인 이러한 신념에 강력히 반발했다. 물론 계몽주의의 신념에 대한 비판이 루소 특유의 것이라고 할 수는 없다. 루소와 마찬가지로 디드로도 계몽주의의 낙관적인 신념을 비판했다. 루소와 디드로는 다른 계몽주의 사상가들과는 대조적으로 계몽주의의 부정적 양상과 내적 모순을 인식하고 이해했다는 점에서 주목할 만하다.

그러나 양자 사이에는 중요한 차이가 있다. 디드로가 계몽주의 자체의 모순과 부정적인 양상을 강조한 반면, 루소는 한 걸음 더 나아가 근대 시민사회의 모순과 부정적인 측면을 강조했다.⁂ 계몽주의가 표방하는 제반 가치들이 싹트게 된 토대인 근대 시민사회와 결부시켜 문제를 제기한 것이다.

루소는 분명 계몽주의 시대의 사상가이지만, 계몽이 초래하는 이율배

---

* 문명의 개념과 의미를 파악한다는 것은 지나치게 큰 과제이므로 여기서 논할 여유는 없다. 다만, 오늘날 사용되는 문명의 개념은 18세기, 그중에서도 특히 프랑스 계몽주의의 산물이다. 물론 그때까지 예술, 과학, 산업, 법체계 등의 분야에서 이뤄진 발전은 훨씬 이전부터 기울였던 지속적인 노력의 결과임이 분명하지만, 과거와는 뚜렷이 구분되는 당시의 새로운 업적의 총체를 문명이라고 불렀다. J. Y. Ra, "Concept of Civilization as a Political Ideology : Toward the Unity of Civilization and of Mankind", *The Reconstruction of Human Society*, Vol. 4, No. 1(Seoul : Center for the Reconstruction of Human Society, KyungHee University Press, 1979년 10월), 42쪽.

** 시드니 폴라드, 《진보란 무엇인가—진보사관과 진보적 사회사상》, 이종구 옮김(한마당, 1983), 59~63쪽.

⁂ Lucien Goldmann, *The Philosophy of the Enlightenment : The Christian Burgess and the Enlightenment*, Henry Maas (trans.)(London : Routledge&Kegan Paul Ltd., 1968), 41쪽.

반적인 결과를 누구보다 심각하게 인식했다. 물론 루소는 다른 계몽주의 사상가들과 마찬가지로 일정 부분 근대 시민사회의 장점을 인정한다. 그에 의하면, 근대 시민사회는 정치로부터 불관용과 광신주의 및 교의적이고 공상적인 종교의 기타 해악을 제거하는 데 유용하다. 또한 예술과 학문의 자유로운 발전을 가능케 함으로써 지적이고 재능 있는 사람들을 통해서 높은 문화를 창조할 수 있다. 더 나아가, 풍속과 덕을 유지시킬 필요에서 벗어난 근대의 사회질서는 경제적 자유 기업의 진흥에 도움이 될 수 있다.

근대 시민사회가 근대인을 계몽하고 탁월한 지적 능력들을 발달시켰음에는 의심의 여지가 없다. 근대 시민사회는 인간의 미, 가치, 선, 도덕성이라는 관념들을 낳았으며, 근대인들에게 서로 의사소통하는 것, 연합하는 것, 이해하는 것, 느끼고 사랑하는 것을 가르쳐주었다. 학문과 예술의 진보는 시민사회의 진보와 인간의 행복 증대의 조건이며, 어쩌면 충분한 조건일 수도 있다. 편견은 지식에 의해서 사라지고, 풍속은 예술에 의해서 부드러워지며, 자연은 학문에 의해서 정복될 것이다.*

그러나 루소는 근대 시민사회가 지닌 온갖 장점이 근대인에게는 낯설기만 하다고 비판한다. 근대 시민사회는 근대인이 자유롭게 자신의 능력들을 사용하고, 자신의 감정을 표현하고, 자신의 방식대로 삶을 살아가지 못하게 만든다. 근대 시민사회는 뛰어난 문명의 성취를 자랑할지는 몰라도, 결과적으로 근대인을 불화하고 적대하게 만들 뿐이다. 왜냐하면 근대에 사는 사람들은 탐욕스러운 경쟁적 사회 체제의 형식과 내용 모두에서 배제되었기 때문이다.** 이러한 모순은 근대적 대도시, 특히 근대적 업적을 칭송하는 학문과 예술이 성행하는 수도에서 가장 극단적으로 나타난

---

* J.-J. Rousseau, *Discours sur les sciences et les arts*, *Rousseau. Œuvres complètes* III, 5~30쪽.

** Berman, *The Politics of Authenticity*, 150~152쪽.

다.*

더 나아가 루소는 학문과 예술의 진보가 도덕성을 향상시킨다는 것을 거부할 뿐만 아니라, 반대로 그러한 진보는 언제나 도덕적 타락으로 귀착된다는 것을 주장한다. 루소가 보기에 학문과 예술은 사람들을 약하게 만들 뿐 아니라, 대부분 불필요한 필요를 충족시키는 안락에 대한 욕망에서 생긴다. 이런 학문과 예술은 고귀한 신분의 사람들이나 학자들이 생각하는 것처럼 바람직하거나 훌륭한 가치를 지닌 것이 아니다. 더욱이 학문과 예술의 발달은 부의 불평등과 밀접한 관련이 있다.

> 악의 최초의 원천은 불평등이다. 부는 불평등에서 온다. 가난과 부유란 상대적인 것이어서, 사람들이 평등한 곳이라면 어디든 부유하거나 가난하지 않을 것이다. 사치와 게으름은 부에서 태어났다. 세련된 예술은 부에서 왔고, 학문은 게으름에서 왔다.**

또한 학문과 예술의 발달은 사치와도 밀접한 관련이 있다. 왜냐하면 사치는 부의 결과이거나 부를 필요로 하기 때문이다. 사치는 부자와 빈자를 동시에 타락시킨다. 부자는 부를 갖고 있기 때문에 부패하고, 빈자는 부를 선망하기 때문에 타락한다. 그 결과 사람들은 허영과 편견의 노예가 된다.⁂

따라서 근대 시민사회는 학문과 예술 및 그것의 성과를 유지하는 것으로 변형되며, 바로 이러한 변형이 헛된 자존심과 부정의로 가득한 생활

---

* J.-J. Rousseau, *Projet de constitution pour la Corse*, *Rousseau. Œuvres complètes* III, 911~912쪽. 이 책 181쪽.

** J.-J. Rousseau, *Observations de J.-J. Rousseau, sur la Réponse à son Discours*, *Rousseau. Œuvres complètes* III, 49~50쪽.

⁂ Rousseau, *Observations de J.-J. Rousseau, sur la Réponse à son Discours*, 49~50쪽.

을 창출한다. 루소는 더 나아가, 고도로 문명화된 사회에서 학문과 예술의 발달이 일종의 예속 상태를 지향한다고 주장한다.

> 정부와 법률이 성원들의 안전과 복지를 제공하는 반면, 덜 전제적이면서도 아마 더 강력한 학문, 문학, 예술은 인간을 얽어맨 쇠사슬 위에 꽃의 화환을 전파시키고, 사람들이 태어난 목적으로 생각되는 원초적 자유에 대한 감정을 억제시키며, 예속을 사랑하도록 만들고 소위 문명화된 사람들로 변화시킨다.*

루소가 보기에, 근대 시민사회는 근대인의 구체적인 삶 자체보다 추상적인 화폐와 교환 관계의 확장에 관심을 갖고 있다. 학문과 예술을 추구하는 데 필요한 재능은 사람들을 차별하는 근거가 되는 동시에, 유지하는 데 막대한 돈이 들기 때문이다. 따라서 근대 시민사회에서는 "화폐가 사회의 진정한 유대"**로 변형됨으로써, 상업과 돈의 문제가 중심을 차지하게 된다.

> 고대의 정치가들은 끊임없이 풍속과 덕에 관해 이야기하지만, 지금(근대)의 정치가들은 상업과 돈만 따진다.***

루소의 학문과 예술을 중심으로 한 계몽주의적 가치들에 대한 비판은

---

* Rousseau, *Discours sur les sciences et les arts*, 6~7쪽. 또한 "군주는 그 신하들 사이에 즐겁고 지나친 예술에 대한 취미가 확산됨을 항상 기쁨으로 바라본다……예속 상태에 적합한 정신적인 저열함으로 조장시키는 외에도, 군주는 대중이 스스로 창출한 모든 욕구들이 그들을 묶는 매우 많은 사슬임을 대단히 잘 알고 있다". *Discours sur les sciences et les arts*, 7쪽 주.

** J.-J. Rousseau, *Emile ou de l'éducation*, *Rousseau. Œuvres complètes* IV, 461쪽.

*** Rousseau, *Discours sur les sciences et les arts*, 19쪽.

그 가치들의 물적 토대라고 할 수 있는 근대 시민사회의 불평등한 구조에 대한 비판과 밀접하게 연관되어 있다. 학문과 예술에 의해 지배되는 근대 시민사회는 불평등으로 가득한 사회이고, 이런 근대 시민사회의 불평등 구조는 시장 관계에서 확고히 결정된다.

시민사회의 토대가 된 것은 사유 재산의 확립이었다. 시민사회에서 분업과 교환 관계의 발달은 모든 사람을 시장이라는 틀 속에서 상호 의존하게 만든다. 그리고 그 자체로 분업의 산물이라 할 수 있는 학문과 예술의 발달은 모든 야만적인 요소들을 점차 순화하는 역할을 세련되게 수행한다.

루소의 근대 시민사회에 대한 비판은 상호 의존에 기초한 교환 관계와 그것을 직접적으로 산출하는 시민사회의 근본적인 모순을 지적한다. 시민사회에서는 교환을 통한 분배와 협동이 필수 불가결하고, 사회에서 생활하는 전 성원의 상호 의존이 전제되어야 한다. 시민사회에서 상호 의존은 모든 사람의 시장에 대한 의존으로 나타난다. 여기서 사람들 사이의 관계는 기본적으로 각 개인이 다른 사람의 도구로 간주되어야 하는 양상을 띠게 된다.*

루소가 볼 때, 시민사회는 원천적으로 갖고 있는 모순으로 말미암아 부정의와 부자유의 직접적인 원인이 된다. 더 나아가 근대 시민사회는 근대인의 삶을 직접적으로 분열시킨다. 루소는 근대 시민사회의 불평등 구조가 새로운 지배, 예속 관계를 성립시킨다는 것을 역설한다.

루소가 보기에, 근대 정치의 본질과 진수는 개인적 의존이라는 모순 위에 사회를 구축한 데 있다.** 근대 시민사회에 가장 큰 영향을 미치게 되는 시장 관계, 곧 상호 의존 관계는 근대인을 혼자 살아갈 수 없을 만큼 결속시켰다. 루소에 의하면, 상호 의존 관계야말로 자기모순이며 개인을

---

* Colletti, *From Rousseau to Lenin*, 163~164쪽.

** Melzer, "Rousseau and the Problem of Bourgeois Society", 1028쪽.

노예화하는 기본적인 요인이다.

> 의존 관계에는 두 종류가 있다……하나는 사물에 대한 의존으로서, 자연에 의거하되 자연을 조금도 손상시키지 않으며 악덕을 자아내지도 않는다. 다른 하나는 인간에 대한 의존으로서, 사회에 의거하며 온갖 악덕을 만들어낸다. 주인과 노예가 서로 타락시키는 것은 인간에 대한 의존 때문이다.*

개인적 의존 관계라는 모순에 기초한 근대 시민사회는 결국 인간을 타인이나 사회의 노예가 되게 만든다. 루소는 바로 이것이 근대인의 보편적 현상임을 지적한다. 근대 시민사회는 그 사회에서 살아가는 모든 사람들을 철저히 속박하는 굴레가 되었다.

> 사람은 자유로운 존재로 태어나지만, 어디에서나 쇠사슬에 얽매여 있다. 자신이 다른 사람들의 주인이라고 믿는 사람은 그들보다 더한 노예다.**

개인적 의존 관계가 심화된 근대 시민사회에서 모든 사람은 노예이며, 시민사회에서 분열된 근대인은 '부르주아'로 특징지어진다.*** 루소에 의하면, 문명화된 시민사회에서는 자신의 본성을 잃지 않으려는 근대인의 어떠한 시도도 좌절된다.

루소는 이토록 비참한 상태를 초래하는 시민사회의 문제점을 깊이 해

---

* Rousseau, *Emile ou de l'éducation*, 311쪽.

** Rousseau, *Du contrat social, ou Principes du droit politique*, *Rousseau Œuvres complètes* IV, 351쪽. 이 책 21쪽.

*** 루소의 부르주아 개념은 흔히 사용되는 중간 계층이라는 좁은 의미가 아니라, 더 넓은 의미다. 루소가 말하는 부르주아란 농부나 야만인이 아닌, 도시에 사는, 사회에 몹시 의존적이기는 하지만 '시민citoyen'과는 달리 사회를 위해 살거나 죽지 않는, 어느 정도 이기적인 사람이다. Melzer, "Rousseau and the Problem of Bourgeois Society", 1018쪽.

명하는 데 그치지 않고, 시민사회의 현실적 모순을 해결하고자 한다. 루소는 타락한 시민사회에서 철저히 분열된 부르주아를 극복하기 위한 전제로서, 근본적인 정치적 질문을 제기한다.

그 질문은 바로 이것이다. 정의란 무엇인가? 이는 당연히 다음 질문으로 연결된다. 무엇이 자연적인가? 왜냐하면 실정법의 한계를 벗어나서 한 질서를 수립하거나 개혁하는 것일 때 유일한 기준은 자연, 더 구체적으로는 인간의 본성일 수 있기 때문이다.* 시민사회의 비판적 극복을 위해 루소가 정치적 정의의 토대를 자연의 발견에서 시작한 데는 납득할 만한 이유가 있으며, 루소 정치사상의 큰 틀은 여기서 단서가 마련됨을 보게 된다.

3. 루소의 정치적 대안

루소는 근대의 모순을 해명한 뒤에 두 가지 차원의 해결책을 마련했다. 하나는 사회적 차원에서 사회계약 원리에 따른 정치질서를 수립하는 것이고, 다른 하나는 개인적 차원에서 자유의지의 주체로서 참된 자유인을 형성하는 것이다.

이러한 정치적 대안의 구상이 루소 정치학의 틀을 결정짓는다. 루소의 정치적 대안은 궁극적으로 자연 상태에서 태어난 개인의 심리적 필요와 사회생활의 부자연스러운 요구를 화해시킬 제도들을 발견하는 문제로 귀결된다.** "훌륭한 사회 제도들은 인간의 본성을 가장 잘 변화시키는 제

---

* Allan Bloom, "Jean-Jacques Rousseau", Leo Strauss · Joseph Cropsey, *History of Political Philosophy*, Third Edition(Chicago : The University of Chicago Press, 1987), 561~562쪽.

** Alfred Cobban, *Rousseau and the Modern State*(London : George Allen&Unwin Ltd., 1934), 216~217쪽.

도"*이기 때문이다. 또한 루소의 정치적 대안은 원초적으로 선한 인간 본성에 부합하는 개인의 완성을 도모하는 한편, 현실 사회에서 타락한 인간의 자연(본성)을 참된 공동체의 수립에 의해 회복시키려는 이중의 목표를 갖고 있다.

> 길게 보면 인민은 정부가 만드는 대로 만들어지는 존재임이 분명하다. 정부가 원한다면 전사, 시민, 인간 가운데 어느 것도 가능하며, 천민과 불량배가 좋다면 그렇게 만들 수도 있다. 자신의 신민을 멸시하는 모든 군주는 자신이 그 신민을 존경받는 존재로 만들 줄 몰랐다는 사실을 보여줌으로써 스스로를 불명예스럽게 만든다. 따라서 여러분이 사람에게 명령하기를 원한다면 사람을 양성하라. 만약 여러분이 법이 준수되기를 원한다면 사람들로 하여금 법을 사랑하게 하라. 사람들이 해야 할 행동을 하게 하려면 자신이 마땅히 해야 한다고 생각하는 것이 필요할 뿐이다.**

루소에 의하면 행정을 주관하는 정부의 역할은 주권자의 단순한 심부름꾼에 그치지 않는다. 때로는 정부의 행정이 인민의 특성을 형성할 가능성도 있기 때문이다.

> 〔통치의 목적을 달성할 수 없는 것은〕 모두 분리할 수 없는 두 가지, 곧 통치체와 피통치체를 분리하는 데서 비롯된다. 양자는 최초의 제도를 통해 오직 하나로 구성되는데, 단지 제도의 폐단 때문에 분리된다.
>
> 이런 경우에 가장 지혜로운 사람들은 조화 관계에 주목해 민족nation을

---

* Rousseau, *Emile ou de l'éducation*, 249쪽.

** J.-J. Rousseau, *Discours sur l'économie politique*, *Rousseau. Œuvres complètes* III, 251~252쪽. 이 책 244쪽.

위해 정부를 수립한다. 그러나 그보다 훨씬 더 좋은 방법이 있다. 즉 정부를 위해 민족을 형성하는 것이다. 첫 번째 경우에는 정부가 쇠퇴하면 민족은 동일하게 유지되지만 양자의 적합성이 사라진다. 두 번째 경우에는 모든 것이 똑같은 보조로 변하고 민족이 스스로의 힘으로 정부를 이끄는 만큼, 정부 자체가 유지되면 민족도 유지되고 정부가 쇠퇴하면 민족도 쇠퇴한다. 정부는 언제나 민족에 적합하게 된다.*

주권은 최고의 권위이지만 현실에 직접 적용할 유효한 수단을 갖고 있지 않다. 주권이 실현되기 위해서는 정부의 힘을 빌려야만 한다. 정부는 행정 수행에 필요한 제반 수단과 힘을 갖고 있기 때문이다. 물론 정부가 갖고 있는 이런 수단과 힘의 지도 원리는 루소가 말하는 일반의지로서, 정치 공동체에서 정의와 부정의를 가르는 기준이 된다.

루소가 볼 때 참된 인간관계의 기초는 계약이므로, 루소의 정치질서 수립 원리 역시 사회계약에 기초한다. 이는 루소의 논의에서 크게 두 가지 차원에서 마련되는데, 하나는 개인적 차원이고 다른 하나는 사회적 차원이다. 물론 이는 편의상의 구분일 뿐, 루소의 논의에서 양자를 따로 떼어 생각할 수는 없다. 이 점에서 루소의 정치학은 윤리학적 과제와 긴밀히 관련돼 있다.

사회적 차원에서 루소는 근대 사회의 모순을 지양한 정치 공동체의 형태, 즉 공화국의 기본 원리에 주목했다. 더 나아가 루소는 몇몇 단편을 통해 근대 유럽 사회가 끊임없이 전쟁상태에 시달리는 원인을 치밀하게 분석하고, 시대적 과제가 되어온 유럽의 평화를 구체적으로 실현할 방안을 모색했다. 영구평화안을 다룬 그의 몇몇 단편들이 그의 이러한 모색을 보여준다. 이러한 단편들은 미완에 그친 그의 저작 《정치 제도》의 구상

---

* Rousseau, *Projet de constitution pour la Corse*, 901쪽. 이 책 168쪽.

을 일부 엿볼 수 있게 한다는 점에서도 주목할 만하다.

루소는《사회계약론》에서 법률이 허용하는 것과 이익이 요구하는 것을 일치시켜 정의와 효용이 분리되지 않게 하는 것을 중심 과제로 삼고 참된 정치적 결사의 원리를 제시했다.* 루소의 사회계약론은 전통적 의미의 계약론과 기본적으로 성격이 다른데, 현존하는 어떤 정부 형태에 대한 관찰이 아니라 참된 정치적 결사에 관한 원리를 밝히는 것으로 이루어져 있기 때문이다. 이런 맥락에서 그의 사회계약론 두 번째 판에는 '국가 기본법의 원리'라는 부제가 붙어 있음을 주목할 필요가 있다.

루소에 의하면 이런 원리에 입각해 수립된 국가야말로 정당하면서도 확고한 정치체라 할 수 있지만, 이런 원리에 의해 진정한 정부의 기초를 마련한 이후에 남는 문제로서 그가 계속 관심을 두게 된 것은 어떻게 하면 국가를 대외 관계에서도 견고하게 유지시킬 수 있느냐 하는 것이었다. 이 문제가 루소의 지속적인 관심사가 될 수밖에 없었던 이유는 다음과 같다.

> 어떤 정부를 완성할 방법에 대해 숙고하다 보면 얼마 지나지 않아 정부의 구성 자체보다는 정부의 대외 관계에서 비롯되는 혼란과 장애가 무엇인지를 알아채게 된다. 이런 혼란과 장애로 말미암아 어쩔 수 없이 공공질서에 쏟아야 할 노력을 대부분 정부의 안전에 기울여야 하며, 정부 자체를 완성시키는 것보다 다른 정부에 대한 저항 상태를 유지하는 것에 더 신경 써야 한다.**

---

* Rousseau, *Du contrat social, ou Principes du droit politique*, 351쪽. 이 책 20쪽.

** J.-J. Rousseau, *Extrait du Projet de paix perpétuelle de Monsieur l'abbé de Saint-Pierre*, *Rousseau. Œuvres complètes* III, 564쪽. 이 책 280쪽.

이와 같은 이유로 루소는 한 국가의 완성을 위해서라도 대외 관계의 안정이 필수적임을 역설했으며, 인류 최대의 재앙인 압제와 전쟁은 서로 밀접한 연관이 있음을 인식하고 근본 원인의 규명과 해결 방안의 모색에 관심을 기울였다. 더 나아가 루소는 자신보다 앞서 유럽의 군주 연합에 의한 영구평화안을 구상했던 생피에르의 서술을 요약, 발췌하는 과정에서 은연중에 자신의 국가연합에 관한 구상을 드러냈다.

루소는 이러한 작업이 우연히 시작되었다고 밝히고 있지만, 여러 면으로 보아 우연이라고 하기 어렵다. 왜냐하면 그가 필생의 과업으로 삼았던《정치 제도》의 구상에 한 국가의 기본법을 다룬《사회계약론》과 더불어 국가 간의 기본법을 다룬 국제법의 원리가 포함돼 있었기 때문이다.* 다만 문제가 되는 것은 생피에르의 영구평화안에 대한 루소의 글 가운데 어느 것이 루소 자신의 견해인가를 구별하는 일이지만, 이에 대해서는 다음과 같은 루소의 글이 귀띔이 된다.

> ……번역을 할 뿐만 아니라 필요에 따라 자신의 생각을 보태도 상관없었으므로, 이 저서 속에 여러 중대한 진리를……생피에르 신부의 이름으로 써넣을 수 있었다. 그렇지만 이 일은 그리 간단하지 않았다……결국 가장 유익한 방법을 취하기로 했다. 그것은 저자의 사상과 나의 사상을 분리해서 쓰는 것이었다. 그러기 위해서는 그의 견해를 깊이 파고들어 그것을 설명하고 부연하여 본래의 가치를 나타내는 데 노력을 조금도 아끼지 않아야 했다. 그렇기 때문에 내 저술은 완전히 구별되는 두 부분으로 나누어지게 되었다. 제1부에서는……원저자의 여러 방안을 서술하기로 하고, 제2부에서

---

* Rousseau, *Du contrat social, ou Principes du droit politique*, 470쪽(이 책 163쪽) ; Rousseau, *Les confessions*, *Rousseau. Œuvres complètes* I, 404~408쪽 ;《고백 2》(책세상, 2015), 183~186쪽.

는 제1부에 서술된 방안에 대한 나의 비판을 전하려 한 것이다.*

이와 함께 루소는《생피에르 영구평화안 발췌》서두에서 "나는 입증 없이는 어떤 것도 주장하지 않기로 단호히 결심했으므로, 독자에게도 자신이 반박할 수 없는 것은 부정하지 말라고 요청할 수 있다고 믿는다"라고 밝힘으로써, 그것이 단순한 요약이나 발췌가 아니라 자신의 추론이 덧붙은 글임을 분명히 하고 있다.

우선 생피에르가 구상한 영구평화안의 기본 내용을 살펴보면, 그것은 전쟁의 폐해와 평화의 장점을 열거한 후 군주들을 설득해 전체 유럽 군주의 연합을 만들어 영구평화를 확보하려는 것이었다. 생피에르는 군주들의 이성에 호소하고 그들을 계몽함으로써 국가연합을 실현하고 평화를 영구히 확보할 수 있다고 믿을 만큼 합리적이고 낙천적인 신념을 갖고 있었다.

그러나 생피에르의 이런 성향은 루소의 비판의 표적이 되었다. 루소는 생피에르의 영구평화안이 인류에게 유익하기는 하지만 실현 불가능한 계획만을 포함하고 있다고 지적하면서, 앙리 4세가 신중히 계획하고 오랜 준비 끝에 무력으로 달성하려 했던 것을 생피에르는 단 한 권의 책으로 이룰 수 있는 것처럼 주장한다고 비판한다.

루소는 생피에르의 잘못이 '완전한 이성'이라는 그릇된 원리를 잘못 받아들인 데 기인하며, 이는 결국 생피에르가 인간을 현재 있는 그대로의 존재로 보지 않고 모든 인간을 자신과 같은 존재로 간주하려 했기 때문이라고 비판한다. 결과적으로 생피에르는 자신과 같은 시대의 사람들을 위해 노력하고 있다고 생각했지만, 실제로는 가공인물들을 위해 노력

* Rousseau, *Les confessions*, 408쪽 · 422~423쪽 ;《고백 2》, 187쪽 · 205~208쪽.

했을 뿐이라는 것이다.*

더욱이 루소는 생피에르가 군주 주권을 용인하고 군주를 인민의 반란으로부터 지키려고 한 것을 쉽게 받아들일 수 없었으므로, 생피에르의 글을 발췌하는 과정에서 인민의 반란을 진압하는 데 국가연합의 원조를 제공하는 규정을 삭제했다. 또한 루소는 생피에르의 주장을 비판하면서, "군주의 폭정에 대항해 신민을 보호하지 않고는 신민의 반란에 대항해 군주를 보호하는 것도 불가능"하다고** 함축성 있는 글을 삽입했다. 루소는 생피에르의 영구평화안이 군주들의 연합에 의해 성공한다고 가정할 경우 군주의 폭정에 대한 인민의 정당한 반란 역시 군주의 연합에 의해 저지될 것임을 염려해서 이 글을 마련해놓은 것으로 보인다. 루소는 이처럼 생피에르의 영구평화안에 대한 비판적 입장을 견지하는 가운데, 자신의 국가연합에 관한 구상을 피력한다.

국제 평화 사상의 역사에서 루소는 뚜렷한 위치를 차지하고 있다. 물론 루소 이전에도 많은 사상가들이 국제 평화의 긴요함을 역설했고, 그것이 때로 큰 호소력을 발휘하기도 했지만, 그런 어떤 주장도 실천적 이론이었다고 보기는 어렵다. 다만 근세에 이르러 국제 평화의 확립을 위한 구체적 안을 제시한 생피에르의 경우에는 그 이전의 사상가들과 분명히 구별되는 점이 있었다. 생피에르가 주창한 평화안의 핵심은 전쟁으로 인한 불이익과 평화의 이점을 나열해 군주들의 이성에 호소하고, 그들의 연합에 의해 영구평화를 확립한다는 것이었다. 계몽 시대의 한 사상가로서 생피에르 역시 합리적이고 낙관적인 신념을 갖고 있었던 것이다. 루소는 생피에르의 영구평화안이 매우 추상적이고 지나치게 낙관적임을

---

* Rousseau, *Les confessions*, 422쪽 ;《고백 2》, 205~206쪽.

** J.-J. Rousseau, *Jugement sur le Projet de paix perpétuelle de Monsieur l'abbé de Saint-Pierre*, *Rousseau. Œuvres complètes* III, 593쪽. 이 책 315쪽.

비판하는 한편, 그 구상이 지극히 숭고하고 참으로 가치 있는 작업임을 인식하여 이를 비판적으로 보완하는 과제를 스스로에게 부과했다.

국가연합에 관한 루소의 기본 입장은 그의 저술 도처에서 찾아볼 수 있다. 국가연합의 구성국에 대한 생각에서 루소는 생피에르와는 분명히 다르다. 생피에르가 계몽 전제군주에 의한 국가연합을 꾀했다면, 루소가 생각한 것은 공화국의 형식을 갖춘 국가들, 좀 더 정확히는 인민 주권국들 간의 연합이었다. 이런 루소의 구상을 토대로 후에 칸트의 영구평화에 관한 논의가 이어질 수 있었다. 실로 루소는 생피에르와 칸트의 영구평화안을 발전적으로 연계시키는 결정적인 역할을 담당한 셈이다.

하지만 루소 시대의 유럽 현실을 살펴볼 때, 각 구성국에서 인민 주권이 실현되는 것은 여전히 요원했다. 따라서 인민 주권국들의 연합에 의한 영구평화의 실천이라는 루소의 이상 역시 거의 절망스러운 것이었다. 그렇기 때문에 루소는 생피에르의 영구평화안을 비판적으로 검토한 후에, 당혹감과 번민 속에서 모든 구성국에 혁명이 필요하다는 엄정한 현실을 지적한 것인지도 모른다.

한편, 루소가 강조하는 바에 따르면 군주는 언제나 외적 이익에 기만당하고 사적 이익만을 추구하며, 군주가 대외 전쟁을 일으키는 것은 대내 지배를 공고히 하기 위해서다. 이러한 지적을 통해 루소가 요청하는 바는 절대 다수를 차지하는 인민이야말로 대외 정복의 허상을 분명히 인식하고 각 정치체를 완성시키는 데 전력을 다할 것이며 그래야만 하리라는 것, 국제 평화는 일반의지의 지배를 받는 인민 주권국들 간의 연합에 의해서만 이루어질 것이며 그래야만 하리라는 것이라 하겠다. 이러한 루소의 요청은 끊임없는 분쟁과 대량 학살의 위협에 시달리는 오늘에 이르기까지 시대를 뛰어넘어 의의를 잃지 않고 있다.

옮긴이주

1) 루소는 제목과 소제목을 조심스럽게 선택했다. 루소가 최종적으로 선택한 용어의 의미에 관해서는 다음의 책들을 참조하라. Roger D. Masters, *Political Philosophy of Rousseau*(Princeton, NJ : Princeton University Press, 1968), 259~293쪽 ; Robert Derathé, *Jean-Jacques Rousseau et la science politique de son temps*(Paris : Presses universitaires de France, 1950).
한편, 루소는 이 작품을 출판할 때 저자인 자신을 '제네바 시민 루소'라고 밝혔다. 그는 16세에 제네바를 떠난 후 가톨릭으로 개종하면서 법적으로 제네바 시민권을 상실했다가 1754년에 공식적으로 시민권을 회복했으며〔장 자크 루소, 《고백 2》, 박아르마 옮김(책세상, 2015), 167쪽〕, 글을 발표할 때 제네바의 명예가 되리라고 스스로 믿는 작품에서만 자기 이름에 '제네바 시민citoyen de Genève'이라는 말을 덧붙였다〔장 자크 루소, 《신엘로이즈 1》, 김중현 옮김(책세상, 2012), 41쪽〕.
2) 루소는 제사(題詞)를 주의 깊게 선택했다. 제사로 사용되는 인용구가 작품 전체를 상징한다고 여겼기 때문이다. 장 자크 루소, 《루소, 장 자크를 심판하다—대화》, 진인혜 옮김(책세상, 2012), 358쪽 ; Masters, *Political Philosophy of Rousseau*, 15쪽, n. 56. 루소가 여기서 베르길리우스Publius Vergilius Maro의 장편 서사시

〈아이네이스〉에 나오는 이 구절을 제사로 선택한 것은, 로마가 자유로운 합의에 의해 수립되었음을 환기하면서 이를 사회계약의 고전적 사례로 제시하기 위해서인 듯하다. 그러나 이 구절은 아이네이아스가 지휘하는 트로이군과의 전쟁에서 패한 라티움의 왕이 한 연설 가운데 나오는 것이다. 트로이군의 이어진 공격은 라티움 의회를 폐지하고, 승리한 아이네이아스는 '최강자의 권리'에 입각해 로마를 수립한다.

3) 여기서 말하는 방대한 저작은 미출간된《정치 제도*Institutions politiques*》이다.

4) 이런 구상의 기원과 관련해 루소는, 데피네d'Épinay 부인의 시골집에서 살기 위해 파리를 떠난 1756년에 다음과 같이 밝혔다. "작업 중인 여러 저술들 가운데《정치 제도》가 있었는데, 이것은 내가 오래전부터 구상해오고 가장 애착을 가지고 전념해왔으며 평생 몰두하기를 바라고 내가 보기에 내 명성을 확고하게 만들어줄 것이 분명한 작품이었다. 나는 그 저술을 열서너 해 전에 처음으로 구상했다. 그때 나는 베네치아에 있으면서 그토록 칭송받던 베네치아 정부도 결함이 있음을 여러 기회를 통해 지켜보았다. 그때 이후 내 시야는 윤리의 역사적 연구로 한층 넓어졌다. 모든 것은 근본적으로 정치와 관련이 있고, 어떻게 행동하든 모든 국민은 그 정부의 특성에 따라 규정된 것에서 벗어나 결코 자유롭지 못할 것임을 깨달았다. 따라서 가능한 최선의 정부란 무엇인가라는 중대한 질문은 다음의 질문으로 귀착되는 듯하다. 즉 가장 덕이 높고 가장 교양이 있으며 가장 현명한 국민, 요컨대 가장 넓은 의미에서 가장 훌륭한 국민을 만드는 데 적합한 정부의 본질은 무엇인가? 또 이 질문이 방식은 다르지만 다음의 물음과 긴밀한 관련이 있다고 생각했다. '어떤 정부가 그 특성상 항상 법률과 가장 긴밀하게 관련이 있는가?' 여기서부터 '법률이란 무엇인가?'와 같은 중요하고 연속적인 질문이 제기된다. 나는 이 모든 질문들이 인류의 행복, 특히 내 조국의 행복에 유용한 위대한 진리로 나를 이끌어간다고 생각했다."(장 자크 루소,《고백 2》, 183~184쪽). 루소는 이어서 다음과 같이 말한다. "이 저술에 벌써 5, 6년의 시간을 할애했지만 아직도 거의 진전을 보지 못했다."(장 자크 루소,《고백 2》, 184쪽). 한편 루소는 1762년 1월 18일에 물투Moultou에게 보낸 편지에서 "'사회계약론 혹은 정치적 권리의 원칙Du contrat social ou Principes du droit politique'이라는 제목을 붙인 작은 저작이 네덜란드에서 인쇄에 들어갔다는 것을 당신에게 말해야겠다. 이것은 내가 10년 전에 쓰기 시작했다가 중단한 저작, 여하튼 내 능력을 벗어나는 것임이 분명

한 '정치 제도'라는 제목의 저작에서 발췌한 것이다"라고 썼다(*Rousseau. Œuvres complètes* III, 1431쪽).

이러한 루소의 언급들로 미루어 그는 1751년쯤에 《정치 제도》와 관련된 진지한 작업을 시작했지만, 1756년이 지나서야 중요한 진척을 이뤘을 뿐이다. 나머지 부분은 없어졌다는 루소의 말과 달리, 특히 〈전쟁상태론Etat de guerre〉(*Rousseau. Œuvres complètes* III, 601~616쪽)을 비롯한 몇몇 글처럼 《정치 제도》의 단편들이 아직 남아 있는 것으로 보인다.

5) 정치 이론의 문제와 관련해 루소가 보이는 인식의 이중성은 강조할 만하다. "현재 있는 그대로의 인간"은 해법에 대한 한계를 규정하는 이익 혹은 효용과 관계있는 반면, "있을 수 있는 법"은 정당성이 인정되지만 단지 그뿐인 권리와 정의에 대한 고려와 관계있다. 달리 말하자면 루소는 권리와 정의를 인간의 이기심에서 비롯된 불가피한 요구에 맞추려고 시도한다. 《제네바 초고*Manuscrit de Genève*》, I, ii를 참조하라.

6) 이 구절은 《반마키아벨리론*Antimachiavelli*》이라는 책을 출판한 프로이센의 프리드리히 대왕에 대한 우회적인 비판인 것 같다. Masters, *Political Philosophy of Rousseau*, 306~309쪽을 참조하라. 또한 루소는 시민에게는 정치 문제에 관해 자유롭게 토론할 권리가 있다고 주장한다.

7) 루소가 태어난 제네바 공화국을 가리킨다.

8) 루소는 자기가 태어난 나라 제네바에 대해 여기서 이렇게 찬미하지만, 《정치경제론*Discours sur l'économie politique*》에서는 제네바에 대해 강력히 비판하는 이중적 태도를 드러낸다.

9) 이 장은 《제네바 초고》, I, iii의 처음 두 단락을 수정한 것이다.

10) 이 문장은 특별히 주목할 만하다. 모든 형태의 개인적 권력과 권위를 비난하고 있기 때문이다. 루소가 다른 곳에서 쓴 바에 따르면, "자유는 자신의 의지를 다른 누구의 의지에 굴복시키는 데 있지 않은 것과 마찬가지로 타인의 의지를 자신의 의지에 굴복시키는 데도 있지 않다. 주인이 되는 자는 누구도 자유로울 수 없고, 지배는 복종이다"(*Lettres écrites de la montagne*, VIII, *Rousseau. Œuvres complètes* III, 841쪽).

11) 그로티우스Hugo Grotius(1583~1645)는 네덜란드의 법학자다. '흐로티위스'라고도 불린다. 라틴어로 《전쟁과 평화의 법》(1625년 출판)을 썼으며, 근대 자연

법의 원리에 기반한 국제법의 기초를 확립해 '국제법의 아버지'라고 불린다.

12) 여기서 루소는 "그〔주권자〕는 무엇을 하든 자기 신민 어느 누구에게도 해를 끼칠 수 없으며, 어느 신민에게도 부정의로 비난받을 일이 없다"〔Thomas Hobbes, *Leviathan*(Oxford : Blackwell, 1960), II, xviii, 115쪽〕라는 홉스의 주장을 언급하는 것으로 보인다.

13) 필론(기원전 15?~기원후 45?)은 고대 이집트의 수도 알렉산드리아 출신의 유대인 철학자다.

14) 칼리굴라의 정식 이름은 가이우스 카이사르 게르마니쿠스Gaius Caesar Germanicus(12~41)로, 로마의 제3대 황제(37~41 재위)이다. 재위 초기에는 민심을 수습하고 선정을 베풀어 칭송받았으나 점차 폭정과 방탕한 생활로 원로원과 대립했고, 자기를 신격화하려다 암살되었다.

15) 아리스토텔레스는 《정치학》, I, ii, 1252a에서 다음과 같이 주장한다. "지성에 의해 예지력을 행사할 수 있는 요소는 자연적으로 통치 요소이자 지배 요소다. 신체적 능력에 의해서 다른 요소가 구상하는 것을 할 수 있는 요소는 자연적으로 노예상태에 있는 피통치 요소다." 그러나 고대 그리스의 철학자 트라시마코스나 그로티우스와 달리 아리스토텔레스는 곧바로 "따라서 주인과 노예는 공통 이익을 갖고 있다"라고 덧붙인다(《정치학》, I, v~vi, 1254a~1254b).

16) 초판에서 루소는 '다르장송 후작M. le Marquis d'Argenson'을 이렇게 'M. L. M. d'A.'라는 머리글자로 표기했다.

17) 이것은 플루타르코스의 《모랄리아》에 나오는 짧은 대화다. 마녀 키르케가 율리시스의 부하들을 모두 돼지로 만들어버렸는데, 율리시스가 그들을 인간으로 되돌려달라고 요구하자 키르케는 그들 중 그릴루스라는 사람에게 그것이 바람직한지 자신을 설득해보라고 한다. 그러자 그릴루스는 '인간이 세상에서 가장 비참하고 가장 불행한 동물인 반면에 동물의 정신은 더 훌륭하고 덕을 산출하기에 더 완전하다. 왜냐하면 강요나 명령이나 가르침 없이도 동물의 정신은 자연에 따라 각자에게 적합한 덕을 산출하고 배양하기 때문'이라고 주장하며 자신은 그대로 돼지로 남겠다고 한다. 그릴루스의 이 말은 노예상태가 비자연적인 것임을 입증하는 것이 아니라 인간의 문명이 비자연적이고 타락하는 것임을 암시한다.

18) 아담은 구약성서 〈창세기〉에 나오는 최초의 인간으로, 여기서는 인류의 시조를 가리키는 말로 사용되었다.

19) 노아는 구약성서 〈창세기〉에 나오는 인물로, 물의 심판을 앞둔 하느님의 명에 따라 '노아의 방주'를 만들어 대홍수를 피한 이야기의 주인공이다. 이 이야기에 따르면 이후 노아의 세 아들인 셈, 함, 야벳의 후손이 세계로 퍼져 여러 민족이 형성되었다.

20) 사투르누스는 로마 신화에 나오는 농경과 계절의 신으로, 그리스 신화의 크로노스에 해당한다. 그의 세 자식은 하늘을 지배한 유피테르(그리스 신화의 제우스), 바다를 지배한 넵투누스(그리스 신화의 포세이돈), 지하 세계를 지배한 플루톤(그리스 신화의 하데스)이다.

21) 키클롭스는 그리스 신화에 나오는 외눈 거인족이다. 율리시스는 이 거인족의 폴리페모스에게 붙잡혀 동굴 속에 갇혀 있다가 거인의 눈을 찌르고 동굴에서 탈출했다.

22) 루소는 율리시스와 키클롭스의 동굴 이야기를 〈전쟁상태론〉에서 처음 언급했다. "나는 법과 도덕에 관한 책을 펴고, 학자와 재판관의 이야기를 경청하고, 그들의 교묘한 담화에 화가 나서 시민 질서에 의해 확립된 정의와 평화를 칭송하고, 공적 제도의 지혜를 축복하고, 나 자신을 시민으로 바라봄으로써 한 인간인 나 자신을 위로한다. 나의 의무와 행복에 대해 잘 배운 나는 책을 덮고 교실을 떠나며 내 주위를 돌아본다. 나는 쇠사슬의 멍에 아래 신음하는 불행한 인민들과 한 줌의 압제자에게 망가진 인류와 부자들이 평화롭게 마시는 피와 눈물의 주체가 겪는 기근과 곤란으로 지쳐 굶어 죽어가는 군중 및 법이라는 무시무시한 권력으로 약자를 쳐부수려 무장한 강자를 모든 곳에서 본다. 아무 저항 없이 평화롭게 행해지는 이 모든 것이야말로 키클롭스의 동굴에 갇혀 잡아먹히기를 기다리는 율리시스 동료의 평온이다."(*Rousseau. Œuvres complètes* III, 608~609쪽). 이 인용문에서 알 수 있는 것처럼, 루소는 어떤 사회가 평화롭고 고요하기만 하다면 그 사회에 들어가기 위해 자연적 자유를 포기하는 것이 합리적이라는 홉스의 주장을 단호히 거부한다.

23) 몽테스키외,《법의 정신》, 15장 2절 참조.

24) 이에 대한 더 심화된 내용은《인간 불평등 기원론》, 2부를 참조하라.

25) 루이 9세(1214~1270)는 프랑스의 왕으로, 1226년부터 1270년까지 재위했고 제7차 십자군 원정을 이끌었다. 아버지는 루이 8세, 어머니는 카스티야의 블랑슈Blanche였다. 프랑스 왕들 중에서 유일하게 성인(聖人)으로 추대된 왕으로서

성왕(聖王), 생 루이Saint Louis라고도 불린다.

26) '신의 평화 운동Movement of Peace of God(혹은 '신의 휴전Truce of God')'을 말한다. 이것은 10세기 말부터 11세기 중반까지 주로 프랑스에서 봉건귀족의 불법 행위에 저항해서 일어난 사회 · 종교 운동이다.

27) "세계에서 어느 민족보다 전쟁법droit de la guerre을 '더 잘' 이해하고 존중했던 로마인은 대단히 신중해서 시민은 자신의 적, 특히 특정한 적을 상대로 싸운다는 것을 명백히 표현하지 않는 한, 지원군으로 복무하는 것이 허용되지 않았다. 카토 2세가 포필리우스 휘하에서 처음 복무하던 군대가 재편성되었을 때, 그의 아버지 카토는 포필리우스에게 편지를 보내 최초의 선서가 무효가 되었으므로 자기 아들이 포필리우스 휘하에서 계속 복무하기를 원한다면 그에게 군대 선서를 다시 시켜야 한다고 썼다. 그러지 않으면 적에 대항해 무기를 들 수 없기 때문이었다. 그는 동시에 아들에게도 그 새로운 선서를 하지 않는 한은 전쟁에 나서지 말라고 편지를 썼다. 나는 클루시움의 공격과 다른 특정 사건들이 이것과 모순될 수 있음을 알지만, 법과 관습을 이야기하고 있는 것이다. 로마인은 자기들의 법을 좀처럼 위반하지 않은 인민이며 그런 훌륭한 법을 가졌던 유일한 인민이다." 이 주는 루소가 추가해서 1782년 판에 처음 등장했으나 첫 번째 문장에서 '더 잘'이라는 말이 부주의로 빠졌다.

28) 카스티야는 에스파냐의 중앙부에 있던 나라다. 가톨릭 왕국으로, 1037년부터 1479년까지 이베리아 반도의 톨레도와 마드리드를 중심으로 발전했다. 후에 아라곤 왕국과 통합해 에스파냐 왕국이 되었다.

29) 바르베라크Jean Barbeyrac(1674~1744)는 프랑스의 법률학자로, 그로티우스의 저작《전쟁과 평화의 법》을 프랑스어로 번역했다.

30) 리쿠르고스는 기원전 7세기경에 활동한 스파르타의 입법가다. 스파르타 제도의 대부분을 수립했다고 알려져 있다.

31) 솔론은 고대 그리스 아테네의 입법가이자 정치가다. 기원전 594년에 집정관이 되어 '솔론의 개혁'이라고 일컬어지는 여러 개혁을 주도했다.

32) 누마Pompilius Numa(기원전 715~673)는 로마의 제2대 왕이다. 각종 제사장직을 신설하는 등 로마 종교 의식의 창설자로 알려져 있다. 가난한 시민에게 토지를 분배하고 직업에 따라 시민을 구분했다.

33) 세르비우스Servius Tulius(기원전 578~535?)는 로마의 제6대 왕이다. '세르비

우스 성벽'을 건설했고, 군과 선거 제도 등의 개혁을 주도했다. 100명 단위의 소집단별로 통치하는 제도를 창안했다.

34) 마호메트Mahomet를 말한다.

35) 이 문장은 희곡 〈마호메트〉에서 '이스마엘의 아들'을 협잡꾼으로 다룬 볼테르를 간접적으로 비판한 것이다. Masters, *Political Philosophy of Rousseau*, 8, n. 23. 모세와 마호메트를 종교의 창시자라기보다 입법가라고 보는 루소의 견해는 마키아벨리를 따른 것이다.

36) 워버턴William Warburton(1698~1779)은 영국의 주교이자 신학자이다.

37) 라틴어로 '왕'은 rex로, regere(통치하다)와 같은 어원에서 나왔다. 따라서 왕은 원래는 통치자라는 뜻에서 등장한 말이다. 루소는 여기서 왕도 행정관과 마찬가지로 통치자에 속하는 만큼 정부의 한 구성원일 뿐이므로 주권자와는 구별되어야 한다는 것을 강조한다.

38) 연비례는 다음과 같은 수열로 이뤄진다. A/B=B/C=C/D……. 여기에서 루소의 공식은 대수로 다시 표현할 수 있다. '주권자/정부=정부/신민' 혹은 '(주권자)×(신민)=(정부)×(정부)'. 주권자/정부=정부/국가, 따라서 (주권자)×(국가)=(정부)×(정부). 이런 수학적 공식과 그 공식이 함축하는 바에 관해서는 다음을 참조하라. Masters, *Political Philosophy of Rousseau*, 340~348쪽.

39) 루소는 이 문장에서 수학적인 '비율' 혹은 '관계'를 뜻하는 프랑스어 'rapport'를 두 번 사용한다. 이 용어의 모호함과 관련된 루소의 언어유희는 번역할 수 없으므로, rapport는 기하학적인 의미에서는 '비율'이라는 뜻으로 사용되고, 통상적인 의미에서는 '관계'라는 뜻으로 사용된다. 기하학적인 의미에서의 '비율'이 커질수록 통상적 의미에서의 '관계'가 점점 멀어진다는 말은 예컨대 a와 b라는 두 사실 사이에 a/b=c라는 수학적인 관계가 있을 때 a 대 b의 비가 클수록 c(비례수치)도 크지만 보통의 의미에서는 a가 커질수록 (b와의 차이가 너무 커지므로) b와는 점점 거리가 멀어져 무관해지므로 a와 b 사이에 상관성이 없어진다는 말로 설명할 수 있다.

40) 루소가 정부 형태를 군주정, 귀족정, 민주정으로 나눈 것은 정치 이론의 오래된 전통과 맥락을 같이한다. 아리스토텔레스는 지배자의 수(1명, 소수, 다수)와 지배 목표(공동선 대 지배자의 이익)라는 두 가지 기준에 근거해 정부 형태를 구분했다. 이것은 유명한 여섯 가지 유형의 정체를 산출했다. 즉, 세 가지 훌륭하거

나 정의로운 형태인 왕정, 귀족정, '입헌 정치'와 세 가지 부정의하거나 악한 형태인 민주정, 과두정, 폭군정이다. 아리스토텔레스, 《정치학》, III, vi, 1278b~viii, 1280a을 참조하라. 플라톤, 《정치가》, 300~303b ; 토마스 아퀴나스, 《왕위론》, I, xi~xii과도 비교하라. 그러나 키케로는 아리스토텔레스가 '나쁜' 정체라고 부른 것은 사실상 공동체가 아니라고 주장했다(《공화정에 관하여*De Republica*》, III, xxxi, 43). 키케로에게는 '공동체는 인민의 재산'이므로 세 가지 형태의 정부만 있다. 각각의 정부는 '정의와 공동선에 대한 협력과 일치해 연합된 많은 수의 인민의 집합'이다(《공화정에 관하여》, I, xxv, 39). 루소는 근본적으로 아리스토텔레스에게 명백히 반대하고 키케로의 의견에 동의한다. 《사회계약론》 3부 10장의 주를 참조하라. 또한 마키아벨리, 《군주론》, I ; 마키아벨리, 《로마사 논고》, I, ii ; 홉스, 《리바이어던》, II, xix ; 홉스, 《시민론》, ch. vii, paragraphs 1~4 ; 로크, 《시민정부이론》, x, §132를 비교하라.

41) 여기서 '어느 유명한 저자'는 몽테스키외를 가리킨다. 그는 《법의 정신》, III, iii에서 다음과 같이 말했다. "군주정부나 전제정부는 존속하거나 스스로를 유지하기 위해서 크게 정직할 필요가 없다. 그러나 인민정부에서는 추가적인 동기, 곧 덕이 필요하다."

42) 사제prêtre, 노인ancien, 원로sénat, 장로géronte는 모두 어원적으로는 '늙은 이'라는 뜻이다.

43) 따라서 루소의 '선거제 귀족정'은 '대의 정부'라고 불리게 된 것과 가장 유사한 개념이다. 그러나 3부 15장에서 볼 수 있는 것처럼 루소는 '대표' 혹은 '대리인' 개념을 단호히 거부한다. 이런 점에서 루소가 주권과 정부를 구분하는 것은 중요하다. 《산에서 쓴 편지*Lettres écrites de la montagne*》, VI의 다음 구절을 참조하라. "정부 가운데 최선의 것은 귀족정이며, 주권 가운데 최악의 것도 귀족 주권이다."

44) 구약성서, 〈열왕기상〉 2장 10~18절.

45) Plutarch, *Moralia*, ed. F. C. Babbitt(London : Loeb Classical Library, 1961) ; 플루타르코스, 《모랄리아》, III, 30~31. 그리스에서 젊은 디오니소스는 자기 아버지를 '왕'이 아니라 '독재자tyrannon'라고 불렀다.

46) 정부에 대한 주권자의 비율이 분수인 반면에 국가에 대한 정부의 비율이 정수라면, 실제로 주권자에 대한 군주의 비율은 언제나 1보다 크며 군주에 대한 인민의

비율은 1보다 작다. 3부 1장을 참조하라.

47) 프랑스의 여행가 장 샤르댕Jean Chardin(1643~1713)의 《페르시아 여행*Voyages en Perse*》에서 인용한 글이다.

48) 솔sol은 프랑스의 옛 화폐 단위다.

49) 타키투스, 《아그리콜라》, 21.

50) 타키투스, 《아그리콜라》, 30.

51) 술라Lucius Cornelius Sulla(기원전 138~78)는 로마 귀족 출신의 장군이자 정치가이다. 여러 차례에 걸친 마리우스와의 분쟁 끝에 종신 집정관이 되었다.

52) 기원전 492년부터 479년까지 세 차례에 걸쳐 페르시아 군대가 그리스를 침략했을 때 그리스의 도시국가들이 연합해 페르시아 군대를 물리친 역사적 사건을 가리킨다.

53) 봉건 군주에게 신하가 되기를 맹세하는 선서식을 프랑스어로 hommage라고 하는데, 이는 어떤 사람이 봉건 군주의 사람homme, 곧 부하가 된다는 뜻에서 생긴 말이다. 따라서 인간homme이란 말이 제 자신을 파는 행위인 hommage란 말로 변모한 셈인데, 이런 맥락에서 사람이라는 이름이 더렵혀졌다는 것이다.

54) 프랑수아 드 부르봉 방돔François de Bourbon-Vendôme, 일명 보포르 공duc de Beaufort(1616~1669)은 프랑스의 귀족 출신 군인으로, 앙리 4세의 서손이자 루이 14세의 사촌이다. 프롱드 반란의 주동자 중 한 사람이다.

55) 오토Marcus Salvius Otho(32~69)는 로마의 황제로, 네로가 죽은 후 친위대의 추대로 69년에 황제가 되었다. 즉위 3개월 만에 비텔리우스와 싸워 패하고 자살했다.

56) 비텔리우스Aulus Vitellius(15~69)는 로마의 황제로, 오토가 자살한 뒤 황제로 추대되었으나 방탕과 사치 때문에 7개월 만에 제위에서 물러난 후 살해되었다.

57) 타키투스, 《역사》, I, 85.

58) 몽테스키외, 《법의 정신》, II, ii. 그러나 몽테스키외는 더 나아가 추첨을 통한 선출이 '그 자체로 결함을 지닌다'고 덧붙인다.

59) 바르나보트는 베네치아의 '산 바르나바San Barnaba'라는 빈민 지역에 거주하던, 베네치아 귀족들 가운데 가난한 귀족을 가리킨다.

60) 제네바 공화국에는 다섯 계층이 있었다. 맨 위에 시민citoyen과 부르주아bourgeois라는 두 특권 계층이 있었다. 이들은 정치적 권리를 갖고 있었다. 그 아래

거주민habitant과 토착민natif이라는 두 계층이 있었는데, 거주민은 제네바에서 살 권리를 돈으로 산 사람들이고 토착민은 거주민의 자녀로서 제네바 시내에서 태어난 사람들이었다. 이 두 계층은 제한된 권리를 갖고 있었다. 맨 아래는 농민 계층으로서 공화국의 시외 영토에 사는 사람들이었다. 루소는 제1계층에 속했는데, 제1계층과 제2계층에 속하는 사람은 통틀어 1,600명이 안 되었다.

61) 바로Marcus Terentius Varro(기원전 116~27)는 고대 로마의 문학가이다. 공화정 말기의 내란에서 반(反)카이사르 입장을 취했고, 카이사르 사후에는 연구로 여생을 보냈다. 역사, 지리, 법학, 철학 등 광범위한 분야에 걸쳐 600권이 넘는 작품을 썼으나, 현재《농사론》,《라틴어론》 일부,《풍자론》 일부가 전해질 뿐이다.

62) 플리니우스Gaius Plinius Secundus Major(24?~79)는 고대 로마의 관리, 군인, 학자이다. 백과사전적 지식을 갖고 있었고, 현존하는 그의 저작《박물지》37권은 자연, 인문 등 각 방면에 걸친 지식의 보고로서, 비록 오류가 많긴 하지만 무궁무진한 자료 가치를 갖고 있다. 역사, 철학, 군사, 문법에 관한 저작은 모두 소실되었다.

63) 아피우스 클라우디우스Appius Claudius Sabinus Inregillensis는 클라우디우스 가문의 전설적 시조이다. 그는 로마 공화국과 평화롭게 지내고자 많은 부하를 거느리고 로마로 이주했다. 그의 부하들은 로마 시민이 되었고 그는 원로원 의원이 되었다. 그는 기원전 496년에 로마의 집정관이 되었으며, 두 아들 가운데 아피우스 클라우디우스 사비누스는 기원전 471년에, 가이우스 클라우디우스 사비누스는 기원전 460년에 집정관이 되었다.

64) 스파르타의 왕 아기스 4세(기원전 263~241)를 가리킨다. 재위 중(기원전 245~241)에 스파르타의 개혁을 시도했으나 살해당하는 것으로 종말을 맞았다.

65) 스파르타의 왕 클레오메네스 3세(기원전 ?~219)를 가리킨다(기원전 236?~222 재위). 아기스 4세의 개혁을 이어받아 스파르타의 정치 제도를 재편했으며, 아카이아 동맹을 분쇄하려 했으나 실패했다.

66) 알바는 이탈리아의 중부에 있었던 라티움 왕국의 도시이다. 로마와의 싸움에서 패한 뒤 로마에 흡수되었다.

67) 폼페이우스Gnaeus Pompeius Magnus(기원전 106~48)는 로마의 장군이자 정치가이다. 집정관 지위에 올랐으며, 크라수스, 카이사르와 더불어 삼두정치를 했으나, 후에 카이사르에게 패해 망명길에 오른 끝에 암살당했다.

68) 카틸리나Lucius Sergius Catilina(기원전 108?~62)는 로마 공화정 말기의 정치가로, 집정관을 암살하려는 음모를 꾸몄으나 발각되어 실패했다.

69) 키케로는 원로원에서만 카틸리나의 음모에 대해 토의하고 형 집행을 결정하게 했는데 이것은 불법이고 월권행위였다. 카틸리나도 로마 시민인 만큼, 로마 시민에게 주어진 인민에게 호소할 권리를 갖고 있었는데, 그럼에도 인민의 의견을 묻지 않은 채 형 집행이 결정되었기 때문이다. 따라서 키케로는 얼마 후 이 월권행위 때문에 반대파에 의해 유형에 처해졌다.

70) 몰록은 고대에 셈족이 섬기던 신으로, 어린아이를 제물로 바쳐 제사를 지냈다.

71) 바알은 고대에 동방 여러 나라에서 숭배된 최고의 신으로 토지의 비옥함과 생물의 번식을 주재한다. 이스라엘에서는 바알 신앙이 우상 숭배로서 배격되었으나 페니키아에서는 바알이 각 도시의 수호신으로 숭배되었다.

72) 우리말 성경에서는 예프테를 '입다'라고 쓴다. 예프테는 이스라엘의 판관으로, 공격해오는 암몬 사람들에게서 이스라엘을 구원했다. 구약성서 〈사사기〉 11장 1~33절을 참조하라.

73) 우리말 성경에서는 '그모스'라고 쓴다. 암몬 민족의 민족신으로, 솔로몬 왕은 이 신을 위한 신전을 감람산에 지어 숭배했다.

74) 벨Pierre Bayle(1647~1706)은 17세기 후반의 프랑스 초기 계몽 사상가로, 데카르트의 회의주의를 이어받았다. 대표작으로는 《역사와 비판 사전*Dictionnaire historique et critique*》이 있다.

75) 로마에서 기독교가 공인되었을 때를 말한다. 십자가는 기독교를 상징하고 독수리를 로마 제국을 상징한다.

76) 카토Marcus Cato(기원전 234~149)는 로마의 장군이자 정치가로, 보수적·국수주의적 입장을 견지했으며 라틴 산문 문학 개척에 기여했다.

77) 1748년에 코르시카를 제노바인의 지배 아래 놓이게 한 것은 엑스라샤펠 조약이었다.

78) 공동체에 속하는 토지를 말한다.

79) 루소는 이 시기에 스위스의 모티에에 살고 있었다.

80) 타유taille는 귀족, 성직자 및 소수의 다른 범주에 속하지 않는 사람들에게 적용되는 세금이었다.

81) 요셉의 이야기에 대해서는 구약성서 〈창세기〉 37장 이하를 참조하라.

82) 2세기에 로마의 호민관들이었던 그라쿠스 형제는 토지균분법을 주창해 로마에 논쟁을 불러일으켰다.

83) 루소는 수치를 제시하지 않고 괄호 안을 비워놓았다.

84) 여기서 두 저자는《시민정부론*First Treatise of Government*》(1690)의 저자 로크John Locke와《정부론*Discourse Concerning Government*》(1698)의 저자 시드니Algernon Sidney를 말한다.

85) 정치가 소위 인간형을 결정한다는 이런 견해는 루소의 기본 전제 가운데 하나다.《코르시카 헌법 구상》에서 루소는 국민성에 따라 정부를 구성할 것인가, 아니면 희망하는 형태의 국민성에 따라 정부를 구성할 것인가에 대해 자세히 논한다.

86) 루소는 여러 곳에서 애국심을 강조한다. 그러나 그의 애국심은 19세기의 민족주의와 구별돼야 한다. 루소는 애국심을 사람이 자유롭고 평등하게 사는 조직체에 대한 사랑이라고 보았다.

87) 독일의 법학자이자 정치가 푸펜도르프Samuel Freiherr von Pufendorf(1632~1694)는《자연법과 국제법*Droit de la nature et des gens*》IV, x §4에서 다음과 같이 썼다. "재산이 될 수 있는 것은 사람이 살아 있는 동안에만 유용하고 죽은 자는 이 세상의 일에 아무런 역할도 할 수 없으므로, 재산 제도가 소유자의 사후에 재산을 승계할 사람을 선택할 권리를 주는 데까지 확대될 필요는 없다. 각자는 살아 있는 동안 자기 재산을 처분하고, 자기보다 오래 살아남은 사람들에게 적절히 판단하는 바를 행할 책임을 남겨놓는 것으로 충분하다." *Rousseau. Œuvres complètes*, 1403쪽을 참조하라.

88) 구약성서 〈창세기〉 41~50장을 참조하라.

89) 루소는 이미《인간 불평등 기원론》에서 개인 간에 있었던 자연상태보다 당시 국가 간에 존재하는 자연상태가 비교할 수 없을 정도로 더 비참하다는 것을 논하면서 다음과 같이 말한다. "이런 정치체 간의 상태는 정치체를 구성하는 기존의 개인 간 자연상태보다도 훨씬 비참해졌다. 이런 자연상태로부터 자연을 전율시키고 이성을 질식시키는 인민 전쟁, 전투, 살육, 보복과 유혈의 영예가 덕의 대열에 참여하는 모든 가공할 편견이 비롯된다. 따라서 가장 정직한 사람들일지라도 자신들의 의무 중에는 동료 인간을 살상할 의무가 포함되어 있음을 서로 잘 알고 있는데, 이유도 모르면서 인간들이 서로 수없이 살육하는 것을 보게 된다. 따라서 자연상태에서 수세기에 걸쳐 온 땅에서 이루어진 것보다 훨씬 많은 살육과

가공할 일이 단 하루의 전투나 단 하나의 도시 점령으로 행해지는데, 이것이 바로 인류를 여러 사회로 분리시킴으로써 예상되는 최초의 효과이다."(*Rousseau. Œuvres complètes* III, 178쪽).

90) 사실 로마의 모든 신민에게 시민권을 부여한 것은 클라우디우스 칙령이 아니라 카라칼라 황제의 칙령(223)이었다. *Rousseau. Œuvres complètes* III, 1544쪽, note 1을 참조하라.

91) 동로마 제국의 황제 테오도시우스 2세(408~450 재위)를 말한다.

92) 동로마 제국의 황제 유스티니아누스 1세(527~565 재위)를 말한다.

93) 테오도시우스 법전과 유스티니아누스 법전은 각각 438년과 534년에 제정되었다.

94) 루소는 터키에 대한 얘기를 하고 있다.

95) 루소는 특히 《코르시카 헌법 구상》이나 《폴란드 정부론》에서 기독교 국가 간의 조약이나 외교 관계를 믿지 말라고 강조한다. 그는 《코르시카 헌법 구상》에서 유럽 열강과 동맹 관계를 수립하는 것보다 더 급한 일은 코르시카 자체에 필요한 안정을 찾는 것이라고 권고하면서, "동맹, 조약, 사람의 약속은 모두 약자를 강자에게 구속시킬 수는 있어도 강자를 약자에게 구속시킬 수는 없다"라고 문제의 핵심을 말하고 있다(*Rousseau. Œuvres complètes* III, 903쪽). 또한 《폴란드 정부론》에서도 유럽 열강과 외교, 동맹, 대사 교환 등에 집착할 필요가 없음을 역설한다. "……〔기독교 국가는〕 자신의 이해관계 외에 아무런 유대도 알지 못하므로, 약속 이행이 이익에 합치되면 이행하고 그렇지 않으면 파기하므로 그들과 아무런 약속도 하지 않은 것과 동일하게 된다."(*Rousseau. Œuvres complètes* III, 1037쪽).

96) 독일에 대해서는 생피에르와 루소의 견해가 다르다. 생피에르는 단지 유럽연합의 모델로서 고대 독일 제국을 원용했으나, 루소는 푸펜도르프와 알투시우스의 영향을 받아서 독일을 유럽 정치질서의 한 안정 세력으로 본다. 생피에르 원저의 구절은 다음과 같다. "……과거 독일연합Union germanique을 형성했던 때보다 현재 유럽연합Union européenne을 형성하는 데 더 많은 곤란이 있지는 않으며, 이 유럽연합은 독일연합이 독일의 군주들과 독일인에게 부여했고 또 부여할 수 있었던 만큼의 이점을 유럽의 군주들과 그들의 신민에게 부여할 것이다." *Rousseau. Œuvres complètes* III, 1546쪽, note 1.

97) 베스트팔렌 조약(1648)은 30년 전쟁을 종식시켰고 많은 유럽 국가의 경계선을

확정했다.

98) 여기서 루소가 염두에 두고 있는 독일 학자는 푸펜도르프와 알투시우스다. *Rousseau. Œuvres complètes* III, 1547쪽, note 2를 참조하라.

99) 여기서부터 생피에르의 저술에 관한 요약이 실제로 시작된다. 루소는 생피에르의 저술을 발췌하고 있는데, 앞부분에서는 루소가 자신의 의견을 많이 삽입하고 있다.

100) 루소는《폴란드 정부론》에서 다음과 같이 말한다. "그들 곧 기독교 국가를 움직이는 것은 거의 언제나 국가이성이 아니라 대신과 정부 및 애처들의 일시적인 이익이다. 어떤 때는 그들의 진정한 이익에 합당하게 결정하게 하고, 다른 때는 그들의 진정한 이익에 배치되게 결정하게 하는 그 동기는 인간의 현명한 지혜로도 예견할 수 없다. 아무런 확고한 체제도 없이 우연한 충격으로만 행동하는 자들과 무엇을 보장한단 말인가? 왕정의 정치학이란 것만큼 경박한 것은 없으며, 그것은 아무런 확고한 원칙도 없으므로 이로부터 어떤 확실한 결과도 도출할 수 없다. 군주의 이해관계라고 불리는 이 모든 아름다운 원칙은 지각 있는 자를 실소하게 하는 어린애 놀음이다."(*Rousseau. Œuvres complètes* III, 1037~1038쪽).

101) 앙리 4세(1553~1610)는 1589년부터 1610년까지 재위했고, 쉴리Maximilien de Béthune, duc de Sully(1560~1641)는 그의 장관이었다.

102) 1609년 윌리엄John William의 세속 문제로 앙리 4세가 루돌프 2세에게 선전포고를 한 사실을 말한다.

103) 이 사건은 앙리 4세의 암살을 가리킨다. 앙리 4세는 1610년 5월 14일에 라바야크François Ravaillac라는 자에게 암살당했다. 라바야크는 앙리 4세가 교황을 상대로 전쟁을 수행할 것이라는 와전된 소문을 사실로 알고 그를 암살했다고 한다.

장 자크 루소 연보

1712년 **6월** | 28일, 스위스 제네바의 라 그랑 뤼 거리 40번지에서 아버지 이자크 루소와 어머니 쉬잔 베르나르 사이에서 장 자크 루소 출생.
7월 | 베드로 사원에서 영세를 받음. 계속된 열병으로 어머니 사망. 고모 쉬잔 루소에 의해 길러짐.

1718년 아버지 이자크 루소, 생제르베 구의 쿠탕스로 이사.

1719년 아버지와 함께 여러 소설을 읽음.

1720년 **겨울** | 역사와 윤리 서적들을 읽음. 특히 플루타르코스를 탐독.

1722년 **10월** | 아버지, 한 퇴역 장교와 싸운 뒤 제네바를 떠나 니옹으로 이사. 루소, 사촌 아브라함 베르나르와 함께 제네바 근처 보세에 있는 랑베르시에 목사 집에 기숙 학생으로 들어감.

1724년 **겨울** | 제네바로 다시 돌아와 외숙 가브리엘 베르나르의 집에 거주. 그 도시의 사법 서사 마스롱의 집에서 수습 서기로 일하나 별로 흥미를 느끼지 못함.

1725년 **4월** | 조각가 아벨 뒤코묑의 집에서 5년간 수련하기로 계약.

1726년 **3월** | 아버지 재혼.

1728년 **3월** | 산책에서 돌아오던 중 도시 출입문이 폐쇄된 것을 발견하고는, 뒤코묑의 집에 돌아가지 않기로 작정하고, 다음 날 제네바를 떠남. 안시에 도착해

콩피뇽 사제의 소개서를 들고 바랑 부인의 집을 찾음. 24일, 걸어서 토리노로 출발.

4월 | 12일, 토리노 소재 성령 수도원에 들어감. 신교를 버리고 가톨릭으로 개종.

여름부터 가을까지 토리노 주위를 떠돌며 3개월간 베르첼리스 부인 집에서 하인으로 일함. 이때 리본을 하나 훔쳤는데, 발각되자 하녀 마리옹에게 덮어씌움. 훗날《고백》과《고독한 산책자의 몽상》에서 이를 고백하게 됨. 다시 구봉 백작의 하인으로 들어가 일하다가 그의 아들 구봉 사제의 비서로 자리를 바꿈.

1729년 **6월** | 바랑 부인이 살고 있는 안시로 돌아옴.

8~9월 | 성 나자로회 신학교에 두 달간 다님. 이어 성가대원 양성소의 기숙생이 됨.

1730년 **4월** | 성가대장 르 메트르와 함께 리옹에 감. 간질병 발작을 일으킨 르 메트르를 버리고 안시로 돌아옴. 바랑 부인을 찾지 않고 파리로 떠남.

7월 | 프리부르까지 바랑 부인의 하녀를 따라감.

겨울 | 로잔을 거쳐 도착한 뇌샤텔에서 음악 개인 교사 노릇을 함.

1731년 **5월** | 여러 개의 소개서를 지니고 다시 파리로 옴.

6~8월 | 한 스위스 대령의 조카 집에서 하인 노릇을 함.

9월 | 몇 주 동안 리옹에서 지내다가 샹베리로 바랑 부인을 찾아감.

10월 | 사부아 지방의 측지소(測地所)에서 일하기 시작.

1732년 **6월** | 8개월 동안 일한 측지소를 떠나 음악 개인 교사가 됨.

1733년 **6~7월** | 브장송으로 잠시 여행을 다녀옴.

1735년 **혹은 1736년** 여름이 끝날 무렵부터 가을까지 레 샤르메트 계곡의 시골집 '누아레'에서 바랑 부인과 함께 체류.

1737년 **6월** | 시각을 잃을 뻔한 실험실 사고 뒤 유언장 작성.

7월 | 유산 상속 문제를 해결하기 위해 사람들 몰래 제네바에 다녀옴.

9월 | 의사 피즈에게 용종에 대해 진찰을 받기 위해 샹베리를 떠나 몽펠리에로 감. 라르나주 부인을 만나 잠시 사랑함.

1738년 **2~3월** | 샹베리로 돌아오나 환대받지 못함. 전해(1737) 여름부터 루소 대신 빈첸리드가 바랑 부인의 모든 일을 맡아 처리함.

1739년 **3월** | 혼자 레 샤르메트 계곡에 남아 독서를 하며 독학.

1740년 **4월** | 샹베리를 떠나 리옹으로 가 리옹 법원장 마블리의 두 아들의 가정교사가 됨.

11~12월 | 《생트 마리 씨의 교육에 대한 연구*Projet pour l'éducation de M. de Sainte-Marie*》를 씀.

1741년 3월 | 마블리의 집 가정교사를 그만두고 샹베리로 돌아옴.

1742년 1월 | 새로운 음악 체계 수립을 위해 계속 연구.

7월 | 자신이 고안한 숫자 악보 체계를 가지고 파리로 감. 리옹에서 마블리 사제가 추천서를 여러 장 써줌.

8월 | 레오뮈르의 소개로 과학 아카데미에서 자신의 《새로운 악보에 관한 연구*Projet concernant de nouveaux signes pour la musique*》를 낭독.

9월 | 아카데미가 《새로운 악보에 관한 연구》에 대한 심사 후 루소에게 음악 자격증을 수여.

9~10월 | 《새로운 악보에 관한 연구》를 출판하기 위해 개작.

1743년 1월 | 《근대음악론*Dissertation sur la musique moderne*》을 키요 출판사에서 출간. 《보르드 씨에게 보내는 편지*Épître à M. Bordes*》 출간.

봄 | 뒤팽 부인에게 소개됨.

5월 | 오페라 〈바람기 많은 뮤즈들Les Muses galantes〉 작곡 시작.

6월 | 베네치아 대사에 임명된 몽테귀 백작에게 비서 자리를 제안받음. 그 자리를 수락.

7월 | 10일, 파리를 출발. 이후 리옹, 마르세유, 제노바, 밀라노, 파도바를 거쳐 베네치아로 감.

9월 | 4일, 베네치아에 도착. 토마 키리니 궁에 있는 대사관에 거주.

1744년 8월 | 몽테귀 백작과의 심한 갈등 끝에 대사관을 떠남. 베네치아를 떠나 생플롱, 발레, 제네바를 거쳐 10월에 파리 도착.

겨울 | 고프쿠르의 소개로 징세청부인 라 포플리니에르의 집에 체류.

1745년 3월 | 오를레앙 출신인 24세의 여관 하녀 테레즈 르 바쇠르를 알게 됨. 이후 이 여인은 루소와 사실혼 관계를 이루게 되며, 1768년 8월 정식으로 결혼식을 올림.

7월 | 〈바람기 많은 뮤즈들〉 완성.

9월 | 라 포플리니에르의 집에서 〈바람기 많은 뮤즈들〉 부분 공연. 이어 본느발의 집과 리슐리외 공작 앞에서 전곡 공연. 디드로와 콩디야크를 알게 됨.

10~11월 | 볼테르와 라모가 함께 만든 〈라미르의 축제Les Fêtes de Ramire〉를 가필.

12월 | 그것을 계기로 볼테르와 정중하고 공손한 편지를 교환.

1746년 가을 | 슈농소에 있는 뒤팽 부부 집에 체류. 그곳에서 뒤팽 부인과 그녀의 조

카의 비서처럼 일하면서 〈실비의 산책길L'allée de Sylvie〉을 씀.

겨울 | 테레즈와의 사이에서 첫째 아이가 출생하나 아이를 고아원에 보냄.

1747년 **5월** | 아버지 사망. 루소, 어머니의 남은 재산을 상속받음.

가을 | 다시 슈농소에 체류하면서 희극 〈무모한 약속L'engagement téméraire〉을 씀.

1748년 **2월** | 전해에 알게 된 데피네 부인이 곧 두드토 백작과 결혼할 시누이 벨가르드 양에게 루소를 소개함. 루소, 둘째 아이를 낳지만 역시 고아원에 보냄.

1749년 **1~3월** | 달랑베르가 부탁한 《백과전서》의 음악 관련 항목들을 집필.

7월 | 디드로, 무신론적인 글 〈맹인에 관한 편지Lettres sur les aveugles à l'usage de ceux qui voient〉를 발표했다가 체포되어 뱅센 감옥에 감금됨.

8월 | 그림과 알게 됨.

10월 | 뱅센 감옥으로 디드로를 면회하러 가는 도중 '학문과 예술의 부흥이 풍속의 순화에 기여했는가?'라는 디종 아카데미의 논문 공모 주제를 《메르퀴르 드 프랑스》지(誌)에서 읽음. 그때부터 《학문예술론*Discours sur les sciences et les arts*》을 쓰기 시작.

1750년 **7월** | 디종 아카데미 논문 공모에서 《학문예술론》으로 일등상을 수상.

겨울에서 다음 해 초 사이에 《학문예술론》 출판.

1751년 **2~3월** | 뒤팽 부인의 집에서 일하는 것을 그만두고 생활비를 벌기 위해 악보 베끼기를 시작함.

봄 | 셋째 아이를 낳고 고아원에 보냄.

9~10월 | 《학문예술론》에 대한 폴란드 왕의 반박문이 《메르퀴르 드 프랑스》에 익명으로 실림. 루소가 그 반박문에 답함.

11월 | 《고티에 씨의 〈학문예술론〉 반박문에 관하여 그림에게 보내는 편지*Lettre de J.-J. R. à Grimm sur la réfutation de son Discours par M. Gautier*》 출간.

1752년 봄에서 여름 사이에 〈마을의 점쟁이Le devin du village〉 작곡.

8월 | 라 슈브레트에 있는 데피네 부인 집에 거주.

10월 | 퐁텐블로에서 왕 앞에서 공연된 〈마을의 점쟁이〉가 대성공을 거둠. 하지만 루소는 다음 날 왕의 알현을 거부하고 퐁텐블로를 떠남.

12월 | 프랑스 극장에서 청년기 작품 〈나르시스Narcisse ou l'amant de lui-même〉를 공연.

1753년 **3월** | 오페라 극장에서 〈마을의 점쟁이〉 초연.

11월 | 디종 아카데미, '인간 불평등의 기원은 무엇인가, 그 불평등은 자연

법에 의해 허락될 수 있는가?'라는 논문 공모 주제를《메르퀴르 드 프랑스》에 발표. 루소는 숲 속을 산책하며 그 주제에 대해 명상하기 위해 생제르맹에서 일주일을 보냄. 1752년에 쓴《프랑스 음악에 대한 편지*Lettre sur la musique française*》출간.

12월 | 이탈리아 음악에 적대적인 입장을 보인 것에 대한 보복으로 오페라 극장 무료 출입권을 박탈당함.

1754년 **6월** | 테레즈와 고프쿠르와 함께 제네바로 떠남. 리옹에서, 바랑을 보기 위해 테레즈와 함께 샹베리로 감. 이어서 제네바에 도착.

8월 | 제네바 교회에서 다시 신교로 복귀. 제네바 시민권을 되찾음.

9월 | 테레즈와 배를 타고 레만 호를 돌아봄.《정치 제도*Institutions politiques*》와 산문 비극 〈루크레티우스Lucrèce〉 구상.

10월 | 파리로 돌아와 암스테르담 출판인 마르크 미셸 레에게 디종 아카데미 논문 공모에서 떨어진《인간 불평등 기원론*Discours sur l'origine de l'inégalité parmi les hommes*》원고를 넘겨줌.

1755년 **2월** | 볼테르, 제네바 근교에 그가 '희열의 집'이라고 이름 붙인 집을 빌림.

4월 |《인간 불평등 기원론》출간.

8월 | 볼테르,《인간 불평등 기원론》을 받은 뒤 루소에게 "인류에 반하는 당신의 신간을 고맙게 잘 받았습니다……"라고 편지를 씀.

9월 | 친절하게 볼테르에게 답장함. 라 슈브레트에 체류. 데피네 부인이 자신의 정원에 루소를 위해 마련한 작은 집 '레르미타주'에 거주하기로 약속.

1756년 **4월** | 테레즈와 함께 레르미타주에 체류. 볼테르에게 자신의 책《신에 대한 편지*Lettre sur la Providence*》를 보냄. 볼테르, 회답으로 자신의《자연법에 대하여*Sur la loi naturelle*》와《리스본 참사에 대하여*Sur le désastre de Lisbonne*》를 보냄.

여름에서 가을에 걸쳐《신엘로이즈*Julie, ou la nouvelle Héloïse*》의 인물들을 구상함.

레르미타주에서 겨울을 보냄.

1757년 **1월** | 두드토 백작 부인, 레르미타주로 첫 방문.

3월 | 디드로의 〈사생아Le Fils naturel〉의 한 부분을 파리를 떠난 자신에 대한 직접적인 비난으로 해석해 비판.

4월 | 디드로와 화해.

봄에서 여름에 걸쳐 두드토 부인에게 정열을 쏟음.

10월 | 두드토 부인과의 관계로 그림에게 절교의 편지를 보냄.

11월 | 두드토 부인, 루소에게 레르미타주를 떠나지 말 것을 간청.

12월 | 디드로, 레르미타주를 방문. 루소는 데피네 부인과 작별하고 테레즈와 함께 몽모랑시에 거주. 《백과전서》 7권을 받음.

1758년 3월 | 《달랑베르에게 보내는 연극에 관한 편지*Lettre à M. d'Alembert sur les spectacles*》 완성.

5월 | 두드토 부인과의 모든 관계 청산.

9월 | 출판인 레에게 6부로 된 《신엘로이즈》의 완성을 알림.

1759년 1월 | 볼테르, 루소에게 《캉디드*Candide*》를 보냄.

4월 | 몽모랑시에 사는 뤽상부르 원수, 부활절에 루소를 방문. 루소가 테레즈와 함께 살고 있던 곳(몽루이 정원)이 보수 공사에 들어가자 루소에게 근처 작은 저택을 제공. 루소는 5월부터 그곳에 거주.

5월 | 그 '황홀한 집'에서 《에밀*Émile ou de l'éducation*》 5부 집필.

7월 | 몽루이 정원 보수 공사가 끝나자 전에 살았던 집으로 돌아감. 많은 사람의 방문을 받음.

11월 | 말제르브의 부추김으로 마르장시가 루소에게 《지식인 신문*Journal des savants*》의 편집부 자리를 제안하나 루소는 거절.

1760년 1월 | 《에밀》과 《사회계약론*Le contrat social*》에 힘을 기울임.

12월 | 《신엘로이즈》가 영국 런던에서 시판됨.

1761년 1월 | 《신엘로이즈》가 파리에서 시판되어 큰 성공을 거둠.

6월 | 자신의 종말이 임박했다고 믿고 테레즈를 뤽상부르 원수 부인에게 부탁함.

9월 | 《언어 기원론*Essai sur l'origine des langues*》을 말제르브에게 맡김.

11월 | 레에게 《사회계약론》 원고를 넘김. 《에밀》의 원고가 예수회의 손에 넘어갔다고 생각하며 그들이 원고를 훼손할까 봐 심각하게 걱정함.

12월 | 《에밀》, 암스테르담 네올므 출판사에서 인쇄.

1762년 4월 | 《사회계약론》 출간.

5월 | 《에밀》, 암암리에 판매되기 시작.

6월 | 경찰이 《에밀》을 압수. 소르본 대학이 《에밀》을 비난. 9일, 국회에서 《에밀》의 발행 금지령 통과. 루소에게 체포 영장 발부. 그날 오후에 루소 도피. 11일, 파리에서 《에밀》이 불태워짐. 제네바에서 《에밀》과 《사회계약론》의 판매가 금지됨.

7월 | 스위스 베른 근처 이베르됭에 있는 친구 집에 도착. 흄, 지지와 우정을 담은 편지를 보내 옴. 이베르됭을 떠나 모티에로 감. 프로이센 왕 프리드리

히 2세에게 피신 요청. 테레즈, 모티에에 도착. 샹베리에서 바랑 부인 사망.
8월 | 프리드리히 2세, 루소의 체류를 허락. 루소, 몽몰랭 목사에게 신앙 고백. 소르본 대학, 《에밀》 견책. 28일, 《에밀》을 비난하는 파리 대주교 크리스토프 드 보몽의 교서가 발간됨.
9월 | 제네바 목사 자코브 베른, 《에밀》의 〈사부아 보좌신부의 신앙 고백〉 부분을 철회해줄 것을 요구.

1763년 **3월** | 《보몽에게 보내는 편지*Lettre à Christophe de Beaumont*》 출판.
4월 | 포츠담으로 출발.

1764년 **5월** | 레에게 자신의 전집 출간을 권유.
7월 | 식물학에 정열을 쏟음.
9~10월 | 크르시에의 뒤 페루 집에서 지냄.
11월 | 뇌샤텔의 포슈 출판사가 전집 출간 의사 표명.
12월 | 《고백*Les confessions*》을 쓸 것을 결심. 이해 말부터 다음 해 초 사이에 《고백》 서두 집필.

1765년 **2월** | 《음악 사전*Dictionnaire de musique*》 원고를 뒤셴 출판사에 보냄.
3월 | 《산에서 쓴 편지*Lettres écrites de la montagne*》가 파리에서 불태워짐.
7월 | 비엔 호수 가운데에 있는 생피에르 섬에서 10여 일간 지냄.
9월 | 베르들랭 부인의 방문을 받음. 그녀는 루소에게 영국으로 가서 흄을 만나보기를 권유. 6일, 모티에 장날 저녁, 루소의 집에 사람들이 돌을 던짐. 12일, 다시 생피에르 섬으로 가 몽상에 젖으며 식물 채집을 함. 29일, 테레즈가 루소와 합류.
10월 | 베른 정부에 의해 추방됨. 흄, 루소에게 편지를 써서 영국으로의 피신을 제안. 25일, 생피에르 섬을 떠나 비엔에서 며칠을 보냄. 29일, 베를린으로 출발. 바젤을 거쳐 스트라스부르에 도착.
12월 | 여권을 교부받아 파리에 도착. 탕플 광장 콩티 왕자의 집에서 거주. 파리의 많은 사람들이 그를 만나기 위해 방문.

1766년 **1월** | 흄, 드 뤼즈와 함께 파리를 출발해 런던에 도착. 치즈윅에 정착.
2월 | 테레즈, 루소와 합류.
3월 | 테레즈와 함께 우턴으로 떠남. 그곳에서 《고백》 앞부분 집필.
7월 | 흄과 불화.
11월 | 흄, 루소와의 불화와 관련해 루소에 대한 중상을 담은 《간략한 진상*Exposé succinct*》을 출간.

1767년 **3월** | 영국 왕 조지 3세, 루소에게 매년 100파운드의 보조금을 지불키로 함.

5월 | 테레즈와 함께 우턴을 떠나 칼레로 가기 위해 도버에 도착.
6월 | 플뢰리수뫼동에 있는 미라보 후작의 집에 잠시 머물렀다가 트리에 있는 콩티 왕자의 집으로 감.
11월 | 《음악 사전》이 파리에서 시판됨.

1768년 6월 | 리옹으로 떠남.
7월 | 식물 채집을 위해 라 그랑드샤르트뢰즈에 감. 이어 그르노블에 도착. 25일, 샹베리에 있는 바랑 부인의 묘를 찾음.
8월 | 도피네의 부르구앵에 정착. 테레즈가 루소에게 옴. 두 사람은 그 도시의 시장 앞에서 결혼식을 올림.

1769년 1월 | 부르구앵 근처 몽캥에 있는 한 농가에서 지냄.
4월 | 레에게 편지를 써서 중상모략을 불러일으키고 있는 《고백》의 집필을 그만두겠다는 의사를 표명.
8월 | 르 비바레로 식물 채집을 하러 감.
11월 | 《고백》 집필을 다시 시작함. 몽캥에서 7~11장과 12장 일부를 집필.

1770년 1월 | 익명으로 서명하던 것을 중단하고 다시 본명 J. J. Rousseau로 서명하기 시작.
4월 | 몽캥을 떠나 리옹에 도착.
7월 | 파리에 돌아와 다시 플라트리에르 거리에 정착. 악보 베끼기와 식물 채집을 계속함.
9월 | 자신의 전집을 보내준 레에게 감사를 표함.
12월 | 《고백》 완성.

1771년 2월 | 스웨덴 왕자 앞에서 《고백》 낭독.
5월 | 데피네 부인, 《고백》 낭독을 금지시킬 것을 경찰에 요청.
7월 | 베르나르댕 드 생 피에르와 교류 시작.

1772년 《루소, 장 자크를 심판하다 — 대화*Rousseau juge de Jean Jaques. Dialogues*》를 집필하기 시작.

1773년 악보 베끼기와 식물학에 많은 시간을 할애하며 《루소, 장 자크를 심판하다 — 대화》를 계속 집필. 이 글의 집필에 애를 먹음.

1774년 4월 | 오페라 극장에서 공연된 글루크의 〈이피게네이아〉 초연 관람.
8월 | 글루크의 〈오르페우스와 에우리디케〉 초연 관람.

1775년 10월 | 루소의 허락도 받지 않은 채 코메디 프랑세즈 극장이 그의 오페라 〈피그말리온Pygmalion〉을 상연해 대성공을 거둠.

1776년 2월 | 자신에 대한 세간의 중상모략에 맞서 자신을 변호하려는 의도로 쓴

《루소, 장 자크를 심판하다—대화》의 원고를 노트르담 성당의 대제단에 놓아두러 갔다가 문이 닫혀 있음을 보고 하느님도 인간들의 부정한 행위를 돕고 있다고 생각하지만 그 사건에 대한 성찰은 그 또한 '하느님의 은혜'임을 깨닫게 함.

4월 | 거리에서 〈아직도 정의와 진실을 사랑하는 모든 프랑스인에게À tout Français aimant encore la justice et la vérité〉라는 전단을 나누어 줌.

5월 | 그 전단을 지인들에게 우송함.

가을 | 《고독한 산책자의 몽상*Les rêveries du promeneur solitaire*》 '첫 번째 산책' 집필.

10월 | 메닐몽탕 언덕에서 개와 부딪히는 사고.

12월 | 《아비뇽 통신*Courrier d'Avignon*》이 루소의 사망을 잘못 보도. 루소는 이달 말에서 다음 해 초 사이에 《고독한 산책자의 몽상》 '두 번째 산책'을 집필.

1777년 **2월** | 물질적인 어려움 표명. 테레즈가 오래전부터 아팠기에 하녀를 둘 필요가 있었음.

봄에서 여름 사이에 《고독한 산책자의 몽상》 '세 번째~일곱 번째 산책' 집필.

8월 | 악보 베끼기 포기.

1778년 겨울이 끝나갈 무렵에 《고독한 산책자의 몽상》 '여덟 번째 산책' 집필.

3월 | '아홉 번째 산책' 집필.

4월 | 12일, '열 번째 산책'(미완성) 집필.

5월 | 에름농빌의 르네 드 지라르댕 후작의 초대에 응해 의사 르 베그 뒤 프렐과 함께 그곳에 감. 다음 날 테레즈도 합류.

6월 | 에름농빌 주위에서 식물 채집을 함.

7월 | 몸 여러 곳이 불편했지만 특히 심한 두통에 시달림. 2일, 공원을 산책하고 테레즈와 함께 아침을 먹은 뒤 오전 11시경에 사망. 3일, 우동이 루소의 데스마스크를 뜸. 4일, '포플러나무 섬Île des Peupliers'에 안장.

1794년 **10월** | 팡테옹으로 이장.

찾아보기 | 인명

찾아보기 | 용어 · 저작

옮긴이 **박호성**

국제대학교 법학과를 졸업했다. 연세대학원 정치학과에서 석사 학위를 받은 후, 경희대학원 정치학과에서 루소의 정치사상에 관한 논문으로 정치학 박사 학위를 받았다. 이후 재단법인 국제평화전략연구원의 설립에 참여했고, 연구위원을 거쳐 현재 수석 연구위원으로 재직하고 있다. 편역한 책으로《루소 사상의 이해》가, 번역한 책으로《에밀》이 있다.

루소전집 8

사회계약론 외

펴낸날 초판 1쇄 2015년 10월 10일
초판 3쇄 2019년 6월 13일

지은이 장 자크 루소
옮긴이 박호성

펴낸이 김현태
펴낸곳 책세상
주소 서울시 마포구 잔다리로 62-1, 3층(04031)
전화 02-704-1251(영업부), 02-3273-1334(편집부)
팩스 02-719-1258
이메일 bkworld11@gmail.com
등록 1975. 5. 21. 제1-517호

ISBN 978-89-7013-948-7 04160
978-89-7013-807-7(세트)

* 잘못된 책은 바꾸어드립니다.
* 책값은 뒤표지에 있습니다.

이 도서의 국립중앙도서관 출판시도서목록(CIP)은 서지정보유통지원시스템 홈페이지(http://seoji.nl.go.kr)와 국가자료공동목록시스템(http://www.nl.go.kr/kolisnet)에서 이용하실 수 있습니다.(CIP제어번호 : CIP2015026471)